唐太宗

王清淮 编著

中国社会科学出版社

图书在版编目（CIP）数据

唐太宗/王清淮编著．—北京：中国社会科学出版社，2008.6（2013.5重印）

ISBN 978-7-5004-7017-5

Ⅰ．唐…　Ⅱ．王…　Ⅲ．李世民（599~649）—人物研究　Ⅳ．K827=421

中国版本图书馆CIP数据核字（2008）第089361号

出 版 人　赵剑英
责任编辑　任　明
责任校对　林福国
责任印制　张汉林

出　　版　中国社会科学出版社
社　　址　北京鼓楼西大街甲158号（邮编100720）
网　　址　http://www.csspw.cn
　　　　　　中文域名：中国社科网　　010-64070619
发 行 部　010-84083685
门 市 部　010-84029450
经　　销　新华书店及其他书店

印　　刷　北京奥隆印刷厂
装　　订　北京市兴怀印刷厂
版　　次　2008年6月第1版
印　　次　2013年5月第4次印刷

开　　本　710×980　1/16
印　　张　22.5
字　　数　402千字
定　　价　28.50元

凡购买中国社会科学出版社图书，如有质量问题请与本社联系调换
电话：010-64009791

目　　录

一代明君唐太宗

唐太宗的父子兄弟

影响太宗和被太宗影响的女人们

皇亲国戚

功过是非论宰相

开疆拓土众将领

文臣大吏

一代明君唐太宗

唐太宗开创“贞观之治”，成为中国历史上的一代明君。这里的唐太宗生平事迹只能算是一个小传，但却出自信史，均为正说。不过，太宗事迹更多见于《新唐书》、《旧唐书》的其他传志；至于《旧唐书·太宗本纪》，则如同流水账，但也保留了许多原始资料，可从中窥见许多历史真相。古今名家评说，由于各名家所处时代和角度不同，对唐太宗的评价也不同，可谓仁者见仁，智者见智，当有裨于正确认识唐太宗。

唐太宗李世民

唐太宗

唐太宗李世民（599～649），唐朝的第二代皇帝，是唐王朝的实际缔造者。陇西成纪（今甘肃秦安）人。唐高祖李渊次子，母太穆皇后窦氏。武德九年（626）即位，在位二十三年。庙号“太宗”，谥号“文皇帝”。太宗在位期间，知人善任，虚心纳谏，修明法度，消弭、缓和、调和社会矛盾，调整与周边国家的关系，恢复和发展经济，使大唐帝国政治文明、刑法宽平、社会安定、经济繁荣，成为当时各国学习的典范，太宗本人被各国尊为“天可汗”。唐太宗在位的年号是“贞观”，他在位的贞观时期（627～647）政治清明，经济发展，人民生活安定，被称为“贞观之治”。现在，“贞观之治”已成为中国古代政治的高标。

一、天纵之圣　少年成名

李世民生于隋开皇十八年（599）。李世民的曾祖父李虎，西魏时赐姓大野氏，官至太尉。由于追随宇文泰开创关中政权，佐周代魏有功，李虎成为著名的八柱国之一，位极荣贵，死后追封世袭唐国公。这个封号一直延续到李渊，也是唐帝国得名的根据。祖父唐国公李昞，曾任北周安州总管，柱国大将军。父亲李渊，年幼就袭封唐国公。他是隋文帝独孤皇后的姨侄，与隋炀帝是表兄弟。在隋朝时，李渊历任谯、陇、岐等州刺史，荥阳、楼烦等郡太守，以及殿内少监、卫尉少卿等重要职务，是隋皇室倚重的大臣。由于山西当北方要冲，炀帝任他为太原留守，相当于北方大军区的总管。这位总管在战时可以组建军政合一的权力机构，可见隋炀帝对李渊的信任和重视的程度。

李世民的母亲窦氏，其实是突厥族人，即纥豆陵氏，取其中的“豆”字，谐音汉姓的“窦”。其先世源于西北少数民族。窦氏是隋朝贵族神武公窦毅的女儿，她聪明能干，善于书法，中国的皇后喜欢模仿皇帝丈夫的笔迹，这样的皇后一般都很有心机，或者辅佐丈夫，或者架空丈夫。窦氏模仿李渊的字体，十分逼真，别人难以辨别。李世民的哥哥，名李建成。还有三个弟弟，就是李玄霸、李元吉、李智云。李玄霸早年夭折，他在民间传说中被鼓吹为天下第一条好汉。李智云是庶出，李渊晋阳起兵后，李智云被隋朝官吏捕杀，年仅十四。

李世民的得名很有传奇色彩。据说，他四岁那年，有个自称擅长算命的书生对时任岐州刺史的李渊说："您是贵人，而且有贵子。之所以您是贵人，就因为您有这位贵子。不过，正因为您是贵人，才有这位贵子。"语无伦次的算命先生见到李世民，吓得魂不附体："龙的身，凤的姿！二十岁！济世安民，就在二十岁！"说完便跑，一溜烟不见踪影。李渊怕这些话泄露出去引起麻烦，准备杀掉书生灭口，可是追出很远，到底也没有找到那位书生。李渊猜想这家伙大概是神仙化作疯子来启示他的吧，便依书生讲的"济世安民"的意思给二公子取名"李世民"。

李氏家族祖祖辈辈都是武将，与西北强悍的少数民族关系密切。家族始终保持尚武的习俗，传统教育也是骑射征战。对于这一点，李世民后来有过回忆。他说："我少时，喜好弓箭，骑马射箭的本领非一般人可比。"又说："少年时期，崇尚武艺，而对学业并不怎么用心，也没有理会那些做君王的南面之术。"可见少年时代的李世民不是一个彬彬有礼、安分守己的文弱书生，而是一个强悍骁勇、武艺精湛、陇右豪强式的贵族子弟。这些回忆是可靠的，李氏家族更像西北蛮族，以尚武为正宗，习武的空闲时间才学学读书写字，背诵些经书的教条。李世民对中国传统文化的掌握，主要是在长期的征战实践中获得的，正是在战争中学习战争。李世民的天资超常，很快就掌握了中国文化的精髓，他后来在政治舞台上对这些学说运用自如，隋炀帝的传统文化修养之高远非李世民可比，但是李世民在实战中的成就也是隋炀帝难以望其项背的。

李世民十六岁时，与长孙氏家族的女儿结婚。长孙氏是河南洛阳人，也是中国境内的少数民族，其先世出于北魏皇族拓跋氏，因担任过宗室长，故改姓长孙氏。长孙氏的祖父叫长孙兕，曾担任北周的左将军，她的父亲名叫长孙晟，是隋朝的右骁卫将军。长孙氏家族与李氏家族一样，都是军事贵族高门，他们之间的婚姻关系，更多是政治联姻。唐初的宫廷斗争中，长孙氏家族当然站在秦王李世民一边。这个家族在后来的太宗朝廷中有举足轻重的地位。

李世民的妻子长孙氏虽然出身军事贵族高门，但她爱文胜过尚武，自幼就喜好读书，言行举止都要遵循周礼的规则。原来，长孙氏尚在幼年，父亲长孙晟就病故了，处境孤单的长孙氏和哥哥长孙无忌，被舅父高士廉收留抚养。高氏是当时渤海的望族，世代在北魏、北齐、隋朝等朝廷中任要职。高士廉学识渊博，精通文史，很有名望。在这样的家庭熏陶下，兄妹俩也随着喜好舞文弄墨，博学多才。由于长孙氏与李世民的婚姻关系，后来，高士廉和长孙无忌参与了唐帝国的枢机，成为李世民进行政治斗争的重要助手。

大业十一年（615），李渊调任山西、河东黜陟讨捕大使，家眷也随之搬到河东（今山西永济蒲州镇）。这年八月，隋炀帝杨广巡视北方边塞时，突然遭到突厥始毕可汗数十万骑兵的袭击。突厥是一个游牧部落，生活在阿尔泰山一带。由于阿尔泰山形似古代叫兜鍪的战盔，这种头盔俗称“突厥”，所以也把这个强悍的游牧部落称为“突厥”。隋朝开皇二年（582），突厥分裂成东西两个部分。始毕可汗统领的是东突厥。

始毕可汗很快攻占了雁门一带四十一座城的三十九座。隋炀帝被困在雁门孤城里，城中守军加上居民总共不过十五万，粮食也只能维持二十几天。面对如此危急的形势，隋炀帝很镇定，他指挥军队坚守等待救兵。雁门城被敌军团团围住，号令各地勤王的敕令无法传达，隋炀帝命人把诏书绑在木板上，投入汾水，顺流南下，相信总有人捡到诏书告知官军往救。这时，李世民年满十八岁，已经应募入伍，隶属于屯卫将军云定兴的部下。隋炀帝的诏书果然为边军获悉，云定兴部接到命令前往救援。临出发时，李世民对云定兴说：“要多携带旗鼓，用来虚设队伍，迷惑敌人。始毕可汗敢率军来围困天子，一定以为国家仓促间派不出援兵。如果我方部署队伍，让数十里旗帜相连，夜晚则钲鼓声相应，敌人必定会以为救兵云集，望风逃窜的。要不然，敌众我寡，敌军全力来战，结果未可知。”云定兴听从了李世民的意见，安排部队在崞县宿营，只见旌旗飘扬数十里，鼓角远近相闻，声震于天。突厥的侦察骑兵不明就里，以为隋朝救援大军已到，急忙跑回大营报告始毕可汗，始毕可汗信以为真，慌忙撤兵北去。

疑兵化险，这是李世民参军生涯的第一次成功，显示出这位年轻人计谋权变非同一般。以后他还复制了这个战例。大业十二年（616），李世民跟随李渊到了太原。这时的李渊，先为太原道安抚大使，后又升为太原留守。有个叫魏刀儿的暴民在上谷地方聚众十余万发动暴乱，自称“历山飞”，所向披靡，官军不可阻挡。魏刀儿的别将甄翟儿率领一支队伍骚扰太原，杀死隋将潘长文。李渊率领驻军前往征讨，行至西河郡永安县的雀鼠谷，与甄翟儿遭遇。甄翟儿在这里的部众多达两万余人，而李渊所率的步骑只有五六千人，力量悬殊。李世民父子把部队分为两阵，瘦弱的士兵排列在中间，辎重继后，举起大片的旌旗，战鼓和号角声震天动地，使甄翟儿产生错觉，以为遭遇了官军的大部队。趁着甄翟儿疑惑之时，李渊率领精骑数百，在李世民的配合下，冲断甄翟儿军，全军化险为夷。

这是两次规模不大的战斗，属于遭遇战，但它对初出茅庐的李世民意义重大。一方面，证明李世民确实具有军事天才，在混乱的局势下思维缜密，举措得当，行动敏捷；另一方面，勤王救驾，救天子于危难之中，这是他走向政治的巨大资本。李世民还没有在群雄竞逐的历史舞台上正式亮相，就已经获得了他人生奋斗的第一桶金。

二、举义反隋　当者土崩

隋朝末年，政治腐败，民不聊生，义军蜂拥而起。年轻的李世民见识宏博，胆量过人。他看到隋帝国正处于混乱之中，正是天下豪杰施展抱负的时代，也是孕育英雄的时代。李世民在雁门关解救隋炀帝的传奇经历更使他声名鹊起，身边聚集了许多才俊，晋阳令刘文静就是其中一位。刘文静因与瓦岗军首领李密是儿女亲家，李密起兵造反，就牵连了刘文静，于是被逮捕，关在太原的监狱里。李世民去探望他。刘文静说："天下大乱，需要汉高祖、汉光武帝那样的不世之才。如今皇上到南方巡游江、淮，李密的瓦岗军逼近东都洛阳，天下骚动，聚众作乱的豪强盗贼数不胜数，草头王、流寇动辄万人。在这种局势下，若有真命天子出现，能够驱使驾驭这些人，夺取天下就易如反掌。就说我们身边，太原百姓为躲避盗贼都搬入城内，我做了几年县令，小有威望，也了解其中的豪杰之士，一旦把他们收拢来，可得十万人。您父亲唐公所率领的军队又有几万人，以此兵力乘虚入关，号令天下，不过半年，就可以大功告成。"狱中的刘文静丝毫不颓丧，他仿佛当年的诸葛亮未出隆中就确立了天下三分。听了刘文静狱中的一席话，李世民大喜。两个人积极筹划，做出相应的布置，等待时机起事。他们要取得李渊的支持，但是李渊对隋炀帝一贯很忠诚，不会同意他们犯上作乱，举兵造

唐太宗李世民

反。问题还在于，李世民和刘文静确实不知道李渊的真实想法。依照李渊的本性推断，他与隋文帝杨坚并无不同，都渴望在乱世夺得大宝，追杀算命先生就是很好的例证。但是根据他平时的言行。对隋炀帝表现得忠心耿耿，在家里每当说到隋炀帝陛下，都要跪下去，诚惶诚恐，仿佛隋炀帝就在面前。李世民猜不透父亲这是真心爱戴皇上呢，还是刻意伪装。

李渊虽然是隋炀帝的忠臣，但忠臣也会做与身份不怎么相符合的事情。隋炀帝在晋阳（今山西太原境内）有一座行宫，行宫里养了一批宫女。隋炀帝来晋阳的时候不多，便叫裴寂在这里做宫监，主要就是看守这些宫女，不使地方官或驻军将领染指。但是裴寂监守自盗，把一些宫女偷出来献给李渊。这是杀头灭族的大罪，事情败露的话，不但李渊灭族，裴寂也得陪着上刑场。刘文静利用裴寂的短处，使裴寂向李渊说通关节，于是就引见李世民与裴寂结交。李世民拿出自己的几百万私房钱，让龙山令高斌廉与裴寂玩赌，故意输钱给裴寂，裴寂见钱眼开，视李世民为知己，由此每天和李世民往来密切。李世民把自己的意图告诉裴寂，裴寂许诺劝诱李渊起事。

突厥人侵犯马邑，李渊派副留守高君雅、马邑太守王仁恭领兵抗击。高、王与突厥交战不利。李渊担心被牵连治罪，李世民认为机会来了，对李渊说："如今主上昏庸无道，百姓困顿贫穷，晋阳城外都成了战场，大人要是恪守小节，下有流寇盗贼，上有严刑峻法，您的处境很危险。不如顺应民心，兴起义兵，转祸为福，这是上天授予的时机，机不可失，时不再来！"

李渊任河东讨捕使时，善于占卜天象以及相面的副手夏侯端曾对他说："如今玉床星座摇动，帝座星不安，岁星位居参宿的位置，象征必有真命天子起于晋地。这位真命天子不是您，还能是谁呢？如今皇上猜忌残忍，尤其猜忌姓李的实力人物，李金才已经死了，您不随机应变，早做预防，必然是李金才第二！"当时民间传诵一首叫《桃李亲》的歌谣，歌词隐晦，意思是姓李的将军将对隋朝不利。隋炀帝怀疑李姓有受命之符，所以无缘无故地杀了右骁卫大将军李金才，连及李氏一家三十余口。到李渊留守太原时，鹰扬府司马许世绪劝说李渊："您的姓氏应在图谶上，名字应在歌谣里，您手握五郡之兵，身处四面应战之地，起兵举事则可成帝业，端坐不动，则指日可亡！"还有一些人也劝说李渊起兵，李渊心里也有所动摇。

尽管如此，听了李世民的话语，李渊还是想掩饰自己跃跃欲动的心思，他假装大吃一惊："你怎么说这种话，我现在就把你抓起来向官府告发，把你送到地方监狱，让皇上治你的罪！"说着就取来纸笔，要写状表。李世民也不害怕，继续劝说父亲："我观察天时人事，已经很清楚了，才敢说这样的话。

如果一定要告发我，我也不怕死。大人请!”作出伏地受死的样子。李渊扔下笔说:“你要小心谨慎行事，这话不要随便乱说!”第二天，李世民又劝李渊:“如今盗贼日益增多，遍布天下，世人都传说李氏当应验图谶，致使李金才无罪却被灭族。大人剿贼不力，固然要被治罪;要是能将贼剿灭净尽，那么功高震主，不但无功，我们全家反倒更危险!只有应时而动，举兵反抗无道昏君，才是万全之策，不要再疑虑了。”李渊叹息说:“我整夜都在考虑你昨天说的话，你说得很是有理。那就听从你的意见，往后，就是家破人亡也由你，变家为国也由你!”父子的试探终于结束，原来大家都是一条心。

果然不出李世民所料，没过几天，隋炀帝以李渊和王仁恭不能抵御突厥的进犯为罪，派使者来，要将他们押往隋炀帝行宫所在的江都(今江苏扬州)问罪。李渊大为恐惧，李世民与裴寂又乘机鼓动李渊:“如今主上昏聩，国家动乱，为隋朝尽忠没有好处，本来是将佐们出战失利，却要治您的罪。事情已经迫在眉睫。晋阳军队兵强马壮，宫监积蓄的军资财物巨万，以此起兵，还怕不成功吗?关中豪杰蜂起造反，但都在茫茫然不知归属于谁，您要是大张旗鼓地向西进军，招抚他们，使他们归附，取关中就如探囊取物一样容易。为什么要受一个使者的监禁，坐等被杀戮呢?”李渊秘密布置准备，将要举事。忽然隋炀帝又来了命令，不再追究李渊的责任。李渊又犹豫了。刘文静急切地对裴寂说:“先发制人，后发制于人，您为何不早劝唐公起兵，却推迟拖延不已?等到天下平定，宫女的事必然暴露，那时候，您是难逃一死的，您死也就罢了，却因此误了唐公的大业!我们就不能做到谁也不必送死吗?”裴寂被揭了隐私，极为恐惧，急切催促李渊起兵。

于是，李渊指令刘文静假造隋炀帝的诏令:“征发太原、西河、雁门、马邑诸郡二十以上五十以下丁壮为兵，本年内到涿郡集结，讨伐高句丽。”当时，隋炀帝已经三征高句丽，隋军死伤惨重。因此“诏令”一出，群情激奋，人们宁可造反，也不愿到辽东送死。这是李渊打着隋炀帝的合法旗号，以万民痛恨的“伐辽东”鼓动人心，为自己起兵集结队伍造势。

大业十三年(617)二月，马邑人刘武周起兵，杀太守王仁恭，三月又联合突厥兵直逼太原。这时，李世民催促父亲快快起兵，说:“大人身为留守，而盗贼窃据离宫，如果不早定大计，灾祸不久就要到来了。”于是，李渊以讨伐刘武周为由，召集诸将佐会议，提议自行募兵。负有监视李渊行动使命的副留守王威和高君雅，迫于非常形势，只好同意;同时，也委婉地提醒李渊，募兵是为了对付刘武周，要跟隋王朝休戚与共，决不可另有图谋。李渊命令李世民与刘文静、长孙顺德、刘弘基等人各自募兵。远近的百姓投奔汇集，十天之内有近万人应募。这支队伍由李渊、李世民父子控制和直接指挥，成为晋阳起兵的主力军。

副留守王威和高君雅眼看募兵云集，整个太原都骚动起来，怀疑李渊有异志，便策划晋祠祈雨大会。晋祠位于太原西南五十里的悬瓮山下，王威、高君雅想把李渊诱骗到这里，加以杀害。这个阴谋恰好被经常出入于王、高家的晋阳乡长刘世龙了解，刘世龙立即将此事报告给李渊父子。李渊和李世民、刘文静决定先发制人，让李世民率兵埋伏在晋阳宫城的外面，相机而动。

五月十五日的早晨，李渊像往常一样，与王威、高君雅坐在一起处理政务，刘文静引着开阳府司马刘政会进来站在厅堂上，声称“有密状，告某人谋反”。李渊故意叫王威先看那份莫须有的密报，刘政会说：“告发的就是副留守王威、高君雅，只有唐公才能看。”李渊佯作吃惊：“难道有这样的事？”他看了状子，正色道：“王威、高君雅勾引突厥，策划入侵，图谋皇上！”高君雅捋起衣袖大骂：“杀了我，你们好造反是不是？姓李的叛贼，国家待你不薄！”李世民已经布置了军队，控制了局面。高君雅还想争辩，刘文静一声令下，埋伏在后面的长孙顺德、刘弘基等一跃而出，将王、高抓起来投进监狱。说来也巧，正当李渊宣布王、高勾结突厥谋反的时候，突厥数万骑兵果然入侵太原，李渊命令裴寂等人率兵防守，把各城门都打开，突厥人不知虚实，不敢进入，逡巡而去。由于如此巧合，大家都以为确实是王威、高君雅把突厥人招引来的，李渊便名正言顺地把他俩杀掉，然后传令各地，明令各地的军政首领一律听从唐公指挥。义旗高举，大唐的事业轰轰烈烈地开始了。

三、智取霍邑　力克关中

晋阳的南面是西河郡（今山西汾阳），郡丞高德儒。当李渊传檄至该郡的时候，高德儒拒绝了。李渊命令李建成、李世民攻取西河郡。取西河，是李氏父子晋阳起兵后的第一战，胜败关系到李唐王朝的帝业，因而上下十分重视。临行前，李渊对太原令温大雅说：“我儿子年轻，请您参与谋划军事，事情成败，在此一举。”李建成、李世民带领的士兵都是新近招募的，没有经过训练，但是李建成、李世民与士兵同甘共苦，遇到敌人身先士卒。附近道旁的蔬菜瓜果，兵士有偷吃的，立即找物主给予赔偿，但也不责备偷窃者，士兵及百姓们对李氏兄弟都心悦诚服。唐军到达西河城下，高德儒闭城拒守，但很快就被攻破。抓住高德儒，李世民历数其罪过：“你弄来一只野鸟冒充凤凰来欺骗君主，诈言‘祥瑞’，骗取高官，我们兴义兵，正是要诛灭你这样的奸佞小人!”然后将高德儒处死，其余官员一律不杀，还分别抚慰吏民百姓，让他们各复其业。西河首捷，往返仅九天，李渊高兴地说：“像这样用兵，足以横行天下!”于是就订下了直取长安的计划。此役后，设置大将军府，分为三军。封李建成为陇西公、左领军大都督，指挥左三军。封李世民为敦煌公、右领军大都督，指挥右三军。任命裴寂为长史，刘文静为司马，唐俭和温大雅为记室，温大雅参与机密，长孙顺德和刘弘基等为统军。战时军政一体的组织机构初具规模。

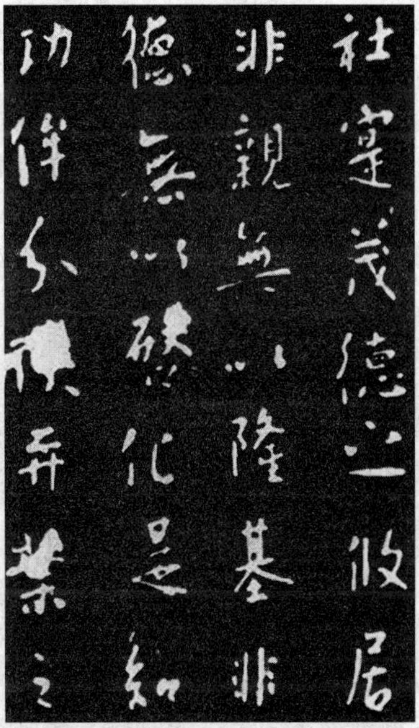

唐太宗李世民《晋祠铭》

大业十三年（617）七月，李渊誓师出征，留三子李元吉守太原，他亲自率领李建成、李世民共三万人马南下。隋朝虎牙郎将宋老生驻霍邑（今山西霍县），以精兵两万阻挡李渊的军队前进。正是北方雨季，大雨绵延不止，军粮供应不及，又有流言说突厥乘虚侵袭太原。李渊召集将领僚佐们商议向北返回。裴寂等人都说：“宋老生居守险要，不容易很快攻下。太原为一方的都会，而且义兵的家属都在太原，不如返回我们的根据地，待局势有利再筹划出征。”李渊倾向于同意这项提议。李世民反对说：“宋老生为人轻狂浮躁，一战就可以擒住他。现在的局势是，李密占领兴洛仓（在河南巩县东北）后舍不得粮仓粟米，顾不上向远方图谋。刘武周和突厥人表面上虽然相互依赖，但实际上却互相猜忌。我们本来是兴大义、奋不顾身地拯救百姓，应当先行进入长安，号令天下。现在只遇到了小敌，立刻就要回师，恐怕跟随起义的人一旦解体，返回去守卫太原一城之地，我们就沦落为贼寇了，天下人都会得而诛之，自身都不能保全，何谈建立大业!”李建成赞同李世民的意见，主张继续进兵，彻底击败宋老生。但李渊不听，催促军队撤出战斗，全军返回太原。李世民要进入李渊的营帐劝阻，李渊以夜深已经休息为由拒绝接见，李世民就在帐外号哭。哭声传到帐中，李渊无奈被迫召见李世民，问他为何哭闹。李世民说：“如今我们举兵是为大义，进军攻战就能取胜，后退就会溃散，到那时，部众溃散在前，敌军追击在后，我们被官军消灭的日子就在眼前啊，怎么能不悲伤?”李渊醒悟，忙说：“军队已经出发，我们怎么办呢?”李世民说：“右军整装，但是还没有出发，左军虽然出发，估计还没走远，请让我去追赶他们。”李渊鼓励他说：“随你调度安排!”李世民和李建成连夜把左军追了回来。过了几天，太原的粮食也运到了，刘武周终于也没有敢进攻太原，危机解除。

八月初雨停了，李渊决定展开对宋老生的攻势，命令部队晾晒铠甲、器械、行装。李渊率军从山脚下的小路向东南直抵霍邑。李建成、李世民说：“宋老生有勇无谋，我们用轻骑向他挑战，他不会不出战，待他从营垒出来，我们就四处宣言说他已经投降了我们，他害怕被左右的人奏报，只能与我军接战。”李渊和几百名骑兵先到霍邑城东面几里的地方等待步兵，李建成、李世民率领几十骑到城下，举鞭挥旗就像要布置军队包围城池的样子，并且辱骂宋老生。宋老生大怒，率三万人从东门、南门分道出战。李渊派殷开山召集后军，后军集结完成，李渊和李建成在城东列阵，李世民在城南列阵。李渊、李建成与宋老生交战，李世民与段志玄从南原率兵驰马而下，冲击宋老生的军阵，奔袭宋老生军的背后。李渊的兵势振奋起来，就齐声呼喊：“已经抓住宋老生了!”宋老生军心涣散，大败。李渊的兵士迅速直抵城门，城门关闭了。宋老生下马跳入壕沟，刘弘基将他杀死。隋军的死尸遍布原野。天黑了，李渊命令登城，当时没有攻城的器械，将士们奋勇作战，赤膊登城，一举攻下霍邑。

攻克霍邑后，又乘胜接连攻取临汾郡（今山西临汾）和绛郡（今山西绛县）。李渊军到达龙门（今山西龙门）。九月，包围河东。河东是战略要地，关中门户。隋朝骁骑大将军屈突通闭城拒守，攻之不克。这时唐军发生了军事策略上的第二次分歧。裴寂说：“屈突通拥有大批军队，凭借着坚固的城池，是我军的劲敌，当前应当全力进击屈突通。我们若舍弃他而去，要是进攻长安（今陕西西安）而不能攻克，后退就会遇到河东方面的追击，腹背受敌。先攻下河东，然后挥师西进。长安是依恃屈突通为后援的，屈突通被打败，长安必定不战而破。”李世民反对说：“兵贵神速，不要纠缠。我们乘着屡战屡胜的军威，安抚归顺的民众，大张旗鼓地西进，长安守军还来不及谋划决断，更不用说布防。我们取长安就如同秋风扫落叶。如果滞留于此坚城之下，河东不能迅速攻下，长安则有时间加强防御以对付我们，我们白白浪费了时间，军心涣散，前功尽弃。况且关中拥兵自重的将领分散在各地，必须尽早将他们招抚来。屈突通是作茧自缚，不足为虑。”李渊决定分兵两路，大军渡河入关，重点攻取长安，同时留相当兵力对付屈突通。这一部署很正确，在李世民等与薛举相持期间，李建成、刘文静等率军攻打潼关，最后潼关被攻克，屈突通投降，他在后来的统一战争中为唐朝廷立下了卓越的功勋。

李渊父子率主力部队渡河后，李建成、刘文静等屯守永丰仓和潼关，防备来自东面的敌兵；李世民率统军刘弘基、长孙顺德等数万人定渭北，包括泾阳、武功诸县。李世民军纪良好，他本人又素有名望，各县都是不战而下，主动归附。隰城尉房玄龄到军中拜谒李世民，二人一见倾心。李世民任命房玄龄为记室参军，以后他一直是李世民以及唐帝国初期的重要谋士。

刘弘基等南渡渭水，驻屯长安故城。李世民则引兵赴司竹园，收编了李仲文、何潘仁、向善志等所率徒众，驻扎在原秦阿房宫城，号称拥兵十三万。接着，李世民派人报告李渊，请即赴长安。李渊命李建成率精兵赴长乐宫，李世民率新附诸军北屯长安故城。十月，李渊到达长安，设营于春明门之西北。京城被二十万大军围困，到十一月，长安落入李渊军手中。李渊立隋代王杨侑为皇帝，即隋恭帝，改元为义宁元年。李渊为假黄钺、使持节、大都督内外诸军事、尚书令、大丞相，进封唐王，以武德殿为丞相府，独揽军国机务。以李建成为世子，李世民为京兆尹、秦公，李元吉为齐公；以裴寂为丞相府长史，刘文静为司马。次年三月，李世民改封赵公。两个月后，隋恭帝被迫禅位，李渊即皇帝位于太极殿，国号唐，改元武德，定都长安。武德元年（618）六月，李世民为尚书令，裴寂为右仆射、知政事，刘文静为纳言。根据传统的嫡长子继承制，立李建成为皇太子，李世民为秦王，李元吉为齐王。由于秦王李世民参与“首义”，而且军功显赫，他在新王朝里占据重要的地位。

四、扫荡西秦　薛氏宾从

讨伐薛举、薛仁杲父子的战争，是唐初统一战争的第一个大战役。李世民在这次战役中挂帅，表现了他卓越的军事指挥艺术。

薛举，汾阳人，侨居于金城郡（治今甘肃兰州）。他骁勇果敢，家财豪富，又喜好结交豪杰之士，称雄于西部边地。大业十三年（617）四月，薛举据金城郡起兵，开仓赈贫，自称西秦霸王，建元秦兴，封长子薛仁杲为齐公，幼子薛仁越为晋公。招集群盗，抢掠官府的牧马，很快就占有陇右之地，拥有部众达十三万。当年七月称秦帝，立妻子鞠氏为皇后，薛仁杲为皇太子。薛仁杲果敢有力，善于骑射，有乃父之风，军中号称“万人敌”。但他生性贪婪、残忍、嗜杀成性，更过于其父。他抓住庾信的儿子庾立，因庾立不肯投降，将庾立在火上炙烤，然后一点点地把肉割下来让军士们吃。攻下了天水，把天水的富人都吊起来灌醋，向他们索取金银珠宝。薛举父子又袭击并攻取了门源，收编了唐弼的部众，势力越发壮大，其部众号称三十万。薛氏父子的战略目标与李渊父子相同，都是要在乱世中夺九鼎，第一步的战略部署都是指向关中，关中本来是薛举的卧榻，如今李渊来酣睡，还像模像样地自称皇帝，建立“朝廷”，还改什么“国号”。这是薛举所无法容忍的。两者的对决很快展开了。

李渊、李世民父子抢先攻占长安。薛举父子以十万兵力进逼渭水之滨，包围了扶风郡城，构成了对李渊势力的严重威胁。面对这种情况，李世民挺身而出，率兵在扶风反击薛仁杲，大破薛仁杲军，追击到垅坻才返回。太子军败，薛举大为惊慌，知道来自太原的这伙蛮族不好对付，想保命全身，问他的臣属：“自古有天子投降的事情吗?”黄门侍郎褚亮说：“赵佗（南越王）归附汉朝，刘禅（蜀汉后主）侍奉晋室，近代的萧琮（后梁后主）到现在还地位显赫高贵，这种转祸为福的事自古就有。”卫尉卿郝瑗反驳说：“陛下不应该说这样的话！褚亮的话荒谬至极。从前汉高祖经过多少次逃亡和失败，蜀汉的先主刘备屡次失去妻室儿子，但他们最后都完成了帝业。陛下怎么能因为一次失利，就要做投降的打算呢?”薛举很尴尬，掩饰说：“朕不过拿这话试试你们罢了，你们看朕是会向人投降的人吗?”这次前哨战的胜利，对于李渊父子来说，意义重大，不仅鼓舞了士气，使他们在关中站稳了脚跟，并且便于向外发展。于是，平凉留守张隆、河池太守萧瑀及扶风、汉阳郡相继来降。接着，又取得了巴、蜀之地。李唐的势力延伸到了南方。

薛举企图勾结突厥谋取京师。六月，薛举入侵泾州，纵兵掳掠，直至豳州、岐州一带。刚被封为秦王的李世民，以西讨元帅的名义，和刘文静、殷开山等率八总管兵前往抗击。七月，双方对垒于高墌（今陕西长武北)。李世民加深壕沟，加高壁垒，不与薛举交锋。正当这关键时刻，李世民得了疟疾，卧于军中，只得把指挥大权委托给刘文静和殷开山，并告诫二人：“薛举孤军深入，粮食不多，士卒疲惫，假如他来挑战，你们不要应战。等我的病痊愈后，和你们一起打败他。”殷开山对刘文静说道：“王爷担心您不能退敌，才说这番话。贼兵听到王爷有病，必然轻视我们，应该显示一下武力以威慑敌人。”于是，他们在高墌西南列阵，仗着人多不加防备。薛举以精锐的轻骑从背后包抄掩袭，唐军八总管全部战败，士卒死者十之五六，大将军慕容罗睺、李安远阵亡，高墌城也陷落了。李世民和残军退回长安，京师惶然不安。刘文静等人均因此被罢官。对这次战败，刘文静等人主动承担了责任，并向朝廷说明秦王卧病没有参与军事。其实这是一种策略，是为了打造李世民“常胜将军”的光辉形象，不惜用了曲笔。

薛举获胜，有人建议乘胜直取长安。薛举也完全恢复了信心，准备扫除这一批不识相的北方人。但就在东进大军出发前夕，薛举暴病而死，薛仁杲继位。这一番变故，使西秦攻唐的步伐减缓了，李唐获得了恢复进攻能力的机会。八月，李渊任命李世民为元帅，攻打薛仁杲。九月，唐军临近高墌，就坚壁不动。诸位将领请战，李世民说：“我军才打了败仗，士气沮丧，对方因得胜而骄傲，就会轻视我们，不做戒备。我们应当在营垒中耐心等待。骄兵必败，我们可以乘机一仗决胜！”双方相持了六十多天，薛仁杲军粮食殆尽，将领梁胡郎等人率领各自的队伍来投降。李世民了解到薛仁杲手下的将领士卒有离异之心，便命令行军总管梁实在浅水原扎营引诱薛仁杲部下来攻。薛仁杲的部将宗罗睺出动全部精锐攻梁实，梁实守住险要不出战。宗罗睺的攻击很猛烈。李世民估计对方已经疲劳，决定展开进攻。李世民让右武侯大将军庞玉在浅水原列阵。宗罗睺合兵攻庞玉，李世民大军出其不意从浅水原北面出现，李世民率几十名骁骑勇猛冲击敌阵。唐军内外奋力拼搏，呼声动地，宗罗睺大败。

薛仁杲在城下列阵，李世民依泾河面对薛仁杲营地，薛仁杲手下的骁将浑干等人到唐军阵前投降。薛仁杲被迫进城拒守，唐大军相继到达，包围了城池，守城的人纷纷逾城投降。薛仁杲无计可施，只得出城投降。唐得薛仁杲一万多精兵，五万名男女。唐军大获全胜。李世民的策略又获得了实战的验证。

战争胜利后，诸位将领向李世民祝贺，问战胜强敌的原因：“大王一仗就取得了胜利，骤然舍弃步兵，又没有攻城的用具，轻骑直到城下，众人都认为无法攻克城池，却很快就取胜，是什么原因呢？”李世民说：“宗罗睺部下都是陇西人，将领骁勇，士卒彪悍。我出其不意打败了他，杀伤不多。如果迟迟不追击，任他们返回城内，薛仁杲加以抚慰，再派他们作战，我军取胜就不容易了。我军迅速追击，薛军跑散，高墌城空虚，薛仁杲失去了抵抗的时机和力量。这就是我胜利的原因。这叫乘胜追击，压迫穷寇，虽然不合古代兵法，但随机应变，正是孙子兵法的精髓。”众人心悦诚服。李世民把投降的士兵全部交给薛仁杲兄弟以及宗罗睺、翟长孙等人统领，和他们一起打猎。这些人畏惧李世民的威严，又感谢李世民的恩德，都愿以死效劳。唐高祖派遣使者对李世民说：“薛举父子杀了我们很多士卒，务必彻底清除他们的同党，以告慰死去的冤魂。”不久前归顺唐的李密进谏说：“薛举残暴地杀害无辜者，这正是他灭亡的原因，现在我们收服薛氏的百姓，最好的办法是反薛家之道而行之，对他们加以安抚，使他们诚心归顺。”李世民下令，只杀首恶，其余的人都给予赦免。

秦王李世民凯旋回长安，将薛仁杲斩首于市。唐高祖下诏以秦王李世民为太尉、使持节、陕东道大行台，蒲州及黄河以北各府的兵马都受秦王指挥。

讨伐薛举、薛仁杲父子的这一场战争，前后进行了近一年。这次战争的胜利，解除了唐王朝来自西北方面的威胁，消灭了夺取关中的强劲对手。战争胜利后，因在高墌之战中失利被撤职的刘文静封为户部尚书，领陕东道行台左仆射。

五、坚壁挫锐　武周弃城

刘武周

李世民指挥并取胜的第二个大战役，是平定刘武周。这次战役，从武德二年（619）十一月出征，到第二年四月结束，总共半年时间。战争进行当中，李世民巧妙运用“坚壁挫锐”的方略，使唐军由劣势转变为优势，从接连溃败到大获全胜。

刘武周是河间（今属河北）人，迁居马邑（今山西朔县），任马邑鹰扬府校尉。大业十三年（617）二月，与同郡张万岁等杀太守王仁恭，聚众万余人，自称太守。他依附突厥贵族，攻占雁门、楼烦、定襄等郡，突厥封其为“定杨可汗”，准许他以狼头图案旗为行军标志。刘武周自称皇帝，年号天兴。在突厥的支持下，南侵山西。他接受大将宋金刚的建议，“入图晋阳，南向以争天下”。宋金刚原是易州叛乱军队的首领。拥有一万多人马，与另一叛军首领魏刀儿相联结。窦建德进攻魏刀儿的时候，宋金刚前往救援，被窦建德打败，便带领残余的四千人马投奔了刘武周。刘武周很器重宋金刚，对他的到来十分高兴。封他为“宋王”，将军事大权交给他，并将自己财产的一半送给宋金刚，还把妹妹嫁给他。当时李渊、李世民正在经营关中，筹划用兵关东，图谋全国，所以山西地面兵力空虚，刘武周任命宋金刚为西南道大行台，领兵两万，并与突厥联络，气势很盛。一时间，所向披靡，攻无不克。唐并州（治今山西太原）总管齐王李元吉抵挡不住，榆次

（今山西榆次）被攻陷，太原处于危急之中。宋金刚攻陷平遥（今山西平遥）、介休（今山西介休），兵势甚锐，李唐统治区域危机四起，李渊忧心忡忡。为了扭转战局，决定派右仆射裴寂来前线督军抗击，任命裴寂为晋州（治今山西临汾）道行军总管，讨伐刘武周，听其相机行事。裴寂到介休，宋金刚凭借城池抵抗。裴寂在度索原扎营，宋金刚切断水源，使唐军的士兵因干渴失去战斗力。裴寂想转移营地靠近水源，宋金刚趁机挥兵进攻，裴寂的军队溃败，裴寂本人只身逃回晋州。刘武周前锋进逼太原，齐王李元吉带着妻妾逃回长安。李唐王朝的发迹地竟在旦夕之间陷落，唐高祖哀伤不已。当时晋阳有几万强兵、储备十几年的粮食。晋阳失陷，李唐对“诸侯”的优势瞬间化为乌有。十月，宋金刚进攻并攻克了浍州和晋州。由于裴寂怯懦，错误地实行焚烧政策，百姓惊恐不安，忧愁抱怨，都想去当强盗，夏县百姓吕崇茂聚众起义，响应刘武周，裴寂去讨伐，竟被吕崇茂打败。消息传到长安，朝野一片震惊。

形势急转直下，唐高祖慌忙颁发手敕，要逃跑以避刘武周：“贼势猖狂到如此地步，很难与他们抗争，宜放弃黄河以东地区，谨守关西。”秦王李世民不同意，上表称：“太原是王业的基础，国家的根本；河东地区富饶，京城靠它供给，绝不可以放弃。请求陛下给臣三万精兵，必定消灭刘武周，收复汾、晋。”于是，唐高祖征发关中兵力扩充李世民的部队，让他挂帅讨伐刘武周。

十一月，正值隆冬季节，李世民乘河冰坚硬，带兵从龙门渡过黄河，驻扎在柏壁，与宋金刚对峙。当时黄河以东的州县遭抢劫后，没有粮仓，人人惧怕侵扰，聚居在城堡中。征集不到物资，军队缺粮严重。李世民果断废除裴寂的各条扰民法令，努力安抚人心。他发布文告晓谕百姓，阐明王军以爱民为本。百姓听说李世民率军前来，踊跃归顺，然后唐军逐渐征收粮食，军粮因此充足。于是休兵喂马，只以小部队相机抄掠敌军，大军则坚壁不战。

坚壁了一段时间，各位将领不耐烦了，都请求与宋金刚交战。李世民说：“宋金刚孤军深入，麾下集中了精兵猛将，刘武周占据太原，依仗宋金刚为屏障。宋金刚的军队没有储备，靠掠夺补充军需，利于速战。我们关闭营门不出，养精蓄锐，可以挫败他们的锐气。分兵攻汾州、隰州，骚扰他的心腹之地，他们粮尽无计可施，自然会退军。我们到那时再战，目前不宜速战。”双方对垒相持五个月后，宋金刚终于因军粮困乏，不得不后撤。李世民率军追击，至吕州追上了宋金刚部将寻相。大败寻相，又继续追击，一昼夜走了二百多里，打了几十仗。到高壁岭，总管刘弘基等认为士兵饥饿疲惫，应当在此停留扎营，等到兵马粮草都齐备了，然后再进击。李世民说：

“宋金刚已经穷途末路，军心涣散。机会难得，转瞬即逝，一定要趁此机会消灭他。如果我们停止不前，让他有时间再从容布防，又得从头开始，岂不是前功尽弃?”于是，催马追击。唐军在雀鼠谷追上宋金刚，一天交锋八次，都打了胜仗，俘斩敌军数万。接着，李世民带兵赴介休城。这时，宋金刚尚有两万部队，出西门，背城而阵，欲决死战。李世民命李勣、程知节（程咬金）、秦琼在东，翟长孙、秦武通在南，对宋军进行钳制，他本人则亲率三千虎贲冲其阵后，结果，宋金刚大败而逃。李世民追出几十里，来到张难堡，宋金刚收拾残兵，继续与唐军对抗。

宋金刚手下将领尉迟敬德、寻相等率余部八千来降。敬德是朔州人，武勇善骑，是一位杰出的骑兵将领。李世民得到尉迟敬德非常高兴，引为右府统军，并让他仍然统领他带来的八千旧部。有人担心敬德会叛变。李世民不以为然说：“我对敬德推心置腹，敬德一定不负我心!”

宋金刚溃败，刘武周大为惊恐，便带了百余骑弃太原北走，投奔突厥。宋金刚收拾残部，准备再战，但部众都不肯跟随他与唐军作战，于是宋金刚也和一百多骑兵逃往突厥。不久，宋金刚打算跑回上谷，被突厥捉回，腰斩。

刘武周当初南侵犯唐时，他的内史令范君璋曾规劝道：“唐主以一个州的兵力，直取长安，所向无敌，这是上天相助，不是人力。晋阳以南，道路狭窄险要，孤军深入，后无援军，假如进军攻战不利，怎么回军？不如北面联合突厥，南面与唐结交，在此一方称王称霸，才是长远之计。”刘武周不听，留范君璋守卫朔州，自己率军南侵。刘武周失败后，流着泪对范君璋说：“我没有采纳你的意见，以至于到了现在这种地步。”刘武周策划从突厥逃回马邑，事情泄露，被杀。突厥可汗任命范君璋为行台，统领刘武周的余部。

经过半年的艰苦奋斗，李世民圆满完成使命，收复了并、汾旧地，消灭了又一个可能与李唐争天下的强大敌人刘武周，为巩固初生的唐朝政权立了殊勋。战役结束以后，李世民留将领李仲文镇守并州，自己则引军凯旋长安。

六、讨伐世充　包围洛阳

唐初统一战争期间，规模和声势最大的一次战役，是秦王李世民指挥的对王世充以及窦建德的征讨。这次战役历时十个月。

王世充，新丰（今陕西临潼东北）人。本姓支，祖籍西域。他长得深目、高鼻、卷发，有高加索血统。隋炀帝时任江都郡丞，因镇压朱燮、管崇、孟让等叛乱军，升江都通守，又击破格谦叛军。后为瓦岗军所败。大业十四年（618），隋炀帝在江都被禁军将领宇文化及等缢杀以后，留守东都（今河南洛阳）的隋朝官员拥戴隋越王杨侗即皇帝位，改年号为皇泰。封王世充为纳言、郑国公，专擅朝政。

有一次，皇泰主的国子祭酒儒生徐文远出城打柴，被瓦岗军捉住。这位徐文远是瓦岗军首领李密的老师。李密让徐文远朝南坐，自己尽弟子的礼节，拜徐文远。徐文远说："老夫既然受了厚礼，不敢不畅所欲言了。将军的志向是打算像伊尹、霍光那样扶助朝廷于危难之中吗？那样的话，老夫虽然年迈，仍愿意尽力相助。假如将军学步王莽、董卓，乘国家危难谋私利，那老夫对于将军来说，是没有一点用处的！"李密叩头说道："李密奉朝廷命令，位列上公，希望竭尽有限的能力，挽救国难，这才是李密本来的愿望。"徐文远说："将军是名臣（李密父李宽为隋朝名将）之子，因为失足才落到今天的地步，如果能趁走得不太远及早回头，仍然不失为忠义之臣。"不久，在一场内部争斗中，王世充杀了郭文懿、赵长文等重臣，皇泰主无奈任命王世充为左仆射，总督内外诸军事。王世充从含嘉城搬到尚书省，逐渐联结党羽，恣意横行，作威作福。他让哥哥王世恽为内史令，住在宫内，子弟都掌握兵权，政事全部交给同党主持，势震内外，人们争相趋附。这时，李密再向徐文远请教对策。徐文远说："王世充也是我的弟子，为人残忍狭隘，他目前控制朝廷，必然有野心。将军您当前的首要任务是消灭王世充，不打败王世充，匡扶皇室就无从谈起。"于是李密决定剿灭王世充，再谋后计。

李密与王世充之间的决战全面展开。但是由于李密轻敌，听不进裴仁基、魏徵等人的意见，结果大败，部队分崩离析，他自己带着忠于他的两万人入关降唐，其他将帅大多投向了王世充。击溃瓦岗军以后，皇泰主封王世充为太尉、尚书令，总督内外诸军事。又开太尉府，备置官属，王世充的实力更强大了。

起初，王世充对皇泰主礼节相当谦敬，但不久便骄横霸道，逐渐凌驾主上。有一次，他在宫中吃了赏赐的食物，回到家里大吐，便怀疑食物被人下了毒，从此以后，王世充就以有人谋害为由，不再上朝拜谒皇帝。皇泰主知道王世充最终不会甘当下臣，而自己又无力制服他，只能从仓库中取出丝织品，做了许多幡花；又拿出各种衣服玩物，让僧人到处施舍给穷人，以求福运。可是，王世充让党羽把守住宫门，宫内的杂物，毫厘也不得拿出去，皇泰主这个虚妄的自救计划也落空了。王世充还让人进献印玺和宝剑，又说黄河水清了，圣人即将出现，所谓"圣人"理所当然是他王世充。不久，王世充派段达等人对皇泰主说明，请求授予他九锡。九锡，是古代帝王赠给有大功或有权势的诸侯大臣的九种物品，如车马之类，一些权臣篡位之前，都会先要求皇上赐九锡，这也是历代手握重权图谋皇位的野心家的共同伎俩。皇泰主还想作困兽之斗："郑公新近剿灭了李密的叛乱，已经官拜太尉，待天下平定，再论此事也不晚。"段达仍然说："太尉想加九锡。"皇泰主无奈，只得听凭段达等人摆布，于是以皇泰主的名义下诏命王世充为相国，加九锡，假（代掌）黄钺，使他有权征伐四方，总理百官政务。又晋封王世充为郑王，郑王可设置丞相以下官员。

到这一步，夺权是必然的，就看这位军阀能把自己的欲望抑制到什么程度，几天还是几个月。王世充对帝位渴望的压抑竟长达三个多月，经过漫长的三个月的期待，王世充正式篡夺帝位，国号郑，改元开明。他将隋皇泰主关闭在暗室，一个月后，害死了皇泰主。这时的王世充集团，势力虽然强大，但政权内部矛盾重重，派系斗争激烈。由于王世充性情多疑、残酷多诈，将领没有安全感，时有叛离。名将秦琼、程知节等先后降唐，后来成为李世民军队的骨干力量。貌似不可一世的王世充集团实际上已经在走下坡路。

唐高祖攻占西都长安以后，就曾谋划占据东都洛阳。武德元年正月，命李建成为左元帅，李世民为右元帅，督诸军十余万人取东都。唐军进至东都郊外，扎营于芳华苑，但无法攻进城。唐军在当时还不具备对王世充打阵地对攻战的实力，更不具备围城困死王世充的时机。李世民提出："我们平定关中不久，根基还不牢固，即使得到东都，也不能守住！"于是，引军而还。李世民预料部队撤退时，隋军会追击，就在三王陵设下埋伏。果然，隋将段达率一万多人追来，遇上伏兵，被打得大败。后来，唐王朝为了对付主要的敌人薛举父子，调秦王李世民到陇右抗击，就无暇东顾了。打败了刘武周，解除了东北侧面的威胁，也就是第二次战役结束后不久，唐王朝将战争的重点转移到关东地区，准备消灭王世充势力，扫清统一天下的最大障碍。

武德三年（620）七月，高祖下诏命秦王李世民统率诸军攻打王世充。唐军气势磅礴，直驱河南。王世充急忙从各州选拔骁勇，集中到洛阳。李世民到达新安，王世充带军坚守洛阳四城和周围重镇。很快，唐将罗士信率先头部队包围了慈涧，王世充带部队前往救援。李世民带轻骑去前线察看军情，突然遭遇王世充的部队。双方人数相差悬殊，道路又很艰险。李世民被敌军团团包围。但李世民并不畏惧，他策马飞奔，接连放箭，敌人应弦而倒，李世民还抓获郑的左建威将军。次日，李世民率领五万步兵和骑兵开赴慈涧，王世充退回洛阳，一些州城也纷纷降唐。紧接着，李世民做了重要部署：派遣行军总管史万宝自宜阳南据伊阙之龙门；将军刘德威自太行东围河内；上谷公王君廓自洛口切断东都粮道；怀州总管黄君汉自河阴攻回洛城。同时，李世民亲率主力大军驻扎洛阳北面的北邙山，连营进逼洛阳。这样，筑成了对东都的包围圈，断绝其粮食供应，使王世充陷于孤立挨打的境地。唐军对洛阳漫长的围困开始了。

王世充在洛阳城西北的青城宫列阵，李世民也列阵相应。隔着滚滚的河水，王世充对李世民说："隋朝气数早尽，已经灭亡。唐在关中称帝，郑在河南称雄，也算是英雄各得其所，我王世充未曾向西用兵，秦王却忽然率军东来犯郑，我不知道这是为什么?"李世民让宇文士及答复道："普天之下，都敬慕大唐皇帝的声势教化，望风影从，唯独阁下不肯宾服，我们就为此事而来!"王世充说："我们最好息兵讲和，互不侵犯，共享天下太平!"宇文士及又回答："皇帝下诏，命令我们攻取东都，没有命令我们不敢讲和！你如果投降，秦王保证你的生命安全。"王世充对远道而来围城攻坚的李世民很有几分不屑，他虽然听说了李世民在关中对薛举的所谓"完胜"，但他认为那之前的"完败"更有说服力。李世民侥幸取胜，完全因为薛举的暴卒。如果薛举不死，父子及时组织东征，那么现在与他郑皇帝对垒在洛水之阳的，就不会是这个小孩子李世民了。九月，唐军陆续控制了东都外围的大多数军事据点，河南许多郡县相继归附唐军，局势对王世充是越发不利了。

唐东都洛阳城乾元殿遗址

由于唐对降将处置失当，已经降唐的原刘武周多数将领包括寻相等又叛唐而去，唐军诸将怀疑与寻相一起归顺的尉迟敬德早晚也会叛离，便将他囚禁在军中。行台左仆射屈突通、尚书殷开山向李世民进言："尉迟敬德骁勇绝伦，现在被囚禁，内心必然怨恨，留着恐怕会成后患，不如干脆杀了他，以绝后患。"李世民说："不可，敬德如果真要叛离，早就离我们而去了，怎么会在寻相之后呢?"马上下令释放尉迟敬德，还把他带入内室，赐予金银。秦王说："男子汉大丈夫，相互之间讲的是意气相投，不要因为一些小事而介意，我不会相信谗言而害了忠良。我们戎马倥偬，战事不断，将军弃暗投明以来，我们关照不周，如果您一定要走，这点财物就算作路费，以表这一段共事之情。"敬德由衷感激，表示绝不会离开秦王。

一天，李世民带五百骑兵巡视战区地形，登上北魏宣武帝陵，被郑军发现，王世充率领一万多步兵和骑兵包围了李世民。郑将单雄信持长枪直奔李世民，尉迟敬德立即跳上马，一声断喝，将单雄信刺伤落马，王世充军后退。敬德护卫着李世民突围，所向无敌，出入王世充的部队，如入无人之境。随即，唐将屈突通率大军赶到，打退王世充军。这场遭遇战，活捉了王世充的冠军大将军陈智略，斩敌首级一千多，俘虏六千多，王世充本人只身逃脱。秦王化险为夷，对尉迟敬德说："这么快就得到了您的回报!"李世民器重敬德，一在于他的忠诚，二在于他的武艺。尉迟敬德善于避让矟（即长矛），每次单枪匹马冲入敌阵，敌人密集的矟刺来，奈何他不得，他还能夺取敌人的矟回刺过去。齐王李元吉一向以擅长骑术和使矟自负，听说尉迟敬德的武艺很精，请求与他较量，一决胜负。秦王同意二人比试，但要求取掉矟刃，以防万一。尉迟敬德说："敬德自当去矟刃，王不必去。"李元吉始终刺不中敬德。秦王问尉迟敬德："夺矟和避矟哪个难?"敬德回答："夺矟难。"于是秦王又命尉迟敬德夺齐王手中的矟。李元吉手持矟跳上马，尉迟敬德三次夺了李元吉的矟。对于此事，李元吉内心深以为耻。

唐郑之间的战斗在激烈地进行着。唐军的谋士运筹帷幄，尽出奇策，积极打击对方。武德四年（621）正月，唐军开展的"黑衣行动"，使敌遭受惨重的损失。秦王挑选一千多精锐骑兵，全部黑衣黑甲，编为左右两队，分别由秦琼、程知节、尉迟敬德、翟长孙统领。每次作战，李世民都亲自披上黑甲，率领将士作为先锋，勇猛进击，令敌人闻黑衣而丧胆。一次，屈突通和窦轨带兵巡行营屯，突然与王世充遭遇，交战后不利，这时，秦王带领黑甲队救援，打败了王世充军的进攻，俘虏、歼灭敌人六千多，其中包括俘虏骑将葛彦璋。唐军探知王世充的儿子王玄应率兵数千，从武牢运粮到洛阳。李世民派遣将军李君羡组织截击，使王玄应的运粮部队遭到毁灭性的打击。

随着战争的发展，李世民将军营移至青城宫。青城宫原为王世充陈兵之所，被迫撤退时大肆破坏防御工事。唐军刚到，壁垒尚未修好，王世充就率两万兵马猛烈反扑，他们凭借旧马坊的墙垣沟堑展开攻击，唐军诸将大为惊慌。李世民让精骑在北邙山列阵，自己登高观察郑军阵势。他对身边的谋士们说："王世充的兵力已窘迫了，倾巢而出，想侥幸打一仗，今日打败他，以后他就再也不敢出战了。"李世民命令屈突通率五千步兵过谷水（即今河南渑池县南渑水及其下游涧水，东流至洛阳西注入洛河）进攻王世充，并告诫屈突通："军队一交锋立即放烟火发信号。"不一会儿，烟火升起。李世民即带领骑兵向南冲击，身先士卒，与屈突通会合兵力战斗。为了了解王世充军阵兵力分布情况，李世民带领几十名精锐骑兵冲入敌阵，因长堤所限，李世民和众骑兵走散，唯有将军丘行恭紧紧跟随着。数名敌骑兵追上来，射倒了李世民的坐骑。丘行恭立即掉转马头，射击追赶的郑兵，箭无虚发，追兵不敢向前。丘行恭将自己的坐骑让给秦王，自己步行为秦王开路。他手挥大刀跳跃着大喊着奋力斩杀，冲出了王世充军阵，得以回归唐军大部队。王世充也率领部队殊死战斗，军队几次三番被打散后又重新集合起来继续进攻，从早上战至中午。李世民挥军追击到洛阳城下，俘虏、歼灭了七千人。到此时，唐军完成了对东都洛阳的合围，王世充婴城固守，不敢出战。

七、力排众议　围郑打夏

洛阳城的防御十分严密，大炮可以将五十斤重的石头射出三百多米远，八弓弩的箭杆像车辐，箭镞如同巨斧，射程达八百米。唐军四面攻城，昼夜不停，十几天下来，还是不能攻克。唐军将士都疲惫不堪，想回关中休整，总管刘弘基等也请求班师回朝。李世民说："如今大举而来，应当一劳永逸。洛阳以东的各州已望风归附，唯有洛阳一座孤城，其势已不能持久，成功在即，怎么能放弃而回朝！现在回军，已经归附的地方势必又会反复，这种反复的消耗战不是我们的风格！"于是下令全军："洛阳不破，绝不回军，再有胆敢提议班师者一律斩首。"刘弘基等只得闭口不言。不但刘弘基，其实唐高祖也曾下密敕让李世民退回关中，待军队休整之后再战。李世民上表说，我军如果撤回休整，那敌军也休整，而且时间比我军多得多。为了说明洛阳一定可以攻克，又派参谋军事封德彝回朝面陈军事形势。封德彝对唐高祖说："王世充占有的地方虽然很多，但大都是名义上的归附，王世充实际号令所能抵达的，不过洛阳一城而已，他已经智尽力穷，克城之日就在近期。"

唐高祖听从了李世民的建议，唐军合围洛阳城，围而不打，等待城内自乱。

王世充篡夺了皇泰主的帝位之初，也是想做一个好皇帝的，他熟知历史上的那些不成器的皇帝的故事，要以他们为借鉴，不但自己是好皇帝，还要给后世的皇帝们树立样板。为了显示自己的勤勉，他每天在朝堂孜孜不倦，向大臣文武百官宣讲道德，对他们进行思想教育。他要改变以前皇帝出行清道戒严的陋习，出宫门不带警卫，随随便便地与市民打招呼闲聊，告诉人们有问题可以直接写折子给他。他要亲民爱民，做一个前无古人的“平民皇帝”。结果不出几天，宫里堆满了各种申请书，根本来不及处理，而且大都是鸡毛蒜皮的邻里纠纷之类，不值得皇帝亲自过问。大臣们也被他的演讲搞得昏昏欲睡，渴望趁早结束这简直把人逼疯的“学习运动”。百官厌倦，王世充自己也觉得无趣，好皇帝没有做几天，就悄悄谢幕了。王世充“好皇帝”计划夭折，主要原因还不是大臣们的厌倦，而是战事吃紧，李世民的东征军滚滚而来，洛阳城被围成了铁桶。假如不是这样，或者最后获胜的是他大郑皇帝王世充，他一定要把这个运动坚持下去的，把自己打造为中国第一好皇帝。

但皇帝对威胁他地位的活动是绝不宽贷的。裴仁基企图拥立皇泰主复辟，大将罗士信、豆卢达等叛郑投唐，都被灭族。王世充采用严刑峻法，实行连坐：一人逃跑，全家被杀；一户逃跑，邻里灭族。他还鼓励亲属之间互相揭发告密，告密在先的，就可以不连坐；邻里亲戚，父子兄弟子侄，都可以通过告密获得自己的豁免。鼓励告密的结果，就是人人自危，但同时也是人人危人。互相戒备，互为仇雠，把洛阳搞成了一座人间地狱。早在粮食断绝之前，洛阳就已经失去了抵御的能力了。

为了防止戍守的将士叛逃，王世充把这些人的家属都驱赶到洛阳做人质。秦王围困洛阳，城中绝粮，居民和士兵们将泥土过滤，制成软泥，掺和米糠做成“饼”充饥。军民全部因饥饿全身浮肿，城中到处是横七竖八倒地不起的人，勉强站立的也是摇摇晃晃，连迈步的力气也没有。市民、士兵饥饿，就连朝廷大员也不能幸免，尚书卢君业、郭子高等居然都饿死了。尽管如此，王世充仍然固守城池，不肯投降。他在等待窦建德来救。

窦建德，清河漳南（今山东武城东北）人。农民出身，曾为里长。因助孙安祖作乱，家属遭杀害，遂率部造反，投奔地方豪强首领高士达。高士达死后，他继为领袖，称将军，拥众十余万。于乐寿（今河北献县）称长乐王，攻占信都、清河等郡。河间之战，歼灭隋将薛世雄部三万余人，声势大震，随即攻下河北大部郡县。宋城有人获得了玄圭，将它献给窦建德，他的部属说：“这是上天赐给大禹的，现在出现，昭示我们的大王是大禹再世，请将国号改为夏。”于是定国号夏，窦建德称夏王，建都乐寿，年号五凤。五凤二年（619）迁都豪州（今河北永年东南）。

窦建德为人清简，性格豪爽，每次打了胜仗，攻陷城池，得到的物资财产，全部分给将士，自己不留。他生活俭朴，不吃肉，经常吃蔬菜下饭。妻子曹氏不穿绫绢做的衣服，宫中役使的奴婢侍妾，总共才十几个人。打败杀死隋炀帝自立为帝的宇文化及后，获得一千多名隋朝宫女，当即遣散。他大量任用隋朝官员，派遣使节到洛阳朝见皇泰主，皇泰主正式封他为夏王。窦建德待人宽厚，破河南诸县，俘获唐高祖的同族及姐妹多人，窦建德待之以礼，还让唐高祖的旧将李勣任原职守黎阳。后来李勣逃归唐军，有人主张杀李勣的父亲抵罪，他说：“李勣是唐臣，不忘其主，这是忠。再说，就算他有罪，与他的父亲也没有关系。”他和王世充曾经联盟，王世充自立为帝，两个人的利益发生了冲突，不但联盟破裂，还时常刀兵相见。王世充侵占了窦建德的黎阳，窦建德便攻破殷州报复王世充，两国关系恶化。

唐军逼近洛阳，王世充向窦建德求救，窦建德先是不加理睬，坐观唐、郑相斗。至武德三年（620）十一月，唐强郑衰几乎成了定局，中书侍郎刘彬向窦建德建议：“天下大乱，唐得关西，郑得河南，夏得河北，形成三足鼎立之势。如今唐起兵攻郑，从秋到冬，唐军日渐增多，郑国地域狭小，唐强郑弱，势必不能支撑，郑灭亡，夏也不能单独存在了。如果放弃仇怨，发兵救郑，夏从外袭击，郑自内反攻，一定能打败唐军。唐军退兵后，再观察形势变化，掌握主动权。如果郑可取就取郑，合并两国的兵力，趁唐军疲劳，可以夺取天下！”窦建德派人见王世充，答应出师援救，率军渡河南下。次年二月，攻克周桥（今山东菏泽附近），三月率众西向，驰救洛阳。攻陷荥阳后，水陆并进，很快就抵达成皋（今河南汜水）的东原。窦建德还派使者赴唐军，请求唐军停止进攻洛阳。

李世民召集将佐们商议。记室薛收说：“王世充拥有江淮及东南丰裕之地，粮食囤积众多，兵员充足，现在只是被我们困在这里，无法动员各地军队及粮草。一旦突围，将十分难治。窦建德亲自统帅大军远道赴援，也会尽出其精锐。如果放他到此，两寇合兵，将河北的粮食运来供给洛阳，那么这场三国鏖兵将转变为持久战，不知什么时候结束，统一天下的日子更是遥遥无期了。现在我们应当分出兵力围困洛阳，加深壕沟，增高壁垒，如果王世充出兵，不和他交战。秦王亲自率领骁勇精锐，先占据成皋，训练兵马，以逸待劳，在窦建德还没有站稳脚跟的时候击溃他。打败窦建德后，王世充自然也就会败亡。不出二十天，就会捉住两个国君，三国归一统。”李世民十分赞赏他的计策。但萧瑀、屈突通、封德彝等不同意："我军疲惫不堪，士气低落，王世充凭借洛阳宫城坚固加强防守，不会很快攻克。窦建德挟得胜之势而来，士气高涨，锐不可当，我军腹背受敌，围郑打援不是好办法，不如撤退保守新安，以便等待时机。"李世民说："王世充损兵折将，粮食断绝，上下离心，我们不必花气力攻打，可以坐等他败亡。窦建德刚刚打败了孟海公，将领骄傲，但士卒疲惫，我们占据武牢（今河南荥阳西北汜水镇），等于扼住他的咽喉。他如果冒险作战，我们可以逸待劳打败他；如果他犹豫不决，不来交战，要不了十天半个月，王世充自己就会溃败。破城后我军兵力增强，士气自然提高，一下打败两个敌人。如果不迅速进军，窦建德进入武牢，周围各城新归附，必然不能坚守；两敌合力，势力必然强大，怎么会有机可乘呢？我们的计划决定了！"屈突通等人又请求解除洛阳之围，凭借险要以观敌军变化，李世民否决了这项建议。于是，李世民把军队分为两部分。由屈突通等人辅助齐王李元吉围困东都，他自己率领三千五百名骁勇向东奔赴武牢。李世民率领的部队于当日正午时分出发，过北邙，至河阳，取道巩县而去。王世充登上洛阳城墙望见唐军行动，不知其意图，竟不敢出城交战。实际上凭他目前的处境，以他那些连走路都困难的士兵，也确实无力出城交战了，只能听凭李世民在城外将军队东调西迁，他则坐等窦建德。

八、俘获建德　收降世充

李世民进入武牢，带领五百名骁骑，到城东二十多里处，观察窦建德的营地。行进中，李世民在沿途留下随行的骑兵，分别让李勣、程知节、秦琼统领，埋伏在路旁，自己只带四人一同前去。李世民对尉迟敬德说："我拿着弓箭，你持长枪跟着我，就是来一百万人也奈何不得我们！"离窦建德营地三里处，李世民与窦建德的巡逻兵相遇，巡逻兵以为他们是唐军的侦察兵。李世民一声大喊："我是秦王！"随即，拉弓搭箭，射死对方一员将领。窦建德出动五六千骑兵追赶。跟随李世民的人都吓得变了脸色。李世民对随从说："你们只管在前面走，我和敬德殿后。"他勒住缰绳慢慢走，追兵赶上了就拉弓放箭。不多时，李世民射杀了几个人，敬德杀死十几人。这样，追兵不敢再进逼。埋伏在

窦建德

沿途的李勣等人也奋力战斗，大败追兵。返回营地后，李世民致函窦建德，劝他退军全师："王世充曾与您修好，但他背信弃义，你们的交情已经终结，现在王世充的灭亡就在眼前，却花言巧语引诱您，您就率领三军之众，来听命于他，巨额的军费粮饷，白白为别人消耗，实在不是上策。如今和您的前哨相遇，他们不堪一击，我之所以稍挫您的锐气，是希望您能听从善意的劝告退军返回河北，如果不听，恐怕会后悔莫及。"窦建德置之不理。

窦建德在武牢受唐军阻挡不能前进。在此停留了一个多月，其间，打了几仗都未能取胜，于是，军心涣散，人心思归。而唐军接连胜仗，气势大振。在这种情况下，窦建德的祭酒凌敬建议："全军舍弃洛阳不救，北渡黄河，攻取怀州、河阳，再跨越太行山，乘虚入上党，略地汾、晋，冲击、抢掠李唐的战略后方，奔赴蒲津。如此，既可以占领河东之地，拓土得众，又将威胁关中，迫使唐军后撤，以解东都洛阳之围。"这是"围魏救赵"战例的翻版。窦建德准备按凌敬的建议行事，但是，王世充连续不断地派人来告急，好像已经等不及这样漫长的战略转移。王世充的求援使臣王琬、长孙安世以"申包胥乞秦师"的手段，日夜哭泣于窦建德军中，哀求窦建德援救洛阳于旦夕之间。他们还用金玉收买窦建德手下的将领，这些将领便阻挠执行凌敬的计划。诸将都说："凌敬是个书生，哪里懂得打仗的事！"窦建德对凌敬说："现在大家士气很高，这是上天在帮助我，趁此机会决战，必定能大胜，不能照您的意见办了。"凌敬采取了与从前李世民劝李渊相同的策略，在窦建德的帐篷外喋喋不休，但窦建德不是李渊，他把凌敬拘留起来，拒绝再听他的所谓"围魏救赵"。窦建德的妻子曹氏说："凌敬的谋划是上策。大王趁唐国空虚，夺取山北并、代、汾、晋等地，再联合突厥从西部攻掠关中，唐军必然回师自救，还用担心郑国的东都之围不解吗？如果在此地停顿不前，磨灭了士气，消耗了财力，恐怕很难取胜。"窦建德说："行军打仗之事不是女人能懂的！我来救郑，郑如今处境很危急，我弃他而去，是畏惧敌人而背信弃义，不能这么做！"

决战终于展开。武德四年（621）五月一日，秦王李世民渡过黄河，逼近广武，侦察敌情，留下一千多匹马，在河中沙洲放牧以引诱窦建德，他自己当晚返回武牢。次日，窦建德果然倾巢而出，陈兵汜水，连绵二十里，擂鼓前进，声势赫赫。李世民登上高丘瞭望敌阵，对诸将说："敌人从山东起兵，还没有碰见过强大的对手，如今身涉险境却很喧嚣，逼近城池排列战阵，有轻视我们的意思。我们如果按兵不动，他们的勇气自然就会衰竭，列阵时间一长，士卒饥饿，势必就会自动撤退，我们乘机追上去攻击，就胜券在握了！我和各位打赌，一过正午，窦建德军就要崩溃了！"窦建德确实轻视唐军。他派出三百骑兵涉过汜水，在离唐营一里的地方停下，然后传话给李世民："请挑选几百名骑兵和他们比一比武艺，我和秦王观看开心。"李世民派王君廓带领两百名长枪手应战，两阵交锋，骤进骤退，不分胜负，各自返回营地。当时，王世充的侄子王琬出使到了窦建德军中，他骑着隋炀帝的青骢马，配崭新的铠甲和兵器，来到阵前向众人炫耀。李世民说："这真是一匹好马！"尉迟敬德请求去夺马，李世民制止他说："怎么能为了一匹马使将军涉险地！"敬德不听，和高甑生、梁建方骑马直冲入敌阵，活捉王琬，牵着青骢马奔回唐营。

中午时分，夏军士卒已饥饿疲惫，都坐了下来，争着喝水。窦建德迟疑着想撤退，李世民见状，立即命令宇文士及带三百骑兵，经过窦建德军阵西边往南奔驰，并告诫他："敌人如果不动，就带兵返回，如果敌阵动了，就从东面出击。"宇文士及一到，敌军果然骚动，李世民命令："出击！"这时，放牧黄河滩的战马也已返回，李世民统领轻骑率先猛冲，大军跟随在后，东涉汜水，直扑敌阵。窦建德军在慌乱之中，很难组织有效的抵抗，而唐军所向披靡，在夏军各个阵营奔突驰骋，杀得尘土飞扬、遮天蔽日。窦建德军队迅速被击溃，他本人中枪，退至牛口渚被俘。李世民斥责窦建德："我们讨伐王世充，与你有什么相干，竟跑到你的领土之外，来与我们交战！"窦建德说："现在我不自己来，恐怕以后还得烦您远途去攻取。"

取得对夏战争胜利以后，秦王李世民押解着窦建德、王琬、长孙安世、郭士衡等人到洛阳城下，展示给王世充看。王世充流着泪向窦建德赔罪，使他无辜陷此绝境，请求他的宽恕。窦建德并不怪罪王世充，他说："唇亡齿寒，我不能在郑亡后独存，今天赴郑国之难，急邻舍之难而死，也算死得其所！"这一时刻，两个末路英雄表现出了豪气干云的气概。

王世充召集诸将商议突围，准备南奔襄阳。众将领都说："我们本来指望夏王窦建德救援，如今夏王已被俘，我们独力突围，谈何容易！就算是突围出去，也无法立足。"诸将已经失去斗志，只等李世民来处分了，要杀要剐都由他。王世充知道大势已去，将领们不愿再战了，决定投降。五月九日，王世充身穿素衣，带领郑国的太子、官员及其他两千多人到唐军营门投降。李世民按礼节接受他们的投降。李世民说道："你总说我是个小孩子，如今见了我这个小孩子，为什么如此恭敬？"王世充唯有叩头谢罪。

战功赫赫的秦王李世民凯旋。在齐王李元吉、李勣等二十五员战将簇拥下，李世民身披黄金甲，威风凛凛。一万匹铁骑在军乐的伴奏下，雷霆般奔驰在长安的宽阔道路上。到达太庙时，李世民献上俘获的王世充、窦建德以及隋皇的车驾、御物，举行仪式祭祀祖先，宣布大功告成。

唐高祖见到王世充，历数他的各项罪行。王世充说："我的罪固然该杀，但是秦王准许我不死。"唐高祖于是下诏赦免王世充，贬为庶人，连同兄弟子侄安置到蜀中居住。同日，在闹市中将窦建德处斩。准备流放蜀地的王世充一行暂时被安置在雍州宫衙房内。在洛阳被王世充所杀的独孤机的儿子、定州刺史独孤修德，带着兄弟们到王世充关押地，假称有敕令传唤郑王，王世充和兄长王世恽迎出门，被独孤修德等人杀死，子侄们后来也因为"谋反"被杀死在前往蜀地的途中。

九、扫除黑闼　宇内安宁

窦建德被杀后，他的旧将刘黑闼挺身而出，要为他复仇。刘黑闼小时与窦建德为友，隋末参加瓦岗军。瓦岗军失败，被王世充俘虏，不久率部逃到河北跟随窦建德。刘黑闼处事果断、骁勇多谋，很受窦建德器重，被封为东汉公。窦建德失败以后，他回到漳南故里隐居，他原以为就这样终老田园了，在隋末乱离之世，有这样的结果也是很好的。但是窦建德的旧将范愿、董康买、曹湛、高雅贤等来找他了，目的一是保护他们自己，二是为窦建德复仇。原来，窦建德败亡后，唐朝廷残酷杀戮与窦建德有关联的人，窦氏旧将惊恐不安。前几天，唐高祖下命令，征召他们几个人到长安。范愿等人商量道："王世充听从了李世民的花言巧语，说什么只要投降就可以保证他的人身安全，以洛阳降唐。结果不但他本人被灭族，他的将相大臣段达、单雄信等人也都遭满门抄斩。作为夏王的旧将，我们到长安肯定也逃不脱这样的厄运。自大业十年（614）以来，我们这些人身经百战，早就将生死置之度外，在有生之年，应该干一番大事！当年夏王抓住唐高祖的同族及姐妹，把他们奉为贵客，礼送出境，不料唐俘获我们的夏王，竟将他杀害。这样恩将仇报的人，应该受到惩罚！我们都是夏王的亲信，现在不替他报仇，将无面目见天下人，更没有面目到地下见夏王！"于是，他们决定起兵反唐。经过占卜求卦，认定一位姓刘的能够带领大家获得成功，便首先去见窦建德的旧将领刘雅，想请刘雅担任首领。刘雅不愿意，说："天下刚刚安定，我打算在乡下养老，不想再起兵！"众人对刘雅如此没有骨气很是愤怒，又怕起兵计划被泄露，便把他杀了灭口。随后，他们去拜见刘黑闼，刘黑闼欣然从命。精心部署以后，于武德四年（621）七月十九日袭击并占领漳南县，宣布起兵反唐。后又筑坛祭奠窦建德，向窦建德的亡灵昭告他们起兵的意图。

刘黑闼揭旗反唐，立即得到河北窦建德原属地豪强及民众的拥护，原来李唐对已经投降的夏王地区十分严酷，几乎是赶尽杀绝，不留余地，相比较窦建德时期宽松仁政，李唐简直就是秦始皇暴政复出，而李世民恰巧就是封爵“秦王”。已经偃旗息鼓的窦建德旧部纷纷响应，势力发展很快，一些州县相继陷落，唐朝廷设置的官吏大批被杀，反唐的火焰大有燎原之势。刘黑闼攻陷霸县，唐魏州刺史权威、贝州刺史戴元祥战败身亡。刘黑闼重新得到他原来的残部及全部武器装备，拥有两千人马。于是攻陷历亭县，杀唐屯卫将军王行敏。曾在窦建德时期当过深州刺史的崔元逊和几十名同党，埋伏在盖满稻草的车上，直接冲入州府衙门，杀了唐任命的深州刺史裴晞，割下首级送给刘黑闼。

刘黑闼攻陷瀛州（治今河北河间），杀唐瀛州刺史卢士睿。兖州人徐圆朗起兵响应。观州老百姓捉住刺史雷德备，以城归顺刘黑闼。毛州百姓董灯明等人暴动，杀死刺史赵元恺，杞州人周文举杀死刺史王文矩，都举城响应刘黑闼。

刘黑闼攻陷定州，捉住唐总管李玄通。刘黑闼爱惜他的才能，想任命他为大将，李玄通不从命。李玄通原来的部下送给他酒肉，李玄通饮酒舞刀，慷慨陈词，举刀剖腹而死。刘黑闼攻陷冀州，杀唐刺史麴棱。追击唐将李勣等人，杀唐军五千士卒，李勣只身逃跑。

刘黑闼兴兵反唐出乎意料地顺利，这主要的原因是李世民的屠杀政策不得人心，人们在大屠杀降临之时，认为刘黑闼能给他们带来希望。后来太子李建成出兵河北，平定叛乱，才有了怀柔的政策，效果就好得多。李世民在玄武门事件之后，再没有实行无限制的屠杀，而改以较为温和的政策管理天下，正是他接受了在河北失误教训的结果。武德五年（622）正月，刘黑闼自称汉东王，改年号天造，定都洺州。窦建德时期的文武官员全部恢复了原来的职位。刘黑闼的法令行政，全部效法窦建德。

武德五年正月八日，秦王李世民受唐高祖之命率军进至获嘉（今河南获嘉），开始了在唐初统一战争中的最后一个战役。面对唐军的强大攻势，刘黑闼放弃相州（今河南安阳），退守洺州。十四日，李世民收复相州，进入肥乡（今河北肥乡），列阵于洺水附近，逼近刘黑闼军营。

唐幽州总管李艺（原名罗艺，归唐后，赐姓李）率所部数万人会见李世民，讨伐刘黑闼。刘黑闼闻讯，留兵万人，命范愿守洺州，自己率主力抗击唐军。刘黑闼宿营沙河（今河北沙河县北沙河东）。唐军善于造势，为了威慑范愿的部队，唐将程名振带数十面大鼓，在洺州城西二里处的河堤上猛擂，连城中的地面都感到震动。范愿惧怕敌人来攻，惊慌失措，急告刘黑闼，刘黑闼迅速返回洺州，让弟弟刘十善和行台张君立率军一万，攻打李艺于鼓城（今河北晋县）。双方在徐河（今河北徐水）交战，刘十善、张君立大败，损失八千人。同日，洺水县人李去惑举洺水县城降于李世民军。李世民派王君廓率一千五百名骑兵入城据守。二月，刘黑闼回师洺水，途中，遭到秦琼的截击，刘黑闼失利。李世民收复邢州（治今河北邢台），李艺则夺占定、栾、廉、赵四州，抓获刘黑闼的尚书刘希道，遂与秦王会师于洺州。

刘黑闼猛攻洺水县。洺水城四周的护城河有七十米宽，刘黑闼便在城东北修筑两条甬道用来攻城。李世民三次带兵救援，均被刘黑闼阻击，无法前进。李世民担心王君廓守不住城池，便召集众将领商议对策，行军总管罗士信请求代替王君廓守城。李世民准许，于是，登上城南的山顶，用旗语告诉王君廓。王君廓奋力厮杀，突破包围，罗士信率兵二百乘机进入城内。刘黑闼挥军昼夜猛攻。恰逢天降大雪，李世民的救兵无法增援。经过八天苦战，洺水城被攻陷，捉住唐将罗士信。刘黑闼素来知晓罗士信的才干，本不想杀害，但罗士信言辞态度强硬，刘黑闼将其斩首，当时罗士信仅二十岁。李世民很快夺回洺水城。三月，李世民与李艺于洺水城南扎营，以部分兵力屯于洺水之北。刘黑闼多次挑战，李世民坚壁不战，但派奇兵切断了刘黑闼的运粮道。

李世民与刘黑闼相持六十多天。其间，双方都采取袭扰的策略打击对方。一天，唐将李勣带兵逼近刘黑闼军营。刚刚被刘黑闼封为左仆射的高雅贤，在宴会上喝多了酒，头脑还不清醒，便单枪匹马去追逐李勣，被李勣的部将潘毛刺下马，随从继后赶到，扶高雅贤回营，未到营地就死了。刘黑闼从冀、贝、沧、瀛州运粮，水陆并用，唐将程名振率兵截击，弄沉了运输船，烧毁了运粮车。同样，刘黑闼也偷袭李勣军营，李世民闻讯，带兵突袭刘黑闼的背后，企图进行反包围，结果被刘黑闼包围。尉迟敬德率壮士冲入包围圈，李世民和略阳公李道宗才趁势脱险。李世民判断刘黑闼部队的粮食将尽，必定决一死战，于是派人在洺水上游筑坝截断河水，准备在交战的适当时机，决堤水淹敌军。刘黑闼率两万步兵、骑兵南渡洺水，逼近唐军营寨列阵，李世民率精锐骑兵将刘黑闼骑兵击败，又以铁骑冲踏刘黑闼的步兵阵营。刘黑闼率军拼死力战，自中午战至黄昏，刘黑闼军渐渐不支，其部将王小胡对刘黑闼说："大势已去，赶快逃走吧。"刘黑闼和王小胡逃走，其余的将士并不知道，继续格斗。唐军看时机已到，决开堤坝，河水顷刻间涌到战场，水深一丈多，刘黑闼的军队大败，一万多人被杀，几千人溺死，刘黑闼和范愿等二百人逃入突厥，太行山以东大部分地区被唐军占据。

刘黑闼随突厥颉利可汗攻占代州（治今山西代县），杀害总管定襄王李大恩。六月，刘黑闼在突厥的支持下，侵犯山东（太行山以东）直逼定州。他的旧部属曹湛、董康重新召集兵马响应。九月，刘黑闼再次攻陷瀛州，杀死刺史马匡武。盐州人马君德以盐州城反叛归附刘黑闼。河北一带的局势再度动荡。

唐高祖任命齐王李元吉为领军大将军、并州大总管，率军进击刘黑闼军。五日，贝州（治今河北武城）刺史许善护与刘黑闼弟刘十善战于夏津，许善护全军覆没。六日，唐右武侯将军桑显和于宴城（今河北束鹿东北旧城）将刘黑闼军击败，而此时唐观州刺史刘会却举城投降了刘黑闼。

淮阳王李道玄率军三万，与刘黑闼军战于下博（今河北深县东南）。由于副将史万宝与李道玄不和，史万宝率主力在后，按兵不动，结果，李道玄失败，被斩首。刘黑闼军消灭李道玄后，又击败了史万宝。李道玄死时才十九岁，李世民深为痛惜，说："道玄常跟随我征伐，见我经常深入敌阵，心中羡慕，想要学习我，才致如此。"李道玄的败死，使山东唐军极为震骇，唐豪州总管庐江王李瑗弃城西逃，其余州县皆叛离唐军，归附刘黑闼。十日之内，刘黑闼完全收复了旧地。刘黑闼进入豪州。沧州刺史程大罗为刘黑闼所迫，弃城逃走。齐王李元吉畏惧刘黑闼兵强，不敢进兵。高祖诏命太子李建成率军进攻刘黑闼，任陕东道大行台及山东道行军元帅，河南、河北各州均受李建成调度。

魏 徵

太子李建成、齐王李元吉的大军到达昌乐（今山东昌乐）。魏徵对太子说："以前打刘黑闼，都把他的将帅列为罪犯，宣布处以死罪，并俘虏他们的妻儿。这次齐王前来，虽有诏书赦免刘黑闼党羽的罪过，但他们都不相信。应当全部放掉那些被囚禁和俘虏的人，加以安慰晓谕并放走，这样，刘黑闼的势力就会分崩离析。"太子听从了这个意见。不久，刘黑闼军粮尽，士卒多有逃跑，有的甚至押着首领投降唐军。刘黑闼怕城中唐军杀出，与李建成大军内外夹击，便乘夜逃遁。行至馆陶（今河北馆陶），因永济桥尚未修好，无法渡河。太子、齐王率大军赶到馆陶，刘黑闼让王小胡背河列阵，抗击唐军，自己督促架桥，架成后立即过河，但这时的刘黑闼军已无斗志，呈溃散态势，士兵纷纷放下武器投降。桥不坚固，刚渡过一千余骑，桥梁毁坏，只有刘黑闼和几百骑兵逃脱。李建成统兵征讨刘黑闼，并没有进行过很多激烈的战役，各州县几乎是"传檄而定"，刘黑闼军很快失去斗志，土崩瓦解了。经过长期的战乱，天下人都渴望和平安宁，在战争中起家的军阀大都败落不堪一击，李唐无可置疑地成为最后的赢家。在这样的形势下，就应该顺应民心，偃旗息鼓，缓和消弭各种矛盾，而李世民还要实行政治的军事的高压政策，显然是不合适的。李建成采取了魏徵的建议，很得民心，所以后来李建成在玄武门之变中被杀，河北百姓最怜悯他，为他鸣冤。

刘黑闼被唐军追赶，日夜奔逃无法休息。武德六年（623）正月五日，刘黑闼和随行一百多人，逃亡到饶阳（今河北饶阳）。他们十分饥饿、疲惫不堪。刘黑闼任命的饶阳刺史崔元逊出城迎接，并请入城，刘黑闼犹豫不决，崔元逊哭泣着反复请求，刘黑闼看他很诚心的样子，就答应进城休息。又饥又渴的刘黑闼一行正要进餐，车骑都尉诸葛德威带兵来到，将他们逮捕，送给太子李建成，并举城投降。刘黑闼痛骂叛徒，被斩首在豪州。河北平定，天下归唐。

十、谋断玄武　角逐宫廷

从晋阳起兵到唐朝建立，短短的一年里，李渊父子齐心合力，共同对敌。李建成与李世民首战西河，分别统率左、右两军，紧密配合，直取长安。然而，在取得政权之后，便发生了分裂，最突出的矛盾是李世民与李建成之间抢夺皇位继承权。

唐高祖初即位，根据中国传统的嫡长子继承制，立李建成为太子，这是没有问题的，次子李世民也没有异议。随着李世民的军功显赫，一方面他本人逐渐产生了觊觎皇位的政治野心，另一方面引起了太子李建成的嫉妒，嫉妒，是由于感受到了来自秦王的威胁。自晋阳起兵至攻克长安，李建成的战功与李世民不相上下，但是定都长安以后，都城这个摊子是需要关键人物来守的。根据中国传统“储君不离都”规矩，太子需要妥善加以保护，不再轻易地冲锋陷阵，李建成就很少建立军功了。李世民则显得突出。武德元年（618）十一月，讨平薛举父子，唐高祖派李密到豳州迎接秦王，李密一向自视甚高，即使见到唐高祖也不减傲气，但是见到李世民，不由得惊讶叹服，对秦府将领殷开山说：“这是英明的君主啊，天下平定就依靠秦王了！”可见，这一战役的胜利极大地提高了李世民的声望，“英主”的名声已经不胫而走。

平定王世充时，李世民和秦府记室房玄龄微服拜访一位名叫王远知的道士。王远知装神弄鬼，故作姿态：“列位之中有圣人，是不是秦王驾到？”李世民据实相告，道士又说：“太平天子，要珍惜啊。”这句话李世民一直记在心里，他这时已经萌生了想当“太平天子”的念头了。

唐初统一战争的决定性胜利，使秦王李世民威望骤增。武德（621）四年七月，他返回长安，身披黄金甲，后面跟随着二十五名威震天下的大将，铁骑万匹，军乐鼓吹，盛极一时。十月，高祖给秦王加号天策上将，陕东道大行台，位在王公上，天策府可置官属。计有长史、司马各一人；从事中郎二人；军咨祭酒二人；典签四人；主簿二人；录事二人；记室参军事二人；功、仓、兵、骑、铠、士六曹参军各二人；参军事六人。

对此，太子的东宫集团感到严重的威胁。武德五年（622）十一月，刘黑闼起兵反唐，太子中允加太子洗马魏徵向李建成建议："秦王功盖天下，殿下只是因为年龄的原因位在东宫，到目前还没有很卓越的军功威服海内。现在刘黑闼以残存的势力起兵，也就是几千人，钱粮都很缺乏，如果以大军征讨，无疑摧枯拉朽，这是殿下树立军功确立威望的好机会，还能乘机结纳山东豪杰，巩固太子的地位。"这时，秦王征讨刘黑闼已经陷入了胶着状态，刘黑闼屡仆屡起，山东各地也叛降不定。李建成要求出征，剿灭刘黑闼，唐高祖也马上批准李建成出征。过去，每次重大战役，都是李世民挂帅的，现在改换李建成，任陕东道大行台及山东道行军元帅，河南、河北诸州并受李建成节制，唐高祖的用意也很明显，就是想压抑日益强大的秦王府，以加强东宫的实力地位。

唐高祖的三个儿子，各自拥兵，构成三大集团势力，即太子东宫、秦王府、齐王府。在太子与秦王的争斗中，齐王李元吉的归属十分关键，他加盟哪一方，就会加强谁的力量，将呈现为二比一的形势。结果是东宫和齐王府联合起来，共同对付秦王府，这对秦王府造成了严重的威胁。平定刘黑闼之前，李世民和李元吉并无矛盾。自从李元吉跟随李建成讨伐刘黑闼，很快就被拉拢过去了。李元吉性情豪爽，勇猛有力，在统一战争中也立过战功。然而，他骄逸放纵，名声欠佳。他认为投靠李建成对自己有利。当时对李元吉有很多不公正的评价，主要是说他有自己的野心，也想当皇帝，想利用太子除掉秦王，再除掉太子。这种说法不能成立，这就同当时秦王说太子谋害自己是为王世充、窦建德报仇一样荒诞。

由于东宫与齐王府的联合，秦王府已处于不利的地位。武德六年（623）下半年，李世民屯守并州，再也没有从前那样显赫的军功了。年底回长安，又遭到了冷落与排挤。李元吉曾经劝李建成除掉李世民，甚至自告奋勇要为哥哥杀死李世民。在李世民随唐高祖来到齐王府第时，李元吉主张派刺客暗杀，但是李建成认为这样做会使父皇很伤心，极力制止，李元吉只好作罢，愤愤地说："我这是为你考虑，秦王死与不死，与我有什么相干！"

秦王府和东宫之间，彼此采取种种手段，打击对方，壮大自己。无论是在后宫、外朝还是在地方上，几乎都分为两派：一派支持李建成，一派支持李世民。唐高祖的态度倒是明确的：既然坚持嫡长制，那就要维护李建成的皇太子地位，不准许李世民染指。但唐高祖试图摆平三个儿子之间的关系，对于李建成与李元吉的某些暗算李世民的不轨行为，也加以制止。

武德五年（622）以前，因李世民的军功卓著，秦王府远比东宫和齐王府威风。但是，在以后的三年多时间里，李世民既无新的战功，又屡遭兄弟的倾轧，秦王府逐渐地处于劣势了。就军事实力而言，东宫加上齐王府要比秦王府强大许多。李建成与李元吉私募骁勇，多达数千人，而李世民府中的勇士仅有八百余人。从政治影响来看，李建成是皇太子，每当唐高祖外出时，总是由他留守京师。妃嫔、大臣以及各地都督，依附于东宫的相对多些。

形势不利，李世民及秦王府僚属都深怀忧惧。房玄龄主张策动政变，率先夺权。这个见解完全符合李世民的心意。据说，李世民曾与灵州大都督李靖商量，李靖表示不同意；又和行军总管李勣商量，李勣也反对。二李主张后发制人，待李建成打上门来再收拾他们，这叫名正言顺、师出有名。房玄龄、长孙无忌和杜如晦等认为，只有果断地先发制人，才能转危为安。他们三人密谋策划，商定诛杀太子和齐王的手段步骤。李建成觉察了秦王不轨的苗头，经唐高祖的同意，将房、杜逐出秦王府，长孙无忌就和舅父高士廉以及秦王府将领侯君集、尉迟敬德等继续进行策划，秦王府夺权战紧锣密鼓。

武德九年（626）夏，突厥数万骑兵入塞侵边。按过去的惯例，应该由李世民督军抵御。这次李建成提议李元吉和李艺出征，目的在于防止李世民掌握兵权。李元吉故意要秦府将领尉迟敬德、程知节、段志玄和秦琼等一道去，想借此机会把秦王府精兵转到自己手里。然后，伺机除掉李世民。

李世民与长孙无忌、高士廉、尉迟敬德、侯君集、张公谨等商量。大家一致认为，形势危急，祸在朝夕，唯一的出路是先下手为强，不能再犹豫了。李世民面对即将发生的骨肉相残的局面，考虑的当然要比别人多些。他并非犹豫不决，而是要保证胜算，不出一点纰漏。他找了不少府僚商量，还秘密地召回房玄龄和杜如晦商量发动政变。房、杜虽然早就主张占据先手，但他们并不同意实行这种血腥的杀戮手段，他们主张，最严厉的处置，也就是把太子和齐王贬为庶人，并流放边地，没想到秦王要把他们赶尽杀绝，因此不肯做这等乱臣贼子之事。李世民竟勃然大怒，要尉迟敬德拿他们先开刀。

秦王府决定在玄武门设伏兵杀李建成和李元吉。玄武门即宫城北门，是中央禁卫部队屯守之所。当时负责门卫的将领是常何。常何虽然在武德五年跟随李建成讨平刘黑闼，但已被秦王李世民收买。李世民还收买了玄武门的其他一些将领，如敬君弘、吕世衡等。在京师整体力量对比中处于劣势的李世民，在关键的玄武门地区，却拥有绝对优势。

六月三日，李世民完成了政变的部署，便向唐高祖密奏太子与齐王"淫乱"后宫，并企图谋害他。他说："我对哥哥、弟弟没有任何过失，我实在想不出他们为什么要谋害我，很可能是为王世充、窦建德报仇吧。我很快就要被他们杀害了，不能再侍奉您老人家，但是我到了阴曹地府，也不愿见王、窦等贼子。"说李建成和李元吉要为王世充等人报仇，显然是不合情理的，无异于诬蔑，但李世民的本意并不在此，他是在向唐高祖强调自己在唐帝国建立过程中的功绩，也等于向唐高祖宣布，大唐的建立也没有您老人家什么事，是该交权的时候了。听了秦王的"密报"，唐高祖不禁愕然，决定第二天召开特别会议，邀请几位核心大臣参加，要太子、秦王、齐王前来对质。他要借这次会议，彻底解决这几个弟兄之间的矛盾冲突。

六月四日，唐高祖李渊召集裴寂、萧瑀、陈叔达等人到会，为了使会议不那么紧张，唐高祖特地选择在游船上进行。三个儿子来到之前，唐高祖和大臣们一直在太极宫中"泛舟海池"。他们没有预料到事态的严重性。当然，他们更不清楚李世民已经通过常何的关系，率领长孙无忌、尉迟敬德、侯君集、张公谨、刘师立、公孙武达、独孤彦云、杜君绰、郑仁泰、李孟尝等十人伏兵于玄武门。

后宫张婕妤探知李世民的动静，立刻向李建成报告。李建成找李元吉商量，李元吉主张动员府兵，李建成说京城准备严密，秦王不会有什么作为，不妨觐见父皇，当面揭发秦王的阴谋。李建成早就对京城的军事力量做了准备，而且旧属常何在玄武门，不会发生问题。所以，李建成没有采取必要的应急措施，就和李元吉一道入朝。行至临湖殿，才觉察情况不对，正想拨马回东宫，李世民一箭射死李建成。尉迟敬德带领七十骑奔驰而来，射杀了李元吉。

知道玄武门兵变，太子和齐王被困，东宫与齐王府精兵两千人结阵猛攻玄武门，由于张公谨闭关，不得进入。原来屯守玄武门的一些将士采取观望的态度，认为"事未可知，暂且观变"。但是，玄武门屯营将领敬君弘早已被李世民所收买，这时奋不顾身、英勇作战。正当战斗激烈进行的时候，经与李世民的妻子长孙氏筹划，长孙氏的舅舅高士廉率领家丁吏卒，还有监狱的囚徒，急忙赶到，与秦王合并一处，玄武门始终掌握在李世民手里。

东宫、齐王府的部队攻玄武门不下，转攻秦王府，秦王府震恐。就兵力而言，李世民的兵力处绝对劣势，而且将领大多集中在玄武门，秦王府处虽有房玄龄、杜如晦等守卫，毕竟力量单薄，万一失守，全局皆输。这时，尉迟敬德提着李建成和李元吉的首级，展示在东宫、齐王府将士面前。那些将士看到自己的主人已经死难，再无斗志，纷纷溃散。

战斗临近尾声，李世民令尉迟敬德向唐高祖报告。敬德全副武装，手握利刃，突然来到唐高祖身边。请求（实际是命令）唐高祖写手敕，宣布军队归秦王指挥。唐高祖慌忙问裴寂等怎么办。在尉迟敬德刀斧的威逼下，萧瑀、陈叔达进言："建成、元吉本来就没有参与谋划攻取天下的大计，也没有什么军功。现在嫉妒秦王，施展奸谋。秦王把他们诛灭了，是为国家立功。秦王军功卓著，天下归心，陛下应该立秦王为太子，让他主持朝政，以使天下太平。"唐高祖只好同意，并写了"手敕"，命令所有的军队一律听从秦王的处置；同时，派黄门侍郎裴矩到东宫晓谕诸将卒。东宫、齐王府知道大势已去，更知道秦王对于失败者的狠毒手段，于是纷纷逃离长安，隐藏到外地。事变最终平息下来了。

六月七日，唐高祖下诏立李世民为皇太子。诏文说："皇太子世民文德武功，统一宇内。朕付托得人，如释重负。从今后军国政事，不分大小，一律先由皇太子裁决。"这就表明李世民实际上开始执政了。

过了几天，唐高祖提出："朕当加尊号为太上皇。"表示了要早些退位的意愿。八月，正式传位于太子。李世民即位于东宫显德殿。次年正月，改元"贞观"，大唐帝国开始了"贞观之治"的新时期。

十一、不拘一格　选才东宫

唐太宗李世民刚执政时，形势十分复杂，问题堆积如山，由于他采取了正确的政策、策略，迅速稳定了政局，为"贞观之治"的实现奠定了坚实的基础。

第一，妥善处理政变后的遗留问题。玄武门事变以后，东宫、齐王府余党纷纷逃亡。对于东宫和齐王府的敌对势力，李世民实行高压政策。李建成的五个儿子和李元吉的五个儿子，株连被杀，两个兄弟被灭门了。高祖眼看着自己的十个尚在少年、幼年的孙子被杀，却不能施救，心中之悲凉可想而知，这也是他想提前传位的原因之一。原秦王府诸将还建议诛杀李建成、李元吉的部属百余人，并且抄家灭族。尉迟敬德坚决反对，他说："有罪的只是太子、齐王，二人已死，如果打击面扩大到身边许多人，不利于安定团

唐王游月宫镜

结。”唐太宗同意尉迟敬德的意见，下诏：“凶逆之罪，止于建成、元吉，其余党羽，一概不问。”就是只问建成、元吉罪，其余人一律不涉及。诏令虽下，一些地方并没有认真执行。太子和齐王余党隐姓埋名躲在民间，仍不敢出头。那些企图侥幸获名得利的，争相到官府告密，以求封赏。李世民根据谏议大夫王珪的建议，于七月下令重申：“六月四日以前，事连东宫及齐王，十七日前连李瑗者，并不得相告言，违者反坐。”制止民间举报太子和齐王的余党，违反者治罪。采取这些宽大政策，最大限度地消除了敌对情绪，争取了多数，稳定了人心。

唐太宗还对东宫府属中杰出人才加以提拔任用。李建成曾延揽了一批骁勇的武将，这些人忠心事主，很讲义气。如将领薛万彻，带兵攻玄武门和秦王府，失败后与数十骑逃亡于终南山。唐太宗派人请他回来，说他忠于自己的主将，这不是罪过。又如东宫翊卫车骑将军冯立，李建成被杀后，他仍然不肯放弃抵抗，叹道：“生时享受他的恩惠，现在他死了，我决不逃亡!”率兵攻玄武门，杀死屯营将军敬君弘。现在，他前来请罪，唐太宗就好言抚慰，授以左屯卫中郎将。冯立激动地说，要以死报答皇上的宽宏大量。唐太宗的政策有效地促进了原东宫党羽的转化。

对于东宫府属中的能臣，唐太宗同样加以重用，甚至引为知己。例如，召回流放边地的东宫官属王珪、韦挺，授以谏议大夫之职，留在身边任顾问。原太子洗马魏徵的例子尤其突出。玄武门之变不久，太子党人纷纷逃亡，魏徵却不为所动。有一天，唐太宗严厉责问他：“你为什么要离间我们的兄弟关系?”在场官员个个危惧战栗。魏徵从容对答：“皇太子如果能听从我的建议，肯定不会有现在这样的灾祸!”太宗转怒为喜，倍加器重，封他为詹事主簿，后改任谏议大夫，直至丞相。贞观六年（632），在九成宫丹霄楼的赏月夜宴上，太宗饮酒微醉，出言坦荡：“魏徵，从前是朕的仇敌，但他尽忠主上这一点是值得特别嘉奖的。正因如此，朕能在群臣中擢用他，朕的做法跟古人相比，也不逊色!”他这是以齐桓公和管仲的故事作对比。确实，唐太宗任用魏徵，是中国历史上的一段佳话，齐桓公和管仲，唐太宗和魏徵，是圣君和贤臣知遇的典范。

为了消除玄武门之变在封建伦理道德方面的不良影响，唐太宗特地追封李建成为息王，谥曰“隐”；李元吉为海陵王，谥曰“剌”。这样，既可以申明玄武门之变的正义性，又能表白唐太宗的仁爱之心。以礼改葬那一天，唐太宗在千秋殿西边宜秋门痛哭致哀，并以皇子赵王李福为李建成后嗣。

礼葬隐太子前夕，魏徵从山东返回京城，迁尚书右丞兼谏议大夫；王珪也升为黄门侍郎。他们联名上表说：“臣等昔受命太上皇，服侍东宫，出入龙楼，垂将一纪。前东宫结衅宗社，得罪人神，臣等不能死亡，甘从夷戮，负其罪戾，刊录周行，徒竭生涯，将何上报？陛下德光四海，道冠前王，陟风有感，追怀棠棣，明社稷之大义，申骨肉之深恩，卜葬二王，远期有日。臣等永惟畴昔，忝曰旧臣，丧君有君，虽展事君之礼；宿草将列，未申送往之哀。瞻望九原，义深凡百，望于葬日，送至墓所。”这是一篇感情真切而富于策略的奏章。首先肯定李建成“结衅宗社，得罪人神”，他的被杀是理所当然的；同时颂扬唐太宗“明社稷之大义，申骨肉之深恩”，以礼改葬二王。接着，从封建礼仪上陈述了他们作为太子的旧属请求前来送葬的道理。没有煽动东宫旧属的怨恨情绪，反而从道义上弥补了骨肉相残所留下的伤痕。因此，唐太宗乐而答应，命令原东宫、齐王府僚属统统前往送葬。通过隆重的礼葬活动，原来十分激烈的秦府王与东宫、齐王府之间的矛盾，就这样消除了。

第二，采取措施安定山东地区的局势。李世民与李建成为了争夺皇位，各自都推行结纳山东豪杰的方针。李建成开始得早，收效也大些。平定刘黑闼时，李建成根据魏徵的建议，对俘虏全部开导释放，并发给路费，因此百姓心悦诚服。对比一下李世民征讨刘黑闼时的残酷镇压，人们自然对李建成有所好感。此后，李建成利用自己在河北地区的威望，积极地培植地方势力。二人被杀的消息传来，在山东豪杰中，试图趁唐廷内讧兴兵作乱的，大有人在。还有一些分裂势力进行谋叛活动，如贞观元年（627）九月幽州都督王君廓叛乱。再加上太子党羽逃至关东，倘若互相勾结，势必构成严重的隐患。面对这种情况，唐太宗先派有相当影响的大将屈突通为陕东道行台左仆射，镇抚洛阳。这显然是估计到关东地区的形势而作出的紧急部署，以防止可能发生的叛乱。随后又及时地选派魏徵宣慰山东。

魏徵本来是山东人，生于襄国郡钜鹿县。家境孤贫，通晓策术。遭隋末之乱，伪装成道士躲进深山。他在李密的瓦岗军里典掌过书记，曾先后十次向李密献计，表现了他的奇谋深策。后随李密降唐，在京师久不见知，请求解职回家，不久被窦建德的义军俘虏，任窦建德的起居舍人。窦建德失败，魏徵投奔李建成，很受器重，曾提出“结纳山东豪杰”的方针。魏徵和山东、河北地区各种社会势力有着密切的联系。玄武门之变后一个月，唐太宗封魏徵为谏议大夫，请他去安抚河北地区，赋予他“便宜行事”的权力。魏徵到达磁州，恰好遇着地方官把前东宫、齐王府官属李志安、李思行等解送京师。魏徵跟副使商量说：“对东宫、齐王府的人，皇上有诏令，一律不再追问。现在却把李思行等押送京师，这就会人人不安。我们可以做主把他们释放了，太子和齐王的旧部也就安心归顺了。”于是，魏徵将他们就地释放。这个措施，不仅是体现了唐太宗的宽大政策，有利于消除逃亡者的疑虑，更重要的是使唐太宗在河北地区树立起“信义”来，以争取山东豪杰的广泛支持。唐太宗赞赏魏徵的这次“便宜行事”，对魏徵更加信任。

唐太宗初即位，下诏免除关东赋税一年。男女老幼欢欣鼓舞，喜笑颜开，竟至于歌舞庆祝。但是不久又变卦，重新颁布敕令，说：“已役已纳，并遣输纳，明年总为准折。”就是说，已经完成的赋税徭役，不退还。关东地区百姓们大失所望。这时，正在宣慰山东的魏徵立即上书，强调指出：“今陛下初膺大宝，亿兆观德。始发大号，便有二言。生八表之疑心，失四时之大信。纵国家有倒悬之急，犹必不可。况以泰山之安，而辄行此事！为陛下为此计者，于财利小益，于德义大损。臣诚智识浅短，窃为陛下惜之。”大意是说：皇帝一言既出，不可反悔，即使国家穷得揭不开锅，也不能把已经舍出去的粮食再要回来！魏徵的慷慨陈词，使太宗震惊，只得收回成命。

李唐皇室出于关陇贵族集团，而要实现全国范围的统治，不能不任用山东即东部地区的人士。广大的东部地区既是人才荟萃之地，又是当时财政命脉所在。山东人物之所，河北蚕绵之乡。可见山东、河北地位是何等的重要。玄武门之变后，唐太宗一直留心物色山东人，用来稳定山东局势，魏徵与崔仁师就是其中杰出的代表。魏徵宣慰山东前夕，曾向太宗指出：“不示至公，祸不可解。”也就是说，如果失之“至公”，山东人就会产生怨恨，甚至结群思乱，天下就难以太平。对此，唐太宗是心领神会的，因此立即请魏徵“安喻河北”。太宗曾经在殿上就关中人和山东人的性格习性等大发议论，言语中很有褒贬之意。殿中侍御史张行成跪奏说：“臣闻天子以四海为家，不应该对国民此疆彼界地说短长。”这话深深地打动了唐太宗的心弦。张行成是定州义丰人，少年师事著名经学家刘炫，后在王世充那里当过度支尚书，与山东各种势力联系广泛。唐太宗说过：“古今皇帝用人，都是有人推荐的，而张行成，却是我自己发现的，朕很以为自豪。”为什么如此器重、让他预议大政呢？原因就在于张行成的意见反映了山东豪杰的愿望。值得注意的是，唐太宗所拔擢的山东人士，往往不是士族高门，而是普通的微族寒门。例如，魏徵是小族之家，境况孤贫；崔仁师是破落户；张行成的先世无名望；张亮以农为业，家境寒贱；戴胄出身低微；马周是个寒士。因为这些人大多经历了隋末战乱，跟关东地区人物联系密切，熟悉民间的情况，所以，唐太宗利用他们，迅速地稳定了山东、河北地区的政治局势。

第三，审慎地调整最高决策集团。唐高祖时先后有十二位宰相，几乎都是皇亲元勋或者是贵族、士族。其中最受重用的首推裴寂。裴寂是蒲州桑泉人，与李渊友谊颇深，参与起兵密谋，建立“佐命之勋”，在武德之朝崇贵无比。可是，李世民却和他历来有矛盾。在皇位的激烈争夺中，裴寂公开袒护李建成。还有，唐太宗的好友刘文静死于裴寂的谗毁，这也是太宗不喜欢裴寂的原因。他认为裴寂的身份作为，也就是一个佞幸之臣。唐太宗曾当面斥责他说：“武德年间政治缺失太多，总根子就在您老先生！”

唐太宗开始不动声色地处理裴寂问题。从表面看，裴寂仍然受到尊重甚至重用，贞观元年（627），封裴寂采邑一千五百户，在所有的功臣中位居第一，但实际上被剥夺了预议政事的实权，现在裴寂的地位身份就相当于“寓公”。贞观三年（629），发生沙门法雅案件。据侦查，裴寂和那个心怀“怨望”的法雅有牵连，于是被免官，削食邑之半，放归本乡安置。裴寂依仗自己是先皇老臣，乞求让他留住在京师，拖延不走。唐太宗大怒，以长安令王文楷发遣不力为由，笞三十。板子打在王文楷的屁股上，其实就是在打裴寂的脸面。不久，有人扬言“裴公有天子之分”。裴寂惶惧，却不敢向皇帝报告，唆使他人将说这话的人杀了灭口。事情败露，唐太宗宣布裴寂的四大罪状。第一条：“位为三公而与妖人法雅亲密。”第二条：“负气愤怒，称国家有天下，是我所谋。”第三条：“妖人言其有天子之分，匿而不奏。”第四条：“阴行杀戮以灭口。”最后说：“朕完全可以杀了你，你的罪行已经很严重了，处死刑是应该的。但法官们主张流放，朕就听大家的吧！”于是把他流放到静州。处置裴寂显示了唐太宗在人事问题上的转变，不再用处死的方式消灭政敌或者他不喜欢的人了。

对于武德时宰相中支持自己的，如陈叔达、萧瑀和宇文士及等，唐太宗的安排既合理，又有人情味。这三位分别出身于陈朝皇族、梁朝皇族及北周宗室。他们虽然衷心拥护秦王，是唐太宗的心腹之臣，但随着形势的改变，尤其是国家由战时体制转为经济建设体制，他们的思想方式就难以与唐太宗的思路合拍了，当年的核心集团中人成为改革和建设的阻力，他们应该退出领导岗位了。唐太宗即位后，就逐渐地把他们从宰相的职位上调换下来，另作妥善的安置。

唐太宗整顿决策集团的关键，在于把秦王府旧属和亲信包括从东宫争取过来的杰出人才，提拔到最重要的岗位上，并鼓励他们积极地去治理国事。

武德九年（626）六月，李世民刚立为皇太子，就以宇文士及为太子詹事，长孙无忌、杜如晦为左庶子，高士廉、房玄龄为右庶子，尉迟敬德为左卫率，程知节为右卫率，虞世南为中书舍人，褚亮为舍人，姚思廉为洗马。这样就组成了以太子李世民为首的决策机构。除宇文士及外，长孙无忌和高士廉是亲戚，其他都是秦王府武将或者“十八学士”；而且大多在玄武门事变中做出过贡献。

同年七月，以高士廉为侍中，宇文士及为中书令，萧瑀为左仆射，封德彝为右仆射，长孙无忌为吏部尚书，杜如晦为兵部尚书。这就为李世民正式即位做了组织上的必要准备。贞观元年（627），封德彝死后，由长孙无忌补为右仆射。贞观二年（628）正月，长孙无忌自动辞职。杜如晦检校侍中，摄吏部尚书。李靖检校中书令。同年十二月，又把原东宫旧属王珪提拔到相位上来。贞观三年（629）二月，以房玄龄为尚书左仆射，杜如晦为尚书右仆射，李靖为兵部尚书，魏徵守秘书监，参与朝政。经过几年的调整，唐太宗完成了最高决策集团的重建工作。

十二、知人善任　举贤授能

唐太宗的英明，不但表现在他自身的聪明睿智，更在于他的知人、用人。唐太宗在总结自己的用人经验时，曾说过一段非常深刻的话：“人主的用人之道，实在不简单。自己认为贤能的人，未必就是好的；相反，大家都说他不行，这个人也未必就一无是处。所以，用人有一个悖论：有才能的人，人主却没有察举出来，这叫失才；而用了他却发现他有更多的不才，这叫错认才。关键在于，对人才要各尽其用。人无全才，人主用其所长，避其所短。”

用人首先要知人，而真正知人更是不容易的。唐太宗对辅佐大臣的认识恰当，评价中肯，可以说他能够知人。他说长孙无忌善于决断疑难问题，办法多而且谋划得快，但不善于带兵打仗；高士廉知识广博，悟性超群，危难时刻意志坚定，为官不结党，但缺少犯颜直谏的勇气。这都切中了这两人的性格特点。人有才能，就要举用。举用之后，发现劣迹，不得姑息，必须斥退。一个人是真贤还是假贤，是完全贤还是部分贤，只有在举用之后也就是使用中，才能确切了解。对此，魏徵强调："对人的了解，自古就是最难的事情，所以要坚持对官员进行考察评估，及时调整他们的任职。"

唐太宗纳谏

用人之难，难在善任。而要使任人各得其所，必须掌握"才有长短，不必兼通"的道理。唐太宗即位之初，令封德彝荐举贤才，可是，竟很长时间没有选荐一个人。唐太宗质问原因，封德彝答道："不是我不尽心竭力，而是现在天下没有很优秀的人才。"唐太宗驳斥道："君子用人如用器物，应当各取其长处。古时候国家达到大治的，难道从别的时代去借人才吗？应当怪自己不能识别人才，怎么能诽谤同时代的人不才呢？"他晚年还强调："人不可能全知全能，所以朕常常告诫自己，要扬长避短。"唐太宗在用人过程中，就遵循"扬长避短"的方针，他任用房玄龄、杜如晦、戴胄等人，就是明证。房、杜不善于处理杂务琐事，但是多谋善断，唐太宗扬长避短，充分发挥其相才，二人都成为青史留名的贤相。房玄龄用人也是如此，他不求全责备，也不用自己的长处去衡量别人，总是按照才能的高低或功绩的大小来录用，不嫌弃出身低微的人，唐太宗十分信任他。杜如晦充分发挥"剖断如流"的长处，与房玄龄默契配合，共掌朝政，中央的组织规模、法令制度、礼仪等，都由他们二人制定，深得当时人的称赞，把他二人合称为"房谋杜断"。戴胄不通学术、不通经史，唐太宗利用他性格忠直、秉公办事的长处，任他为大理寺少卿。戴胄处事干练，案无滞留，敢于犯颜执法，能纠正唐太宗量刑过失，使唐太宗发出了"法有所失，公能正之"的赞语。

唐太宗即位以后，百废待兴，为了克服眼前的种种困难，进而大治天下，需要选拔和使用大批人才，唐太宗采取措施，广开才路，不拘一格选拔人才。

唐太宗选人用人，有这样一些特点：

士庶并举。魏晋实行九品中正制，在世袭贵族中遴选官员，形成士族垄断政权的局面；而许多贤才大才，往往出自民间。仅仅在贵族中选拔人才，等于丢失天下人才的一半。唐太宗力避前朝用人之失，采取了士庶并举的方针。他早在藩府时，就注意物色有才能的庶族地主房玄龄、张亮、侯君集等人，同时也信任士族地主高士廉、长孙无忌、杜如晦等。即位后，继续实行这样的人才政策，王珪、韦挺、魏徵、马周就是庶民政治家的杰出代表。他还扩大科举制，让更多有才能的人进入国家政治生活。

官民同位。贞观三年（629）四月，唐太宗下诏说："普通人家的人，只要文武才能出众，或言行忠谨，可以承担事务，就可以推荐到各级官府任职，得与官人同申。"就是说，推荐和任职的待遇与在职官员相同。马周本是"山东布衣"。在州里教书时，屡遭地方官斥责，被迫辞职，在各处流浪，又受到县令侮辱。住在驿舍中，驿舍主事人见他衣衫褴褛，把他冷落在一边。贞观三年（629），唐太宗下诏让官员们议论国家大事，提出建议。马周当时在中郎将常何家里做客。常何是个武将，没读过书，提不出什么建议，马周就替他写了二十条建议。唐太宗看了常何的奏章，十分惊讶，因为常何本来识字不多，怎么能写出这样好的奏章，提的建议又这样卓然可采？便问常何是怎么回事。常何说是他的朋友马周替他写的。唐太宗立刻召见马周。马周一时没到，唐太宗坐立不安，一连四次派人去催。等到和马周交谈之后，发现他的确有治理国家的才能，就任命他做了监察御史。后来又任命他做中书令，主持朝廷大政。

新故共用。唐太宗的用人标准是贤能，只要贤能，不管是故旧还是新进，都一视同仁。原秦王府的心腹之臣如房玄龄、杜如晦、长孙无忌、高士廉等，他是非常信任的；而对隐太子李建成手中的有识之士，即所谓"昔仇"，他也加以重用。以魏徵为例。玄武门之变以后，魏徵成为阶下囚。唐太宗看重他的才能，不挟私怨，出以公心，从治国的大局出发，对魏徵日渐亲重，让魏徵进入宫禁，询问政治得失，授谏议大夫，又擢升为侍中，不到七年时间，魏徵由仇虏而位极人臣。魏徵也不负唐太宗厚望，忠正秉直，极言切谏，把臣子辅佐人主的义务发挥到了极致。唐太宗说："魏徵遇事随时规谏纠正，许多事都切中我的过失，就像明洁的镜子照见自己的形体一样，美或丑都无所隐藏。"唐太宗对亲故也是重视贤能，庸才低能者不用。他常说："君主一定要大公无私，才能使天下人心服。官员不论大小，都应当选用贤才。不应按关系的远近，资格的深浅，来决定官职的大小。"唐太宗的叔父淮安王李神通，对被列为一等大臣的房玄龄、长孙无忌、杜如晦等人很不服气，他对唐太宗说："太原起兵的时候，臣第一个响应，赴汤蹈火、不辞辛苦。房、杜不过舞文弄墨，从来没有冲锋陷阵，功劳没有我大，官职却比我高。这实在不公平！"唐太宗听了之后，就把李神通过去怎样被窦建德打败、全军覆没，后来又败给刘黑闼、仓皇逃跑的事实，一件一件地摆出来，说："叔父是国家的至亲，我怎么能不信任呢？但是，治理国家不能以私废公！"李神通无言以对。还有一些将领，原来是唐太宗早年做秦王时的老部下。唐太宗当了皇帝，他们没能得到高升，很不满意，吵吵嚷嚷地说："我们这些人多年来鞍前马后，出生入死，今天反倒不如李建成手下的人！"唐太宗说："选拔人才，不能分新旧、先后，新人贤明，旧人愚笨，我只能用新人，不能用旧人。"

汉夷兼用。唐太宗在用人上还有一个特点，就是既重视汉族的能臣名将，也不歧视夷族，对夷族名将也倾心信用，这是十分难得的。他根据夷将的功勋与智勇，分任朝廷高级将领与地方的都督之职。如突厥族的阿史那社尔以智勇闻于天下，深为唐太宗器重。贞观十四年（640），出征高昌，唐太宗以他为交河道行军总管；战争结束以后，唐太宗夸奖他廉正，赐给他从高昌得来的宝刀及各色彩绸一千丈。铁勒族酋长契苾何力内附后，唐太宗授职左领军将军。贞观九年平吐谷浑，赤水源一战，唐将薛万均、薛万彻破围，兄弟二人均中枪，随从骑兵死伤十之六七。左领军将军契苾何力率数百骑前往救援，拼命厮杀，薛氏兄弟才得免一死。后唐太宗擢升他为北门宿卫。

由于唐太宗广开才路，吸引和任用了不少精英，形成了唐初贤人在位众多的局面。贞观一代，人才济济。图画于凌烟阁的二十四位功臣，就是其中的佼佼者，他们是：长孙无忌、房玄龄、杜如晦、魏徵、尉迟敬德、李孝恭、高士廉、李靖、萧瑀、段志宏、刘弘基、屈突通、殷开山、柴绍、长孙顺德、张亮、侯君集、张公谨、程知节、虞世南、刘政会、唐俭、李勣、秦琼。唐太宗经常去凌烟阁观看画像，以表示对这些英才的赏识和纪念。此外，被唐太宗器重的还有著名的文学之士如姚思廉、陆德明、孔颖达、颜师古等；有卓越的书法家和画家如欧阳询、褚遂良、阎立德、阎立本等；还有杰出的少数民族将领如阿史那社尔、契苾何力、执失思力等。这些谋臣猛将、文人学士都为贞观之治贡献了自己的才干智勇。

人才已经选拔和任用，还要考虑如何充分调动他们的积极性，使他们忠心耿耿、终生不渝。唐太宗在这方面也是做得相当成功的。

信任贤才，用则不疑。君王多有用人多疑、疑而又用的问题，使君臣之

凌烟阁

间不能相互信任。唐太宗深知君王多疑的害处，吸取前人的教训，对大臣们采取“洞然不疑”的态度。萧瑀以自己不受重用，嫉妒房玄龄，诬告房玄龄搞朋党，对主上不忠，还预言房玄龄一定会谋反，只等时机成熟。唐太宗严厉批驳了萧瑀的诽谤。一次，有人密报长孙无忌职位过高，荣宠过度，太宗将此密报让长孙无忌看，并说：“朕对你丝毫不怀疑，假如心里装着各种传闻又不明说，则君臣的想法便有所不通。”

用人司职，各负其责。唐太宗在即位之初，号召素有贤名的景州录事参军张玄素进宫，问为政之道。张玄素答道：“隋朝皇帝好自作主张，独自处理日常政务，而不委任给群臣；群臣内心恐惧，只知道秉承旨意加以执行，没有人敢违命不遵。然而以一个人的智力决断天下事务，即使聪明睿智，乖谬失误之处也是难免，加上臣下谄谀，皇上受蒙蔽，国家还能不灭亡？陛下谨慎选择群臣，根据他们的才具，让他们各职其事，皇上自己就可以拱手安坐，清和静穆，考察他们的成败得失，实施刑罚赏赐，天下自能大治！”唐太宗赞赏张玄素的建议，并能够身体力行，付诸实施。贞观四年（630）的一天，唐太宗问房玄龄、萧瑀：“隋文帝作为一代君主怎么样？”回答说：“文帝勤于治理朝政，临朝听政，有时要到日落西山，五品以上官员，围坐论事，卫士传送餐饭。虽然品性算不上仁厚，亦可称为励精图治的君主。”唐太宗不赞同此论，说：“你们只知其一，未知其二。你们赞扬欣赏他的，正是他的失误之处。文帝不精明却自以为精明，由于‘精明’就喜欢‘洞察一切’，这在人主叫做‘苛察’，人主最忌讳这点。不精明则上下不通气，但苛察则多有疑心，凡事自行决定，不信任群臣。天下如此之大，日理万机，费心劳神，难道处理每一事都能切中！群臣既已知主上的意见，便只有无条件接受，即使主上出现过失，也没人敢争辩谏议，所以到了第二代隋朝就灭亡了。朕则不是这样。选拔天下贤能之士，分别充任文武百官，让他们考虑天下大事，汇总到宰相处，深思熟虑，然后上奏到朕这里。有功则行赏，有罪即处罚，谁还敢不尽心竭力各司职守?”这一篇谈话，可以看做是唐太宗实行张玄素建议的一次总结，结论是，圣明的皇帝一定是用别人的大脑来思考，他把许多聪明的大脑集中到自己这里，集中了群众的智慧，唐太宗就是一位善于集思广益的英明君主。

斥退小人，杜绝谗邪。要使贤能之士尽职尽责，充分发挥聪明才智，疏远小人、不用小人是非常重要的。有一次，唐太宗对魏徵说：“因官职而去选择人才，不可仓促行事。任用一位君子，则众位君子都会来到；任用一位小人，则其他小人竞相引进。”他把用小人比作“养恶草”，“养恶草则对好谷子有害”。还引用北齐、隋朝的历史教训，说明群小之徒诽谤君子、谗害贤臣给国家造成的极大危害。他说：“说人坏话的邪佞小人，都是国家的害虫。他们有的人花言巧语，阿谀奉承，互相勾结，结党营私；如果国君昏庸，就要被这些小人迷惑，忠臣孝子就要为此含冤受罪了。斛律明月是齐朝的良将，威名震撼敌国。北周每年冬天要砸破汾河上的封冰，就是担心他率兵西渡来进攻。斛律明月被祖孝徵谗言构罪遭杀害，北周开始侵略北齐。高颎是隋朝宰相，他很有治理国家的才能，帮助隋文帝完成霸业，执掌朝政二十多年，天下依靠他得到安宁。隋文帝偏听妇人的话，一味排斥他。到后来他被炀帝杀害，隋朝的法制政令从此衰败了。隋太子杨勇统率军队，代理朝政，本来就有储君的名分。杨素欺骗文帝，残害善良，离间他们父子之情，祸乱的根源，从这里开始了。隋文帝已经混淆了嫡子和庶子的名分，结果自己招来杀身之祸，国家不久就覆亡了。朕常常防微杜渐，以此禁绝谗言构罪的发生，仍然担心还没有尽心尽力，或者还不能觉察它的苗头。”

为了防止奸佞小人对贤能之士的损害，唐太宗决定对诽谤、诬陷者“以谗人之罪论之”，即对诽谤者实行“反坐”。贞观三年，监察御史陈师合上《拔士论》，诽谤房玄龄、杜如晦，说他们思虑有限，想罢黜房、杜的宰相职位。唐太宗对房、杜的长处和缺点都了如指掌，断定陈师合是“妄事诽谤”，便对他采取法律制裁，流放到岭外。贤能之士毕竟不是神，有时也会有小的失误和过失。居心叵测的人往往抓住不放，借机诽谤。对此，唐太宗态度十分明朗，总是保护贤能之士。比如，魏徵、温彦博在处理政务的过程中，曾有一些过失，有人据此弹劾他们，太宗置之不理，对他们的信用不变，使他们安心任事。

十三、科举取士　关注民生

贞观初年，有一次，唐太宗想亲自看看考试进士的情况。在发榜那天，他带着几个内侍，来到考试进士的端门前，看见许多新考取的进士，排成长长的一队，整整齐齐，鱼贯而入。唐太宗非常高兴，对身边的内侍说："天下英雄，入吾彀中矣！"彀，是指箭的射程，他这是说：天下的人才全都落到我的手中，为我所用了。他看到，科举制度对于选拔人才，提高官员素质，乃至提高国民文化水平，确实具有很大作用。

科举，就是由朝廷设立许多科目，通过分科考试，推举、选拔政府的各级官吏。科举制度创立于隋文帝时期，隋炀帝发扬光大，把它由临时改为定制。到唐朝，经过唐太宗的大力改革，科举制度更加完备了。

唐朝的科举考试科目很多，其中进士科和明经科最受重视。明经科主要考儒家经典的记忆理解，进士科主要考诗赋策论的写作。进士科的前途看好，所以当时的读书人都愿意考进士科。考进士科录取很难，一般百个人中只能录取一二人。所以人们把考进士比作"登龙门"。"三十老明经，五十少进士"，进士比明经难考，三十岁考中明经科已经很老了，五十岁考中进士还算年轻。

考中进士，就取得了做官的资格，但经过吏部（中央的人事部门）的考试才能正式"授缺"。这个考试叫"选试"。选试的内容有四项：一是"身"，相貌外表要端正，没有明显的生理缺陷；二是"言"，吐字要清楚，说话有条理合乎逻辑；三是"书"，字要写得端正美观，符合行文规范；四是"制"，要具有审定文字的能力。

考中了进士，叫做"及第"。武则天的时候，皇帝还在宫殿上亲自出题考试。所以有人把进士叫做"天子门生"，意思是由皇帝亲自考取的。由于进士很难考，为了达到考取的目的，应考的举子就在考前和考试期间想出种种办法进行活动。有的到处叩拜公卿，送礼物、献文章，想得到公卿的赏识，好替他向主考官推荐。有的跑到官僚的车马前跪献文章，表示自己的诚意，这叫做"求知己"。有的把自己的文章工工整整地写成卷轴，献给达官贵人或者名流学者，请他们把自己推荐给主考官，这叫"行卷"。行卷十分重要，它往往决定看的人的印象好坏，所以举子们都十分用心。

行卷促使一些读书人在应考以前认真提高自己的文学修养，努力创作高水平的作品，这对唐代文学的发展起了推动作用。实行科举制度，官吏的选拔和任用都由中央决定，这就加强了中央政府的权力，有利于国家的统一。

同时也使大批出身寒微的读书人有机会进入政府机构。像家世毫无名气的李义府，曾经写诗干谒："上林许多树，不借一枝栖（上林苑有许多树，没有一枝可以让我停留）。"唐太宗回答他说："我将整棵大树都借给你，哪里只是一枝啊！"后来，李义府通过科举考试，进入上层社会，最后做了宰相。

科举使全国的读书人站在同一起跑线上，不承认考生的阶级差别，不考虑他们的身份和财产，消弭了一切鸿沟，人人机会均等，一张考卷定终身，这是当时世界上最公平的选拔制度。科举制度延续了一千五百多年，对于稳定国家政权，提高全民族文化水平发挥了重大的作用。科举制度还传播到东亚其他国家，而周边国家的读书人宁愿参加中国的科举考试，在中国任职晋升。科举制度在17世纪为欧洲人所采用，被改造为以英国为代表的"文官制度"，流布全世界，成为宪政国家整体的核心部件。这是中国文化对世界政治文明的杰出贡献。

唐太宗对侍臣说："凡事都必须致力于根本。国家以人民为根本，人民以穿衣吃饭为根本，凡经营衣食，以不失时为根本。要不失时，只有皇帝不苛烦百姓。如果战争不断，营建不停，就无法不占用农时。"这一年，京城天旱，蝗虫大量滋生。太宗到禁苑中去视察庄稼，捧起几个蝗虫祝告说："粮食是百姓的生命，你吃了粮食，是坑害百姓。百姓有过错，责任在朕一人，你如果有灵性，只该吃朕的心，不要伤害百姓。"祝告完毕，就要吞下蝗虫，左右的人急忙劝说："吃下去怕要生病。"唐太宗说："我正是希望灾难转移到朕身上的。"就把蝗虫吞了。后人看到这一情节，总以为唐太宗是在作秀，这就是对他的误解了。作为一位皇帝，他衷心希望全国无难无灾，在灾难真的降临、人力已无所作为时，他宁可求助于神灵虚妄，从这一点说，唐太宗确实有古仁人之心，与孟子说的"仁君"标准很接近了。

唐太宗对黄门侍郎王珪说："隋文帝开皇十四年，关中大旱，很多百姓饥饿困乏。当时国家的粮仓堆得满满的，但是不允许开仓救济，却命令百姓逃荒到有粮食的地方去'就食'。隋文帝不爱惜百姓却爱惜仓库，竟到这种地步。隋文帝晚年，国家储积的粮食总量，可以供给全国军民食用五六十年。隋炀帝以这样的财富作资本，豪华奢侈，荒淫无道，结果导致灭亡。隋炀帝丧失国家，他本人固然罪不可赦，他父亲聚财而不用财，任凭国人饥饿却不肯拯救，空虚天下以充实他自己，他对隋亡应该承担的责任也不小。凡是治理国家的，务必积蓄于民，不在于装满朝廷的仓库。古人说：'天下不足，国君孰与足？'意思是说：如果百姓的用度不够，那么国君的用度怎么会够？只要仓库的储粮能够防备荒年，此外何必劳烦储蓄？"

唐太宗做事情重视顺应民心。他曾对侍臣说："自古以来帝王凡是要兴建工程，必须重视顺应民心。大禹开凿九山，疏通九江，耗费人力非常巨大，却没有人痛恨埋怨，就是因为民众愿意这样做。治水，代表了广大人民群众的根本利益。秦始皇营造宫室，历代人们都指责批评，因为他是为了满足私欲，与民心相背。"唐太宗还对侍臣说："帝王习惯于骄奢淫逸，百姓恐惧于劳累疲敝。孔子说：'有一句可以终身实行的话，恐怕就是仁恕之道吧！自己所不情愿做的事，不要施加给别人（己所不欲，勿施于人）。'劳累疲敝的事，不能施加给百姓。朕居于帝王的尊位，富有天下，处理事情必须设身处地，真诚地节制自己的欲望，不做百姓不希望做的事情。"唐太宗用生动的比喻论述了对天下百姓实行仁义的重要。他说："树林茂密鸟就栖息，水面宽阔鱼就游动，仁义积聚百姓自然归顺。人们都知道畏惧躲避灾害，但是如果灾害根本就不发生，不是更好吗？实行仁义，灾害就不会产生了。仁义之道，应当记在心里，经常使它继续发展下去，如有片刻的松懈怠慢，离仁义就远了。仁义犹如人的饮食，饮食供养身体，才能够保存生命。仁义缺失的话，国家也就危险了。"

顺应民心，包括不夺民之所愿。长孙皇后要为唐太宗寻觅温良恭俭让的女子，让她们"关关雎鸠"地生很多优秀的王子们。前隋的通事舍人郑仁基的女儿十六七岁，容貌美丽，堪称绝代佳人。长孙皇后访寻到了，决定把她留在后宫。皇后不嫉妒，如此贤达，唐太宗大喜，决定封郑女为"充华"，速速地召来后宫。诏书已发，魏徵听说这个女子早已经许配给士人陆爽，就急忙进宫见唐太宗："陛下作为百姓的父母，抚爱百姓，应以百姓的忧虑为忧，以百姓的欢乐为乐。自古以来，有道德的君主，把百姓的心愿作为自己的心愿，所以君主住楼台亭榭，就想到百姓应有房屋安身；君主吃着美味佳肴，就想到百姓应该没有饥寒交迫的担忧；君主眷顾妃嫔之时，就要想到百姓也有娶妻成家的欢乐。这是君主应当经常想到的道理。现在郑仁基的女儿，明明已经许配给了别人，陛下要聘娶她，却没有询问她是否已经有婚约在先。此事传播到全国各地，深恐它会损害圣上的美德。"唐太宗听了魏徵这话，非常吃惊，深深地自我责备，停止派遣册封的使者，下令将郑氏女送还给她的未婚夫。

左仆射房玄龄、中书令温彦博、礼部尚书王珪、御史大夫韦挺一干人觉得这件事弄得皇上挺没面子的。再说，皇帝富有四海，理论上说，天下所有适龄妇女，除了直系血亲，都可能是皇帝的老婆，皇帝要召幸其中一个，魏徵还有这许多啰唆！于是起来为皇帝打圆场："说郑氏女已经许配陆家，没有确切的证据，册封的礼仪既然举行，就不可中途停止。”陆爽本人也上表说：“我的父亲在世时，曾与郑家来往，有时互相馈赠资财，但并没有明确婚姻关系。外人不知道实际情况，看我们两家来往密切，才有这样的说法。”唐太宗很是狐疑，就跟魏徵商量：“群臣有可能看朕喜欢那女子，溜须拍马说瞎话，但当事人陆爽这样分辩，就可能真的没有婚约。朕还是娶了那个小丫头吧？”魏徵说：“陆爽的心思我知道，他把陛下等同于太上皇了。”唐太宗问何故。魏徵说：“太上皇刚平定京城的时候，宠爱了辛处俭的妻子。辛处俭老大不高兴，说了一些很过分的话，比如他说：‘皇帝什么嗜好，夺人家的老婆。他有那么多佳丽藏在后宫，我却只有一个老婆，真是损不足以奉有余！’辛处俭当时任太子舍人。太上皇将他调出东宫任万年县令。辛处俭从此常怀恐惧之心，担心不能保全头颅。陆爽认为陛下今天虽然宽容了他，但他担心以后会遭谴责贬官，所以再三自我表白。”唐太宗于是发出诏书说：“郑氏之女，已经接受别人礼聘，朕先前发出诏书的时候，对此事没有详细审查，这是朕的不是，也是有关官署的过失。授充华的诏书应停止执行。”人们纷纷称赞皇帝的宽容大度。

唐太宗亲身参与了推翻隋朝的斗争。亲眼看到强大的隋王朝被造反的瓦岗军等农民起义军推翻，教训历历在目。当了皇帝，他总是不忘隋朝的为政得失，作为自己的鉴戒。他经常对儿子说：“一个皇帝，要是按正道办事，百姓就拥护他；如果他不行正道，百姓就推翻他，这实在可怕啊！”他又说：“水能载船，也能翻船。百姓好比是水，皇帝好比是船。”

隋末农民起义军——瓦岗军开仓放粮

十四、农为邦本 本固邦宁

唐太宗即位以后，曾主持开展过一次关于“自古理政得失”的辩论。这次辩论的目的是希望找到一条实现“天下大治”的途径。大乱之后究竟能否大治？看法是很不一样的，持怀疑态度的不少。连唐太宗也发出了“今大乱之后其难治乎”的感叹，对于“致治”缺乏信心。魏徵满怀信心地说：“大乱后容易施行教化，这就像饥饿的孩子容易喂养。如果皇上能够广施教化，臣僚尽心竭力，上下同心，经过战乱的国民都会积极响应，不出一个月，就能初见成效。三年成功，都算是很晚了。”封德彝等人不以为然，引证历史，说夏、商、周三代以后，人心渐渐地变坏，一代不如一代。所以秦朝专用法律，汉朝杂用霸道，秦汉的皇帝不是主动地舍弃教化，他们是没有办法才实行法治的，因为百姓根本就不可能教化了。封德彝直言斥责魏徵：“魏徵书生，不识时务，如果听他的胡言乱语，国家就会破败不可收拾！”但是唐太宗采纳了魏徵的建议，作出了“大治”天下的决策。

天下如何大治？唐太宗和魏徵认为，必须抚民以静。就是安定民心，不去骚扰民众，使民众各安其业，国家坚决不干预百姓的生产生活，尽可能不发布文告诏令，最好是让百姓忘记朝廷的存在，这就是恢复了上古治世了。所谓“治世”，就是不施治而自治。武德九年（626）八月，唐太宗初即位，北方突厥扬言以百万大军来攻相威胁，颉利可汗侵犯至渭水之北。唐太宗坚决实行“安人理国”的方针，他挺身而出，订立了“便桥之盟”，突厥撤退回去。事后，唐太宗对大臣们说：“朕新即位，当前的国策是求得稳定。”“便桥之盟”是新朝廷的无奈之举，但是在国家实力尚未达到足以抵抗强敌的时候，这样的妥协退让是必要的。

唐太宗和群臣商议“止盗”对策，提出了“安人理国”的四项措施：一是“去奢省费”，二是“轻徭薄赋”，三是“选用廉吏”，四是“使民衣食有余”。唐太宗强调指出：“国君依靠国家，国家依靠国民。如果剥削国民，满足国君的私欲，就等于割自己的肉喂自己的嘴，把胃装满了，这人也就死掉了。所以，国君富了，百姓穷了，国家也就灭亡了。”这个比喻，形象地表明了治国必先安民的道理，有这样深刻的认识，人们完全可以原谅他在玄武门事变中的阴毒和残忍。军阀或权臣在夺取政权时，可能各种手段无所不用其极。手段与目的发生冲突，他们当然选择目的，所以李世民会在玄武门事变中手段残酷。但是，一旦建立了自己的政权，皇帝就应该允许百姓正常地生产生活，只有王莽那样的政治洁癖者，才反复地要求百姓不断地纯洁思想，这种政治洁癖，主要的倒不是想叫国民都成为圣人，而是为自己不光彩的夺取皇帝位的手段与过程辩护。其实一旦皇帝位置稳定了，就不会有人追究这个帝位的起始缘由，就像没有谁追问唐太宗为什么杀害弟兄。所有的担心都是自我恐吓。唐太宗的英明就在于他没有恐吓自己，相反，他很快地就把国家带上了正轨。也只有王世充那样的愚蠢“皇帝”，才热衷于在大灾年月“务虚”，开展大规模的宫廷演讲会。贞观元年（627），唐太宗重申“为君之道，必须先存百姓”，次年进一步阐明治国在于“人君简静乃可致耳”。这样，以“存百姓”为宗旨、以“简静”为特征的治国方略，就被明确地规定下来了。

唐太宗的抚民以静的治国方略，是以民为邦本的政治思想和静为农本的经济思想为基础的。对于这一点，唐太宗在贞观二年（628）曾讲过这样一段话：“凡事皆须务本。国以人为本、人以衣食为本，凡营衣食，以不失时为本。”唐太宗鉴于隋亡于虐民的教训，把“存百姓”当作为君之道的先决条件，同时又把“存百姓”跟帝王“正其身”相联系。他的思路是很明确的：帝国的长治久安取决于百姓的能否生存，百姓的存亡取决于君主自身能否克己寡欲。他把国治、民存、君贤三者有机地联系起来，反复强调民存取决于君贤。他说：“有道则人推而为主，无道则人弃而不用。”这是君主的安危受到人民力量制约的思想流露。同时，唐太宗也清醒地认识到，要想在政治上大治，必须在经济上十分重视农业这个根本问题。他说：“国以民为本，人以食为命，若禾黍不登，则兆庶非国家所有。既属丰稔若斯，朕为亿兆人父母。”唐太宗的农本论并非抽象的概念，它的表现形式就是静为农本的观点。具体地说：一方面要让农民休养生息，另一方面征役要不违农时。与民休息是静为农本的核心内容，不违农时则是休养生息的必要条件。

唐太宗不仅规定了以“静”为特征的施政方针，而且采取具体措施加以落实。

推行均田，奖励垦荒。要使百姓“安静”，首先要有田可种。经历隋末丧乱，州县萧条，人口稀少，大量空荒地的存在是唐初实行均田制的前提。武德七年（624）四月，唐高祖颁布均田令，规定：丁男、中男给田一顷，所授之田，十分之二为永业田，十分之八为口分田。永业田可以世代继承，口分田则是在田主死后由官府收回，再分给别的丁壮。这种计口授田的土地分配法很合理，也便于实施，是一次和平的土地改革。土地改革的主要内容是对土地的再分配，在农业社会，这是一项非常重要的国家政策。历代中央政府初建，都会在土地分配上做文章，核心内容是使土地的占有趋向平均，实现“耕者有其田”。均田所需的土地，国家可以通过两种渠道获得：一是无主的荒地，准许农民开垦，并发给执照，成为他们的永业田；二是对占有田地过多的大地主，国家通过赎买或收归国有的形式，把他们的田地分割出一部分，分配给无耕地的农民。采取国家赎买或有限剥夺的方式平均土地，可以避免大规模的社会动荡，保证社会财富不会无序流散，这是社会历史进程得以延续的前提条件，历代帝国朝廷都注意这个问题，唐太宗尤其关注均田。所谓均田，就是要保证农夫有田地可耕，同时也要保证地主拥有相当规模的土地，他们将是国家赋税收入的重要来源。

为了解决狭乡（人多地少）土地不够分配的问题，唐太宗极力鼓励农民迁往空荒地较多的地区即“宽乡”，以便给足田数。贞观元年（627），关内旱灾，粮食歉收，政府组织饥民到关外“分房就食”。贞观二年（628），唐太宗提出：“安置客口，官人支配得所。”并宣布将把安置客口的情况作为地方官年终考评的指标之一，希望地方官“善相劝勉”。所谓“客口”，就是迁居地附籍的客户。其中有灾民、流民，也有部分自耕农，他们迁居的地方主要是宽乡。贞观十一年（637），新颁布的《唐律》规定，宽乡占田逾限不作违反律令论处，移民垦荒可以得到减免租税的优待。如果狭乡人主动迁居宽乡，还可以在一定时期内免除他们的赋役负担：迁往本居千里之外，免三年；五百里外，免二年；三百里外，免一年。官员不按赋役令执行，要受“徒二年”的刑律处分。

租庸调法与“轻徭薄赋”。唐初赋役称为租庸调法，它初定于武德二年（619），修订于武德七年（624）。租庸调法的内容是：受田户每年纳粟二石，叫做租。丁壮每年要服役二十日，如不服役可用绢代役，一天折绢三尺，二十天共计六丈，叫做庸。丁每年绢二丈，另加丝绵三两；或者纳麻布二丈五尺，另加麻三斤，叫做调。由于经受隋末农民战争的打击，唐初比隋代放宽了直接生产者徭役折算的年龄，严格了服庸时间的计算方法。唐太宗即位以后，基本上照章办理，对租庸调法没有做过重大的更改或调整。

“贞观之治”的出现主要的还不是减免租赋，而是在于制止对民力的滥用，反对劳役无时。唐初统治者亲眼目睹隋亡的全过程，有鉴于此，唐太宗十分强调去奢省费、躬行节俭。例如，贞观元年（627），他想营造一座宫殿，已经画了施工图，材料也准备好了，但一想到从前的隋朝因役使民工过度而亡的教训，就不再兴建了。贞观二年（628），群臣再三建议营造一座新的宫殿，以改善“宫中卑湿”的条件，但是唐太宗坚决不允许。他对大臣们说：“修造华丽的宫殿，开辟广阔的水面亭台，这是帝王想要的，但却是百姓不想要的。我们要顺从百姓，压抑自己的享乐欲望。”农民群众减少了劳役的负担，他们用于自己土地上的劳动时间相对地增多，这是与民休息的关键措施。

劝课农桑，不违农时。为了劝课农桑，唐太宗恢复了被废弃达数百年之久的藉田仪式，颁布《藉田诏》。唐太宗的藉田典礼盛况空前，成为国家的盛大节日。皇帝重视藉田，在于告知天下，要以农事为本，国家不夺民力，农夫不违农时，真正使民众富裕起来，民富则国强。

唐太宗经常派遣使臣到各地巡视，劝课农桑。他自己在园苑里种了几亩庄稼，有时锄草不到半亩，就感到很疲乏。由此知道农夫的辛苦。他要求巡察使者到州县时，直接到农人劳作的田地里劝励，不准搞迎来送往的花架子。他说，农夫本来很忙，很辛苦，你们再去搞排场，虚耗民力，这不叫“劝课农桑”，这根本就是去添乱、捣乱。

劝课农桑的关键在于不违农时。唐太宗从农本思想出发，十分强调“农时甚要，不可暂失”。贞观五年（631），曾发生过举行礼仪与农时冲突的事件。当时礼部官员援引阴阳家择用吉日的建议说：“皇太子将行冠礼，宜用二月为吉。”二月正是春耕大忙季节，唐太宗宁愿屈礼而便农，把冠礼改在十月进行。皇太子的冠礼是国家大事，唐太宗不顾阴阳家的推算，将日期改为秋后农闲的十月。唐太宗喜欢狩猎活动，以示不忘武备。为了不妨碍农时，他的狩猎活动尽量选择在农闲时间进行。贞观年间，唐太宗举行过七次田猎，都选在当年冬天的三个月里进行。

唐太宗还运用法律手段来保证这项措施的贯彻。《唐律》有“非法兴造”条文，指出“诸非法兴造及杂徭役，十庸以上坐赃论”。所谓“非法兴造”，就是农忙时进行工程建设，违反农时，故被视为“非法”，体现了唐太宗“不夺农时”的与民休息思想。

兴修水利。贞观年间，水旱连年不绝，治水更成为一项紧迫的任务。例如，贞观十一年（637）七月，洛水暴涨，淹没六百余家。唐太宗下诏自责说：“暴雨成灾，大水泛滥，静思过错，朕非常恐慌害怕。”同年九月，黄河泛滥，毁坏很多地方，唐太宗亲自到白司马坂巡视，安抚灾民。

唐初对治水的专门机构加以整顿。工部设有水部郎中和员外郎，京师设有都水监，掌管河渠疏浚与灌溉事宜。还制定出水利与水运的专门立法，即所谓《水部式》，以刑律保护河水与堤防的合理使用。凡是违反《水部式》规定的失职官员，务必惩处。贞观十八年（644），太常卿韦挺负责水运粮食至辽东，事先没有视察河道，致使六百余艘粮船因河道“浅塞不能进”。次年正月，“韦挺坐不先行视漕渠”的刑律，被“械送洛阳”，遭到“除名”的处分。

唐宫人双陆图

设置义仓，救灾备荒。以藏粮备荒为宗旨的仓储制度由来已久，隋文帝开皇年间尤盛。唐太宗对此又作了新的改进，使仓储制度更加完备。隋末战乱，人口锐减。武德年间（618～626）仅有二百余万户，不及隋朝最多时户数的四分之一。唐太宗即位后，十分关心户籍的变动情况。因为发展农业生产，必须有足够的劳动力，所以，贞观时期采取了措施：一是赎回外流到突厥的人口；二是奖励婚嫁，生育人口。这些措施使人口迅速增长。贞观二十三年（649），全国户数接近三百八十万户，虽然还不到隋朝最多时户数的一半，但比武德年间增了一百八十万户，二十年间人口增加了近一倍。为了显示政府奖励婚嫁，太宗还大批释放宫女。唐太宗即位后，曾两次释放过宫女：一次是在武德九年（626）八月，因整顿宫殿，放还宫女三千余人；另一次是在贞观二年（628）九月，派遣戴胄、杜正伦等于掖庭西门释放宫女。允许这些宫女嫁与平民。

唐太宗推行的这一系列重农政策，取得了十分明显的效果，唐帝国呈现出政治安定、经济繁荣的景况。关中地区是唐王朝的京畿之地，首先得到了恢复与发展。至贞观三四年，关中农业丰收，流散人口纷纷回乡。但就全国范围来说，从伊、洛以东，直至泰山，还是人烟稀少的荒凉状况。贞观六七年以后，山东地区改变了昔日残破的面貌，人口滋蕃，商旅兴隆。到贞观八九年，百姓生活已经相当富足，米斗仅四五钱，马牛遍布原野，社会治安可以用“路不拾遗，夜不闭户”来形容。稻米价低，在唐代不会发生“谷贱伤农”的问题，因为唐代处于农业社会，社会总产值以稻米来计算，可以叫做“米本位”。稻米生产增加，需求就会减少，意味着更多的人不需要到市场买米吃，这就是历代人们追求的“富足”，贞观时期基本上实现了这样的富足。

这些“与民休息”措施，并非唐太宗的发明，历代为政者在夺取政权之初，都会静下心来，停止扰民，允许民众专事生产，百姓们只是在皇帝视察来到时跪在道路两旁呼喊几句“万寿无疆”，只有那些性情古怪永远骚动不安的皇帝或者弱智皇帝，才会在国家大局已定、万民顺服的形势下，还人为地制造动乱，把国民投入水深火热之中，并为此自鸣得意。在正常的时代，国民平时并不理会皇帝的事情，既不必关心皇帝的诏书，更不必阅读皇帝的文章，以表现对皇帝的无限忠诚。唐太宗不但是一位正常时代的正常皇帝，而且是一位比较长的时期坚持正常思维的皇帝，所以贞观之治的出现，也就十分正常了。

十五、虚心纳谏　天听民听

有一次，唐太宗问魏徵，君主怎样才能"明"，怎样就会"暗"？魏徵回答说："兼听则明，偏信则暗。"唐太宗对此非常赞成。因为他知道，自己并不是无所不知，无所不能。为政者听取不同意见，判断是非，然后采纳正确的意见，叫做"纳谏"。唐太宗很注意纳谏。他曾经对大臣萧瑀说："朕少年时就喜爱收藏弓箭，得到几十张好弓，以为再也不会有比这些更好的弓了。不久前，拿给制弓的师傅看，他们却说，这些都不是好弓。朕问什么缘故。他们说，木心不直，自然脉理都邪，弓虽然硬，发箭却不能直。朕这才知道自己过去鉴别的不精。朕用弓箭定天下，还不能真正辨别弓箭的好坏，何况天下的事情繁多，我怎么能全都懂得呢？"

贞观四年（630），唐太宗下令修复洛阳宫，准备自己到洛阳游玩时使用。给事中（专门负责向皇帝上书论述政令得失的官员）张玄素上书反对。他说："修复洛阳宫并不是当前最紧要的事情。当年，隋炀帝修建洛阳宫，大兴土木，用两千人拉一根大柱，从几千里以外运到洛阳，劳民伤财，给百姓造成多么大的苦难。如今，战争刚刚结束，财力不足，人民的元气还没恢复，陛下却先修缮洛阳宫，这不是比隋炀帝还残暴吗？"唐太宗听了很不高兴，说："你认为朕不如隋炀帝，那么朕比桀、纣如何呢？"张玄素并不退让："如果这个工程不停止，陛下和隋炀帝、夏桀、殷纣的差距实在不大。"尽管这番不客气的批评听起来很是刺耳，但是唐太宗还是做了认真的考虑，觉得张玄素的话有道理。他感叹地说："朕考虑不周到，你说得很对。"于是立即下令停工，并且赏赐张玄素二百匹彩缎，奖励他直言进谏。

濮州刺史庞相寿因为贪污被罢了官。他跑到唐太宗那里求情，说自己多年在秦王府跟随唐太宗东征西讨，如今天下已定，自己却落得这样的下场。唐太宗很同情他，要撤销对他的惩处，恢复他的官职。魏徵坚决反对，对唐太宗说："过去秦王府的人，现在官居要职的非常多，如果人人都仗着旧关系为非作歹，谁还肯做好事呢？"唐太宗接受了魏徵的意见，对庞相寿说：

“朕过去做秦王，不过是秦王府的主人，凡事为你们说话；如今朕是皇帝，就是天下的主人了，不敢偏袒老朋友。”

唐太宗鼓励各级官吏畅所欲言，不要因为怕得罪皇帝而隐瞒真相。有一次，他询问监修国史的房玄龄：“自古以来撰修国史都不让本朝的君主看，这是为什么呢?”房玄龄回答说：“一个正直的史官，他撰写的国史一定会如实地记录，对君主的功业不做夸大，对君主的过失也不加粉饰隐瞒。所以不会叫当代的国君看到，因为国君看到对他不利的记录，就可能发怒，影响史官的工作，还可能强迫史官修改记录，删除君主的过错。君主看到里面记载着自己的过错，一定会发怒，所以国史都不让本朝的君主看。”唐太宗说：“有什么写什么，怎么会得罪君主呢？朕很想看看国史上怎样写的，以前的错误，作为今后的鉴戒不再犯，这有什么不好?”房玄龄把有关高祖、太宗的两部分历史材料整理好，送给唐太宗看。唐太宗看到武德九年六月四日条下，记载有关玄武门之变杀死李建成、李元吉的情形，叙述得十分含糊，有意为秦王发动政变遮掩。他把编写国史的史官叫来，细致地讲了一遍当时的情况，并说诛杀李建成、李元吉一事不必隐讳，因为这是安定国家、有利于百姓的事情。他还说：“史官写历史，应该去掉浮词虚语，秉笔直书，这样才能起到惩恶劝善的作用。”唐太宗看本朝实录，开了一个恶例，使后来的皇帝敢于干涉史官的记录，破坏了中国史官独立的优良传统。但是唐太宗的本意不是这样的，作为一个自认为英明圣哲的皇帝，他很想知道别人尤其是史官认为他在哪些方面有所谓过失。

在唐太宗的倡导下，大臣们都敢于直言，甚至连一个小地方官也敢于说出自己的意见。栎阳县丞刘仁轨是个八品小官，他反对唐太宗在秋收大忙季节出去打猎，要求改在冬闲的时候进行。唐太宗不但采纳了他的意见，还提升了他的官职，以示鼓励。

唐太宗派人征兵，兵员不足，有大臣建议：不满十八岁的男子，只要身材高大，也可以应征。唐太宗同意了，但是诏书却被魏徵扣住不发。唐太宗催了几次，魏徵还是扣住不发。唐太宗大发雷霆，派人把魏徵叫来，训斥道：“那些个头高大的男子，自己说不到十八岁，其实可能是故意隐瞒年龄，逃避征兵。朕已发布诏书，你为什么扣住?”魏徵不慌不忙地说：“我听说，把湖水弄干捉鱼，虽能得到鱼，但是到明年湖中就无鱼可捞了；把树林烧光捉野兽，也会捉到野兽，但是到明年就无兽可捉了。如果把那些身强力壮、不到十八岁的男子都征来当兵，以后还从哪里征兵呢？国家的租税杂役，又由谁来负担呢?”唐太宗虽然觉得魏徵说得有道理，可还是不服气。魏徵接着说："陛下的诏书上清清楚楚地写着征召十八岁以上的男子当兵，现在不到十八岁的男子也得应征，这不是说话不讲信用吗？"唐太宗很不高兴："朕什么时候不讲信用？"魏徵说："陛下刚即位的时候，曾经下诏：拖欠官家财物的，一律免除，可是官吏们照样催收，这是不是说话不算数？陛下曾明令规定：关中百姓免收租赋二年，关外百姓免除劳役一年。如今已经服了劳役或交了租赋的又被征当兵，这是不是说话不算数？陛下一向说要以诚信待人，为什么征兵的时候怀疑百姓作假？无缘无故怀疑人，这能算讲信用吗？"魏徵的一席话，说得唐太宗哑口无言。好半天，唐太宗才说："朕过去总以为你固执、不通情达理，今天听你议论国家大事，才知道朕的过错很大啊！"于是，特地下了一道诏书，重申免征不到十八岁的男子。

唐太宗从长安到洛阳，中途在昭仁宫（在河南寿安境内）休息，因为对他的用膳安排不周而大发脾气。魏徵当面批评唐太宗说："隋炀帝就是因为常常责怪百姓不献食物，或者嫌进献的食物不精美，遭到百姓反对，灭亡了。陛下应该从中吸取教训，兢兢业业，小心谨慎。如果能够知足，今天这样的食物陛下就应该满足了；如果贪得无厌，即使食物好一万倍，也不会满足。"唐太宗心中一惊，真诚地向魏徵道歉，在魏徵面前故意狼吞虎咽那些他刚才还拒之千里的食物。

贞观中期以后，唐朝经济更加繁荣，政治也很安定，朝廷大臣都尽力歌颂太平盛世。只有魏徵不忘过去的艰苦，给唐太宗上了一道奏章，指出他十个方面的缺点，希望他警惕，保持贞观初年的好作风。唐太宗把这个奏章写在屏风上，早晚阅读，引为鉴戒。由于魏徵处处为国家的利益着想，对皇帝的批评毫不客气，唐太宗对他既尊敬又畏惧。一天，唐太宗正在逗弄一只小鹞子，看见魏徵走进来，怕魏徵责怪，急忙将鹞子藏在怀中。魏徵装作没看见，向唐太宗奏事，故意拖延时间，等他离开的时候，鹞子已经闷死了。

魏徵的直言不讳，有时也会引得太宗的恼怒，有一次，唐太宗退朝回到宫中，怒气冲冲地说："总有一天，我要杀死这个乡巴佬儿！"长孙皇后问杀谁。唐太宗说："魏徵常常当众顶撞朕，给朕难堪，着实可恶！"长孙皇后默无一言，退了出去。过了一会儿，她穿着最庄重的礼服，恭恭敬敬地向唐太宗礼拜道贺，连呼"万岁"，就像正式的国家大典。唐太宗莫名其妙，皇后说："我听说，君主圣明，臣子才敢直言进谏；今天魏徵敢直言，就是因为陛下圣明，为此向陛下道贺！"唐太宗听了皇后委婉的批评，转为心平气和。

唐太宗说过这样一句名言："以铜为镜，可以正衣冠；以史为镜，可以见兴替；以人为镜，可以知得失。"意思是说，人们用铜镜照自己，可以看到穿戴是否整齐；用历史做鉴戒，可以知道历代兴衰和更替的原因；看别人的成功和失败，可以吸取经验和教训。正因为唐太宗能纳谏，大臣们都敢于直言进谏，所以他在位期间，唐朝的政治比较开明，经济繁荣。《尚书》说："天视我自民视，天听我自民听。"皇帝是天之子，但是天考察皇帝却要询问百姓民众，民众的满意就是天的满意。唐太宗要做一位好皇帝，他知道首先要使百姓生活富足，对朝廷满意，这样的认识在历代帝王中都是难能可贵的。

十六、修明法律　怀柔吐蕃

唐高祖刚刚打进长安，为了表示宽大仁慈，争取人心，宣布：除杀人、抢劫、叛逆之类的犯罪要处以死刑外，隋朝其他的法律一律废除。唐朝虽然建立，天下平定，但是社会治安没有明显好转，社会秩序很混乱，各地盗贼众多，刑事案件频发，暴民骚乱此起彼伏，严重地威胁着初生的唐朝政权。唐太宗即位不久，就召集群臣专门研究使社会治安根本好转的问题，商量怎样制止盗贼。有人说："重典治暴民，只有重重地惩罚，才能使盗贼不敢作奸犯科。"还有人说："盗贼越来越多，是刑法不严的缘故，应该恢复隋朝的严厉法律。"魏徵的见解卓然不同于众人，他坚决反对实行酷法，反对严刑驭民。他说："乱世才用重典，我们已经安定了天下，外敌消灭，主要的任务是管理民众。对百姓要讲仁义，轻刑薄赋，这才是先王之政。"唐太宗很同意魏徵的看法，因为他心里也清楚，盗贼猖獗，是赋役繁重、官吏贪污勒索、百姓生活饥寒交迫所致。大多数人民，在大多数的情况下，是愿意奉公守法的，盗贼越剿越多，只能说明国家的政策出了问题，必须在自身找原因，不应该加重刑罚凌逼百姓。严厉的刑罚只会更加激起百姓的反抗，隋炀帝就是前车之鉴。于是，他下令由长孙无忌、房玄龄等人和法官一起修订法律。

唐太宗仿照汉代察举的办法，下诏鼓励大臣们和地方官员荐举人才。当时，全国各地等待荐举的人都集中在长安。荐举开始不久，就发现有人弄虚作假，谎报出身和资历，甚至不惜伪造证件。唐太宗震怒了，命令弄虚作假的人赶快自首。如果不主动自首，查出之后就要处以死刑。诏令下达，有人自首，但也有人企图侥幸过关，果然，一些瞒报出身而没有自首的人落网了。唐太宗指示交给大理寺卿戴胄负责审理。戴胄根据法律规定，判处这些人流放或者充军。唐太宗大发雷霆，质问戴胄说："朕下过命令，不主动自首的要处死，而你却判他们流刑，这不是让朕失信于天下吗？"戴胄镇静地回答："陛下如果查出弄虚作假的人，不交给大理寺审讯，直接就杀了他们，我作为一个部门的官员，是不能加以干涉的。皇帝有这样的特别处置权。但是陛下主张走司法程序，把这些罪人交给我审讯，我既然接了这宗案件，就必须严格按照法律条文办事，犯了什么罪行，就要承担相应的惩罚，不能法外施恩，也不能枉法加重刑罚。”唐太宗大怒道：“你不枉法，得到了严格执法的美名，可是朕呢，朕会落得让天下人耻笑，说朕的话不作数!”戴胄说：“陛下的命令只不过是因一时的喜怒决定的，未必经过深思熟虑。法律却是经过严密的程序会同专家制定的，是国家向天下公布的最高行为准则，所以，守法才是最大的信用。按法律办事，就要忍耐个人一时的愤怒而保存国家的信誉。”良久，唐太宗转怒为喜，赞扬戴胄说：“你能严格执法，无偏无颇，你做得对。”指示长孙无忌、房玄龄加紧修订法律。

河内（今河南沁阳）有个名叫李好德的人，患有精神病。一天，他又犯病了，居然污言秽语大骂皇帝，被人以谋反罪扭送到官府。大理寺丞张蕴古负责审理这个“谋反”大案。张蕴古经过仔细的调查，向唐太宗报告说：“李好德患精神病，根据法律，精神病人不负法律责任，所以不应该对他判刑。”侍御史权万纪弹劾张蕴古，力证李好德不疯，是正常人，谋反属实；还说张蕴古是相州人，李好德的哥哥李厚德官任相州刺史，张蕴古的判决显然是包庇罪犯，为的是讨好地方父母官李厚德。这显然是京官和外任相勾结徇私枉法。唐太宗联想起有一次他路过监狱，曾看到张蕴古和囚犯下棋，这样的人，肯定和罪犯家属串通一气，贪赃枉法。唐太宗一气之下，命令处死了张蕴古。事后，唐太宗了解到李好德确实患有精神病，张蕴古是冤枉的，唐太宗深深自责。下了一道诏令：依照古制，今后凡是死刑，一定要经过三次复核，才能批准执行。并且告诉长孙无忌一定把这一条写到法律中去。

法律规定，兄弟分居以后，官爵、功劳不能互相继承，但是犯了罪则要连坐。有一次，一个叫房强的人，他的弟弟因为对朝廷不满，阴谋反叛，被朝廷发觉。按照法律规定，谋反大罪，即使还没有行动，只是谋划，罪犯也要处死。房强对弟弟的谋反毫不知情，但是按照兄弟连坐的法律规定，他也得被处死。唐太宗审查这个案子的时候，觉得这项判决有问题。他对房玄龄说：“谋反有两种情况，一种是兴师动众，已经有行动。那么他的亲属应该是知情的。知情不报，应当连坐。另一种是讲几句大逆不道的话，并无实际行动，或者还在密谋阶段，还没有行动，反形未露，他的亲属未必知道。不知情，就没有举报的责任。这两种情况应该区别开来。”他让房玄龄把言论罪和行动罪区别对待，只有言论没有行动的罪犯，弟兄亲戚们不再连坐。

贞观十一年（637），新的法律修订完成了，这就是著名的《唐律》。《唐律》是在隋《开皇律》的基础上修订的，比起《开皇律》又有很大改进。它共分十二篇五百条，内容周详、简明，是我国古代重要的法学文献。

新法制定之后，唐太宗要求官员们遵照法律办事。他说："法律不是为我一个人的，是天下人的法。不论什么人，都要守法，没有任何例外。"高甑生案件是考验法律威信的关键。高甑生是唐太宗的老部下，任岷州（今甘肃岷县）都督。一次，唐太宗任命李靖为行军大总管，率领各路兵马讨伐吐谷浑。高甑生误了行军的日期，李靖要按照军法治罪。高甑生很不服气，他仗着自己是皇上的亲信，以为别人不敢惩罚他，即使李靖也奈何他不得。他还恶人先告状，到唐太宗那里诬告李靖谋反。唐太宗派人调查，结果，根本没有李靖谋反这回事。根据《唐律》，大理寺以诬告罪判处高甑生流刑，唐太宗批准了这一判决。这时候，有人替高甑生求情，说高甑生是原秦王府的功臣，即使犯了再大的罪也应该宽恕，何况这么点小过失。唐太宗说："甑生违犯了李靖的军纪，又诬告李靖谋反，如果从宽处理，今后法律还怎么实行呢？国家的功臣很多，假如朕赦免了甑生，别人犯法，朕怎么禁止呢？甑生是朕过去的功臣，朕不会忘记的，但是，不能因此就不处分他。"

《唐律》吸取了隋炀帝苛刑峻法的教训，条文定得比较宽平。这种法律的改革，对于健全法制法律，安定社会秩序，促进社会生产力的发展，具有积极作用。

李 靖

吐蕃人生活在青藏高原上，过着农耕和游牧的生活。他们勇敢善战，认为战死是光荣的，谁要是临阵逃跑，大家就拿一个狐狸尾巴挂在他的帽子上，嘲笑他像狐狸一样胆小。吐蕃人的首领称为"赞普"，意思是雄壮强悍的男子。

早在武德三年（620），囊日论赞统一了吐蕃各个部落。囊日论赞是后来著名赞普松赞干布的父亲，他在完成统一之后不久，就被大贵族毒死，吐蕃发生了内乱。松赞干布当时年龄还小，他依靠中小贵族的力量，平定了叛乱，自己做了赞普，把都城迁到逻些（今拉萨市），制定了官制和法律，建立了强大的专制政权。松赞干布非常羡慕唐朝的文化，希望和唐朝建立友好关系。贞观八年（634），他第一次派遣使臣前往长安访问，唐太宗很快就派使臣回访，汉藏关系进入亲密时期。

松赞干布

这一年，松赞干布派使臣带着丰厚的礼物，到唐朝都城长安向皇室求婚。当时，各国的首领都以能与唐宗室联姻为荣，松赞干布也想通过建立与唐的亲戚关系提高自己在青藏高原的名望。但是唐太宗没有同意。使臣怏怏回到吐蕃，因为有辱使命，怕受到惩罚，编了一通假话说："刚到唐朝的时候，大唐皇帝对我们的欢迎非常隆重，很痛快地同意了将公主嫁给大王。可是后来吐谷浑王也来求婚，唐朝天子便不同意嫁公主给我们赞普。看来一定是吐谷浑王在中间说了坏话。"松赞干布大怒，马上发兵攻打吐谷浑。吐谷浑是西北地区的大国，经常袭击周边的国家，也曾向唐帝国发动过进攻。但是现在它已经衰落了，不是吐蕃的对手，很快就被松赞干布击溃。松赞干布打败吐谷浑，觉得向唐皇帝求婚的砝码又加重了许多，便再次派使臣带着厚礼去长安。使臣扬言："我们是来迎娶公主的，如果不把公主嫁给我们赞普，我们的军队随后就到！"气焰很是嚣张。唐太宗派吏部尚书侯君集带兵讨伐吐蕃。松赞干布骄傲轻敌，结果被打得大败，收兵退回逻些，再不敢出战。

松赞干布看到唐帝国这样强大，既害怕又佩服。贞观十四年（640），他派大相（相当宰相）禄东赞带着黄金五千两、珍宝数百件，再一次去长安求婚。唐太宗被松赞干布的诚恳感动，同时，他也想笼络青藏高原上的这个强劲的部落，决定将文成公主嫁给吐蕃赞普。

文成公主是唐朝皇族的女儿。唐朝采取中国历代中央政府的政策，用和亲笼络周边的部族或政权，尽可能地避免武装冲突。一般选取宗室的女儿外嫁，她们的正式身份是公主。文成公主聪明、美丽，读书很多，她为了大唐的社稷江山甘愿远嫁吐蕃。唐太宗为她准备了豪华的嫁妆，其中有各种各样

文成公主

的日用器具、珠宝、绫罗、衣服，还有历史、文学书籍以及谷物种子等。贞观十五年（641），唐太宗派礼部尚书江夏王李道宗护送文成公主入藏。文成公主带着宫女、乐队、工匠、官吏和江夏王的卫队，浩浩荡荡地向吐蕃行进。松赞干布亲自带领大队人马到柏海（今青海省境内）迎接。在逻些，吐蕃人民穿着节日的服装，热烈欢迎远道而来的赞蒙（王后）。松赞干布高兴地说："我的先辈从没有和上国通婚的，今天我能娶大唐公主，实在荣幸。我要为公主建一座城，作为永久的纪念，让子孙万代都知道。"他按照唐朝建筑的风格，在逻些为文成公主修建了城郭和宫室。

文成公主入藏的时候，带去了许多经书、诗书、佛经、佛像和有关医药、生产、工艺等方面的书籍，还带去了大量的粮食、蔬菜种子和生产工具。那时候，吐蕃没有历法，以麦熟为一年，文成公主帮助吐蕃人推行历法。她还教吐蕃妇女纺织、刺绣。她带去的水磨，深受吐蕃人民的欢迎，使他们学会了利用水力资源。

文成公主信奉佛教，松赞干布在她的影响下，提倡佛教，修建了大昭寺，把公主带来的释迦牟尼像供奉在寺里。文成公主带去的乐队，大大丰富了藏族的音乐。当时，松赞干布不断派贵族子弟到长安求学，唐朝许多有学问的人也被聘请到吐蕃掌管文书。唐朝还给吐蕃送去蚕种，派去养蚕、酿酒、制碾磨和造纸墨的工匠。先进的汉族文化传入吐蕃，对吐蕃生产和文化的发展起了很大的促进作用。

唐太宗去世以后，唐朝和吐蕃继续保持着频繁的来往和密切的关系。唐高宗永徽元年（650），文成公主去世。她在吐蕃总共生活了四十年。吐蕃人民为了纪念她，特地规定了两个纪念日。一个是十月十五日，文成公主的生日。这一天，吐蕃境内男女老少都到寺庙里祈福。另一个是五月七日，这是文成公主的忌日。女孩子们化妆跳舞，歌唱文成公主的事迹。以后，中央朝廷与吐蕃的关系虽然经常出现反复，吐蕃也多次入寇中原，但是文成公主入藏确立的亲密关系，始终是汉藏关系的主流。

十七、收服突厥　走马来京

李渊在太原起兵的时候，为了全力南征，要解除后顾之忧，曾经向东突厥称臣。唐朝建立以后，东突厥颉利可汗（启民可汗的儿子）和突利可汗（颉利可汗的侄子）认为他们对唐朝的建立有功劳，屡次派人到长安索取金帛，还不断出兵骚扰唐的北部地区，突厥成为中国北方的重大威胁。唐高祖知道朝廷暂时无力与突厥决战，只能采取怀柔的对策，尽量满足突厥的各项索取。

唐太宗刚即位不久，颉利可汗亲自领兵进犯唐朝，目的是给新建立的中央帝国一个下马威，使它不敢轻视突厥。颉利可汗的先头部队来到离长安只有四十里的渭水便桥北岸，长安城震动。唐太宗扣留了进城刺探情报的突厥使者，布置好军马，准备抗敌。

唐太宗亲自率领六名骑兵，飞奔渭水岸边。颉利可汗见对岸只有几名骑兵，跃马横枪，奔驰而来。他隔水遥望，见为首的正是大唐皇帝，不觉大吃一惊，不知如何是好。唐太宗高声喊道："颉利可汗，朕与你订立盟约，互不侵犯，你为什么背弃盟约，侵扰我国土?"问得颉利哑口无言。唐太宗又指着天说："朕是天子，对不起朕，就是对不起天。你知道对不起天的后果吗?"颉利不敢回答。他手下的士兵，本来就信鬼信神，见唐朝皇帝威风凛凛，自称天子，一个个急忙下马，向唐太宗跪拜。忽然，鼓声震天，旌旗招展，刀枪耀眼，原来是唐太宗紧急调来的军队已经到达，摆开战阵，耀武扬威。颉利可汗以为唐军已经有了充分准备，怕打起来自己吃亏，就和唐太宗在便桥议和，带着唐太宗给他的金帛，引兵回去了。

这次事件之后，唐太宗就加紧训练士兵。每天在大殿前面带着将士习枪练箭。他对将士们说："突厥入侵，本是常事，可怕的是在安逸的生活中忘了战争，敌人来了就束手无策。现在朕不让你们修筑花园，专教你们学弓箭，平时朕是你们的教官，突厥入侵时，朕是你们的将帅，这样，中国的百姓就可以得到安宁了。"一位大臣向唐太宗进谏说："法律规定，凡是带兵器到皇宫者，一律处以死刑。如今这些普通将士竟然在大殿上张弓挟箭，万一出点差错，陛下不是很危险吗?"唐太宗笑着说："一个好的皇帝，应该把四海之内的百姓都看做是一家人，开诚相见，推心置腹。为什么要平白无故地猜忌自己身边的将士呢?"唐太宗很快就训练出一支精锐的部队。

这时候，东突厥内部发生矛盾。颉利可汗和突利可汗互相猜忌，颉利可汗随便增加税收，引起贵族内部不满，再加上天灾，牲畜大批死亡，百姓挨饿受冻，反对颉利可汗的人越来越多。原来隶属于东突厥的范君璋投降了唐朝。他占据的山西北部，正是进攻东突厥必经的要道。范君璋降唐，等于断绝了突厥南侵的通道。唐太宗见时机已经成熟，就在贞观三年（629），任命兵部尚书李靖为大将、李勣等人为副将，率领十几万大军，由陕西、山西、甘肃等地，分六路出兵讨伐东突厥。

李靖是唐朝著名的将领。他在唐朝的统一战争中，打过许多胜仗。他带领大军刚刚出发，突利可汗就带兵前来投降。唐太宗高兴地对大臣们说："太原起兵的时候，太上皇曾向突厥称臣，我一想起来就很痛心。今天突厥的可汗前来投降，可以一雪前耻了！"李靖大军继续北进，寻找颉利可汗的主力决战。

第二年春天，李靖率领三千骑兵，一举攻下定襄（今内蒙古自治区和林格尔东北），俘虏在突厥避难的隋朝的萧后和隋炀帝的孙子杨政道。颉利可汗已经无力抵抗，他为了取得喘息的机会，派人向唐太宗求和。唐太宗知道突厥一向反复无常，便将计就计假意答应下来，并且派鸿胪卿唐俭出使突厥，让李靖带兵跟在唐俭的后面，相机行事。李靖传令整队，趁天黑出发。李靖在前面带队，李勣在后面接应，沿途发现突厥的哨兵，一律抓起来，押着他们跟着队伍前进，不使消息走漏。

颉利可汗接到唐俭带来的诏书，以为唐太宗中了他的缓兵计，十分得意。他正设宴招待唐俭，突然哨兵进来报告说："唐朝大将李靖、李勣离此只有七里远了！"颉利可汗见唐朝派使臣前来议和，便放松了戒备，突然听到这个消息，忙问唐俭："唐天子既然同意讲和，为何又派兵来偷袭？"唐俭说："可汗不必惊慌，李将军想必不知道皇上下了休战诏书，待我去告诉他。他知道我已经来到可汗的大帐议和，一定会撤兵，请可汗放心！"唐俭走出帐篷，骑马飞奔而去。颉利信以为真，仍然不做战备，只等着唐俭返回。

唐军逼近的警报一个接一个传来。颉利走出帐篷，只见漫山遍野都是唐军，知道已经被唐俭所骗，便慌忙骑上快马逃跑，手下的士兵也各自逃命。唐军闯入突厥营地，突厥完全失去了抵抗能力，纷纷投降。这一仗，唐军俘虏了突厥士兵十多万人，缴获牲畜几十万头，并俘虏颉利可汗。东突厥就此灭亡。

捷报传来，举国上下一片欢腾。唐太宗在顺天楼接见李靖、李勣等将领，给他们很多奖赏。颉利可汗跪在地上请罪。唐太宗斥责颉利说："虐待百姓，是你的第一条大罪；与大唐屡次立盟而又负约，言而无信，是你的第二条大罪；恃强好战，屠杀生灵，是你的第三条大罪；多次入侵大唐境内，肆意烧杀抢掠，是你的第四条大罪；朕一再给你机会，好言招降，你拒不悔改，这是你的第五条大罪！”颉利可汗汗如雨下。唐太宗说：“不过，自从便桥立盟以来，你没有大举入侵，还算有所顾忌，朕今天赦你不死，从今以后，你要接受我大唐的王化，改邪归正！”

太上皇听说李靖征服了突厥，抓住了颉利可汗，感慨万千：“当年汉高祖被匈奴困在白登山（今山西大同北，公元前200年，汉高祖亲征匈奴，被困于此），没能报仇雪耻。我当年也曾无奈向突厥称臣。如今，我们灭掉突厥，活捉颉利，不但为大唐，也替古人扬眉吐气！”太上皇请唐太宗和公卿大臣以及贵妃等到凌烟阁举行庆功宴会。宴会上太上皇亲自弹琵琶，唐太宗起舞。秦汉以来，中国与周边部族政权或和或战，互有胜负，现在彻底剿灭了北方的第一号强敌，开创了历史新纪元。

唐太宗把颉利可汗和他的家属安置在太仆寺，厚加款待。但是颉利可汗一直郁郁不乐。他住不惯房屋，在院子里搭了穹庐顶的帐篷。唐太宗改任他为虢州（今河南灵宝）刺史，并对颉利说：“虢州地近山区，麋鹿野兽很多，可以游猎。”颉利不愿前去，唐太宗就又任他为右卫大将军（禁军的高级武官），赏赐了大量田宅。后来颉利可汗病死，唐太宗按照突厥风俗施行火葬，还在灞水东面为他筑了高大的坟墓，并让颉利可汗的儿子承袭父职。

大破东突厥以后，唐朝在东突厥的故地设置了许多羁縻州府，任用东突厥贵族做都督，并按照他们的习惯，规定职务可以世袭。这些州府名义上要接受唐帝国的册封，定期向中央朝贡；但不向唐缴纳赋税，而且仍然保持本民族的风俗习惯。在这些州府之上，设都护府，都护府的官员由中央直接任免，代表中央行使主权，管理边防和安置民族之间的事务。这样，北部边疆出现了空前安定的局面。在其他少数民族地区，唐太宗也采取设置羁縻州府的办法予以松散的管理。

东突厥灭亡之后，一部分突厥部众内迁归附唐朝。对他们如何安置，唐太宗认为这是个大问题，就召集群臣商议。一些大臣主张把他们分到内地各州县，改变他们的生活和风俗；一些大臣如魏徵等认为突厥“非我族类，其心必异”，迁到内地，会成后患，主张让他们回到原来的住地。唐太宗在许多重大问题上对魏徵言听计从，可是这次没有采纳他的意见，而同意了温彦博的主张。温彦博建议把内迁突厥安置在黄河南岸朔方之地（今内蒙古南部乌审旗一带），保全原有的部落，仍由酋长治理，维持原有的风俗习惯，仍以畜牧业生产为主。突厥的首领也分别得到任用和安置。这就安抚了内迁的突厥部众。有近万户内迁的突厥人住进了长安城。京城内番汉杂居，番人有的戴汉帽，汉人也有戴番帽的，语言交流，习俗杂糅，番汉和睦相处。

唐太宗在朝廷里，大量任用突厥贵族为官。突厥各部首领凡来到长安的，都拜为将军、中郎将等官。朝班中五品以上的突厥武官达到一百多人，几乎占了朝廷武官的一半。唐王朝实际上已成为一个多民族的统治政权。

唐太宗对少数民族的大臣十分爱惜。如以智勇闻名的阿史那社尔，率突厥部众内属后，被唐太宗封为左骁卫大将军。后来在平定高昌的战役中立功，唐太宗还赐予宝刀和丝织品，封毕国公。铁勒部酋长契苾何力率部内属，唐太宗任他为左领军将军。他屡建战功，一次随唐太宗出兵，被敌军刺伤，唐太宗亲自为他敷药。他的母亲和弟弟都在凉州，唐太宗让他回去探望，并安抚部众。那时突厥的薛延陀部很强盛，契苾何力的母亲、弟弟都去投奔薛延陀，部众也有准备去的。契苾何力回去后见到这种情况大惊，表示要忠于唐朝，不愿跟随他们去。他的部众就把他抓去见薛延陀的真珠可汗。契苾何力在真珠可汗面前，拔刀割去自己的左耳起誓说："大唐朝的壮士，决不会屈服于你们，天地日月，愿知我心！"当时唐朝朝廷上误传契苾何力投靠了薛延陀。大臣们都对唐太宗说："契苾何力入薛延陀，如鱼得水。"唐太宗说："契苾何力心如铁石，必不叛我。"后来薛延陀的使者来到长安，讲了契苾何力的情况，唐太宗极为感动，忙派人去与薛延陀谈判，答应把新兴公主嫁给真珠可汗，作为换回契苾何力的条件。契苾何力因而得还。唐太宗对少数民族将领能与汉族将领一视同仁，赢得了少数民族将领的尊敬。在唐太宗巩固边疆的各次战争中，少数民族将领和部族首领都起了很大作用。坚固的统一的中国，是由汉族和各少数民族共同建设成功的。唐太宗以勇武的战斗精神和开明的民族政策征服了周边的部族或政权，他们钦佩唐太宗的丰功伟绩，服膺他的人格魅力，尊称他为"天可汗"，即各族人民的共同领袖。

十八、亲征辽东　捷报频传

唐朝新立，高句丽国王高建武派使者来修好，表示要恢复称臣纳贡，并愿意放还因为战争而流亡过去的中国人。

高句丽王向唐求和，目的是腾出手来对付邻近的新罗国、百济国，两国招架不住，也来朝廷求助。刚即位的唐太宗还在和北方的突厥作战，只得安抚这三国，使他们暂时相安无事。唐朝打败了突厥，高句丽王赶忙献上封域图，表示绝对臣服。唐太宗先派使者长孙师到高句丽，毁掉了"京观"，那是高句丽人为夸耀胜利而用战死在高句丽的隋朝军人的尸骨建立的。建武王担心唐朝来攻，悄悄沿着东北方扶余到西南边的大海，修起千里长城；又派太子桓权前往长安朝拜，侦察虚实。

唐太宗将计就计，使广州司马陈大德去还礼，顺便刺探情报。陈大德和他的手下收买高句丽的官员，搜集到不少详细情报。当时高句丽只有四郡，唐太宗认为，以唐的国力，剿灭高句丽并非难事。但国家初定，唐太宗不愿意连续战争，动用民力。对高句丽的叛逆行为，隐忍着暂时不予处置。

唐代掐丝团花金杯

高句丽的一个大对卢（丞相）死了，他的儿子盖苏文执政。盖苏文主张对中国实行更强硬的政策，杀掉建武王，立建武王弟弟的儿子为新国王，自己独揽大权。他联合百济攻打新罗，占领了几个城镇，新罗国使者来求救。唐太宗决定先礼后兵，劝说盖苏文退兵。中国使臣奉命叫大家各自退兵，恢复到战前状态。可是盖苏文说，那些占领的地方，原本就是高句丽的领土，要退兵是不可能的，不但不退，新罗还要赔偿他因出征而带来的巨大损失。盖苏文傲慢的态度激怒了唐太宗，他要教训一下这个狂妄家伙，决定亲征高句丽。

谏议大夫褚遂良不同意御驾亲征，说："陛下这次打了胜仗还好，万一战事不利，对国家对您都挺危险。"兵部尚书李勣反驳说："上次陛下打算跟踪追击，消灭来侵犯的薛延陀部，结果被魏徵苦苦劝住。当时要真那么做了，薛延陀部连一匹马都别想回老家。如今他们缓过气来，又经常来骚扰咱们。"但多数朝臣反对皇帝亲征辽东。大家都觉得唐太宗带兵远征，万一西北的突厥再次进攻，或者内部有人乘机作乱，后果严重。唐太宗说："高句丽泉盖苏文施行暴政，逆天而动，高句丽的老百姓渴望得到我们的救援。我们必须出兵匡正高句丽！"

贞观十八年（644）七月，唐太宗命令将作大监阎立德等到洪州、饶州、江州，造船四百艘，准备用来运载军粮。又派营州都督张俭带两万人渡过辽水试探高句丽的实力。盖苏文觉察到唐朝的动作，派使者带着黄金来献纳，又派贵族五十名来充当人质，向朝廷赔罪。唐太宗出兵的主意已定，对盖苏文的示好行为坚决拒绝。十一月，以刑部尚书张亮为平壤道行军大总管，率领江南、淮河、岭南、三峡等地水兵四万，又在长安、洛阳招募了三千志愿兵，乘三百艘战舰出征，路线是从山东的东莱，跨过渤海，直扑高句丽的都城平壤。以兵部尚书李勣、江夏郡王李道宗为辽东道正副行军大总管，率领步骑兵共六万，还有西北边疆归附的少数民族部队，沿陆路攻取辽东。

贞观十九年（645）初春，唐太宗亲自带领远征大军从洛阳出发北上。走陆路的李勣部队提前出发，他作势要从怀远镇（今辽宁辽阳西北）进攻，实际从北面渡过辽水，来到玄菟（今辽宁新宾西南）城下，李道宗几千兵马也攻到新市（今辽宁抚顺）城。部下折冲都尉曹三良只带了十几名骑兵就冲到城墙下示威。新市的众多军民惊恐万分，不敢出来作战。张俭率领的营州（今辽宁朝阳）部队和当地少数民族援兵从辽河压到建安城（今辽宁营口东），在那里打败了出战的敌人。

前锋小胜，唐军士气壮盛。紧接着李勣、李道宗迅速拿下盖牟（今辽宁盖平县境内）城，俘虏两万居民，获得粮食十多万石。随后进到辽东城（今辽宁辽阳）下，这时唐太宗从北平（今河北卢龙）来到辽东。高句丽援军步骑四万人出现在前锋阵前。唐军将领大都建议先防守，等待唐太宗大军到来再会战。李道宗坚持发动进攻："敌人不顾长途跋涉的劳累，以为凭着人多势众就可以打败咱们，我们必须狠狠打击他们。咱们作为先头部队，就是要为皇上扫清道路的，难道还能把敌人留给皇上自己打吗？"李勣也觉得有道理，便引军对敌。果毅都尉马文举策马直扑，冲乱敌阵，唐军受到鼓舞，一起冲上去和高句丽军厮杀，但行军总管张君义半途撤退。在危急关头，李道宗急忙把后退的士兵收拢，他发现敌人的阵形已乱，马上带着几十名骑兵杀入重围，左冲右突。李勣顺势猛攻，大破高句丽军。

战斗刚结束不久，唐太宗也到了辽东城下，他把辽河桥拆掉，表示不灭高句丽不撤军，将大军驻扎在辽东城附近马首山下。唐太宗表扬了李道宗，提拔马文举为中郎将，把临阵脱逃的张君义就地处斩。李勣全力围攻辽东城，前后激战十二天，修的长围已有好几重，城下金鼓和呐喊声震天动地。南风吹来，唐军士兵登在冲杆上，用火把点燃城池西南楼，火势四处蔓延。将士乘势冲入，高句丽军民虽然拼死抵抗，终于无效。辽东城被攻克，城中官兵一万多人战死，俘虏一万多人，另有百姓四万人。唐朝将此城改为辽州，将此前占领的盖牟城改为盖州。

水军自东莱渡海，首先袭击卑沙城（今辽宁大连东北）。卑沙城池四面壁立高耸，只有西门可攀登。在一天深夜，先锋程名振率部杀到，其副总管王文度当先登城。五月城破，唐军生俘军民八千多人。七月，水师进发到建安城下，高句丽军突然杀到。副将张金树鸣鼓发动反击，将士遂奋勇冲杀，大破敌军。白岩城（今辽宁辽阳东北）已被攻克，唐朝大军云集安市城（今辽宁海城东南）下。

高句丽乌骨城（今辽宁凤城）派部队增援白岩城，遭到唐大将契苾何力截击，他带着八百骑兵，当先直入敌阵。混战中，被长枪刺中腰部，敌兵把他重重包围，正危急时，将领薛万备单骑冲入，救契苾何力于万众之中。契苾何力认为如此失败简直是耻辱，立马在本阵中将腰上伤口简单包扎一下，又翻身杀回敌阵，高句丽军挡不住契苾何力及其部众神勇，溃败，逃散数十里，因为天黑下来，唐军没有深入追击，乌骨援军才免于覆没。不久，刺伤契苾何力的军人高突勃被抓获，唐太宗叫契苾何力自行处理，契苾何力说："他为保卫自己的国家，冒着战场如雨般的锋镝白刃而刺伤我，实在是忠勇的壮士。再说，我俩素不相识，并非什么私人恩怨，各为其主，高突勃无罪!"将高突勃释放。

六月，白岩城主代音见抵挡不住，又悄悄派手下来联系投降。唐太宗允准，并叫使者带着唐军旗帜回去，插在城头上。城内军民以为唐军已经入城，纷纷放下了武器投降。此前白岩城曾搞过一次假投降作缓兵之计，唐太宗大怒，说攻破该城，将城里的财物全部赐给将士们，就是说放纵士兵抢掠全城。城破，李勣请求屠城，唐太宗下马向他道歉，说："实践诺言，昭信于人，你要求得很对。但放纵战士到城里杀人，掳掠那些无辜的百姓，朕实在不忍心。这样吧，将军部下有功的，朕都以自己的私房钱酬赏，赎买此城军民不死。"

白岩城一万余人得到保全，从其他地方来白岩城参与保卫战的高句丽士兵，也受到抚慰，并发放路费，让他们回去。盖牟城陷落的时候，自加尸城入援的七百人也被唐军俘虏。此刻见唐太宗如此宽宏大度，很受感动，自愿加入唐军作战。唐太宗告诉他们："各位的家都在加尸城，你们为我战斗的话，家人就得受连累，为了得到你们任何一个人而毁掉一个家庭，朕实在做不到，请各自回家吧。"发了路费，让这些人也回家去了。

十九、安市坚守　无功而返

高句丽国急忙派遣北部耨萨（高句丽酋长称耨萨，大城设此官，如我国古代的都督）高延寿、高惠真率高句丽、靺鞨兵十五万增援安市城。高延寿不听从有经验的老将劝阻，提兵进攻唐军。进到离安市城只有四十里的地方，唐太宗还担心高句丽军中途变卦，便派左卫大将军阿史那社尔带两千突厥骑兵去诱敌，刚一交战就诈败而逃。高句丽一鼓作气向前冲，在安市城东南八里的一座山前列阵，打算大破唐军。唐太宗带数百骑兵，和长孙无忌等到山顶高处瞭望，了解地形敌情。唐太宗看见高句丽、靺鞨族兵联军列阵长达四十里，心里有顾虑，江夏郡王李道宗乘机建议说："既然高句丽倾国而来决战，平壤的守备肯定不强，陛下给我五千精兵，拿下那块根本之地，让敌人进退不得，面前这数十万重兵肯定不战而降。"但唐太宗没采纳这项建议。

为了削弱敌人的斗志，唐太宗派使者去蒙高延寿，说："朕是来讨伐泉盖苏文谋杀君主的罪行的，朕并不想和你们作战。到你们境内，粮食不足，所以拿下几个城池取粮。等到高句丽国内部安定了，对你们的损失，国家会赔偿的。"高延寿以为唐太宗惧战，戒备松弛下来。

唐太宗在夜里召开最高军事会议，决议李勣带步骑一万五千在西岭列阵，长孙无忌带精兵一万为奇兵扰敌，唐太宗指挥四千步骑，悄然登上北山埋伏，约定诸军听到鼓角声，就一起冲出去杀敌。第二天，高延寿等人发现李勣带兵布阵，赶紧整顿部队，准备迎战。唐军的怒吼地动山摇，挟风挈雷般冲向敌阵。敌军大败，四面逃散，大约有两万人被杀。

高延寿大败之后，收集残兵三万人，依山固守。唐军四面合围，长孙无忌将包围圈附近的桥梁归路都断绝掉。无奈之下，高延寿只好投降。唐太宗笑着说："东夷的年轻人嘛，在大海的角落边上逞能还行，要真碰上决胜时候，跟朕这见多识广的老人还差得远!"高句丽众将无言对答。唐太宗把耨萨以下酋长三千人选拔出来，授予军职，并把他们迁徙到内地去。剩下的高句丽人都放还平壤。俘虏们得到这个好消息，无不高举双手磕头感激，欢呼声响彻方圆数十里之外。靺鞨兵有三千三百人被抓起来活埋，以惩罚他们侵犯皇帝御驾。

唐太宗也把这一战视为平生得意之作，写信给留守的太子和群臣夸耀说："我这个常胜将军，宝刀还没有老!"并命名自己埋伏的山叫驻跸山，以为纪念。而高句丽人闻此败讯，也不打算死守城池了，后黄城、银城的军民撤退一空。从安市到平壤，方圆几百里都没了人烟。只有安市坚持抵抗，不肯投降。

从大兵进到辽东之日算起，前后耗了六个月，盖苏文悄悄派使者联络西北部族薛延陀，教唆他们进攻中国。薛延陀真珠可汗颇为心动，遣使者来窥探，唐太宗直截了当地对他们说："告诉你们的真珠可汗，朕如今攻打高句丽，国内兵力不足，你们想偷袭中国，这正是好机会!"真珠可汗派使者来道歉，并表示愿意出兵帮助。但唐太宗谢绝他们派兵助战的要求。

安市人看见唐军拿他们没办法，信心渐涨。每当他们看见唐太宗的车驾从城下过，纷纷站在城墙上放声辱骂。唐太宗大怒，李勣表示要在攻克后，把全城老百姓都活埋。安市军民听见这个消息，更加拼命地坚守。安市更难被攻破了。随军降将高延寿和高惠真建议直取安市背后的乌骨城，然后直趋平壤。群臣也觉得这办法好，并且告诉唐太宗，张亮的部队也到了卑沙城，可以合兵攻拔乌骨，然后渡过鸭绿江直取平壤。但是长孙无忌坚决反对，理由很简单："天子亲征，和一般将领不同，绝对不能乘危侥幸。如今安市和建安的敌人，大约有十万，我们绕过去，不排除咱们后军被偷袭的可能性。天子出征，只能要万全之策。还是先破安市，再取建安，然后长驱而进为好。"

江夏王李道宗指挥部队高筑土山，逐渐逼近城的东南角，安市人也将自己的城墙不断加高抗拒。唐军用冲车礧石把城楼打坏，安市人立即树起大木栅塞住缺口。前后六十天，用了五十万左右的劳动力，将土山修到离城只有几丈光景。一天晚上，土山垮下来，把城墙压垮，负责守卫的唐将傅伏爱擅离职守，山上无人指挥。高句丽兵立即从城墙缺口冲出来，占领土山。唐太宗眼见这么好的机会丢了，非常恼火，杀傅伏爱于军前。李道宗也光着脚到军旗下请罪，唐太宗严肃地告诉他："你的罪确实该死。但与其像汉武帝那样杀王恢而损失大将，不如像秦穆公重新用孟明视反败为胜，何况你还有破盖牟、辽东的功劳，这次就开恩饶了你。"

九月底，辽东的秋天越来越冷，草也枯黄了，河水开始结冰，粮草将尽，部队不能再久留，唐太宗只好下令班师。走之前，先把辽州和盖州的百姓迁过辽河，送到内地安置。接着，唐军在安市城下炫耀部队，城内人都躲起来不敢回应。安市城主在城头上拜辞，唐太宗很欣赏他忠于祖国的气节和防守的才干，赏赐了城主一百匹绢。然后，以李勣、李道宗等步骑四万断后，徐徐还军。

这次东征高句丽，占领了玄菟、横山、盖牟、辽东、卑沙、麦谷、银山、后黄、白岩等十城。其中辽东、盖牟、白岩三城七万人被迁徙入中国。新城、建安、驻跸三大战，杀敌四万人，而唐军战士伤亡不过两千人，但战马死伤七八成。唐太宗自太原起兵以来，所向披靡，未尝败北，而且每战必是全胜。蕞尔高句丽，竟然因为困于天气和安市城，只有被迫放弃占领的土地撤退。这次很难说是战胜还是战败的出征，令唐太宗十分郁闷，这位常胜将军不禁仰天长叹："假如魏徵还在的话，一定会劝阻我征辽。"

回到营州，唐太宗命将战死者的遗体集中到营州柳城（今辽宁朝阳），设太牢祭祀，亲自临哭尽哀。死难者的父母听说此事，都很安慰，他们说：

高句丽歌舞壁画

“咱们的儿子虽然战死了，但是皇上亲自为他们哭灵送葬，哀荣备至，死而无憾！”到北平，唐太宗为战死的将士建悯忠寺，以超度他们远在异国的亡灵。北平的接待官员用鲜绿的青菜招待皇帝，唐太宗问：“隆冬时节，怎么还有如此鲜菜？”地方官说是用暖棚栽种的，专供皇帝。唐太宗大怒，斥责地方官违背自然规律，冬行夏令，立即将他革职。这是唐太宗由于战事不顺，心情郁闷而找地方官的茬。车驾到达定州，太子李治迎接。大军出发的时候，唐太宗对太子说：“除非朕回来见到你，才会换掉这件袍子。”到秋天的时候，袍子都朽坏不少，臣下请他另换一件，他说：“战士的衣服也坏了不少，朕不能独自换新衣服。”一直到回到定州，太子亲自送了件新袍子给他，才更换过来。

兴师动众征辽，竟无功而返，唐太宗并不甘心。一年以后，他又想亲征，房玄龄等人再三相劝才劝住。但他还是派将军薛万彻去袭击高句丽，大军在边境取得一些胜利。第二次对高句丽作战还没有全面展开，唐太宗病重，战争只得停止，唐太宗带着没有剿灭高句丽的遗憾，离开了他创立的大唐帝国。

二十、废立太子　遗祸后世

唐太宗于武德九年（626）八月即位，到贞观二十三年（649）三月去世，共在位二十三年。在位期间，他奉行大治天下的治国方针，励精图治，锐意进展，使唐王朝迅速地达到了天下大治的局面。社会定安，生产恢复，人民安居乐业，国力日益强盛。并且造就了皇帝兼听纳谏，广任贤良；大臣敢于发表和坚持自己的意见，上下一致，力求致治这样一种封建社会少有的政治风气，开创了被誉为“贞观之治”的中国封建社会中最突出的太平盛世，唐太宗也因此成为中国封建帝王中最为杰出的代表人物。

但是，在贞观盛世的巨大成功面前，唐太宗自认为在武功、文治和怀远三方面都超过了古人，骄傲和自满情绪开始滋长起来，思想和行为逐渐发生了变化，以“隋亡为戒”的历史教训逐渐被淡忘了，封建帝王的贪欲和专制本能越来越多地在他身上体现出来。因此，到贞观中后期，号称太平盛世的贞观之治逐渐失去了它的光彩。

贞观初年，唐太宗比较注意节俭，禁止营造宫殿和追求奢侈，到贞观中后期，这种情况就逐渐改变了，宫殿的营造逐渐多起来，追求奢侈的现象也越来越严重。“求骏马于万里，市珍奇于域外”，在唐太宗的要求下，“难得之货，无远不臻；珍玩之作，无时能止”。由于唐太宗不断营造宫室和追求奢侈，使老百姓的徭役负担不断加重，服徭役的农民道路相继，甚至“兄去弟还，首尾不绝，远者五六千里，春秋冬夏季略无休时”。贞观十六年(642)，更出现了农民为了逃避赋役，自己折断手足，谓之福手福足的情况。

在大臣的任用上，唐太宗也不像贞观初期那样唯才是举，以德行学识为先了。许多勋亲子弟充塞于朝廷，这些人没有实际能力，还互相牵制，大大影响了政府的行政效率，在兼听纳谏方面也不如从前。贞观初期，唐太宗是恐人不言，导之使谏，鼓励臣下犯颜直谏，到贞观中后期，则变得渐恶直言，不悦人谏，有时虽然勉强听谏，内心里也不愿意接受。特别是在贞观十七年（643）魏徵死后，除了刘洎、马周等少数人仍然不断地向唐太宗进谏外，其余大臣都是一味地阿谀奉承，这使唐太宗变得骄横专制起来，兼听纳谏的良好作风逐渐丧失了。同时，在贞观中后期，唐太宗与大臣之间的关系也发生了变化，开始疑忌大臣，特别是贞观后期，这种疑忌心理越来越严重，对大臣动辄问罪，轻则贬黜，重则杀戮，使出身寒微的大臣遭受到了严重的打击，甚至连尉迟敬德、房玄龄这样一些佐命功臣，也未能幸免。贞观十七年（643)，太子废立事件以后，这种疑忌进一步加深。唐太宗原来立长子承乾为皇太子，后来由于承乾染上了许多坏习气，喜好声色，漫游无度，再加上患过足疾，行走不便，唐太宗便逐渐厌恶承乾，转而宠爱四儿子李泰，准备更换太子。魏徵在世时，对唐太宗换宗易嗣的想法表示反对，极力维护承乾的太子地位。魏徵死后，承乾因谋反罪被废为庶人，与承乾有牵连的大将侯君集被杀，中书侍郎兼太子左庶子杜正伦也因此获罪。由于魏徵生前曾经推荐杜正伦和侯君集有宰相才能，唐太宗便怀疑魏徵和他们曾经结为朋党。又加上有人在唐太宗面前诋毁魏徵，说他曾经把自己前后的谏辞给谏议大夫褚遂良看过。唐太宗于是解除了他亲自答应的魏徵的儿子魏叔玉和衡山公主的婚约，并派人推倒了自己亲自撰文并书写的魏徵碑。魏徵是唐太宗最宠爱的大臣之一，死后却遭到这样的非难，可见唐太宗对大臣的疑忌心理已经发展到了多么严重的程度。

太子承乾被废之后，唐太宗想立四儿子李泰为皇太子，但遭到一些元老重臣的反对。最后在长孙无忌、褚遂良等人的坚持下，唐太宗终于决定立九儿子李治为皇太子。由于宰相刘洎曾经支持李泰当太子，唐太宗对他很不放心，后来由于褚遂良的诬告，唐太宗便趁机将刘洎杀掉，并清洗了其他支持李泰做太子的大臣。唐太宗临终时，对寒族地主出身的宰相李世勣也不放心，将他由宰相降为叠州都督进行考验。这一切都可以看出唐太宗疑忌心理的严重。

贞观中后期，唐太宗虽然在政治上开始走向下坡路，但他并没有堕落成为一个昏庸的君主，在某些方面还能够保持贞观前期的良好作风，并且能够对自己一生的功业进行冷静的回顾和总结。贞观二十一年（647）五月，他问左右大臣："自古帝王，虽然能平定中原，却不能使周围的小国臣服；我的才能赶不上古人，但取得的成绩却比他们还多。这是什么原因？你们可随便谈出自己的真实看法。"群臣都说："陛下功德如天地，说什么也不足以形容。"唐太宗说："不然，我之所以能达到这么高的成就，只不过是做到了五件事。第一，自古帝王多嫉妒才能胜过自己的人，而我看见别人的长处，像看见自己的一样高兴。第二，无论何人都不可能十全十美，我往往能弃其所短，用其所长。第三，有的帝王爱贤者恨不得抱在怀里，憎不肖者又恨不得推入沟壑；而我对贤者很尊敬、重用，对不肖者也很可怜他，使两者都能各得其所。第四，自古帝王多厌恶正直之士，或者公开杀害，或者暗中杀害；而我从即位以来，正直之士，比比皆是，不曾罢免过一人，也不曾给一人治罪。第五，自古帝王皆看重汉族，看不起少数民族；我独能一视同仁，一样爱护关怀，所以他们都来归附。我有今天的成功，就是因为做到了这五件事。"唐太宗总结的这五条成功的原因，是比较符合实际的。

在临终之前，唐太宗也并没有片面地陶醉在成功之中，还能够坦率地指出和承认自己的缺点。贞观二十二年（648）春天，即唐太宗逝世的前一年，他亲自为太子李治撰写了《帝范》十二篇，把自己所做的错事说给儿子听，要他以古代圣贤为师，不要效法自己。唐太宗说："古人说过，效法上等，仅能学到中等；而效法中等，必然要成为下等；你若只学我，就连我也赶不上了。我居大位以来，不对的地方很多：锦绣绸缎、珍宝珠玉不绝于前，宫室楼台屡有兴建，好狗骏马，到处搜求，又经常外出巡游，劳费和麻烦百姓。这些都是我的过失，你千万不要以为是对的而加以学习。我不过度使用民力，给百姓的益处很多，又开创了大唐的天下，功劳很大。因为给百姓的益处多损害少，所以百姓还不抱怨；又因为功劳大而过失小，所以事业才没有垮掉，但比起尽美尽善来，还差得很远。”作为一个封建帝王，唐太宗在为自己盖棺定论的时候，尚能谈到自己的缺点，这是不容易的，也是难能可贵的。

作为皇帝，唐太宗宫闱生活和历代封建帝王是一样的，广占众媛，妻妾成群，皇后虽然只有一个，妃嫔则为数众多。为了满足自己的贪欲，唐太宗还曾多次进行挑选美女和才女的活动，在宫中罗致了大量的美女和才女，即使对已有婚约的美女和才女也不放过，甚至连隋炀帝的皇后萧氏、弟弟元吉的爱妃杨氏、堂兄庐江王李瑗的爱姬崔氏、贞观名将侯君集的姬人也都纳入后宫。这种“乱伦”行为，历来被后世史学家所讥议，古代著名的史学家范祖禹、理学家朱熹都曾经对唐太宗的这种行为进行过指责。在宫闱生活方面，唐太宗虽然不能和荒淫无耻的隋炀帝相比，但也称得上是一个好色之君。

唐太宗的好色遗祸后世，他宠爱武媚娘，即后来的武则天，经常召幸她。在武媚娘春风得意之时，白天经常出现太白星。星相家李淳风说这是女主昌的征兆，唐太宗又想起民间流传的《秘记》所载：“唐三代而亡，女主昌。女主武氏代有天下。”唐太宗为此杀了许多武姓人，但他不忍心杀武媚娘。

在唐太宗众多的后妃当中，能够以自己的贤德对唐太宗的政治生活产生影响的，主要有两个，贞观前期是皇后长孙氏，贞观后期主要是妃子徐惠。

长孙皇后出身于世代显赫的贵族世家，自幼受到过良好的教育，知书善文，聪明贤淑，是一个有见解、识大体、宽厚仁慈的女性。她以自己的贤德和才干影响了唐太宗的家庭生活和政治行为，为开创贞观之治的大好局面做出了重要的贡献。长孙皇后最突出的政治见解是防范外戚专权。她哥哥长孙无忌是唐太宗的佐命元勋。唐太宗对他信任备至，委以宰相之职。对此，长孙皇后一再以汉朝诸吕与霍氏等外戚专权乱政的历史事实提醒唐太宗，要求降低长孙无忌的官位。她还让哥哥亲自向唐太宗要求降职，一直到临终前，长孙皇后还告诫唐太宗注意防止出现外戚专权的现象。在中国古代历史上，后妃得宠时，依凭裙带之风加重本家族父兄的权势是不乏其例的。而长孙皇后则力避裙带之嫌，把外戚专权乱政而导致身败名裂的历史教训作为切骨之诫，是不失为远见卓识的。贞观之治没有出现外戚干政的局面，与长孙皇后有着很重要的关系。

长孙皇后的政治见解和才干，对唐太宗产生了很重要的影响。长孙皇后在世时，唐太宗经常与她讨论国家大事，听取她对某些大问题的意见。贞观初年，唐太宗能够虚怀纳谏，与长孙皇后的协助是分不开的。每当唐太宗任情使性不能虚心听谏时，长孙皇后便通过各种方式进行规劝，使唐太宗能够继续保持虚怀纳谏的好作风。由于长孙皇后知书善文，熟读经史，因此她也常常引用一些历史典故来对唐太宗进行劝谏。

在唐太宗晚年，对他影响较大的是贤妃徐惠。徐惠是当时著名的才女，聪明绝顶，博览群书，还未成年就已经有了很大的名气。徐惠入宫以后，虽然位列妃嫔，但对国家大事也十分关心，经常和唐太宗谈论国家大事，议论朝政，并提出自己的一些见解和看法。唐太宗喜欢她知书善文、纵论古今的才华，把她看做是长孙皇后一样的人物，对她的见解也颇多接受。

贞观后期，由于唐太宗频繁地发动战争，徭役和兵役的征发空前严重，造成了社会矛盾的激化。因此在贞观二十二年（648），徐惠向唐太宗上疏进行劝谏，这篇上疏结构严谨，声情并茂，论据充实，真切感人，深受唐太宗的赞赏。

二十一、多才多艺　文治武功

唐太宗不仅是一位杰出的军事家和政治家，而且还是一位多才多艺的君主。他精于弓马，擅长诗书，是一位文武全才的皇帝。

唐太宗以马上取天下，在武力统一中原和边疆的过程中，多得力于骑射战术，因此对弓马特别精通。从晋阳起兵到登基做皇帝，他的生涯几乎是和弓马伴在一起的，他所用的弓箭，比平常人用的要大一倍，命中率高，威力大。他在指挥战争期间，每每乘骏马、持大弓，冲锋陷阵。后来登基做了皇帝，他娴熟的骑射技术仍然不减当年。唐太宗嗜好弓马，特别是对骏马的嗜好以至成癖。昭陵六骏雕刻，既是唐初雕刻艺术的高度成就，也是唐太宗嗜马成癖与他驰誉战场的真实写照。

唐太宗还擅长诗文和书法。他一生写了不少诗文，后来被清朝人编入《全唐文》和《全唐诗》中的就有文七卷、赋五篇、诗一卷六十九首。唐太宗的文章主要是政论、史论、诏敕之类，其中《帝范前后序》、《金镜》等是他的代表作品。唐太宗的这些文章大多是用骈俪文体写成，注重辞藻和排列，讲求对偶与用典，在形式上还没有摆脱六朝以来的绮丽文风。但是，由于唐太宗是一代开国之君，具有丰富的政治经验和艰难的统治历程，所以他的文章政治色彩比较浓厚，开创了富有时代特色的贞观之风。由于唐太宗的倡导与实践，使贞观文坛出现了一派兴盛的局面。

唐太宗昭陵

唐太宗虽然爱好和擅长诗文，但却不重文名。他说："君主要以德政治天下，只靠文章是没有用的。"在贞观时期，唐太宗一直没有答应刊刻自己的诗文集。

唐太宗的书法主要是师法于晋代著名书法家王羲之的书法。他最为擅长的是飞白书法，功力很深，曾书飞白字赏赐群臣，成为大家争夺的目标。唐太宗还十分重视对技法的钻研，并且写了《笔法论》、《指法论》、《笔意论》等文章，从初学到深造的角度对书法做了精辟的分析。由于唐太宗对王羲之书法的推崇，因而在贞观时期出现了一场书法革新运动，统一了南北朝以来南师王帖、北宗魏碑的自立门户的局面，使王书成为全国书体的正宗。

唐太宗虽为一代英主，但在晚年，由于疾病缠身，久治不愈，生了乞求长生不老的迷信思想，迷恋上了方士炼制的金石丹药。贞观二十三年（649）五月，唐太宗因金石丹药服用过多，中毒暴亡，享年五十二岁。

唐太宗是中国历史上英明的皇帝之一，他的一生截然分为两个时期：前期的武功和后期的文治。最难得的是，他在两个方面都创造了卓越的功勋。在早期的夺权战争中，年轻的李世民大智大勇，在困难的局面下，看到并且最大地发挥有利的因素。在隋末各路造反大军中，太原的一支要弱于其他各支，刘武周、薛举、王世充、窦建德的实力远远大于太原李氏，但是他们先后臣服于李世民，成为败将或降将。战争比拼实力，更比拼时机，李世民能够主动完全地把握时机，引领着战争的进程，胜利当然会最后属于他。李世民不但运筹帷幄，而且身先士卒，冲锋陷阵，具有古代武士精神。战场上的李世民是一个英勇的战士，面对强敌，勇往直前，具有压倒一切敌人的英雄气概，使全军振奋，使敌人丧胆。

唐帝国建立，唐太宗的注意力转移到文治。玄武门之变解决了继承人问题，唐太宗认为，战场与官场的斗争应该完全结束了。这时的唐太宗以全新的面目出现在世人面前，他的新，最关键的就在于他能够及时地改变立场与观点，抛开一切顾虑，把国家的事情办好。比如玄武门之变，这是无论如何都难以磨灭的“污点”，他残杀兄弟，凌逼父皇，按照传统儒家的评判标准，他是一个不忠、不孝、不悌的罪人。他无法向世人辩解。但唐太宗的英明恰恰就在这里，既然无法辩解，那就不再辩解，既然污点无法抹去，那就不去抹它，他对自己的统治能力有着充分的自信，根本不去计较国人背后的流言飞语。实际上也许并不存在这样的流言飞语，人们享受着贞观治世带来的切身利益，没有多少人关注皇家在继承人问题上曾经发生的流血冲突。唐太宗的确是不忠、不孝、不悌的，但是史书并不这样记述，因为他自己已经把它们忘记了。后世的明太祖朱元璋相形见绌，他十分忌讳自己“盗贼”、“土匪”、“和尚”的经历，试图叫人们彻底忘记，为此不惜发动大规模的文字狱，在和平年代对平民进行大屠杀，结果他的“劣迹”愈发清晰牢固。

唐太宗擅长征战，更擅长治国。他把天下的才能之士笼络在自己的身边，委以重任，虚心纳谏，闻过不怒。他制定颁布了切合实际的法律法令，使国民有规范可依。他采取各种办法刺激经济增长，达到全民富裕，实现民富国强。唐太宗仰慕汉文帝，行事学习汉文帝，甚至细节都很相似，比如听从大理寺卿从轻处理“御犯”，由于建筑预算数额大而停建宫殿，很像是从《史记》中抄来的。其实不然，仁人之心自然是相通的。在贞观时期，国家政治很少有重大失误。《贞观政要》记述的唐太宗圣贤且英明的事迹，大多数是可靠的，尽管有一些粉饰的成分。

太宗不服老，更集中表现在东征高句丽一事。他不了解辽东的酷寒，不熟悉高句丽的国势。他在隋末扫平诸侯的战争中所向披靡，也就不屑于隋朝文帝、炀帝在高句丽的溃败。他以为自己御驾亲征，小小高句丽会望风而降，天朝大军兵不血刃，就献俘宗庙。征辽虽然捷报频传，但战略目标没有达到，反倒助长了高句丽国的野心，以为“天可汗”对他都无可奈何，从此可以与“天朝”平起平坐，更加轻视中国。征辽无功，对唐太宗打击很大。食金丹侵害了他的身体，征辽不胜则摧毁了他的精神，一代英明帝王，含恨而终。唐太宗创造了伟大的成就供后人瞻仰，也留下无尽的问题启示后人深思。

《旧唐书·太宗本纪》

太宗文武大圣大广孝皇帝讳世民，高祖第二子也。母曰太穆顺圣皇后窦氏。隋开皇十八年十二月戊午，生于武功之别馆。时有二龙戏于馆门之外，三日而去。高祖之临岐州，太宗时年四岁。有书生自言善相，谒高祖曰："公贵人也，且有贵子。"见太宗，曰："龙凤之姿，天日之表，年将二十，必能济世安民矣。"高祖惧其言泄，将杀之，忽失所在，因采"济世安民"之义以为名焉。太宗幼聪睿，玄鉴深远，临机果断，不拘小节，时人莫能测也。

大业末，炀帝于雁门为突厥所围，太宗应募救援，隶屯卫将军云定兴营。将行，谓定兴曰："必赍旗鼓以设疑兵。且始毕可汗举国之师，敢围天子，必以国家仓卒无援。我张军容，令数十里幡旗相续，夜则钲鼓相应，虏必谓救兵云集，望尘而遁矣。不然，彼众我寡，悉军来战，必不能支矣。"定兴从焉。师次崞县，突厥候骑驰告始毕曰："王师大至。"由是解围而遁。及高祖之守太原，太宗时年十八。有高阳贼帅魏刀儿，自号历山飞。来攻太原，高祖击之，深入贼阵。太宗以轻骑突围而进，射之，所向皆披靡，拔高祖于万众之中。适会步兵至，高祖与太宗又奋击，大破之。

时隋祚已终，太宗潜图义举，每折节下士，推财养客，群盗大侠，莫不愿效死力。及义兵起，乃率兵略徇西河，克之。拜右领大都督，右三军皆隶焉，封敦煌郡公。大军西上贾胡堡，隋将宋老生率精兵二万屯霍邑，以拒义师。会久雨粮尽，高祖与裴寂议，且还太原，以图后举。太宗曰："本兴大义以救苍生，当须先入咸阳，号令天下；遇小敌即班师，将恐从义之徒一朝解体。还守太原一城之地，此为贼耳，何以自全！"高祖不纳，促令引发。太宗遂号泣于外，声闻帐中。高祖召问其故，对曰："今兵以义动，进战则必克，退还则必散。众散于前，敌乘于后，死亡须臾而至，是以悲耳。"高祖乃悟而止。

八月己卯，雨霁，高祖引师趣霍邑。太宗恐老生不出战，乃将数骑先诣其城下，举鞭指麾，若将围城者，以激怒之。老生果怒，开门出兵，背城而阵。高祖与建成合阵于城东，太宗及柴绍阵于城南。老生麾兵疾进，先薄高祖，而建成坠马，老生乘之，高祖与建成军咸却。太宗自南原率二骑驰下峻坂，冲断其军，引兵奋击，贼众大败，各舍仗而走。悬门发，老生引绳欲上，遂斩之，平霍邑。

至河东，关中豪杰争走赴义。太宗请进师入关，取永丰仓以赈穷乏，收群盗以图京师，高祖称善。太宗以前军济河，先定渭北。三辅吏民及诸豪猾诣军门请自效者日以千计，扶老携幼，满于麾下。收纳英俊，以备僚列，远近闻者，咸自托焉。师次于泾阳，胜兵九万，破胡贼刘鹞子，并其众。留殷开山、刘弘基屯长安故城。太宗自趣司竹，贼帅李仲文、何潘仁、向善志等皆来会，顿于阿城，获兵十三万。长安父老赍牛酒诣旌门者不可胜纪，劳而遣之，一无所受。军令严肃，秋毫无所犯。寻与大军平京城。高祖辅政，受唐国内史，改封秦国公。会薛举以劲卒十万来逼渭滨，太宗亲击之，大破其众，追斩万余级，略地至于陇坻。

义宁元年十二月，复为右元帅，总兵十万徇东都。及将旋，谓左右曰："贼见吾还，必相追蹑。"设三伏以待之。俄而隋将段达率万余人自后而至，度三王陵，发伏击之，段达大败，追奔至于城下。因于宜阳、新安置熊、谷二州，戍之而还。徙封赵国公。高祖受禅，拜尚书令、右武侯大将军，进封秦王，加授雍州牧。

武德元年七月，薛举寇泾州，太宗率众讨之，不利而旋。九月，薛举死，其子仁杲嗣立。太宗又为元帅以击仁杲，相持于折墌城，深沟高垒者六十余日。贼众十余万，兵锋甚锐，数来挑战，太宗按甲以挫之。贼粮尽，其将牟君才、梁胡郎来降。太宗谓诸将军曰："彼气衰矣，吾当取之。"遣将军庞玉先阵于浅水原南以诱之，贼将宗罗睺并军来拒，王军几败。既而太宗亲御大军，奄自原北，出其不意。罗睺望见，复回师相拒。太宗将骁骑数十入贼阵，于是王师表里齐奋，罗睺大溃，斩首数千级，投涧谷而死者不可胜计。太宗率左右二十余骑追奔，直趣折墌以乘之。仁杲大惧，婴城自守。将夕，大军继至，四面合围。诘朝，仁杲请降，俘其精兵万余人、男女五万口。既而诸将奉贺，因问曰："始大王野战破贼，其主尚保坚城，王无攻具，轻骑腾逐，不待步兵，径薄城下，咸疑不克，而竟下之，何也?"太宗曰："此以权道迫之，使其计不暇发，以故克也。罗睺恃往年之胜，兼复养锐日久，见吾不出，意在相轻。今喜吾出，悉兵来战，虽击破之，擒杀盖少。若不急蹑，还走投城，仁杲收而抚之，则便未可得矣。且其兵众皆陇西人，一败披退，不及回顾，散归陇外，则折墌自虚，我军随而迫之，所以惧而降也。此可谓成算，诸君尽不见耶?"诸将曰："此非凡人所能及也。"获贼兵精骑甚众，还令仁杲兄弟及贼帅宗罗睺、翟长孙等领之。太宗与之游猎驰射，无所间然。贼徒荷恩慑气，咸愿效死。时李密初附，高祖令密驰传迎太宗于豳州。密见太宗天姿神武，军威严肃，惊悚叹服，私谓殷开山曰：“真英主也。不如此，何以定祸乱乎？”凯旋，献捷于太庙。拜太尉、陕东道行台尚书令，镇长春宫，关东兵马并受节度。寻加左武侯大将军、凉州总管。

宋金刚之陷浍州也，兵锋甚锐。高祖以王行本尚据蒲州，吕崇茂反于夏县，晋、浍二州相继陷没，关中震骇，乃手敕曰：“贼势如此，难与争锋，宜弃河东之地，谨守关西而已。”太宗上表曰：“太原王业所基，国之根本，河东殷实，京邑所资。若举而弃之，臣窃愤恨。愿假精兵三万，必能平殄武周，克复汾、晋。”高祖于是悉发关中兵以益之，又幸长春宫亲送太宗。

二年十一月，太宗率众趣龙门关，履冰而渡之，进屯柏壁，与贼将宋金刚相持。寻而永安王孝基败于夏县，于筠、独孤怀恩、唐俭并为贼将寻相、尉迟敬德所执，将还浍州。太宗遣殷开山、秦叔宝邀之于美良川，大破之，相等仅以身免，悉虏其众，复归柏壁。于是诸将咸请战，太宗曰：“金刚悬军千里，深入吾地，精兵骁将，皆在于此。武周据太原，专倚金刚以为捍。士卒虽众，内实空虚，意在速战。我坚营蓄锐以挫其锋，粮尽计穷，自当遁走。”

三年二月，金刚竟以众馁而遁，太宗追之至介州。金刚列阵，南北七里，以拒官军。太宗遣总管李世勣、程咬金、秦叔宝当其北，翟长孙、秦武通当其南。诸军战小却，为贼所乘。太宗率精骑击之，冲其阵后，贼众大败，追奔数十里。敬德、相率众八千来降，还令敬德督之，与军营相参。屈突通惧其为变，骤以为请。太宗曰：“昔萧王推赤心置人腹中，并能毕命，今委任敬德，又何疑也。”于是刘武周奔于突厥，并、汾悉复旧地。诏就军加拜益州道行台尚书令。

七月，总率诸军攻王世充于洛邑，师次谷州。世充率精兵三万阵于慈涧，太宗以轻骑挑之。时寡不敌众，陷于重围，左右咸惧。太宗命左右先归，独留殿后。世充骁将单雄信数百骑夹道来逼，交抢竞进，太宗几为所败。太宗左右射之，无不应弦而倒，获其大将燕颀。世充乃拔慈涧之镇归于东都。太宗遣行军总管史万宝自宜阳南据龙门，刘德威自太行东围河内，王君廓自洛口断贼粮道。又遣黄君汉夜从孝水河中下舟师袭回洛城，克之。黄河已南，莫不响应，城堡相次来降。大军进屯邙山。九月，太宗以五百骑先观战地，卒与世充万余人相遇，会战，复破之，斩首三千余级，获大将陈智略，世充仅以身免。其所署筠州总管杨庆遣使请降，遣李世勣率师出轩辕道安抚其众。荥、汴、洧、豫九州相继来降。世充遂求救于窦建德。

四年二月，又进屯青城宫。营垒未立，世充众二万自方诸门临谷水而阵。太宗以精骑阵于北邙山，令屈突通率步卒五千渡水以击之，因诫通曰："待兵交即放烟，吾当率骑军南下。"兵才接，太宗以骑冲之，挺身先进，与通表里相应。贼众殊死战，散而复合者数焉。自辰及午，贼众始退。纵兵乘之，俘斩八千人，于是进营城下。世充不敢复出，但婴城自守，以待建德之援。太宗遣诸军掘堑，匝布长围以守之。吴王杜伏威遣其将陈正通、徐召宗率精兵二千来会于军所。伪郑州司马沈悦以武牢降，将军王君廓应之，擒其伪荆王王行本。

会窦建德以兵十余万来援世充，至于酸枣。萧瑀、屈突通、封德彝皆以腹背受敌，恐非万全，请退师谷州以观之。太宗曰："世充粮尽，内外离心，我当不劳攻击，坐收其敝。建德新破孟海公，将骄卒惰，吾当进据武牢，扼其襟要。贼若冒险与我争锋，破之必矣。如其不战，旬日间世充当自溃。若不速进，贼入武牢，诸城新附，必不能守。二贼并力，将若之何?"通又请解围救险以候其变，太宗不许。于是留通辅齐王元吉以围世充，亲率步骑三千五百人去武牢。

建德自荥阳西上，筑垒于板渚，太宗屯武牢，相持二十余日。谍者曰："建德伺官军刍尽，候牧马于河北，因将袭武牢。"太宗知其谋，遂牧马河北以诱之。诘朝，建德果悉众而至，陈兵汜水，世充将郭士衡阵于其南，绵亘数里，鼓噪，诸将大惧。太宗将数骑升高丘以望之，谓诸将曰："贼起山东，未见大敌。今度险而嚣，是无政令；逼城而阵，有轻我心。我按兵不出，彼乃气衰，阵久卒饥，必将自退，追而击之，无往不克。吾与公等约，必以午时后破之。"建德列阵，自辰至午，兵士饥倦，皆坐列，又争饮水，逡巡敛退。太宗曰："可击矣!"亲率轻骑追而诱之，众继至。建德回师而阵，未及整列，太宗先登击之，所向披靡。俄而众军合战，嚣尘四起。太宗率史大奈、程咬金、秦叔宝、宇文歆等挥幡而入，直突出其阵后，张我旗帜。贼顾见之，大溃。追奔三十里，斩首三千余级，虏其众五万，生擒建德于阵。太宗数之曰："我以干戈问罪，本在王世充，得失存亡，不预汝事，何故越境，犯我兵锋?"建德股栗而言曰："今若不来，恐劳远取。"高祖闻而大悦，手诏曰："隋氏分崩，崤函隔绝。两雄合势，一朝清荡。兵既克捷，更无死伤。无愧为臣，不忧其父，并汝功也。"乃将建德至东都城下。世充惧，率其官属二千余人诣军门请降，山东悉平。太宗入据宫城，令萧瑀、窦轨等封守府库，一无所取，令记室房玄龄收隋图籍。于是诛其同恶段达等五十余人，枉被囚禁者悉释之，非罪诛戮者祭而诔之。大飨将士，班赐有差。高祖令尚书左仆射裴寂劳于军中。

六月，凯旋。太宗亲披黄金甲，阵铁马一万骑，甲士三万人，前后部鼓吹，俘二伪主及隋氏器物辇辂献于太庙。高祖大悦，行饮至礼以享焉。高祖以自古旧官不称殊功，乃别表徽号，用旌勋德。

十月，加号天策上将、陕东道大行台，位在王公上。增邑二万户，通前三万户。赐金辂一乘，衮冕之服，玉璧一双，黄金六千斤，前后部鼓吹及九部之乐，班剑四十人。

于时海内渐平，太宗乃锐意经籍，开文学馆以待四方之士。行台司勋郎中杜如晦等十有八人为学士，每更直阁下，降以温颜，与之讨论经义，或夜分而罢。

未几，窦建德旧将刘黑闼举兵反，据洺州。十二月，太宗总戎东讨。

五年正月，进军肥乡，分兵绝其粮道，相持两月。黑闼窘急求战，率步骑二万，南渡洺水，晨压官军。太宗亲率精骑，击其马军，破之，乘胜蹂其步卒，贼大溃，斩首万余级。先是，太宗遣堰洺水上流使浅，令黑闼得渡。及战，乃令决堰，水大至，深丈余，贼徒既败，赴水者皆溺死焉。黑闼与二百余骑北走突厥，悉虏其众，河北平。时徐圆朗阻兵徐、兖，太宗回师讨平之，于是河、济、江、淮诸郡邑皆平。十月，加左右十二卫大将军。

七年秋，突厥颉利、突利二可汗自原州入寇，侵扰关中。有说高祖云："只为府藏子女在京师，故突厥来，若烧却长安而不都，则胡寇自止。"高祖乃遣中书侍郎宇文士及行山南可居之地，即欲移都。萧瑀等皆以为非，然终不敢犯颜正谏。太宗独曰："霍去病，汉廷之将帅耳，犹且志灭匈奴。臣忝备藩维，尚使胡尘不息，遂令陛下议欲迁都，此臣之责也。幸乞听臣一申微效，取彼颉利。若一两年间不系其颈，徐建移都之策，臣当不敢复言。"高祖怒，仍遣太宗将三十余骑行划。还日，固奏必不可移都，高祖遂止。八年，加中书令。

九年，皇太子建成、齐王元吉谋害太宗。六月四日，太宗率长孙无忌、尉迟敬德、房玄龄、杜如晦、宇文士及、高士廉、侯君集、程知节、秦叔宝、段志玄、屈突通、张士贵等于玄武门诛之。甲子，立为皇太子，庶政皆断决。太宗乃纵禁苑所养鹰犬，并停诸方所进珍异，政尚简肃，天下大悦。

又令百官各上封事，备陈安人理国之要。己巳，令曰："依礼，二名不偏讳。近代已来，两字兼避，废阙已多，率意而行，有违经典。其官号、人名、公私文籍，有'世民'两字不连续者，并不须讳。"罢幽州大都督府。辛未，废陕东道大行台，置洛州都督府；废益州道行台，置益州大都督府。壬午，幽州大都督庐江王瑗谋逆，废为庶人。乙酉，罢天策府。

七月壬辰，太子左庶子高士廉为侍中，右庶子房玄龄为中书令，尚书右仆射萧瑀为尚书左仆射，吏部尚书杨恭仁为雍州牧，太子左庶子长孙无忌为吏部尚书，右庶子杜如晦为兵部尚书，太子詹事宇文士及为中书令，封德彝为尚书右仆射。

八月癸亥，高祖传位于皇太子，太宗即位于东宫显德殿。遣司空、魏国公裴寂柴告于南郊。大赦天下。武德元年以来责情流配者并放还。文武官五品已上先无爵者赐爵一级，六品已下加勋一转。天下给复一年。癸酉，放掖庭宫女三千余人。甲戌，突厥颉利、突利寇泾州。乙亥，突厥进寇武功，京师戒严。丙子，立妃长孙氏为皇后。己卯，突厥寇高陵。辛巳，行军总管尉迟敬德与突厥战于泾阳，大破之，斩首千余级。癸未，突厥颉利至于渭水便桥之北，遣其酋帅执失思力入朝为觇，自张形势，太宗命囚之。亲出玄武门，驰六骑幸渭水上，与颉利隔津而语，责以负约。俄而众军继至，颉利见军容既盛，又知思力就拘，由是大惧，遂请和，诏许焉。即日还宫。乙酉，又幸便桥，与颉利刑白马设盟，突厥引退。

九月丙戌，颉利献马三千匹、羊万只，帝不受，令颉利归所掠中国户口。丁未，引诸卫骑兵统将等习射于显德殿庭，谓将军已下曰："自古突厥与中国更有盛衰。若轩辕善用五兵，即能北逐獯鬻；周宣驱驰方、召，亦能制胜太原。至汉、晋之君，逮于隋代，不使兵士素习干戈，突厥来侵，莫能抗御，致遗中国生民涂炭于寇手。我今不使汝等穿池筑苑，造诸淫费，农民恣令逸乐，兵士唯习弓马，庶使汝斗战，亦望汝前无横敌。"于是每日引数百人于殿前教射，帝亲自临试，射中者随赏弓刀、布帛。朝臣多有谏者，曰："先王制法，有以兵刃至御所者刑之，所以防萌杜渐，备不虞也。今引裨卒之人，弯弧纵矢于轩陛之侧，陛下亲在其间，正恐祸出非意，非所以为社稷计也。"上不纳。自是后，士卒皆为精锐。壬子，诏私家不得辄立妖神，妄设淫祀，非礼祠祷，一皆禁绝。其龟易五兆之外，诸杂占卜，亦皆停断。长孙无忌封齐国公，房玄龄邢国公，尉迟敬德吴国公，杜如晦蔡国公，侯君集潞国公。

冬十月丙辰朔，日有蚀之。癸亥，立中山王承乾为皇太子。癸酉，裴寂食实封一千五百户，长孙无忌、王君廓、尉迟敬德、房玄龄、杜如晦一千三百户，长孙顺德、柴绍、罗艺、赵郡王孝恭一千二百户，侯君集、张公谨、刘师立一千户，李世勣、刘弘基九百户，高士廉、宇文士及、秦叔宝、程知节七百户，安兴贵、安修仁、唐俭、窦轨、屈突通、萧瑀、封德彝、刘义节六百户，钱九陇、樊世兴、公孙武达、李孟常、段志玄、庞卿恽、张亮、李药师、杜淹、元仲文四百户，张长逊、张平高、李安远、李子和、秦行师、马三宝三百户。

十一月庚寅，降宗室封郡王者并为县公。十二月癸酉，亲录囚徒。

是岁，新罗、龟兹、突厥、高句丽、百济、党项并遣使朝贡。

贞观元年春正月乙酉，改元。辛丑，燕郡王李艺据泾州反，寻为左右所斩，传首京师。庚午，以仆射窦轨为益州大都督。

三月癸巳，皇后亲蚕。尚书左仆射、宋国公萧瑀为太子少师。丙午，诏："齐故尚书仆射崔季舒、给事黄门侍郎郭遵、尚书右丞封孝琰等，昔仕邺中，名位通显，志存忠谠，抗表极言，无救社稷之亡，遂见龙逄之酷。其季舒子刚、遵子云、孝琰子君遵，并以门遭时谴，淫刑滥及。宜从褒奖，特异常伦，可免内侍，量才别叙。"

夏四月癸巳，凉州都督、长乐王幼良有罪伏诛。

六月辛巳，尚书右仆射、密国公封德彝薨。壬辰，太子少保宋国公萧瑀为尚书左仆射。是夏，山东诸州大旱，令所在赈恤，无出今年租赋。

秋七月壬子，吏部尚书、齐国公长孙无忌为尚书右仆射。八月戊戌，贬侍中、义兴郡公高士廉为安州大都督。户部尚书裴矩卒。是月，关东及河南、陇右沿边诸州霜害秋稼。

九月辛酉，命中书侍郎温彦博、尚书右丞魏徵等分往诸州赈恤。中书令、郢国公宇文士及为殿中监。御史大夫、检校吏部尚书、参与朝政、安吉郡公杜淹署位。

十二月壬午，上谓侍臣曰："神仙事本虚妄，空有其名。秦始皇非分爱好，遂为方士所诈，乃遣童男女数千人随徐福入海求仙药，方士避秦苛虐，因留不归。始皇犹海侧踟蹰以待之，还至沙丘而死。汉武帝为求仙，乃将女嫁道术人，事既无验，便行诛戮。据此二事，神仙不烦妄求也。"尚书左仆射、宋国公萧瑀坐事免。戊申，利州都督义安王孝常、右武卫将军刘德裕等谋反，伏诛。是岁，关中饥，至有鬻男女者。

二年春正月辛丑，尚书右仆射、齐国公长孙无忌为开府仪同三司。徙封汉王恪为蜀王，卫王泰为越王，楚王佑为燕王。复置六侍郎，副六尚书事，并置左右司郎中各一人。前安州大都督、赵王元景为雍州牧，蜀王恪为益州大都督，越王泰为扬州大都督。

二月丙戌，靺鞨内属。

三月戊申朔，日有蚀之。丁卯，遣御史大夫杜淹巡关内诸州。出御府金宝，赎男女自卖者还其父母。庚午，大赦天下。

夏四月己卯，诏骸骨暴露者，令所在埋瘗。丙申，契丹内属。初诏天下州县并置义仓。夏州贼帅梁师都为其从父弟洛仁所杀，以城降。

五月，大雨雹。

六月庚寅，皇子治生，宴五品以上，赐帛有差，仍赐天下是日生者粟。辛卯，上谓侍臣曰："君虽不君，臣不可以不臣。裴虔通，炀帝旧左右也，而亲为乱首。朕方崇奖敬义，岂可犹使宰民训俗。"诏曰：

> 天地定位，君臣之义以彰；卑高既陈，人伦之道斯著。是用笃厚风俗，化成天下。虽复时经治乱，主或昏明，疾风劲草，芬芳无绝，剖心焚体，赴蹈如归。夫岂不爱七尺之躯，重百年之命？谅由君臣义重，名教所先，故能明大节于当时，立清风于身后。至如赵高之殒二世，董卓之鸩弘农，人神所疾，异代同愤。况凡庸小竖，有怀凶悖，遐观典策，莫不诛夷。辰州刺史、长蛇县男裴虔通，昔在隋代，委质晋藩，炀帝以旧邸之情，特相爱幸。遂乃志蔑君亲，潜图弑逆，密伺间隙，招结群丑，长戟流矢，一朝窃发。天下之恶，孰云可忍！宜其夷宗焚首，以彰大戮。但年代异时，累逢赦令，可特免极刑，除名削爵，迁配驩州。

秋七月戊申，诏："莱州刺史牛方裕、绛州刺史薛世良、广州都督府长史唐奉义、隋武牙郎将高元礼，并于隋代俱蒙任用，乃协契宇文化及，构成弑逆。宜依裴虔通，除名配流岭表。"太宗谓侍臣曰："天下愚人，好犯宪章，凡赦宥之恩，唯及不轨之辈。古语曰：'小人之幸，君子之不幸。''一岁再赦，好人喑哑。'凡养稂莠者伤禾稼，惠奸宄者贼良人。昔文王作罚，刑兹无赦。又蜀先主尝谓诸葛亮曰：'吾周旋陈元方、郑康成间，每见启告理乱之道备矣，曾不语赦也。'夫小人者，大人之贼，故朕有天下已来，不甚放赦。今四海安静，礼义兴行，非常之恩，施不可数，将恐愚人常冀侥幸，唯欲犯法，不能改过。"

八月甲戌朔，幸朝堂，亲览冤屈。自是，上以军国无事，每日视膳于西宫。癸巳，公卿奏曰："依礼，季夏之月，可以居台榭。今隆暑未退，秋霖方始，宫中卑湿，请营一阁以居之。"帝曰："朕有气病，岂宜下湿。若遂来请，靡费良多。昔汉文帝将起露台，而惜十家之产。朕德不逮于汉帝，而所费过之，岂谓为民父母之道也。"竟不许。是月，河南、河北大霜，人饥。

九月丙午，诏曰："尚齿重旧，先王以之垂范；还章解组，朝臣于是克终。释菜合乐之仪，东胶西序之制，养老之义，遗文可睹。朕恭膺大宝，宪章故实，乞言尊事，弥切深衷。然情存今古，世踵浇季，而策名就列，或乖大体。至若筋力将尽，桑榆且迫，徒竭夙兴之勤，未悟夜行之罪。其有心惊止足，行堪激励，谢事公门，收骸闾里，能以礼让，固可嘉焉。内外文武群官年高致仕、抗表去职者，参朝之日，宜在本品见任之上。"丁未，谓侍臣曰："妇人幽闭深宫，情实可愍。隋氏末年，求采无已，至于离宫别馆，非幸御之所，多聚宫人，皆竭人财力，朕所不取。且洒扫之余，更何所用？今将出之，任求伉俪，非独以惜费，亦人得各遂其性。"于是遣尚书左丞戴胄、给事中杜正伦等，于掖庭宫西门简出之。冬十月庚辰，御史大夫、安吉郡公杜淹卒。戊子，杀瀛州刺史卢祖尚。十一月辛酉，有事于圆丘。

十二月壬午，黄门侍郎王珪为侍中。

三年春正月辛亥，契丹渠帅来朝。戊午，谒太庙。癸亥，亲耕藉田。辛未，司空、魏国公裴寂坐事免。

二月戊寅，中书令、邢国公房玄龄为尚书左仆射，兵部尚书、检校侍中、蔡国公杜如晦为尚书右仆射，刑部尚书、检校中书令、永康县公李靖为兵部尚书，右丞魏徵为守秘书监，参与朝政。

夏四月辛巳，太上皇徙居大安宫。甲子，太宗始于太极殿听政。

五月，周王元方薨。六月戊寅，以旱，亲录囚徒。遣长孙无忌、房玄龄等祈雨于名山大川，中书舍人杜正伦等往关内诸州慰抚。又令文武官各上封事，极言得失。己卯，大风折木。

秋八月己巳朔，日有蚀之。薛延陀遣使朝贡。

九月癸丑，诸州置医学。

冬十一月丙午，西突厥、高昌遣使朝贡。庚申，以并州都督李世勣为通汉道行军总管，兵部尚书李靖为定襄道行军总管，以击突厥。

十二月戊辰，突利可汗来奔。癸未，杜如晦以疾辞位，许之。癸丑，诏建义以来交兵之处，为义士勇夫殒身戎阵者各立一寺，命虞世南、李伯药、褚亮、颜师古、岑文本、许敬宗、朱子奢等为之碑铭，以纪功业。

是岁，户部奏言：中国人自塞外来归及突厥前后内附、开四夷为州县者，男女一百二十余万口。

四年春正月乙亥，定襄道行军总管李靖大破突厥，获隋皇后萧氏及炀帝之孙正道，送至京师。癸巳，武德殿北院火。

二月己亥，幸温汤。甲辰，李靖又破突厥于阴山，颉利可汗轻骑远遁。丙午，至自温汤。甲寅，大赦，赐酺五日。民部尚书戴胄以本官检校吏部尚书，参与朝政。太常卿萧瑀为御史大夫，与宰臣参议朝政。御史大夫、西河郡公温彦博为中书令。

三月庚辰，大同道行军副总管张宝相生擒颉利可汗，献于京师。甲申，尚书右仆射、蔡国公杜如晦薨。甲午，以俘颉利告于太庙。

夏四月丁酉，御顺天门，军吏执颉利以献捷。自是西北诸番咸请上尊号为“天可汗”，于是降玺书册命其君长，则兼称之。

秋七月甲子朔，日有蚀之。上谓房玄龄、萧瑀曰：“隋文何等主?”对曰：“克己复礼，勤劳思政，每一坐朝，或至日昃。五品已上，引之论事。宿卫之人，传餐而食。虽非性体仁明，亦励精之主也。”上曰：“公得其一，未知其二。此人性至察而心不明。夫心暗则照有不通，至察则多疑于物。自以欺孤寡得之，谓群下不可信任，事皆自决，虽劳神苦形，未能尽合于理。朝臣既知上意，亦复不敢直言，宰相已下，承受而已。朕意不然。以天下之广，岂可独断一人之虑？朕方选天下之才，为天下之务，委任责成，各尽其用，庶几于理也。”因令有司：“诏敕不便于时，即宜执奏，不得顺旨施行。”

八月丙午，诏三品已上服紫，五品已上服绯，六品七品以绿，八品九品以青；妇人从夫色。甲寅，兵部尚书、代国公李靖为尚书左仆射。

九月庚午，令收瘞长城之南骸骨，仍令致祭。壬午，令自古明王圣帝、贤臣烈士坟墓无得刍牧，春秋致祭。

冬十月壬辰，幸陇州，曲赦陇、岐二州，给复一年。辛丑，校猎于贵泉谷。甲辰，校猎于鱼龙川，自射鹿，献于大安宫。甲子，至自陇州。戊寅，制决罪人不得鞭背，以明堂孔穴针灸之所。兵部尚书侯君集参议朝政。

十二月辛亥，开府仪同三司、淮安王神通薨。甲寅，高昌王麹文泰来朝。是岁，断死刑二十九人，几致刑措。东至于海，南至于岭，皆外户不闭，行旅不赍粮焉。

五年正月癸酉，大蒐于昆明池，蕃夷君长咸从。丙子，亲献禽于大安宫。己卯，幸左藏库，赐三品已上帛，任其轻重。癸未，朝集使请封禅。己酉，封皇弟元裕为郐王，元名为谯王，灵夔为魏王，元祥为许王，元晓为密王。庚戌，封皇子愔为梁王，贞为汉王，恽为郯王，治为晋王，慎为申王，嚣为江王，简为代王。

夏四月壬辰，代王简薨。以金帛购中国人因隋乱没突厥者男女八万人，尽还其家属。

六月甲寅，太子少师、新昌县公李纲薨。

七月甲辰，遣使毁高句丽所立京观，收隋人骸骨，祭而葬之。戊申，初令天下决死刑必三复奏，在京诸司五复奏，其日尚食进蔬食，内教坊及太常不举乐。

秋九月乙丑，赐群官大射于武德殿。

冬十月，右卫大将军、顺州都督、北平郡王阿史那什钵苾卒。

十二月壬寅，幸温汤。癸卯，猎于骊山。丙午，赐新丰高年帛有差。戊申，至自温汤。

六年春正月乙卯朔，日有蚀之。

二月丙戌，置三师官员。戊子，初置律学。

三月戊辰，幸九成宫。

六月己亥，酆王元亨薨。辛亥，江王嚣薨。

冬十月乙卯，至自九成宫。

十二月辛未，亲录囚徒，归死罪者二百九十人于家，令明年秋末就刑。其后应期毕至，诏悉原之。是岁，党项羌前后内属者三十万口。

七年春正月戊子，诏曰："宇文化及弟智及、司马德戡、裴虔通、孟景、元礼、杨览、唐奉义、牛方裕、元敏、薛良、马举、元武达、李孝本、李孝质、张恺、许弘仁、令狐行达、席德方、李覆等，大业季年，咸居列职，或恩结一代，任重一时；乃包藏凶慝，罔思忠义，爰在江都，遂行弑逆，罪百阎、赵，衅深枭獍。虽事是前代，岁月已久，而天下之恶，古今同弃，宜置重典，以励臣节。其子孙并宜禁锢，勿令齿叙。"是日，上制《破阵乐舞图》。辛丑，赐京城酺三日。丁卯，雨土。乙酉，薛延陀遣使来朝。庚寅，秘书监、检校侍中魏徵为侍中。癸巳，直太史、将仕郎李淳风铸浑天黄道仪，奏之，置于凝晖阁。

夏五月癸未，幸九成宫。

八月，山东、河南三十州大水，遣使赈恤。

冬十月庚申，至自九成宫。

十一月丁丑，颁新定《五经》。壬辰，开府仪同三司、齐国公长孙无忌为司空。

十二月丙辰，狩于少陵原，诏以少牢祭杜如晦、杜淹、李纲之墓。

八年正月癸未，右卫大将军阿史那吐苾卒。辛丑，右屯卫大将军张士贵讨东、西五洞反獠，平之。壬寅，命尚书右仆射李靖、特进萧瑀、杨恭仁、礼部尚书王珪、御史大夫韦挺、鄘州大都督府长史皇甫无逸、扬州大都督府长史李袭誉、幽州大都督府长史张亮、凉州大都督李大亮、右领军大将军窦诞、太子左庶子杜正伦、绵州刺史刘德威、黄门侍郎赵弘智使于四方，观省风俗。

二月乙巳，皇太子加元服。丙午，赐天下酺三日。

三月庚辰，幸九成宫。

五月辛未朔，日有蚀之。丁丑，上初服翼善冠，贵臣服进德冠。

七月，始以云麾将军阶为从三品。陇右山崩，大蛇屡见。山东、河南、淮南大水，遣使赈恤。

八月甲子，有星孛于虚、危，历于氐，十一月上旬乃灭。

九月丁丑，皇太子来朝。

冬十月，右骁卫大将军、褒国公段志玄击吐谷浑，破之，追奔八百余里。甲子，至自九成宫。

十一月辛未，右仆射、代国公李靖以疾辞官，授特进。丁亥，吐谷浑寇凉州。己丑，吐谷浑拘我行人赵道德。

十二月辛丑，命特进李靖、兵部尚书侯君集、刑部尚书任城王道宗、凉州都督李大亮等为大总管，各帅师分道以讨吐谷浑。壬子，越王泰为雍州牧。乙卯，帝从太上皇阅武于城西。

是岁，龟兹、吐蕃、高昌、女国、石国遣使朝贡。

九年春三月，洮州羌叛，杀刺史孔长秀。壬午，大赦。每乡置长一人，佐二人。乙酉，盐泽道总管高甑生大破叛羌之众。庚寅，敕天下户立三等，未尽升降，置为九等。

夏四月壬寅，康国献狮子。

闰月丁卯，日有蚀之。癸巳，大总管李靖、侯君集、李大亮、任城王道宗破吐谷浑于牛心堆。

五月乙未，又破之于乌海，追奔至柏海。副总管薛万均、薛万彻又破之于赤水源，获其名王二十人。庚子，太上皇崩于大安宫。壬子，李靖平吐谷浑于西海之上，获其王慕容伏允。以其子慕容顺光降，封为西平郡王，复其本国。

秋七月甲寅，增修太庙为六室。

冬十月庚寅，葬高祖太武皇帝于献陵。戊申，祔于太庙。辛丑，左仆射、魏国公房玄龄加开府仪同三司，余如故。

十二月甲戌，吐谷浑西平郡王慕容顺光为其下所弑，遣兵部尚书侯君集率师安抚之，仍封顺光子诺曷钵为河源郡王，使统其众。右光禄大夫、宋国公萧瑀依旧特进，复令参与朝政。

十年春正月壬子，尚书左仆射房玄龄、侍中魏徵上梁、陈、齐、周、隋五代史，诏藏于秘阁。癸丑，徙封赵王元景为荆王，鲁王元昌为汉王，郑王元礼为徐王，徐王元嘉为韩王，荆王元则为彭王，滕王元懿为郑王，吴王元轨为霍王，豳王元凤为虢王，陈王元庆为道王，魏王灵夔为燕王，蜀王恪为吴王，越王泰为魏王，燕王祐为齐王，梁王愔为蜀王，郯王恽为蒋王，汉王贞为越王，申王慎为纪王。

夏六月，以侍中魏徵为特进，仍知门下省事。壬申，中书令温彦博为尚书右仆射。甲戌，太常卿、安德郡公杨师道为侍中。己卯，皇后长孙氏崩于立政殿。

冬十一月庚寅，葬文德皇后于昭陵。

十二月壬申，吐谷浑河源郡王慕容诺曷钵来朝。乙亥，亲录京师囚徒。

是岁，关内、河东疾病，命医赉药疗之。

十一年春正月丁亥朔，徙郐王元裕为邓王，谯王元名为舒王。癸巳，加魏王泰为雍州牧、左武侯大将军。庚子，颁新律令于天下。作飞山宫。甲寅，房玄龄等进所修《五礼》。诏所司行用之。

二月丁巳，诏曰：

夫生者天地之大德，寿者修短之一期。生有七尺之形，寿以百龄为限，含灵禀气，莫不同焉，皆得之于自然，不可以分外企也。是以《礼记》云："君即位而为椑。"庄周云："劳我以形，息我以死。"岂非圣人远鉴，通贤深识？末代已来，明辟盖寡，靡不矜黄屋之尊，虑白驹之过，并多拘忌，有慕遐年。谓云车易乘，羲轮可驻，异轨同趣，其蔽甚矣。

有隋之季，海内横流，豺狼肆暴，吞噬黔首。朕投袂发愤，情深拯溺，扶翼义师，济斯涂炭。赖苍旻降鉴，股肱宣力，提剑指麾，天下大定。此朕之宿志，于斯已毕。犹恐身后之日，子子孙孙，习于流俗，犹循常礼，加四重之椁，伐百祀之木，劳扰百姓，崇厚园陵。今预为此制，务从俭约，于九嵕之山，足容棺而已。积以岁月，渐而备之。木马涂车，土桴苇籥，事合古典，不为时用。

又佐命功臣，或义深舟楫，或谋定帷幄，或身摧行阵，同济艰危，克成鸿业，追念在昔，何日忘之！使逝者无知，咸归寂寞；若营魂有识，还如畴曩，居止相望，不亦善乎！汉氏使将相陪陵，又给以东园秘器，笃终之义，恩意深厚，古人岂异我哉！自今已后，功臣密戚及德业佐时者，如有薨亡，宜赐茔地一所，及以秘器，使窀穸之时，丧事无阙。所司依此营备，称朕意焉。

甲子，幸洛阳宫，命祭汉文帝。

三月丙戌朔，日有蚀之。丁亥，车驾至洛阳。丙申，改洛州为洛阳宫。辛亥，大蒐于广城泽。癸丑，还宫。

夏四月甲子，震乾元殿前槐树。丙寅，诏河北、淮南举孝悌淳笃，兼闲时务；儒术该通，可为师范；文辞秀美，才堪著述；明识政体，可委字人；并志行修立，为乡闾所推者，给传诣洛阳宫。

六月甲寅，尚书右仆射、虞国公温彦博薨。丁巳，幸明德宫。己未，定制诸王为世封刺史。戊辰，定制勋臣为世封刺史。改封任城王道宗为江夏郡王，赵郡王孝恭为河间郡王。己巳，改封许王元祥为江王。

秋七月癸未，大霪雨。谷水溢入洛阳宫，深四尺，坏左掖门，毁宫寺十九所；洛水溢，漂六百家。庚寅，诏以灾命百官上封事，极言得失。丁酉，车驾还宫。壬寅，废明德宫及飞山宫之玄圃院，分给遭水之家，仍赐帛有差。丙午，修老君庙于亳州，宣尼庙于兖州，各给二十户享祀焉。凉武昭王复近墓二十户充守卫，仍禁刍牧樵采。

九月丁亥，河溢，坏陕州河北县，毁河阳中潬。幸白司马坂以观之，赐遭水之家粟帛有差。

冬十一月辛卯，幸怀州。乙未，狩于济源。丙午，车驾还宫。

十二月辛酉，百济王遣其太子隆来朝。

十二年春正月乙未，吏部尚书高士廉等上《氏族志》一百三十卷。壬寅，松、丛二州地震，坏人庐舍，有压死者。

二月乙卯，车驾还京。癸亥，观砥柱，勒铭以纪功德。甲子，夜郎獠反，夔州都督齐善行讨平之。乙丑，次陕州，自新桥幸河北县，祀夏禹庙。丁卯，次柳谷顿，观盐池。戊寅，以隋鹰扬郎将尧君素忠于本朝，赠蒲州刺史，仍录其子孙。

闰二月庚辰朔，日有蚀之。丙戌，至自洛阳宫。

夏五月壬申，银青光禄大夫、永兴县公虞世南卒。

六月庚子，初置玄武门左右飞骑。

秋七月癸酉，吏部尚书、申国公高士廉为尚书右仆射。

冬十月乙卯，狩于始平，赐高年粟帛有差。乙未，至自始平。己亥，百济遣使贡金甲雕斧。

十二月辛巳，右武侯将军上官怀仁大破山獠于壁州。

十三年春正月乙巳朔，谒献陵。曲赦三原县及行从大辟罪。丁未，至自献陵。戊午，加房玄龄为太子少师。

二月丙子，停世袭刺史。

三月乙丑，有星孛于毕、昴。

夏四月戊寅，幸九成宫。甲申，阿史那结社尔犯御营，伏诛。壬寅，云阳石燃者方丈，昼如灰，夜则有光，投草木于上则焚，历年而止。

自去冬不雨至于五月。甲寅，避正殿，令五品以上上封事，减膳罢役，分使赈恤，申理冤屈，乃雨。

六月丙申，封皇弟元婴为滕王。秋八月辛未朔，日有蚀之。庚辰，立右武侯大将军、化州都督、怀化郡王李思摩为突厥可汗，率所部建牙于河北。

冬十月甲申，至自九成宫。

十一月辛亥，侍中、安德郡公杨师道为中书令。

十二月丁丑，吏部尚书、陈国公侯君集为交河道行军大总管，率师伐高昌。乙亥，封皇子福为赵王。壬午，巂州都督王志远有罪，伏诛。诏于洛、相、幽、徐、齐、并、秦、蒲等州并置常平仓。己丑，吐谷浑河源郡王慕容诺曷钵来逆女。壬辰，狩于咸阳。

是岁，滁州言："野蚕食槲菜，成茧大如柰，其色绿，凡六千五百七十石。"高句丽、新罗、西突厥、吐火罗、康国、安国、波斯、疏勒、于阗、焉耆、高昌、林邑、昆明及荒服蛮酋，相次遣使朝贡。

十四年春正月庚子，初命有司读时令。甲寅，幸魏王泰宅。赦雍州及长安狱大辟罪已下。

二月丁丑，幸国子学，亲释奠，赦大理、万年系囚，国子祭酒以下及学生高第精勤者加一级，赐帛有差。庚辰，左骁卫将军、淮阳王道明送弘化公主归于吐谷浑。壬午，幸温汤。辛卯，至自温汤。乙未，诏以梁皇侃、褚仲都，周熊安生、沈重，陈沈文阿、周弘正、张机，隋何妥、刘焯、刘炫等前代名儒，学徒多行其义，命求其后。

三月戊午，置宁朔大使，以护突厥。

夏五月壬戌，徙封燕王灵夔为鲁王。

六月乙酉，大风拔木。己丑，薛延陀遣使求婚。乙未，滁州野蚕成茧，凡收八千三百石。

八月庚午，新作襄城宫。癸巳，交河道行军大总管侯君集平高昌，以其地置西州。

九月癸卯，曲赦西州大辟罪。乙卯，于西州置安西都护府。

冬十月己卯，诏以赠司空、河间元王李孝恭，赠陕东道大行台尚书右仆射、郧节公殷开山，赠民部尚书、渝襄公刘政会等配飨高祖庙庭。

闰月乙未，幸同州。甲辰，狩于尧山。庚戌，至自同州。丙辰，吐蕃遣使献黄金器千斤以求婚。

十一月甲子朔，日南至。有事于圆丘。

十二月丁酉，交河道旋师。吏部尚书、陈国公侯君集执高昌王麹智盛，献捷于观德殿，行饮至之礼，赐酺三日。乙卯，高句丽世子相权来朝。

十五年春正月丁卯，吐蕃遣其国相禄东赞来逆女。丁丑，礼部尚书、江夏王道宗送文成公主归吐蕃。辛巳，幸洛阳宫。

三月戊申，幸襄城宫。庚午，发襄城宫。

夏四月辛卯，诏以来年二月有事泰山，所司详定仪制。

五月壬申，并州僧道及老人等抗表，以太原王业所因，明年登封已后，愿时临幸。上于武成殿赐宴，因从容谓侍臣曰："朕少在太原，喜群聚博戏，暑往寒逝，将三十年矣。"时会中有旧识上者，相与道旧以为笑乐。因谓之曰："他人之言，或有面谀。公等朕之故人，实以告朕，即日政教，于百姓何如？人间得无疾苦耶？"皆奏："即日四海太平，百姓欢乐，陛下力也。臣等余年，日惜一日，但眷恋圣化，不知疾苦。"因固请过并州。上谓曰："飞鸟过故乡，犹踯躅徘徊；况朕于太原起义，遂定天下，复少小游观，诚所不忘。岱礼若毕，或冀与公等相见。”于是赐物各有差。丙子，百济王扶余璋卒。诏立其世子扶余义慈嗣其父位，仍封为带方郡王。

六月戊申，诏天下诸州，举学综古今及孝悌淳笃、文章秀异者，并以来年二月总集泰山。己酉，有星孛于太微，犯郎位。丙辰，停封泰山，避正殿以思咎，命食减膳。

秋七月甲戌，孛星灭。

冬十月辛卯，大阅于伊阙。壬辰，幸嵩阳。辛丑，还宫。

十一月壬戌，废乡长。壬申，还京师。癸酉，薛延陀以同罗、仆骨、回纥、靺鞨、霫之众度漠，屯于白道川。命营州都督张俭统所部兵压其东境；兵部尚书李勣为朔方行军总管，右卫大将军李大亮为灵州道行军总管，凉州都督李袭誉为凉州道行军总管，分道以御之。

十二月戊子朔，至自洛阳宫。甲辰，李勣及薛延陀战于诺真水，大破之，斩首三千余级，获马万五千匹，薛延陀跳身而遁。勣旋破突厥思结于五台县，虏其男女千余口，获羊马称是。

十六年春正月辛未，诏在京及诸州死罪囚徒，配西州为户；流人未达前所者，徙防西州。兼中书侍郎、江陵子岑文本为中书侍郎，专知机密。

夏六月辛卯，诏复隐王建成曰隐太子，改封海陵剌王元吉曰巢剌主。

秋七月戊午，司空、赵国公无忌为司徒，尚书左仆射、梁国公玄龄为司空。

九月丁巳，特进、郑国公魏徵为太子太师，知门下省事如故。

冬十一月丙辰，狩于岐山。辛酉，使祭隋文帝陵。丁卯，宴武功士女于庆善宫南门。酒酣，上与父老等涕泣论旧事，老人等递起为舞，争上万岁寿，上各尽一杯。庚午，至自岐州。

十二月癸卯，幸温汤。甲辰，狩于骊山，时阴寒晦冥，围兵断绝。上乘高望见之，欲舍其罚，恐亏军令，乃回辔入谷以避之。是岁，高句丽大臣盖苏文弑其君高武，而立武兄子藏为王。

十七年春正月戊辰，右卫将军、代州都督刘兰谋反，腰斩。太子太师、郑国公魏徵薨。戊申，诏图画司徒、赵国公无忌等勋臣二十四人于凌烟阁。

三月丙辰，齐州都督齐王祐杀长史权万纪、典军韦文振，据齐州自守，诏兵部尚书李勣、刑部尚书刘德威发兵讨之。兵未至，兵曹杜行敏执之而降，遂赐死于内侍省。丁巳，荧惑守心前星，十九日而退。

夏四月庚辰朔，皇太子有罪，废为庶人。汉王元昌、吏部尚书侯君集并坐与连谋，伏诛。丙戌，立晋王治为皇太子，大赦，赐酺三日。丁亥，中书令杨师道为吏部尚书。己丑，加司徒、赵国公长孙无忌太子太师，司空、梁国公房玄龄太子太傅；特进、宋国公萧瑀太子太保，兵部尚书、英国公李世勣为太子詹事，仍同中书门下三品。庚寅，上亲谒太庙，以谢承乾之过。癸巳，魏王泰以罪降爵为东莱郡王。

五月乙丑，手诏举孝廉茂才异能之士。

六月己卯朔，日有蚀之。壬午，改葬隋恭帝。丁酉，尚书右仆射高士廉请致仕，诏以为开府仪同三司、同中书门下三品。

闰月戊午，薛延陀遣其兄子突利设献马五万匹、牛驼一万、羊十万以请婚，许之。丙子，徙封东莱郡王泰为顺阳王。

秋七月庚辰，京城讹言云："上遣枨枨取人心肝，以祠天狗。"递相惊悚。上遣使遍加宣谕，月余乃止。丁酉，司空、太子太傅、梁国公房玄龄以母忧罢职。

八月，工部尚书、郧国公张亮为刑部尚书，参与朝政。九月癸未，徙庶人承乾于黔州。

冬十月丁巳，房玄龄起复本职。

十一月己卯，有事于南郊。壬午，赐天下酺三日。以凉州获瑞石，曲赦凉州，并录京城及诸州系囚，多所原宥。

十八年春正月壬寅，幸温汤。

夏四月辛亥，幸九成宫。

秋八月甲子，至自九成宫。丁卯，散骑常侍清苑男刘洎为侍中，中书侍郎江陵子岑文本、中书侍郎马周并为中书令。

九月，黄门侍郎褚遂良参与朝政。

冬十月辛丑朔，日有蚀之。甲辰，初置太子司议郎官员。甲寅，幸洛阳宫。安西都护郭孝恪率师灭焉耆，执其王突骑支送行在所。

十一月壬寅，车驾至洛阳宫。庚子，命太子詹事、英国公李勣为辽东道行军总管，出柳城，礼部尚书、江夏郡王道宗副之；刑部尚书、郧国公张亮为平壤道行军总管，以舟师出莱州，左领军常何、泸州都督左难当副之。发天下甲士，招募十万，并趣平壤，以伐高句丽。

十二月辛丑，庶人承乾死。

十九年春二月庚戌，上亲统六军发洛阳。乙卯，诏皇太子留定州监国；

开府仪同三司、申国公高士廉摄太子太傅，与侍中刘洎、中书令马周、太子少詹事张行成、太子右庶子高季辅五人同掌机务；以吏部尚书、安德郡公杨师道为中书令。赠殷比干为太师，谥曰忠烈，命所司封墓，葺祠堂，春秋祠以少牢，上自为文以祭之。

三月壬辰，上发定州，以司徒、太子太师兼检校侍中、赵国公长孙无忌，中书令岑文本、杨师道从。

夏四月癸卯，誓师于幽州城南，因大飨六军以遣之。丁未，中书令岑文本卒于师。癸亥，辽东道行军大总管、英国公李勣攻盖牟城，破之。

五月丁丑，车驾渡辽。甲申，上亲率铁骑与李勣会围辽东城，因烈风发火弩，斯须城上屋及楼皆尽，麾战士令登，乃拔之。

六月丙辰，师至安市城。丁巳，高句丽别将高延寿、高惠真率兵十五万来援安市，以拒王师。李勣率兵奋击，上自高峰引军临之，高句丽大溃，杀获不可胜纪。延寿等以其众降，因名所幸山为驻跸山，刻石纪功焉。赐天下大酺二日。

秋七月，李勣进军攻安市城，至九月不克，乃班师。

冬十月丙辰，入临渝关，皇太子自定州迎谒。戊午，次汉武台，刻石以纪功德。

十一月辛未，幸幽州。癸酉，大飨，还师。

十二月戊申，幸并州。侍中、清苑男刘洎以罪赐死。是岁，薛延陀真珠毗伽可汗死。

二十年春正月，上在并州。丁丑，遣大理卿孙伏伽、黄门侍郎褚遂良等二十二人，以六条巡察四方，黜陟官吏。庚辰，曲赦并州，宴从官及起义元从，赐粟帛、给复有差。

三月己巳，车驾至京师。己丑，刑部尚书、郧国公张亮谋反，诛。

闰月癸巳朔，日有蚀之。

夏四月甲子，太子太师、赵国公长孙无忌，太子太傅、梁国公房玄龄，太子太保、宋国公萧瑀各辞调护之职，诏许之。

六月，遣兵部尚书、固安公崔敦礼，特进、英国公李勣击破薛延陀于郁督军山北，前后斩首五千余级，虏男女三万余人。

秋八月甲子，封皇孙为陈王。己巳，幸灵州。庚午，次泾阳顿。铁勒回纥、拔野古、同罗、仆骨、多滥葛、思结、阿跌、契苾、跌结、浑、斛薛等十一姓各遣使朝贡，奏称："延陀可汗不事大国，部落乌散，不知所之。奴等各有分地，不能逐延陀去，归命天子，乞置汉官。”诏遣会灵州。

九月甲辰，铁勒诸部落俟斤、颉利发等遣使相继而至灵州者数千人，来贡方物，因请置吏，咸请至尊为可汗。于是北荒悉平，为五言诗勒石以序其事。辛亥，灵州地震有声。

冬十月，前太子太保、宋国公萧瑀贬商州刺史。丙戌，至自灵州。

二十一年春正月壬辰，开府仪同三司、申国公高士廉薨。丁酉，诏以来年二月有事泰山。甲寅，赐京师酺三日。

二月壬申，诏以左丘明、卜子夏、公羊高、谷梁赤、伏胜、高堂生、戴圣、毛苌、孔安国、刘向、郑众、杜子春、马融、卢植、郑康成、服子慎、何休、王肃、王辅嗣、杜元凯、范宁二十一人，代用其书，垂于国胄，自今有事于太学，并命配享宣尼庙堂。丁丑，皇太子于国学释菜。

夏四月乙丑，营太和宫于终南之上，改为翠微宫。

五月戊子，幸翠微宫。六月癸亥，司徒、赵国公无忌加授扬州都督。

秋七月庚子，建玉华宫于宜君县之凤凰谷。庚戌，至自翠微宫。

八月壬戌，诏以河北大水，停封禅。辛未，骨利干国遣使贡名马。丁酉，封皇子明为曹王。

冬十一月癸卯，徙封顺阳王泰为濮王。

十二月戊寅，左骁卫大将军阿史那社尔、右骁卫大将军契苾何力、安西都护郭孝恪、司农卿杨弘礼为昆山道行军大总管，以伐龟兹。

是岁，堕婆登、乙利、鼻林送、都播、羊同、石、波斯、康国、吐火罗、阿悉吉等远夷十九国，并遣使朝贡。又于突厥之北至于回纥部落，置驿六十六所，以通北荒焉。

二十二年春正月庚寅，中书令马周卒。司徒、赵国公无忌兼检校中书令，知中书门下二省事。己亥，刑部侍郎崔仁师为中书侍郎，参知机务。戊戌，幸温汤。戊申，还宫。

二月，前黄门侍郎褚遂良起复黄门侍郎。中书侍郎崔仁师除名，配流连州。癸丑，西番沙钵罗叶护率众归附，以其俟斤屈裴禄为忠武将军，兼大俟斤。戊午，以结骨部置坚昆都督。乙亥，幸玉华宫，乙卯，赐所经高年笃疾粟帛有差。己卯，蒐于华原。

四月甲寅，碛外番人争牧马出界，上亲临断决，然后咸服。丁巳，右武侯将军梁建方击松外蛮，下其部落七十二所。

五月庚子，右卫率长史王玄策击帝那伏帝国，大破之，获其王阿罗那顺及王妃、子等，虏男女万二千人、牛马二万余以诣阙。使方士那罗迩娑婆于金飚门造延年之药。吐蕃赞普击破中天竺国，遣使献捷。

六月癸酉，特进、宋国公萧瑀薨。

秋七月癸卯，司空、梁国公房玄龄薨。

八月己酉朔，日有蚀之。

九月己亥，黄门侍郎褚遂良为中书令。

十月癸亥，至自玉华宫。十一月戊戌，眉、邛、雅三州獠反，右卫将军梁建方讨平之。庚子，契丹帅窟哥、奚帅可度者并率其部内属。以契丹部为松漠都督，以奚部置饶乐都督。

十二月乙卯，增置殿中侍御史、监察御史各二员，大理寺置平事十员。

闰月丁丑朔，昆山道总管阿史那社尔降处密、处月，破龟兹大拨等五十城，虏数万口，执龟兹王诃黎布失毕以归，龟兹平，西域震骇。副将薛万彻胁于阗王伏阇信入朝。癸未，新罗王遣其相伊赞千金春秋及其子文王来朝。

是岁，新罗女王金善德死，遣册立其妹真德为新罗王。

二十三年春正月辛亥，俘龟兹王诃黎布失毕及其相那利等，献于社庙。

二月丙戌，置瑶池都督府，隶安西都护府。丁亥，西突厥肆叶护可汗遣使来朝。

三月丙辰，置丰州都督府。自去冬不雨，至于此月己未乃雨。辛酉，大赦。丁卯，敕皇太子于金液门听政。是月，日赤无光。

四月己亥，幸翠微宫。

五月戊午，太子詹事、英国公李世勣为叠州都督。辛酉，开府仪同三司、卫国公李靖薨。己巳，上崩于含风殿，年五十二。遗诏皇太子即位于柩前，丧纪宜用汉制。秘不发丧。庚午，遣旧将统飞骑劲兵从皇太子先还京，发六府甲士四千人，分列于道及安化门，翼从乃入；大行御马舆，从官侍御如常。壬申，发丧。

六月甲戌朔，殡于太极殿。

八月丙子，百僚上谥曰文皇帝，庙号太宗。庚寅，葬昭陵。上元元年八月，改上尊号曰文武圣皇帝。天宝十三载二月，改上尊号为文武大圣大广孝皇帝。

史臣曰：臣观文皇帝，发迹多奇，聪明神武。拔人物则不私于党，负志业则咸尽其才。所以屈突、尉迟，由仇敌而愿倾心膂；马周、刘洎，自疏远而卒委钧衡。终平泰阶，谅由斯道。尝试论之：础润云兴，虫鸣螽跃。虽尧、舜之圣，不能用梼杌、穷奇而治平；伊、吕之贤，不能为夏桀、殷辛而昌盛。君臣之际，遭遇斯难，以致抉目剖心，虫流筋擢，良由遭值之异也。以房、魏之智，不逾于丘、轲，遂能尊主庇民者，遭时也。

或曰：以太宗之贤，失爱于昆弟，失教于诸子，何也？曰：然，舜不能仁四罪，尧不能训丹朱，斯前志也。当神尧任谗之年，建成忌功之日，苟除畏逼，孰顾分崩，变故之兴，间不容发，方惧“毁巢”之祸，宁虞“尺布”之谣？承乾之愚，圣父不能移也。若文皇自定储于哲嗣，不骋志于高句丽；用人如贞观之初，纳谏比魏徵之日。况周发、周成之世袭，我有遗妍；较汉文、汉武之恢弘，彼多惭德。迹其听断不惑，从善如流，千载可称，一人而已！

赞曰：昌、发启国，一门三圣。文定高位，友于不令。管、蔡既诛，成、康道正。贞观之风，到今歌咏。

古今名家评说

贞观初，太宗谓侍臣曰：“为君之道，必须先存百姓，若损百姓以奉其身，犹割股以啖腹，腹饱而身毙。若安天下，必须先正其身，未有身正而影曲，上治而下乱者。朕每思伤其身者不在外物，皆由嗜欲以成其祸。若耽嗜滋味，玩悦声色，所欲既多，所损亦大，既妨政事，又扰生民。且复出一非理之言，万姓为之解体，怨讟既作，离叛亦兴。朕每思此，不敢纵逸。”谏议大夫魏徵对曰：“古者圣哲之主，皆亦近取诸身，故能远体诸物。昔楚聘詹何，问其理国之要。詹何对以修身之术。楚王又问理国何如？詹何曰：‘未闻身理而国乱者。’陛下所明，实同古义。”

贞观二年，太宗问魏徵曰：“何谓为明君暗君？”徵曰：“君之所以明者，兼听也；其所以暗者，偏信也。《诗》云：‘先人有言，询于刍荛。’昔唐、虞之理，辟四门，明四目，达四聪。是以圣无不照，故共、鲧之徒，不能塞也；靖言庸回，不能惑也。秦二世则隐藏其身，捐隔疏贱而偏信赵高，及天下溃叛，不得闻也。梁武帝偏信朱异，而侯景举兵向阙，竟不得知也。隋炀帝偏信虞世基，而诸贼攻城剽邑，亦不得知也。是故人君兼听纳下，则贵臣不得壅蔽，而下情必得上通也。”太宗甚善其言。

贞观十年，太宗谓侍臣曰：“帝王之业，草创与守成孰难？”尚书左仆射房玄龄对曰：“天地草昧，群雄竞起，攻破乃降，战胜乃克。由此言之，草创为难。”魏徵对曰：“帝王之起，必承衰乱。覆彼昏狡，百姓乐推，四海归命，天授人与，乃不为难。然既得之后，志趣骄逸，百姓欲静而徭役不休，百姓凋残而侈务不息，国之衰敝，恒由此起。以斯而言，守成则难。”太宗曰：“玄龄昔从我定天下，备尝艰苦，出万死而遇一生，所以见草创之难也。魏徵与我安天下，虑生骄逸之端，必践危亡之地，所以见守成之难也。今草创之难，既已往矣，守成之难者，当思与公等慎之。”

贞观十五年，太宗谓侍臣曰：“守天下难易?”侍中魏徵对曰：“甚难。”太宗曰：“任贤能、受谏诤，即可，何谓为难?”徵曰：“观自古帝王，在于忧危之间，则任贤受谏。及至安乐，必怀宽怠，言事者惟令兢惧，日陵月替，以致危亡。圣人所以居安思危，正为此也。安而能惧，岂不为难?”

——唐·吴兢《贞观政要》

贞观初，太宗与黄门侍郎王珪宴语，时有美人侍侧，本庐江王瑗之姬也，瑗败，籍没入宫。太宗指示珪曰：“庐江不道，贼杀其夫而纳其室。暴虐之甚，何有不亡者乎!”珪避席曰：“陛下以庐江取之为是邪，为非邪?”太宗曰：“安有杀人而取其妻，卿乃问朕是非，何也?”珪对曰：“臣闻于《管子》曰：‘齐桓公之郭国，问其父老曰：郭何故亡? 父老曰：以其善善而恶恶也。桓公曰：若子之言，乃贤君也，何至于亡? 父老曰：不然，郭君善善而不能用，恶恶而不能去，所以亡也。’今此妇人尚在左右，臣窃以为圣心是之，陛下若以为非，所谓知恶而不去也。”太宗大悦，称为至善，遽令以美人还其亲族。

贞观七年，太宗将幸九成宫，散骑常侍姚思廉进谏曰：“陛下高居紫极，宁济苍生，应须以欲从人，不可以人从欲。然则离宫游幸，此秦皇、汉武之事，故非尧、舜、禹、汤之所为也。”言甚切至。太宗谕之曰：“朕有气疾，热便顿剧，故非情好游幸，甚嘉卿意。”因赐帛五十段。

贞观三年，李大亮为凉州都督，尝有台使至州境，见有名鹰，讽大亮献之。大亮密表曰：“陛下久绝畋猎，而使者求鹰。若是陛下之意，深乖昔旨；如其自擅，便是使非其人。”太宗下书曰：“以卿兼资文武，志怀贞确，故委藩牧，当兹重寄。比在州镇，声绩远彰，念此忠勤，岂忘寤寐? 使遣献鹰，遂不曲顺，论今引古，远献直言。披露腹心，非常恳到，览用嘉叹，不能已矣。有臣若此，朕复何忧! 宜守此诚，终始若一。《诗》云：‘靖恭尔位，好是正直。神之听之，介尔景福。’古人称一言之重，侔于千金，卿之所言，深足贵矣。今赐卿金壶瓶、金碗各一枚，虽无千镒之重，是朕自用之物，卿立志方直，竭节至公，处职当官，每副所委，方大任使，以申重寄。公事之闲，宜观典籍。兼赐卿荀悦《汉纪》一部，此书叙致简要，论议深博，极为政之体，尽君臣之义，今以赐卿，宜加寻阅。”

贞观八年，陕县丞皇甫德参上书忤旨，太宗以为讪谤。侍中魏徵进言曰：“昔贾谊当汉文帝上书云‘可为痛哭者一，可为长叹息者六’。自古上书，率多激切。若不激切，则不能起人主之心。激切即似讪谤，惟陛下详其可否。”太宗曰：“非公无能道此者。”令赐德参帛二十段。

贞观十五年，遣使诣西域立叶护可汗，未还，又令人多赍金帛，历诸国市马。魏徵谏曰：“今发使以立可汗为名，可汗未定立，即诣诸国市马，彼必以为意在市马，不为专立可汗。可汗得立，则不甚怀恩，不得立，则生深怨。诸番闻之，且不重中国。但使彼国安宁，则诸国之马，不求自至。昔汉文帝有献千里马者，曰：‘吾吉行日三十，凶行日五十，銮舆在前，属车在后，吾独乘千里马，将安之乎？’乃偿其道里所费而返之。又光武有献千里马及宝剑者，马以驾鼓车，剑以赐骑士。今陛下凡所施为，皆邈过三王之上，奈何至此欲为孝文、光武之下乎？又魏文帝求市西域大珠，苏则曰：‘若陛下惠及四海，则不求自至，求而得之，不足贵也。’陛下纵不能慕汉文之高行，可不畏苏则之正言耶？”太宗遽令止之。

贞观十七年，太子右庶子高季辅上疏陈得失。特赐钟乳一剂，谓曰：“卿进药石之言，故以药石相报。”

贞观十八年，太宗谓长孙无忌等曰：“夫人臣之对帝王，多顺从而不逆，甘言以取容。朕今发问，不得有隐，宜以次言朕过失。”长孙无忌、唐俭等皆曰：“陛下圣化道致太平，以臣观之，不见其失。”黄门侍郎刘洎对曰：“陛下拨乱创业，实功高万古，诚如无忌等言。然顷有人上书，辞理不称者，或对面穷诘，无不惭退。恐非奖进言者。”太宗曰：“此言是也，当为卿改之。”

太宗尝怒苑西监穆裕，命于朝堂斩之，时高宗为皇太子，遽犯颜进谏，太宗意乃解。司徒长孙无忌曰：“自古太子之谏，或乘间从容而言。今陛下发天威之怒，太子申犯颜之谏，诚古今未有。”太宗曰：“夫人久相与处，自然染习。自朕御天下，虚心正直，即有魏徵朝夕进谏，自徵云亡，刘洎、岑文本、马周、褚遂良等继之。皇太子幼在朕膝前，每见朕心悦谏者，因染以成性，故有今日之谏。”

——唐·吴兢《贞观政要·纳谏》

贞观三年，太宗谓侍臣曰：“君臣本同治乱，共安危，若主纳忠谏，臣进直言，斯故君臣合契，古来所重。若君自贤，臣不匡正，欲不危亡，不可得也。君失其国，臣亦不能独全其家。至如隋炀帝暴虐，臣下钳口，卒令不

闻其过，遂至灭亡，虞世基等寻亦诛死。前事不远，朕与卿等可得不慎，无为后所嗤！”

贞观四年，太宗论隋政之失。魏徵对曰：“臣往在隋朝，会闻有盗发，炀帝令于士澄捕逐。但有疑似，苦加拷掠，枉承贼者二千余人，并令同日斩决。大理丞张元济怪之，试寻其状，乃有六七人，盗发之日，先禁他所，被放才出，亦遭推勘，不胜苦痛，自诬行盗。元济因此更事究寻，二千人内惟九人逗留不明。官人有谙识者，就九人内四人非贼。有司以炀帝已令斩决，遂不执奏，并杀之。”太宗曰：“非是炀帝无道，臣下亦不尽心，须相匡谏，不避诛戮，岂得惟行谄佞，苟求悦誉。君臣如此，何得不败？朕赖公等共相辅佐，遂令囹圄空虚，愿公等善始克终，恒如今日！”

贞观六年，太宗谓侍臣曰：“朕闻周、秦初得天下，其事不异。然周则惟善是务，积功累德，所以能保八百之基。秦乃恣其奢淫，好行刑罚，不过二世而灭。岂非为善者福祚延长，为恶者享年不永？朕又闻桀、纣，帝王也，以匹夫比之，则以为辱。颜、闵匹夫也，以帝王比之，则以为荣。此亦帝王深耻也。朕每将此事以为鉴戒，常恐不逮，为人所笑。”魏徵对曰：“臣闻鲁哀公谓孔子曰：‘有人好忘者，移宅乃忘其妻。’孔子曰：‘又有好忘甚于此者，丘见桀、纣之君乃忘其身。’愿陛下每以此为虑，庶免后人笑尔！”

贞观十四年，太宗以高昌平，召侍臣赐宴于两仪殿，谓房玄龄曰：“高昌若不失臣礼，岂致灭亡？朕平此一国，甚怀危惧，惟当戒骄逸以自防，纳忠謇以自正。黜邪佞，用贤良，不以小人之言而议君子，以此慎守，庶几于获安也。”魏徵进曰：“臣观古来帝王拨乱创业，必自戒慎，采刍荛之议，从忠谠之言。天下既安，则恣情肆欲，甘乐谄谀，恶闻正谏。张子房，汉王计画之臣，及高祖为天子，将废嫡立庶，子房曰：‘今日之事，非口舌所能争也。’终不敢复有开说。况陛下功德之盛，以汉祖方之，彼不足准。即位十有五年，圣德光被，今又平殄高昌。屡以安危系意，方欲纳用忠良，开直言之路，天下幸甚。昔齐桓公与管仲、鲍叔牙、宁戚四人饮，桓公谓叔牙曰：‘盍起为寡人寿乎？’叔牙奉觞而起曰：‘愿公无忘出在莒时，使管仲无忘束缚于鲁时，使宁戚无忘饭牛车下时。’桓公避席而谢曰：‘寡人与二大夫能无忘夫子之言，则社稷不危矣！’”太宗谓徵曰：“朕必不敢忘布衣时，公不得忘叔牙之为人也。”

贞观十六年，太宗问特进魏徵曰：“朕克己为政，仰企前烈。至于积德、累仁、丰功、厚利，四者常以为称首，朕皆庶几自勉。人苦不能自见，不知朕之所行，何等优劣？”魏徵对曰：“德、仁、功、利，陛下兼而行之。然则内平祸乱，外除戎狄，是陛下之功。安诸黎元，各有生业，是陛下之利。由此观之，功利居多，惟德与仁，愿陛下自强不息，必可致也。”

贞观十七年，太宗谓侍臣曰：“自古草创之主，至于子孙多乱，何也?”司空房玄龄曰：“此为幼主生长深宫，少居富贵，未尝识人间情伪，理国安危，所以为政多乱。”太宗曰：“公意推过于主，朕则归咎于臣。夫功臣子弟多无才行，藉祖父资荫遂处大官，德义不修，奢纵是好。主既幼弱，臣又不才，颠而不扶，岂能无乱？隋炀帝录宇文述在藩之功，擢化及于高位，不思报效，翻行弑逆。此非臣下之过欤？朕发此言，欲公等戒勖子弟，使无愆过，即家国之庆也。”太宗又曰：“化及与玄感，即隋大臣受恩深者子孙，皆反，其故何也?”岑文本对曰：“君子乃能怀德荷恩，玄感、化及之徒，并小人也。古人所以贵君子而贱小人。”太宗曰：“然。”

——唐·吴兢《贞观政要·君臣借鉴》

甚矣，至治之君不世出也！禹有天下，传十有六王，而少康有中兴之业。汤有天下，传二十八王，而其甚盛者，号称三宗。武王有天下，传三十六王，而成、康之治与宣之功，其余无所称焉。虽《诗》、《书》所载，时有阙略，然三代千有七百余年，传七十余君，其卓然著见于后世者，此六七君而已。呜呼，可谓难得也！唐有天下，传世二十，其可称者三君，玄宗、宪宗皆不克其终，盛哉，太宗之烈也！其除隋之乱，比迹汤、武；致治之美，庶几成、康。自古功德兼隆，由汉以来未之有也。至其牵于多爱，复立浮屠，好大喜功，勤兵于远，此中材庸主之所常为。然《春秋》之法，常责备于贤者，是以后世君子之欲成人之美者，莫不叹息于斯焉。

——宋·欧阳修《新唐书》

立嫡以长，礼之正也。然高祖所以有天下，皆太宗之功；隐太子以庸劣居其右，地嫌势逼，必不相容。向使高祖有文王之明，隐太子有泰伯之贤，太宗有子臧之节，则乱何自而生矣！既不能然，太宗始欲俟其先发，然后应之，如此，则事非获已，尤为愈也。既而为群下所迫，遂至喋血禁门，推刃同气，贻讥千古，惜哉！夫创业垂统之君，子孙之所仪刑也，彼中、明、肃、代之传继，得非有所指拟以为口实乎！

——宋·司马光《资治通鉴》

建成、元吉，智勇远不逮世民，乃得此贤兄弟以为助，正应式好无尤，联作指臂，而乃两不相容，私结妃嫔，阴募壮士，且嗾使杨文干之叛命，欲为表里相应之举，是诚何心哉？岂除去世民，即能安然为嗣皇帝，俨然做皇太弟乎？况文干一发而即诛，势若发蒙振落。至于出拒突厥，元吉畏缩不前，独世民从容谈笑，卒却强胡。为建成、元吉计，亦当自愧弗如，收拾邪念，乃复下毒酒中，惟恐世民不早死，骨肉成仇，一至于此。是真李氏之大不幸也。然推原祸始，实皆由高祖酿成之。立储不慎，已为一误，欲易储而复不易，又为一误。追命世民居洛阳，又复中悔，卒至喋血宫门，手刃同气，可胜慨欤！

唐太宗为一代贤君，当即位初年，犹觉励精图治，如恐不逮。惟太宗既勤内治，复善外攘，国未靖则姑与突厥言和，敛锋以避之，国已靖则始与突厥言战，声罪以讨之，且册夷男，纳突利，以夷攻夷，卒雪前耻而告成功，驭外之道，莫善于此。

塞外各国，侈然自大，皆由中国失道，无威无德，乃敢窃据一隅，负隅称强耳。若果有堂堂之阵，正正之旗，与彼角逐，未有不因而披靡者。试观高昌之灭，与薛延陀之败，并未经过数十百战，一遇唐师，非降即奔。智盛兄弟，被俘入唐，何其弱也？薛延陀真珠可汗，雄长铁勒诸部，亦一蹶不振，入贡请罪，可见驭夷非难，在外攘之得其道耳。独唐太宗与吐蕃和亲，乃至薛延陀既许而复悔，出尔反尔，未免失信。夫和亲原为下策，但既以宗女嫁吐蕃，何妨以宗女嫁薛延陀？否则一律拒绝，自存国体可也。太宗不察，失策于前，食言于后，且待遇夷狄，隐分厚薄，绳以一视同仁之义，太宗其更有愧乎？

若中国素崇礼义，号为文物之邦，唐太宗为三代下仅见之君，尤称英敏，乃玄武门自戕骨肉，巢王妃可作嫔嫱，敢自渎伦，竟尔作俑，卒至承乾无父，元昌无兄，齐王祐恶逾太子，赵节、杜荷等不顾懿亲，内外谋逆，几成大祸。幸天尚佑唐，得以早日扑灭，不致蔓延，然父子兄弟之间，遗憾已多。太宗岂能辞咎乎？夫戎狄之国，犹不能舍纲常而谋治安，况在中华？

太宗一英武主，累战皆捷，独东征高句丽，顿兵安市城下，岂强弩之末，不能穿鲁缟欤？毋乃所谓暮气已深，不复如前此之冒险进取欤？或谓由李世勣、长孙无忌辈，一再劝阻，以致师老无功，靡然退还。不知天子亲征，事权统一，欲进则进，何待踌躇？彼世勣、无忌得以劝阻者，无非阴窥上意，乘隙进言耳。不然，世勣等往攻薛延陀，何以直度碛北，不少逗留，扫番众，降夷酋，收服铁勒诸部，不数月间，即荡平北荒，威行穷海乎？故亲征，美名也，而弊多利少，万乘之主，不堪一挫，诸将又皆怀顾忌，谁敢以乘舆作孤注？此亲征之所以少战功也。

——蔡东藩《唐史演义》

唐高祖李渊只当了九年皇帝就将皇位传给次子李世民，自己退入后宫当太上皇去了。李世民为建立唐朝立有巨大军功。他与其兄太子李建成都有继承皇位的要求，明争暗斗激烈。武德九年（626），李世民发动“玄武门之变”，杀李建成，争得太子之位。不久，其父又将皇位传给他。他即位后，于次年改元贞观。贞观共二十三年，当时的政治比较清明，经济由恢复而迅速发展，社会稳定，人民生活得到改善，国力强盛，边境安宁。史家称此时为“贞观之治”，被认为是中国封建时代少有的“太平盛世”。

李世民死后，谥号为“太宗”，史称唐太宗。唐太宗（626～649）是中国古代史上杰出的政治家。所谓“贞观之治”，除了当时的政治、经济、文化等都有所发展之外，还有如下的四个重要特点：

1. 唐太宗君臣论治

唐太宗经常与其大臣们论古说今，总结历史经验，以改善统治。他很重视强盛的隋朝在短时间内土崩瓦解一事，经常议论隋亡的教训，并引以为戒。他们还议论历代王朝兴衰成败的原因，从中吸取经验教训。参与论治的主要有魏徵、房玄龄、杜如晦、褚遂良、马周等人。

唐太宗曾多次引用荀子的话说：“君者，舟也；庶人者，水也。水则载舟，水则覆舟。”魏徵也曾说，强盛的隋朝之所以速亡，就是由于隋炀帝“驱天下以从欲，罄万物以自奉”，“徭役无时，干戈不戢”，所以“载舟覆舟，所宜深慎。”他们认识到一个政权如果过分暴虐，使人民无法生活下去，就会被人民推翻，所以对人民的剥削压迫要有节制，不能超过一定的限度。

唐太宗君臣论治的范围很广，涉及加强、巩固封建统治的各个方面，其主要内容多收入《贞观政要》一书。因而该书深受后代封建统治者的重视。

2. 选练举贤

选贤任能　唐太宗在用人方面坚持“选贤任能”的原则，不因亲故而取庸劣；不因关系疏远或曾是政敌而舍贤才。不拘一格，因才致用，因而从各阶层、各集团搜罗了许多人才，他重用的一批大臣如房玄龄、杜如晦、魏徵、李靖、李勣等，都是当时杰出的政治家或军事家。

唐太宗认为地方官直接管理人民，与天下治乱有直接关系，所以非常重视对地方官吏的任用和考察。他把各地都督、刺史的姓名写在宫内屏风上，随时记其功过，以备奖惩。

兼听纳谏　唐太宗很重视听取大臣的意见，注意兼听众议，虚心纳谏。他还鼓励大臣直言极谏，因之一时朝廷上出现了良好的政治风气。大臣魏徵曾对唐太宗说："兼听则明，偏信则暗。"唐太宗很赞成此说。常对太宗进言的大臣以魏徵最为著名，而且敢犯颜而谏。太宗有时想不通，十分生气，甚至还很恼恨；可是转念一想，又认为魏徵是对的，接受了魏徵的意见。后来魏徵去世，太宗十分难过，也很怀念魏徵。太宗曾对大臣们说："夫以铜为镜，可以正衣冠；以古为镜，可以知兴替；以人为镜，可以明得失。朕常保此三镜，以防己过。今魏徵殂逝，遂亡一镜矣！"太宗兼听纳谏，纠正了不少错事或错误意见，防止了一些可能发生的问题，使政治保持清明。

3. 轻徭薄赋　发展生产

唐太宗时，君臣们都很重视实行"轻徭薄赋、发展生产"的方针政策。太宗曾对大臣们说：残酷剥削人民的"亡国之主"是咎由自取。如他说："齐主（北齐后主高纬）深好奢侈，所有府库用之略尽，乃致关市无不税敛，朕常谓此犹如馋人自食其肉，肉尽必死。人君赋敛不已，百姓既弊，其君亦齐主是也。"

唐初的赋税徭役都比隋朝有所减轻，尤其是力役减轻了很多。在征发力役时，比较有节制，注意不夺农时。

唐太宗即位之初，关东、关中各地连续数年发生水旱霜蝗等灾，灾民很多。太宗下令免除受灾地区的租赋，开官仓赈恤，并准许灾民到非灾区就食，还拿出御府金帛为因灾荒而出卖子女者赎回其子女。

为减轻人民负担，太宗精简政府机构，把中央官员从二千余人减少到六百余人，并省了许多州县，还节约了政府开支。

唐太宗曾派使者到突厥，用金帛赎回隋末被突厥掳去的男女八万余人，还放出宫女三千多人回到民间，这些都对稳定社会秩序、增加社会劳动人手起了作用。为解决耕畜不足，曾与突厥等少数民族"互市"，换取了大量马、牛，用以耕田。

由于采取了一系列措施，再加上广大农民的辛勤劳动，使农业生产连获丰收，米价最低时每斗不过三四钱，流散的人民逐渐返回故乡。社会生产逐步恢复、发展，出现了一派太平景象。

4. 华戎同轨　爱之如一

在与少数民族的关系方面，唐太宗虽曾多次派兵反击突厥、吐谷浑等的侵扰，并进而征服了突厥、吐谷浑等，但他主要还是采取以怀柔为主的羁縻政策。他曾说："自古皆贵中华，贱夷狄，朕独爱之如一。"对于依附的各族，他一般不改变其生产方式，社会制度，注意保存其部落体制，尊重其习俗。在边远少数民族地区设立羁縻府州，任命各族首领为都督、刺史等，以统辖本族。不但基本上不征税，而且还经常给各族贵族以大量赏赐。对于归附的少数民族首领也很信任，不少人被授以高级官职、册封爵位。还帮助他们的部属，发展生产，稳定社会秩序。他通过“和亲”的方法，进一步发展民族关系。又开通通往西域的大碛道和通往北方边疆地区的参天可汗道，以加强内地与边疆民族地区的经济、文化联系。

唐太宗对少数民族采取的政策是比较成功的，促进了各民族的经济文化交流，同时也为唐朝树立了声威。贞观四年（630），唐太宗被少数民族尊奉为“天可汗”。

——翦伯赞《简明中国通史》

唐高祖爱好酒色，昏庸无能，只是凭借周、隋大贵族的身份，616年，得为太原留守。他起兵取关中，建立唐朝，主要依靠唐太宗的谋略和战功，他本人并无创业的才干，连做个守成的中等君主也是不成的。任太原留守时，和隋晋阳宫副监裴寂非常亲密。裴寂是佞人，私送宫女给他，和他通昼夜赌博饮酒。他过着荒淫生活，根本不理会太原城外的战事，当然更不曾想要反隋自做皇帝。唐太宗和晋阳令刘文静积极准备起兵，通过裴寂去劝说。起兵以后，裴寂又送宫女五百人。作为行军统帅，居然收受这批宫女，他的昏谬可以想见。他登上了帝位，认为裴寂功劳最大，予以最高的信任，真正有功的刘文静，却被疑忌，后来借谋反罪名杀刘文静。用佞人，忌功臣，就是他治国的方针。同样，在帝位继承上，也是实行这个方针。他立长子李建成为太子，李建成爱好酒色畋猎，亲近赌徒恶霸，同他一样是个纨绔无赖子。他的第四子李元吉，尤其凶险。李建成、李元吉勾结宫中宠妃们，协力谋害唐太宗，他同意李建成等人的丑恶行为，可是当时战争还没有停息，不便作最后的表示。《通鉴》说“上（唐高祖）每有寇盗，辄命世民讨之，事平之后，猜嫌益甚”。显然，他是憎恶唐太宗，想传帝位给李建成的。

到了626年，唐朝统一的事业已经完成，李建成、李元吉活动愈益加紧，甚至用毒酒谋害唐太宗，唐高祖也将作最后的表示，苦于还没有找到加罪的借口。这时候唐朝的前途十分危险。唐太宗杀李建成、李元吉，对本身说来是必要的自卫，对国家说来是有利于大局的行动。

唐太宗杀了李建成、李元吉，唐高祖无奈，只好让位，自称太上皇。他的宠臣裴寂等一伙佞人都失去实权。唐太宗斥责裴寂说，武德年间，贿赂公行，纪纲紊乱，都是你当权的缘故。不言而喻，自然还是唐高祖昏庸的缘故。

唐太宗登帝位，唐朝才开始盛大起来。

隋朝是唐太宗的一面宝鉴。隋朝的盛衰兴亡，给他深刻的印象。特别是农民大起义，使这个出身大贵族的雄豪子弟，不得不在事实前面，认识了劳动民众的巨大威力。得罪了民众，就像隋炀帝那样集全部权力于一身的皇帝，也难逃亡国杀身的后果。他认识到要巩固自己的统治权，就必须不得罪民众，这是他取得贞观之治的根本原因，也是被称为英明的封建皇帝的根本原因。

……

626年，益州地方官奏称僚人反叛，请发兵进攻。他不许出兵，说，“僚人居深山，有时出来掠夺，相沿成习惯，不算反叛。地方官如果公平对待，自然相安无事，哪可轻动干戈，杀害他们，难道他们不是我的民众么!”中国是汉族和少数民族共有的国家，唐太宗对待各少数民族较为持平，因此，境内各族间很少有战事，并且还有许多独立部落相率要求内附。

唐太宗采取缓和阶级矛盾及各族间矛盾的方法，以求国内和平，取得了极大的效果。这个效果的取得，是和他的具体措施分不开的。主要的具体措施有两个：一个是纳谏，一个是用人。

纳谏的意思是倾听不同的意见，判断是非，择善而从，如果择非而从，那就不能叫做纳谏。在封建帝王中，唐太宗应是最善于纳谏的一人。他告诫群臣说，“中书、门下都是执掌机要的机关，诏书敕令有不便行施的，他们都应该提出异议。现在只见他们顺从，不见反对。如果单做行文书的事，那么谁都会做，何必选拔人才来做这些机关的官。”朝廷本来有一种议事的制度，凡是军国大事，中书省各官员都得用本人名义提出主张，可以各执所见，不受限制，称为五花判事，中书省长官中书侍郎、中书令审核这些主张，再由门下省的给事中、黄门侍郎加以驳正，最后奏请皇帝裁决。不过这个制度并没有切实执行。唐太宗申明制度，令各级官员负责实行，因此军国大事很少有错误。

太宗鼓励群臣犯颜直谏，魏徵在谏臣中尤为突出。魏徵敢于据理力争，即使引起唐太宗的盛怒，也还是神色不变，继续讲理。某次唐太宗退朝回宫中，发怒道：“总有一天杀死这个乡下佬!”长孙皇后问杀谁。他说，“魏徵常常当众侮辱我”。长孙皇后道贺，说“魏徵忠直，正因为陛下是明主”。他听了怒气才平下去。他出身大贵族，在战阵上又是奋击无前的猛将，性格非常雄豪，自然忍受不得魏徵的直谏，可是他有一个最大的畏惧，就是怕亡国。魏徵看准这一点，往往引隋事作例证，使他忍气接受谏诤。他曾对群臣说："人家都说魏徵态度粗暴，我看起来却觉得更加柔媚。"这是因为他知道魏徵是帮助他避免亡国之祸的忠臣，谏诤愈益激切，正好证明爱朝廷的心情愈益真实。

能否知人和能否用人，是判断人君贤愚的一个重要标准。唐太宗能知人，又能用人，是历史上少见的明君。他在即位时，对群臣申明用人的规矩。他说："人君必须至公无私，才能服天下人的心。我和你们每天的衣食，都是从民众取得，所以设立官职，要为民众做事。应当选用贤才，不该按关系的亲疏、资格的新旧定官职的大小。如果疏人新人中有贤才，亲人旧人中有庸劣，怎么可以舍贤才取庸劣。现在我的秦府（唐太宗即帝位前封秦王）旧官属专凭关系和资格来较量官职，发出怨言，实在是不识政体。"

他相信人才就在今世，随时留心，从新人疏人甚至敌人中得到了许多文武奇才。643年，唐太宗在凌烟阁画二十四功臣像，以这些功臣的来历作例证，可以知道他用人是比较不局一格的。

——范文澜、蔡美彪《中国通史》

唐太宗是中国皇帝中出类拔萃的人物。他击败了侵略中国的突厥族，建立起疆域广大、超越前代的大帝国。

——范文澜《关于中国历史上的一些问题》

所谓以弱当强，就是以少数兵力佯攻敌诸路大军。

所谓以强当弱，就是集中绝对优势兵力，以五六倍于敌一路之兵力，四面包围，聚而歼之。

自古能军无出李世民之右者，其次则朱元璋耳。

——毛泽东读冯梦龙《智囊》卷二十二《兵智部·制胜·孙膑》批语

打仗要像唐太宗那样，先守不攻，让敌人进攻，不准士兵谈论进攻的事，谈论者杀。待敌人屡攻不克，兵士气愤已极，才下令反攻，一攻即胜。这样一可练兵，二可练民。

——毛泽东读冯梦龙《智囊》卷二十二《兵智部·制胜·孙膑》批语

唐太宗、李密皆当时草泽英雄。俗有两句话说李世民，其词曰："太原公子，褐裘而来。"世民常劝他父亲不可固守太原，须要化家为国，李渊大悦，遂起兵直趋陕西，并用种种方法，见悦一般人。如兑钱粮，放二千官女等。

——毛泽东1926年在广州农民运动讲习所的讲话

若论武力扩张，依照唐人国力，正可尽量向外伸展。但即在唐太宗时，一般观念已对向外作战表示怀疑和厌倦。中国人对国际，只愿有一种和平国际性的武装。唐代虽武功赫奕，声威远播，但中国人的和平头脑始终清醒。……中国人既不愿在武力上尽力扩张，向外征服，同时又不愿在财富上尽量积聚，无限争夺。

——钱穆《中国文化史导论》

李世民在这时候勤于听政，勇于就谏，是以彻底的运用了机缘，而达成历史上的“贞观之治”。

——黄仁宇《贞观之治》

唐初以均田、租庸调等制，奠下立国根基，又以无比的自信包容异族文化，熔铸出多彩多姿的大唐风采。然而随着人口增加及流动频仍，上述制度渐渐无法应付日趋繁复的地方事务，结果促使地方自行摸索治理之道，而中央对地方的控制则日渐削弱。在中央与地方权力消长的情势下，迸发了中唐安禄山的反叛，此一叛举又加速此一情势的恶化，最后黄巢得以聚众流窜于帝国内部十余年，终至掏空唐朝的威权体制。

7世纪的初唐，是中国专制时代历史上最为灿烂光辉的一页。当帝国对外威信蒸蒸日上之际，其内部组织，按照当时的标准看来，也近于至善，是以其自信心也日积月深。

这也是一段创造系统的时期。拓跋魏所开始的均田制重新颁布，原则上耕地继续归于国有。按照唐律令，凡成年男子给田100亩，其中80亩为口分田，年老时退还政府；20亩为世业，可由家人承继，每三年编造一次户籍。随着均田制也有整齐划一的税收制度，纳税义务包含租、庸、调三项，租为每丁粟二石，调为绫绢二丈，庸则岁役二旬。以100亩的田土为基数，以上赋役的比重算是很轻的，所以在最初100年内，人户的登记不断增长，国家仓廪库藏也愈为充实，上下之间呈现一片和谐融洽的景象。

府兵制即紧接着户口登记而设，其原则是选农为兵，服役的时间内地与边防不同，根据一种复杂却又有规律的办法调整。既然每一中等之折冲府能出兵1000人，那么634府在短时间内征集兵员50万应当不成问题了。

匈奴与柔然（蠕蠕）寇边的情形已成往事，刻下强有力的游牧民族为突厥，其名号据说在北魏时期已出现，至隋而见于史传，以后还要与西文之Turks等量齐观，成为整个语系内诸民族的通称。但在公元630年，唐将李靖大败突厥以后，突厥就推戴唐朝皇帝（本身也有突厥血统）为“天可汗”。回纥为另一种突厥语系的民族，则不战而降。吐蕃为藏民族，其王因文成公主下嫁而和亲。只有高句丽不服唐帝国的节制而长期抗命，至公元668年，平壤始为唐军占领。

唐中央政府设吏、户、礼、兵、刑、工六部。此时尚谈不上内阁制，只是其设官分职已有相当的组织与秩序。隋唐以来——本书以之与宋联系称之为第二帝国——与汉代官制有一基本不同之处，即是中央政府派遣地方官，除少数地域例外，下达州县。汉朝的征辟，至此不用。隋朝已开始公开的文官考试制度，唐接着予以斟酌地采行，只是三年一度的会试至宋始成为定规。这种公开的考试足以打破过去的世族垄断。因着准备考试的读物标准化，雕版印刷出现于公元600年前后，即可能受此影响。只是如此一来，中国人民今后受官僚管制的程度也愈深。唐朝的文官集团有18805个建制的职位，加上其他辅助人员，案牍之士与军官一并计算凡受薪者共368668人，这在中世纪是一个极可观的数目。当时全中国人口可能为5000万。

唐朝带着世界主义的色彩。皇室李家自称为中国贵族华裔，可是在魏晋南北朝时代，他们的先祖历仕异族，也经常与少数民族的家庭通婚，而且这种透过民族界限通婚的习惯直到后世登九五之尊犹未终止。也可能因此混血的因素，使皇帝可名正言顺地称为“天可汗”。当中国皇帝威望最高的时候，恒河边上的印度王子接受了他的宗主权：一个阿萨密（Assarm）的篡位者被押赴西安受审；使节来自高句丽和日本；中国的都城有叙利亚人、阿拉伯人、波斯人、吐蕃人与安南人来定居。国子监亦即国立大学中，有这些国家的留学生，其中最具热忱的是日本人，其中有些像今日大使馆的文化参赞，在中国即曾居留达几十年。他们回国之后，对日本的文化有了具体的贡献，很多方面即仿照唐制——自铜币的设计到妇女的发髻，自室内的布置到围棋——从今之后，日本文物深具大陆色彩。高句丽与越南也有同样的趋向，但不像日本这么热切。

唐朝具有自信及安全感的时候，对信教自由极端地保障。公元645年，高僧玄奘离中土16年之后由印度回国，第二个唐朝皇帝李世民亲予接见。当日龙颜大悦，御前传旨，使玄奘有了各样的助手和各种方便，将梵文经典657件译为中文。创业之主李渊则于624年兴建一座道教的宇观。另外一种法令于

638年准许景教（Nestorian Christianity）的传播。至于拜火教的介入较少为人提及，可是它们在西安寺庙里的僧侣也受到同文官五品和七品的待遇。

在中国帝王之中，李世民可算是最具有人身上的吸引力。隋朝末年群盗蜂起，世民怂恿父亲李渊（时为唐国公）乘机称帝，当时他才16岁。迄至24岁时，他在巩固朝廷削平群雄的关头最著战功。他有恻隐之心而又好奇心重，不惧危难也不辞劳瘁。他常直接指挥战斗，有时以数骑在前锋之外与敌方将领谈判。在作为一个政治人物的立场上讲，他以一群智囊人物（多数为具有眼光的读书人）追随其左右。虽说唐朝制度大致循服隋朝的前例，内中实施的细则乃由于李世民的经理而产生。他在位共23年，本章一开始就提到，唐朝制度从当时的眼光看来近于至善，其中大部之功绩应属于此位青年君主。除了名义之外，李世民实为朝代的创始人。

唐朝中央政府的一大特色为“三省分工”。尚书省总揽六部，执行经常业务；中书省可视为设计厅，主持重要的敕诏起草，及有关于制度的更革；门下省则可以视作一种复核机关，其官员审查各种公文，更正错误，有时提议政务上的调查。唐朝帝国政府所公布的各种规定，以律、令、格、式四大项目区分，大概律指刑法，令为行政上的指示，格为衙门内的规章，式为执行时的细则（因为当时的思想及习惯不同，以上只略示今日看来的大要）。这种体系上的区别，适合于重造帝国时的秩序安排。当日本人将此体系施行于他们国内时，即称之为“律令政治”。

只是机警的读者不难一眼看出，这体系与时下西洋所谓“互相制衡”（checks and balallces）截然不同。李唐政府体制之内，没有任何构成的因素代表选区（constituency）的利益；因此一种独立的司法机关不可能在这样的根基上出现。不论唐太宗李世民如何的开明，他的政府无可避免为一种专制体制。只不过因为儒教的纪律，促使当今天子在内部制造了些许监督方式来警惕他本身。史籍里曾记载李世民有一次与臣下商议之后怒气冲冲的自言自语：“有朝一日我要杀掉这老农夫！”他的皇后问他何所指，原来心直口快的魏徵，因为皇上的宽容，经常在大庭广众之下揭举御前的错误。这次皇后机灵应变，趁换着朝服时，庆贺此不怕死的忠臣，实为社稷之福。可是这故事也暴露李唐政体的合理化，其立场至为窄狭。它代表着皇帝之意志力，乃是一种人身上的品德，而非组织结构上之力量。

然则，我们也不能说中国人天性不容于代议政治。前一章我们曾谈到，汉朝以一种推荐制度使百官来自各地区，可是代议政治无从下手，因为下端的小自耕农每人只有小块耕地，而全国如是之农户以百万千万计，如果以资产作选举的标准，则等于承认兼并，亦即促成小自耕农为佃农。过去的经验，让这种趋势发展下去的话，各世族必攫取大帝国的税收来源，使官僚组织僵化，因之而使全国瓦解。唐朝已推行科举取士，也控制着政府基层的人事权，只是让人更觉得儒家的道德观念为它施政之不可或缺。

可是以道德施政总离不开独断专制。如果皇帝以道德无亏作门面，其登临宝座必至为不易。反过来说，如果要与它作对，则更是极端的危险。此中种种强调道德是一种绝对的品质，既不能分割，也无法讨价还价，将它以人世间最高的官职搬托出来，则天无二日亦不能容许其他人效尤。这硬性的裁定还要在唐朝接二连三地接受考验。

很多现代的读者既佩服唐太宗李世民的人本主义，但在读到他谋杀同胞兄弟以登极的故事，则又不免感到毛骨悚然。虽然李世民奋身打下江山，但他是唐太祖李渊之次子，一到唐朝的地位安定巩固之后，他和长兄太子李建成之间产生了极度紧张的局面。两人间的倾轧传至百官，而更使兄弟间宾客的关系恶化。世民的随从坚持地说，他如不采取行动必被谋害。事实上，在公元 626 年，李世民设计埋伏掩杀建成，自己张弓将胞兄一箭射死。胞弟李元吉一向袒护长兄，也死于李世民随从手下。这场变乱之后，李世民又把建成和元吉两人的十个儿子全部处死，然后才逼着父亲退位，自己登极。

这位英明的君主一再以各种名义将自己残忍的行动解释得合理化，但是他始终不将之掩饰。这场骨肉相残的经过，见于唐朝的历史，与李世民很多成功的事迹并列，历史学家对其功业不能怀疑。我们如果将这故事忽略不写，或仅是不着痕迹地轻描淡写，都可能使中国君主制度的真相含糊，而不能了解其本身的矛盾，因之抹杀了历史的连续性。

——黄仁宇《中国大历史》

603 年，启民可汗的对头达头可汗兵败，向启民可汗投降，启民可汗遂成为突厥的大可汗。可是位于西部金山（阿尔泰山）小可汗之一的处罗可汗却不承认，宣称他才是突厥的大可汗。于是突厥汗国分裂为二，东西对峙。

东突厥汗国虽然失去了西部部落，但仍然保持强大，尤其本世纪（7）初叶，中国正逢十八年改朝换代大混战。北方崛起的民变领袖们，像梁师都、刘武周都向东突厥进贡，接受封号。唐王朝开国皇帝李渊初叛时，也同样向东突厥进贡。李渊在位期间的二十年代，东突厥使节和商人到了中国，就像猛虎进了羊群，奸淫烧杀，无法无天。而突厥兵团仍不时深入中国国境，根本忽视中国的存在。大臣们一度建议放弃长安，向南方迁都。李渊虽因关系太大没有采纳，但对突厥人的横暴，始终不敢表示一丝不愉快。

626年，玄武门事变刚刚结束，李世民刚刚即位，东突厥汗国即向长安发动奇袭。大可汗颉利可汗（启民可汗幼子，始毕可汗幼弟）和他的侄儿小可汗突利可汗（始毕可汗长子），长驰南下，直抵渭水便桥。距长安只隔一水，上下震恐。李世民无可奈何，只好孤注一掷，亲自到渭水便桥向颉利大可汗乞和，除了重申誓言继续臣服外，并答应增加进贡财物的数量，颉利大可汗才行撤退。这对李世民是一个莫大的耻辱，然而也正因为这一次会面，李世民亲眼察看到突厥在组织上所呈现的低能，遂决定提前反击。三年后即630年，大将李靖北征，出定襄（内蒙古和林格尔），深入阴山，颉利大可汗全军覆没，只身向西逃走，被中国追兵擒获。东突厥汗国所向无敌，竟被中国一战击溃，使北方各部落大为震骇，李世民遂赢得“天可汗”的尊称。

向理性屈服是一件不容易的事，李世民的伟大在此，尤其难得的是，夫妇二人都有这种高度智慧的认识。自从盘古开天辟地，李世民是中国帝王中最初一个被中国人真心称颂崇拜的人物，固由于他的勋业，也由于他本身的美德。他治理国家的一言一行，成为以后所有帝王的规范。

在这样伟大的领袖领导下，从本世纪（7）三十年代起，中国开始从厄运中复苏。不数年间，欣欣向荣。

——柏杨《中国人史纲》

太宗的统治以低调结束，但它是唐代第一个鼎盛时期，而且某些方面在整个中国历史上是无与伦比的。他留给他的继承者一大笔遗产：合理的和高效能的行政机构、繁荣的经济、广大的国土。虽然他在高句丽的失败投下了阴影，但在一定程度上全国出现了自汉朝全盛期以来所没有的兴旺景象，一个充满自信的、安定繁荣的局面。显然，太宗时代的清平之治一定会使那些在他死后的不稳定的甚至危险的年代中供职的官员们产生深切的追思。

随着时间的流逝，太宗的威信和荣誉也随之增长。对于中国文人来说，太宗代表了一个文治武功理想地结合起来的盛世：国家有一个精力充沛聪明而谨慎的皇帝统治，他牢固地掌握着他的帝国，同时又一贯谦虚地耐心地听取群臣——这些大臣本身也是卓越的人物——的意见。太宗的施政作风之所以被人推崇，不仅由于它的成就，而且还由于它接近儒家的纳谏爱民为治国之本这一理想，另外还由于它表现了君臣之间水乳交融的关系。

——崔瑞德《剑桥中国隋唐史》

645年3月，敌陆军渡辽河上游侵入高句丽，敌海军以五百艘战舰的兵力在辽东半岛南岸登陆，从而在辽东地区的许多城市展开了激烈的战斗。

由于错误估计侵略军的进攻路线和部分城防军事指挥官、城主在战术上错误，辽河中游若干城池陷于不利。因此盖苏文将军采取集中前线兵力到辽东和安市两城，给敌人以决定性打击的战术。侵略军却集中兵力进攻辽东城。当敌人先锋队接近时，高句丽骑兵队阻击，击退敌人，城内也做好准备。接着唐太宗直接指挥主力保卫辽东城，利用各种攻城武器不分昼夜攻击。辽东城防部队英勇坚持十余日，连续击毁接近城墙的敌军炮车冲车，每天都进行肉搏。侵略军遭打击后，使用火攻，焚烧西南城门楼，趁烟火弥漫，杀入城内。军民虽然英勇战斗，但城池终为优势敌军所占领。

辽东城战斗结束后，战线中心转移到安市城。该处有十万高句丽军异常牢固的守卫。另外，高延寿等率十五万高句丽军绕至向安市集中的唐军背后，向敌人发动进攻。但由于高卤莽地直入敌人后方，遭到反包围而败北，致使安市城孤立无援。

安市城主杨万春是一个智勇双全的将军。他充分利用安市城的一切有利条件，有效组织爱国军民固守城池。围城的敌军每天都要发动六七次攻势，都被高句丽军击退。敌军用炮车冲车击破城墙，高句丽军立即用备好的木栅修补，而在夜间还出城奇袭，在战斗间歇则登上城楼击鼓以助士气。

安市城坚持了很久，同时，在辽东登陆的敌海军在建安城也遭到惨败。那里，早已严阵以待的高句丽军用突袭的办法，击败敌军。

唐太宗继续增兵，经三十昼夜在安市城东南筑起土山。高句丽军开始投入破坏作业。侵略军不顾伤亡重大，继续修筑。但是匆忙筑起的土山崩溃，压覆安市城一角。于是，高句丽军不失时机地开始出击，攻占土山，以此为阵地猛烈反击。唐太宗召集全部兵力总攻。连续三天，高句丽军连战连捷。唐太宗无法再战，只有退却。饥寒交迫的敌军，正遇十月寒冬，路上遗弃无数尸体。

——［日］林泰辅《朝鲜通史》

唐太宗的父子兄弟

唐太宗之父唐高祖李渊开创了大唐帝国，他在位期间加强政权建设，使唐朝前期的政治、经济、军事制度都粗具规模，留给了唐太宗稳定的局面。唐太宗的兄弟中较著名的当属李建成和李元吉，他们为争夺储君之位，与李世民明争暗斗，最后死于玄武门之变。唐太宗的儿子很多，但事迹显著的也就那么几个：高宗李治、愍太子李承乾、濮王李泰、齐王李祐、越王李贞……

唐高祖李渊

李 渊

唐高祖李渊（566～635），唐朝开国皇帝，唐太宗李世民之父。字叔德，陇西成纪（今甘肃秦安）人。祖父李虎，为后魏左仆射，封陇西郡公，官至太尉，是著名的八柱国之一，死后追封唐国公。父李昞袭封，北周时任安州（今湖北安陆）总管、柱国大将军。母为隋文帝独孤皇后的姐姐。唐高祖李渊于公元618年即位，在位九年。谥号“太武皇帝”，庙号“高祖”。他在位期间实行了一系列改革措施，进一步加强了中国的封建集权统治。他后期妃嫔成群，宠妃怠政，导致了一系列不良后果。对于李世民与李建成的太子之争，他无法控制，反倒被儿子们利用，最终被迫禅位给李世民。

一、出身高门　因功仕隋

北周天和元年（566），李渊出生于长安，七岁袭唐国公。

李渊青年时，倜傥豁达，任性直率，宽仁容众，有很高的威望。李渊的妻子窦氏，是隋朝贵族窦毅之女，隋文帝独孤皇后又是李渊的姨母，因此，他在朝廷上十分受宠。历任谯州（今安徽亳州）、陇州（今陕西陇县）、岐州（今陕西凤翔县）刺史。史称李氏在陇西“富有龟玉，姻娅帝王”，李氏家族是重要的关陇贵族集团之一。

隋大业初年，李渊为荥阳（今河南荥阳）、楼烦（今山西静乐）二郡太守，不久，又任命为殿内少监。大业九年（613），升任卫尉少卿。这一年，隋炀帝发动了对高句丽的战争，李渊受命在怀远镇（今辽宁辽阳西北）负责督运粮草。当时，民不堪苦，怨声沸腾，大贵族杨玄感利用人民的不满情绪，起兵反隋。李渊飞书奏闻，隋炀帝命李渊镇守弘化郡（今甘肃庆阳县），兼知关右诸军事，以抵御杨玄感。杨玄感兵败，李渊继续留守这些地方。在这期间，他广树恩德，结纳豪杰，因此隋炀帝对他有所猜忌。大业十一年（615），李渊调任山西、河东黜陟讨捕，携家眷至河东，行至龙门，遭到毋端儿农民军的阻击。李渊率军击溃了这支队伍，收降万余人，声威大震。次年，升为右骁卫将军，并任太原道安抚大使。当时，隋炀帝自楼烦巡游雁门，被突厥始毕可汗包围，形势十分危急，李渊在突厥大军中救出了炀帝，不久，炀帝派李渊与马邑郡守王仁恭北备突厥。当时，两军兵马不足五千，李渊选能骑善射者两千余人，模仿突厥人的饮食居止训练士卒。有一天，李渊的军队与突厥军相逢，李渊纵兵出击，大败突厥，此后突厥收拢部属北移，不敢南下骚扰。

大业十三年（617），李渊为太原留守。太原是军事重镇，不仅兵源充足，而且饷粮富裕，储粮可供十年之用，李渊凭借这个有利条件在太原发展自己的势力，以图大举。

李渊初到太原时，有“历山飞”农民军结营于太原之南，上党、西河、京都道路断绝。这支军队有十几万人，巧于攻城，勇于力战，多次打败隋军。李渊为树立自己的威信，决定讨伐“历山飞”。两军相遇于河西雀鼠谷口。农民军有两万余人，布阵齐严，李渊所部步骑仅五六千余，诸将面有惧色，李渊决定智取，乃分所部将兵为二阵：以老弱兵卒居中，扬旗鸣鼓，排成大阵，造成是主力的假象，然后以麾下精兵数百骑，分置左右队为小阵。交战时，李渊令王威领大阵居前，张旗鸣鼓，以壮声势。义军以为李渊在阵中，选派精锐迎战，王威因惧怕而落马，率部逃脱。义军不知是计，见阵中有大批辎重，纷纷抢前争取。李渊乘机率小阵左右二队，大呼而前，两面夹击，杀得尸横遍野，血流盈渠。义军顿时大乱，为李渊所败。一举击溃数倍于己的“历山飞”军。

李渊击败“历山飞”，在太原的统治地位得到巩固。晋阳一带的官僚、地主、豪商也纷纷投靠李渊，李渊又命次子李世民在晋阳招揽党羽，倾财赈施。长子李建成也在河东暗中交结英俊，发展势力，而此时的隋炀帝又远在江都，沉湎声色，鞭长莫及，李渊实际上成为太原的最高统治者。

二、晋阳起兵　拥立隋主

隋炀帝的残暴统治，使得阶级矛盾十分尖锐。炀帝生活奢侈大兴土木，建东都、修长城、开运河、筑驰道，弄得民不堪命。炀帝又好大喜功，巡游江南，北上榆林，以夸耀自己的权势；出兵边塞，侵略高句丽，以显赫自己的武威，结果徭役无时，战争频繁，社会生产遭到严重破坏，人民生活痛苦不堪，致使黄河之北，千里无烟；江淮之间，土地荒芜。人民无法生活下去，不得不铤而走险，以武力反抗隋炀帝的残暴统治。

大业七年（611）起，各地农民军风起云涌，有的隋军将领也割据一方，以致天下沸腾，群雄蜂起。全国有近二百余支反隋武装，他们在反隋斗争中逐渐走向联合，逐渐形成了以李密、翟让领导的瓦岗军，杜伏威领导的江淮军，窦建德领导的河北军三支主要力量。在农民军的冲击下，隋炀帝的统治已岌岌可危，处在风雨飘摇之中。

在农民起义蜂起的同时，统治阶级内部也分崩离析。李渊目睹动荡不安的天下局势，逐渐酝酿了叛隋思想。特别是农民军的大发展，直接促使了他的叛隋思想付诸行动。

大业十三年（617）二月，马邑人刘武周起兵，杀太守王仁恭，自称天子，国号定阳。李渊以讨伐刘武周为名，大规模招募兵卒组建正规军。由于李渊以维护隋朝统治为号召，远近的地主武装纷纷赴集，不几天就有近万人成为李渊直接控制的军队。

李渊的行动，引起副留守王威和高君雅的怀疑。李渊设计杀掉王、高二人，宣布自己大举义兵，是为了安定天下，维护帝国安全，还宣布与突厥和亲，避免战争。在得到突厥的支持后，李渊便公开打出了反隋的旗帜，于大业十三年（617）六月，向各地发布文告，说自己将发动“义兵”讨伐无道昏君。

李渊晋阳起兵后，即决定进军关中，直取长安，以号令天下，图谋大业。西河郡（今山西汾阳）丞高德儒拒绝接受李渊的指挥，李渊便令长子建成、次子世民率军攻取。当时，文武官员还没有正式设职任衔，军中便以次第呼太子建成、次子世民为大郎、二郎。临行前，李渊对两个儿子说：“你们虽然年富力强，但处理事情缺乏经验，先让你们二人攻取西河，以此看看你们的能力。”大郎、二郎二人受命，率军直逼西河。行军途中，二人与士兵同甘共苦，所过秋毫无犯。沿途百姓送的蔬菜水果，不买不食，即便是推辞不掉，也不独得，而是与士兵一起享用。将士们见此十分感动，皆愿为之效命，所以人皆奋勇，所向无敌。不几天，二人攻下西河，擒斩高德儒，在城中又开仓济贫，令百姓各安旧业，名声逐渐传播开来。

西河告捷后，李渊建置大将军府，称大将军。以长子李建成为陇西公、左领军大都督，统率左三军；以次子李世民为敦煌公、右领军大都督，统率右三军。以裴寂、刘文静为大将军府长史司马；殷开山、刘正会、温大雅、唐俭、权弘寿等为掾属、记室参左等官；以鹰扬王长阶、姜宝谊、杨毛、京兆长孙顺德、窦琮、刘弘基等分为左右统军、副统军。初步建立了军事、政治机构。

大业十三年（617）秋七月，李渊率兵西图关中，隋武牙郎将宋老生屯兵霍邑（今山西霍县），阻挡李渊前进。适逢阴雨连绵，饷粮不给，又流言突厥与刘武周联合欲乘虚袭击太原。有的将领主张先还师太原，再待机以图后举。李渊准备班师。李建成兄弟反对，李渊决定继续进军。终于击败宋老生。

平定霍邑后，李渊又连取临汾和绛郡（今山西绛县）。九月，李渊率军直逼河东。隋骁骑大将军屈突通镇守河东，断绝津梁。裴寂主张以重兵攻克河东，歼灭屈突通，以绝后患。李世民则认为兵贵神速，应避实就虚，直入关中。李渊左右权衡，决定分兵两路，由李世民率军渡河入关，直取长安，同时以相当的兵力对付屈突通。此时，李渊的女儿平阳公主也率军前来，与李世民会师后，屯兵于阿城。李建成也自新丰至灞上。李渊自率大军自下邽西上，形成了对长安的包围之势。

十月，李渊至灞上，驻军大兴城春明门西北，与李世民、李建成军会师，共二十余万。李渊令诸军各依垒壁，勿入村舍，不得抢掠。此时，京师留守刑部尚书卫文升、右翊卫将军阴世师、京兆郡丞滑仪，挟代王杨侑守城以拒李渊。李渊遣使招降被拒绝，下令攻城。十一月，隋都长安被李渊攻陷。

李渊进入长安后，下令封府库，收图籍，禁掳掠。遣建成、世民率所统兵守城。城内百姓对李渊军队夹道欢迎，秩序井然。大业十三年（617）十一月，李渊立代王杨侑为皇帝，即隋恭帝，改元义宁，遥尊炀帝为太上皇；李渊为大都督内外军事、大丞相，晋封唐王，位在王公上；以武德殿为丞相府，设官治事，独揽军国大权，总理万机。又以陇西公李建成为唐国世子，敦煌公李世民为京兆尹，改封秦公，姑臧公李元吉为齐公。又以裴寂为丞相府长史，刘文静为司马。礼乐征伐，兵马粮仗，事无巨细，悉归丞相府负责。李渊通过丞相府牢牢地控制了长安的局势，隋恭帝实际上只是李渊的傀儡。

李渊为了进一步巩固自己的势力集团，又大封功臣。义宁二年（618）春正月，封丞相长史裴寂为魏国公，司马刘文静为鲁国公，其余诸将，也各有封赏。

三、长安称帝　建国大唐

大业十四年（618）五月，炀帝的右屯卫将军宇文化及和司马德勘在江都（今江苏扬州）发动兵变，杀死炀帝，立秦王杨浩，宇文化及自为大丞相。旋即率十多万禁卫军北上，扬言要返回关中。引至童山（今河南浚县西南）被李密率瓦岗军击败。宇文化及率余众走魏县（今河北大名东），毒杀杨浩，自立为帝，国号许，年号天寿。宇文化及次年在聊城被窦建德擒杀。

隋炀帝被杀，隋朝灭亡，李渊便不再需要隋恭帝这个傀儡了。于是逼隋恭帝禅位，李渊即皇位于太极殿，国号唐，改元武德，大赦天下，定都长安。六月，他令李世民为尚书令，相国府长史裴寂为尚书仆射，相国府司马刘文静为纳言，隋民部尚书萧瑀、相国府司录窦威为内史令。不久，又立李建成为皇太子，李世民为秦王，李元吉为齐王。以李渊为首的李氏王朝得以建立起来。

为什么李渊能在短短一年多的时间里，就能如此迅速地建立起一个新王朝呢?

首先，农民军在中原地区和江淮地区牵制了大量隋军，造成隋京都所在地关中地区防守力量的空虚，使李渊得以顺利攻占长安。

李渊晋阳起兵时，正值各地农民起义军风起云涌之际，特别是瓦岗军和河北义军成为牵制隋军的主要力量。瓦岗军最初由东郡（治白马，今河南滑县）人翟让领导，单雄信、徐世勣、王伯当等人各聚众来归附，众至数万人。李密在杨玄感失败后，流转各地，最后投奔了瓦岗寨。李密参加了瓦岗军后，向翟让献策，攻破了军事要塞金堤关（今河南荥阳东北），打下了荥阳和附近的几座县城。隋炀帝急忙派河南讨捕大使张须陀带领精兵两万前去镇压。在李密的策划下，瓦岗军主力埋伏在荥阳大海寺北面的树林里，再由翟让率小部义军迎战，佯装败退，把张须陀引入包围圈。隋军中了埋伏，义军从四面八方围攻，杀得隋军人仰马翻，隋将张须陀也被义军所杀，瓦岗军声威大震。

唐城宫阙——麟德殿（模型）

大业十三年（617），瓦岗军又一举攻占了洛阳附近的兴洛仓（今河南巩县境内）。起义军开仓济贫，附近穷苦百姓扶老携幼，前来取粮，义军深得民心，队伍迅速壮大。洛阳的越王杨侗派虎贲郎将刘长恭率军两万五千人前来镇压，被瓦岗军所败，死亡过半。瓦岗军乘胜攻取回洛仓，大兵直指洛阳城下，同隋军展开了争夺洛阳的大战。隋炀帝派亲信王世充调集十几万军队增援洛阳。瓦岗军却屡败隋军，始终处于优势，控制了黄河以南、淮河以北的许多郡县。

河北起义军以窦建德为首，主要活动在河北中部，劫富济贫，深得当地农民拥护，兵力达十几万人。大业十三年（617），隋炀帝调涿郡留守薛世雄带兵三万人驰援洛阳。当隋军路过河间地区时，窦建德亲自率军阻击，大败隋军，薛世雄仓皇逃回涿郡，不久死去。河北义军的活动，沉重打击了河北地区的反动势力。后来，窦建德在乐寿（今河北献县）建立了农民政权，国号夏，称夏王。

江淮义军以杜伏威、辅公祏为首，主要战斗在东南地区。隋炀帝派大将宋颢前去镇压，起义军采用火攻，将隋军全部烧死在芦苇荡。大业十三年（617），隋炀帝又派陈棱带领禁军前去镇压。陈棱是隋朝名将，曾远征琉球，可对农民起义军却束手无策，不敢出战，而是凭借优势兵力，步步为营，企图蚕食起义军。江淮义军采用激将法，派人送给他一套妇女穿的衣服，并称他为“陈姥”，诱他出战。陈棱被激怒，率军出战，起义军乘机冲入敌阵，左杀右砍，隋军大败，接着，又对隋朝的军事重镇江都形成包围之势。

各地农民起义军转战南北，沉重打击了隋朝统治者，牵制着隋军的主力。为了镇压农民军，隋军主力集中在东都洛阳和江都一带，隋炀帝本人也坐镇江都。关中地区成为隋朝军事力量比较薄弱的地区，李渊正是利用了这一时机，乘虚入关，建立了李氏王朝。

其次，隋炀帝的腐朽统治，使他众叛亲离，统治集团内部出现了裂缝，隋朝统治力量削弱。李渊乘隋炀帝自顾不暇之际，发展力量，进占了长安。早在隋炀帝发动第二次侵略高句丽的战争时，大贵族杨玄感受命在黎阳仓督运军粮。他见隋朝统治大势已去，便于大业九年（613）六月公开起兵反隋，达官子弟，趋之若鹜，纷纷奔附。可见，在隋统治集团中反隋的念头已普遍存在。杨玄感起兵后，一些隋军将领故意弃甲于地，有意送给杨军，沿途穷苦民众，也踊跃参军，不足两个月，杨玄感便聚众十余万人。但由于杨玄感目光短浅，凡庸无谋，战略方针失策，最后兵败自杀。

杨玄感反隋虽然失败，但隋朝官僚贵族反隋的事情却一再发生。主要有：罗艺，据涿郡及附近诸郡，自称幽州总管，成为威震燕地的大势力；梁师都，据朔方（今内蒙杭锦旗北），国号梁，突厥封其为“解事天子”；刘武周，据马邑（今山西朔县），称皇帝，突厥封其为“定杨可汗”；薛举，据金城（今甘肃兰州），称西秦霸王；李轨，据武城，称大凉皇帝；萧铣，据巴陵（今湖南岳阳），称梁帝；沈法兴，据吴兴，称梁王。他们起兵割据，称帝称王，都不同程度地削弱了隋朝的统治力量。

隋炀帝无法收拾时局，逃到江都。大业十四年（618），右屯卫将军宇文化及发动兵变，隋炀帝易服逃跑，为叛军擒捉。炀帝还厚颜无耻地问，我犯了什么罪？叛官们说，你轻动干戈，游玩不息，穷奢极欲，荒淫无度，拒听忠言，专任奸邪，使青年男子死在战场，妇女老弱填入沟壑，万民失业，变乱四起，还说什么无罪。炀帝又说，你们跟着我享尽了荣华富贵，我没有对不起你们的地方，今日之事，为首者是谁。叛官们说，全国同怨，何止一人，结果，隋炀帝被叛军缢杀。

另外，李渊注意策略，缩小敌对面，利用人民的反隋思想，扩大自己的势力。李渊所以起兵晋阳，其目的是取隋而代之。胸藏谋略的李渊却不像杨玄感那样公开打出“反隋”的旗号，而是在“尊隋”的名义下逐步夺取隋政权。大业十三年（617）六月，李渊立隋代王杨侑为帝，遥尊炀帝为太上皇，实际上是控制了关中的局势，杨侑不过是李渊手中的工具。一方面，李渊避免了大臣犯上谋反的恶名；另一方面，李渊可以以安定隋室的旗号公开招兵买马，扩大势力。由于李渊的社会关系和政治地位，起兵后迅速得到了地主阶级的支持。李渊也做出一副“卑身下士”的样子，广罗人才，于是，三秦士庶，衣冠子弟，郡县长吏，纷纷归附。对于这些人，李渊封官许愿，以廉价的许诺，换取了他们对自己的支持。

李渊对农民起义本是深恶痛绝的，但斗争的形势迫使他从镇压农民起义改为竭力利用农民军的力量。李渊进军长安时，瓦岗军首领李密曾写信给李渊，约以共同灭隋。李渊一反常态，卑辞答谢，并假意推李密为主。李渊这样做，无非是想利用李密的势力阻挡住东都洛阳的隋军，以便顺利西进。事实正如李渊所料，瓦岗军在李密的谋划下，夺取了隋朝的兴洛仓和回洛仓，兵逼洛阳，牵制着隋军的主力，使其不能顾暇长安，李渊才得以顺利西进。当李渊进军到黄河东岸时，隋将屈突通断绝津梁，给进军带来一定困难。李渊及时派人和关中的起义军取得联系，并拜当地起义军首领孙华为左光禄大夫，封武乡县公，加冯翊郡守。在关中起义军的协助下，李渊才得以在极短的时间内渡过黄河，控制了渭水流域。

李渊为了解除后顾之忧，还与突厥通好，卑辞言和。这些都充分表现了李渊具有丰富的政治经验。正因为如此，李渊在群雄并起的局势下，能立于不败之地，最后取隋而代之，建立了自己的政权。

李渊善于用人，手下有一批文官武将，他们在创立唐朝大业中也起了重要作用。李渊太原起兵以前，就广纳豪杰，收罗了大批人才。大业九年（613），李渊镇守弘化郡，广树恩德，众多款附。他在太原的地位巩固以后，又令次子李世民密诏豪杰，倾财赈施，礼贤下士。长子李建成也在河东潜结英俊。诸如刘文静、殷开山、刘正会、温大雅、唐俭、权弘寿、武士矱、王长阶、姜宝谊、杨毛、长孙顺德、窦琮、刘弘基等一大批志士仁人被团结在李渊的周围。晋阳起兵后，进军关中，沿途又交结各路豪杰；行军途中，与士卒同甘共苦，各级将士乐为其效力。攻入长安后，为了加强将士对自己的支持，又大封功臣，像裴寂被封为魏国公，刘文静被封为鲁国公。晋阳旧吏，个个希望李渊称帝，以便得到更高的官职。李渊的英明之处就在于他能使周围将士甘心为他卖命，这不能不说是李渊得以称帝建国的一个重要因素。

四、兼并群雄　统一全国

李渊称帝长安时，群雄未靖，许多隋将割据称雄，多支农民军亦称霸一方，全国处在四分五裂状态。具有政治野心的李渊，不愿偏安关中一隅之地，便储粮积粟、厉兵秣马，一旦军实充足，即剿抚兼施，开始统一全国的战争。

李渊首先指向对关中构成威胁的薛举、薛仁杲父子。薛举是隋金城郡（治今甘肃兰州）的富豪，家产巨万，雄于边朔。大业十三年（617）四月，薛举驱逐隋官，自称西秦霸王，年号秦兴。不久称帝，定都天水（今属甘肃），封儿子仁杲为齐公，据陇西全境，众至十三万，成为西北地区的一股大势力。薛举起兵反隋，首先要夺取关中。李渊抢先攻占长安，薛举父子便以十万兵力进逼关中。李渊派李世民率军出击，薛军败归。

武德元年（618）五月，李渊长安称帝，薛举又率精骑攻扰，关中大乱。唐军则恃兵多将广，有轻敌之意，结果在高墌（今陕西长武北）之役中，败于薛军。消息传到长安，京师骚动，人心惶惶。薛举得胜后，则趾高气扬，欲乘胜直取长安。就在这时，薛举病死，其子薛仁杲继位。李渊命秦王李世民为元帅，再次率军讨伐，在高墌城外大破薛仁杲军，薛仁杲被迫投降。陇西并入唐境。

与此同时，凉王李轨自称天子，年号安乐，由安修仁掌握枢密，据有张掖、敦煌等河西五郡之地。李渊密遣安修仁兄安兴贵入凉，当上了左右卫大将军。武德二年（619），安兴贵与弟安修仁擒李轨，倾覆了李轨的政权，凉亡，河西五郡并入唐境。

李渊的劲敌除薛举、李轨外，还有刘武周。刘武周原是马邑鹰扬府校尉。大业十三年（617），聚兵万余人，自称太守，依附突厥，攻占楼烦（今山西静乐）、雁门、定襄（内蒙古清河县境）等郡，受封为“定杨可汗”，不久自称皇帝，年号天兴。武德二年（619），勾结突厥，南侵并州（治今晋阳）。唐并州总管、齐王李元吉抵挡不住，太原危急。接着，刘武周攻陷平遥、介州，李渊派右仆射裴寂督军抗击，被刘军打败，几乎全军覆没。刘武周乘胜进逼太原，李元吉弃太原逃归长安，关中震骇。李渊准备放弃黄河以东的地区，退保关中。在这紧要关头，李世民主张，绝不能放弃，并自请率军讨伐刘武周。李渊命李世民率兵自龙门（今陕西韩城县境）渡河，进击刘武周。唐军渡河后，坚壁不战，待敌军粮草不给，气势衰落，一鼓作气，速战速决，刘武周全军溃败，部将尉迟敬德投降。刘武周势穷，率残部北遁突厥，后被突厥杀死。并州归入唐的版图。

薛举、李轨、刘武周被消灭后，关中形势得以稳定。李渊便集中力量争取中原。

李渊争夺中原的劲敌是王世充。王世充本是隋江都通守，隋炀帝被杀后，他在东都立杨侗为帝，不久，击败瓦岗军，瓦岗军首领李密投降唐朝，其余将帅多归附王世充。武德二年（619），王世充废掉杨侗，自称皇帝，年号开明，国号郑，占据洛阳，成为河南最大的割据势力。武德三年（620）七月，李渊派李世民率军直驱河南，攻打洛阳。王世充所属河南州县，相继降唐，王世充困坐洛阳，遣使向窦建德求援。窦建德欲与王世充合力败唐，然后再寻机消灭王世充，因而接受了王世充的请求，引兵十万进军成皋（今河南荥阳县汜水镇）。李世民率唐军抢占武劳重镇，阻击窦建德。窦建德布长阵二十里，鼓噪前逼唐阵。唐军坚守不战，以逸待劳。窦建德军粮草供应不畅、士卒饥疲，唐军乘机出击，窦建德抵挡不住，败退三十里，最后受伤被俘。王世充见大势已去，率群臣两千余人降唐，河北诸县也相继归唐，李渊的势力基本上控制了黄河流域。

与此同时，李渊还派李靖至夔州（今四川奉节），进攻占据长江中游地区的萧铣。萧铣于武德元年（618）在巴陵称帝，不久迁都江陵，出兵攻夺唐巴、蜀地，拥兵四十万。武德四年（621），唐将李靖、李孝恭围江陵，萧铣外无援兵，只好投降唐朝，长江中下游地区亦为唐所有。

李渊兼并了割地称雄的一些隋朝贵族后，又把矛头指向在灭亡隋朝中起了重要作用的农民军。窦建德被俘后为李渊所杀害，其部将于武德四年（621）推刘黑闼为主，在漳南（今山东德州一带）起兵反唐。刘黑闼勇决善战，各地的窦建德残部又闻风而起，不到半年时间，刘黑闼就完全恢复了窦建德故地。

李渊命李世民、李元吉率军东征刘黑闼。刘黑闼率步骑两万人迎战，从午间杀到黄昏，未分胜负。唐军在洛水上游筑坝截水，看到难以取胜，就决水灌敌，刘黑闼兵败，逃奔突厥。两个月后，刘黑闼又卷土重来，重新恢复故地。武德五年（622），在洺州（今河北永年）自称汉东王。齐王李元吉前往讨伐，为刘黑闼打败。李渊又派皇太子李建成亲征，李建成采纳魏徵的建议，实行安抚政策，争取民心，以瓦解刘黑闼的部队。武德六年（623），刘黑闼兵败被杀。唐控制了河北、山东地区。

占据江淮地区的杜伏威于大业十三年占据历阳（今安徽和县），自称总管，任用“士人”。武德元年（618），移居丹阳，上表隋越王杨侗，被任为东南道大总管，封楚王。唐军围攻洛阳，使人招降杜伏威，杜伏威降唐，被封为吴王，任江淮以南安抚大使。刘黑闼兵败被杀后，杜伏威使部将辅公祏留守丹阳，自请入朝，被留在长安。武德六年（623）秋，辅公祏率领江淮义军在丹阳反唐，自称宋帝，唐借故杀杜伏威。李渊又派大将军李孝恭、李靖、李世勣等分路进攻，武德七年（624），辅公祏率军自丹阳出走，被地主武装捕获，送唐营处斩，江南、淮南从此也成为唐朝的辖区。

李渊在统一全国过程中，最后消灭的是梁师都。梁师都于隋大业十三年（617）在朔方起兵反隋，攻占雕阴、弘化、延安等郡，自称皇帝，国号梁，年号永隆，依附突厥贵族，受封为“解事天子”，唐贞观二年（628）为唐军消灭。至此，李渊父子兼并了地主割据势力，又打败了农民军，统一了全国。

五、创立制度　修明政治

李渊称帝，百废待举，他一面组织力量进行统一全国的战争，一面注意加强政权建设。唐朝前期的政治、经济、军事制度，在李渊时期基本上粗具规模。

第一，建立各级政府组织机构。李渊建唐伊始，一切政权组织都因袭隋制，直到武德七年（624）才为适应全国统一后的历史形势，根据前代制度，确定了唐代的政权组织系统。在中央实行三省六部制。三省即中书省、门下省、尚书省。中书省的长官是中书令，僚属有中书侍郎、中书舍人等，是决策机关，负责草拟有关军国大事的诏敕。门下省长官是侍中，僚属有黄门侍郎、给事中等，是审议机关，主管审核中书省的决定，并有权驳回。尚书省的长官是尚书令（太宗时废尚书令，另设左右仆射），僚属有左右丞、左右司郎中等，是执行机关，负责执行中书、门下二省的决定。三省的长官都是宰相，他们共同商讨国家大事，共同对皇帝负责。六部即吏、户、礼、兵、刑、工。吏部主掌官吏的考核与升降，户部主掌户籍及赋税，礼部主掌礼仪及科举，兵部主掌军事，刑部主掌刑法诉讼，工部主掌土木工程。各部长官都称尚书，直属于尚书省，每部又领四司，计二十四司，分别执行中书、门下二省制定的政令。监察机关为御史台，长官是御史大夫，负责纠察百官。

地方统治机构基本上是州县两级制，州设刺史，县设县令。刺史每年一巡属县，考课官吏，访询治安，催督赋役，保举人才。县令主一县之事，县以下有乡，乡以下有里，里是最基层的政权单位，置里正一人，辖百户左右，其职责是检查户口、劝课农桑，检查违法，催驱赋役。

中央和地方各级政权机构的建立，在中国历史上有着承前启后的重大意义。各级政权组织严谨，分工明确，政府机构的运转和职能得到充分发挥。

第二，实行均田制和租庸调制。唐初，经隋末战乱，人口减少，武德初年仅有二百余万户，不及隋朝最多时户数的四分之一。由于缺乏劳动力，大量土地荒芜，在这种地广人稀的情况下，唐政府要保证赋税收入，稳定政权，就必须把流亡的人口固定在土地上，迅速恢复和发展生产。为此，唐朝采用了北魏、隋朝的均田制和租庸调制，稍加修订，颁布全国。

武德七年（624）四月，唐高祖李渊颁布均田令，其内容是：①对百姓授田的规定。丁男（二十一至六十岁为丁男）和十八岁以上的中男（满十六岁为中男）各授田一顷，其中口分田八十亩，永业田二十亩。老男（六十岁以上为老男）、重病、废疾者授口分田四十亩，寡妻妾授口分田三十亩，这些人如果是户主，则每人授永业田二十亩，口分田三十亩。尼姑、道姑各授田二十亩，工商业者减丁男之半，一般妇女、部曲、奴婢不再授田。②对贵族官僚授田的规定。有封爵的贵族按品级的不同授给不同数量的永业田，从亲王到公侯伯子男，授田数量由一百顷递降至五顷。在职官员从一品到八九品，授田数由三十顷递降到两顷。有战功的勋官也分别授田三十顷至六十亩不等。此外，各级官吏还有职分田，其地租作为官俸的补充。官府有公廨田，其地租充作办公费用。③对土地买卖的规定。官僚贵族的永业田和赐田，可以自由出卖。百姓在无力丧葬时准许出卖永业田，若百姓从人多地少的“狭乡”迁往人少地多的“宽乡”，亦准许出卖。

唐高祖李渊

在地主土地私有制的情况下，要实现真正的“均田”是不可能的。均田令在当时并没有认真地执行。但均田令的颁布，对于唐初农业生产的恢复和发展起了积极的推动作用。

唐初在均田制的基础上，还实行了租庸调制。它初定于武德二年（619）二月，修订于武德七年（624）四月。租庸调制规定：凡是授田的农民，每丁每年向国家纳粟两石，叫做租；又随乡土所产，每年缴纳绢两丈、绵三两，或缴纳布两丈五尺、麻三斤，叫做调；每丁每年要服役二十天，如不亲自服役，可每天折绢三尺或布三尺七寸，叫做庸。如果政府额外加役，加役十五天，免调；加役三十天，租调全免。每年的额外加役最多不得超过三十天。唐代的租庸调和隋朝相比，以庸代役的条件放宽了，从而使农民有更多的时间从事农业生产。租庸调制理顺了政府和国民之间的关系，国民在支付了有限的资本之后，可以更多地投入生产建设，大唐迅速崛起为大帝国，与这些合理政策的颁布有直接关系。

第三，实行府兵制。府兵制始创于西魏宇文泰时期，历北周、隋而至于唐。李渊太原起兵时有兵三万，进军关中后，众达二十余万，为了使这支军队归心于唐和解决军粮问题，李渊把军队逐步纳入府兵组织系统，基本具备了府兵制的雏形。武德元年（618），李渊在长安称帝不久，即置军府，任用功臣和招降军将为卫大将军、将军，完全因袭隋制。当时十二卫所属有骠骑、车骑两将军，是事实上的领兵者，武德二年（619）置十二军，每军有将、副各一人，以督耕战。武德六年（623），废十二军；武德八年（625），因突厥入侵，又重设十二军。十二军是唐初关中比较固定的基本禁卫部队。此外，李建成、李世民、李元吉各开府领兵。

府兵制建立在均田制之上，是一种兵农合一的制度。兵士平时在家生产，农闲时由兵府加以训练。府兵的经常性任务，是轮流到京师宿卫或到边境戍守，称作“番上”；若遇到战争发生，则出征打仗。府兵在服役期间，可免除本身租调，但“番上”、“出征”时的兵器、衣服、粮食均需自备。这种“寓兵于农”的兵制，从均田农民中征兵，保证了兵源，资粮甲仗自备，减少了国家的经费开支。同时，练兵权与将兵权分离，防止了将帅拥兵跋扈，对于加强专制主义中央集权起了一定的作用。

第四，实行科举制。科举制始创于隋朝，李渊初即位，就设立京师和地方学校，收揽人才。但同时也恢复了隋朝废除的中正官，以本州高门士人充任。这是对士族的让步，不过朝廷的大中正只是名誉职务，用人权仍在吏部，而吏部用人的主要途径就是科举。士人仕进不再专凭门第高低，而是主要依据学才德识，从而使唐代的用人比以前有所改进。

唐初，主持科举考试的是吏部考功员外郎。参加科举考试的生员主要有两种：一是国子监所属各学校的学生，称为“生徒”；二是各地私学中由州县保荐的学生，称为“乡贡”。

科举分常举和制举两种，常举即每年举行的定期考试，考试科目一般为秀才、明经、进士、明法、明算等科，其中明经、进士两科为热门。明经科主要考帖经，重在儒家经典的背诵记忆；进士科主要考诗赋和时务策，需要独立思考。进士科较难考，但一旦考中进士科，就取得了做官的资格，因此人们称中进士为“登龙门”。所谓制举，是皇帝根据需要亲自主持的考试，科目多临时设置，考试时间也不固定，录取人数较少，制举只是象征皇帝的恩泽时下临民众，实际意义不大。

科举制的最后确立和进一步完备，有着重要意义。和九品中正制相比，所有读书的丁男都有了应试资格，为他们入仕开了绿灯，打破了士族门阀垄断仕途的局面，从而扩大了统治基础。

第五，制定《武德律》。隋朝末年，政府滥用刑法，使百姓手足无措。李渊攻下长安后，就学着汉高祖刘邦的样子，约法为十二条。李渊称帝后，宣布废除隋朝的《大业律令》，并令裴寂、刘文静等依隋《开皇律》重新修订法律。在“务在宽简，取便于时”的原则指导下，制定了新律五十三条。到武德七年（624），正式颁布新律，即《武德律》。从内容上看，《武德律》较隋律用刑有所减轻，但对劳动人民的反抗制裁更严酷了。

六、被迫退位　古稀寿终

李渊是一个很有作为的将军，即位为帝，依然励精图治，他创下的各项制度奠定了唐帝国霸业的基础，但随着局势的稳定和物质的丰裕，特别是初唐在经济建设方面的重大功绩，高祖的性格和作为都发生了变化。多内宠，妃嫔成群，过上了腐化堕落的“帝王生活”。已经转为昏庸的高祖李渊宠妃怠政，必然导致一系列的不良后果。武德二年（619），李渊听信裴寂的谗言，居然处死了开国功臣刘文静，罪名是“谋反”，而天下都知道这是诬陷。刘文静最早参与晋阳起兵之谋，在唐王朝建立过程中，南征北战，屡立战功。李渊称帝后，大封功臣，刘文静对自己位在裴寂之下，甚感不平，遂与裴寂产生矛盾。有一天，刘文静酒后口出怨言，裴寂等乘机陷害，说刘文静欲反朝廷，李渊竟听其言，杀刘文静。李渊赏罚不明，势必加深统治集团内部的矛盾和斗争。

唐都长安城遗迹

李渊带领父子兵征讨四方，终于号令天下，位尊九五；但他的儿子们如此优秀，面对皇位，兄弟残杀已不可避免，高祖对此几乎无所作为，只得束手，听任命运安排。太子和秦王互相攻击，甚至不惜采取诬陷手段，晚年的李渊再也不能振早年作为大将军的英武，反倒被儿子们利用和挟持。

武德九年（626）夏，突厥犯边，李建成向李渊推荐齐王李元吉为出征元帅，想借此把秦王府的精兵和骁将掌握在自己手中，然后除掉秦王。不料这一密谋被李世民得知。在这紧要关头，李世民先发制人，密告太子、齐王淫乱后宫，李渊决定次日诘问。次日，李世民在玄武门设下伏兵，当太子、齐王途经玄武门时，李世民及部下将其杀死，并让心腹尉迟敬德带甲入宫报告李渊。此时李渊正和他的臣子萧瑀、裴寂坐在一只小龙船上，准备在这里开会，叫太子和秦王对质，对两个儿子的斗争作最后的决断。但决断已经作出了——是秦王替他作出的，他见尉迟敬德全身武装立在岸边，十分惊骇。尉迟敬德说，太子和齐王造反，秦王已把他们处死，特派我前来保驾。李渊听后目瞪口呆，气愤地说："想不到这个逆子竟会杀害自己的亲兄弟。"旁边的萧瑀等赶忙劝李渊把国事都托付给秦王，尉迟敬德也敦促李渊下诏，令诸军悉受秦王节制，以便制止东宫和齐王府军队的骚乱。李渊无奈，被迫写下"手敕"，命令所有军队悉听秦王处置，并于六月一日下诏立世民为皇太子。此时，全国局势基本上已被李世民所控制，李渊无奈，表示愿早些退位。八月，李世民正式即皇帝位，从此李渊徙居太安宫，过着太上皇的生活。

李渊当了太上皇后，自知大权已被李世民掌握，自己心灰意冷，也就不再干预政事。李世民对李渊表面上也隆礼相敬，对李渊的享乐需要尽量满足，并准备在长安城东北修建大明宫，作为李渊的养老享乐之所。李渊也明白李世民的用意，所以也就知趣而退，自乐于过太上皇生活。李渊的这种做法，有利于减少宫廷矛盾，同时也为李世民施展雄才大略创造了良好的环境。

贞观九年（635）五月，李渊病死，时年七十岁。谥号"神尧大圣大光孝皇帝"，庙号"高祖"。

唐高宗李治

李治

唐高宗李治（628～683），唐朝第三代皇帝，唐太宗李世民第九子。字为善，小名雉奴。母文德皇后长孙氏。公元649年即位，在位三十四年。谥号"天皇大帝"，庙号"高宗"。他恪守父亲遗训，重用元老，使唐朝社会保持较好的局面。但他被武则天夺权，自己平庸无能，遗祸子孙。

一、鹬蚌相争　老九得利

皇家跟普通百姓没有两样，生个儿子均怕养不活，就给他取个"贱名"雉奴，就是“养鸡小子”，意思是说这个小孩子将来只是个鸡倌，阎王老子不要搭理他。从前汉景帝生了儿子干脆把他叫“彘”，就是“小猪”。小猪刘彻当了汉武帝，鸡倌李治成了唐高宗。

唐太宗李世民共生十四个儿子。其中，长子承乾、四子泰、九子治为长孙皇后所生，其余均出于后宫妃嫔。根据嫡长子继承制，李世民在做皇帝的当年便把八岁的承乾确立为自己的接班人。起初，承乾对父亲还有所顾忌，也尽量不让负责教育太子的大臣们抓住把柄，但随着年龄的增长，根本不再把大臣们看在眼里，有人劝谏，他不但不听，有时还派人去暗杀。承乾自幼脚残，不甚受父亲喜爱，只是作为长子，才取得太子资格。李世民对承乾越来越不满意，便生废太子之心。

李泰是承乾的亲弟弟，以文笔见长，颇被父亲宠爱，得到的赏赐往往厚于太子。李泰得知哥哥失宠，因二、三哥都没有继承皇位的资格，便想尽快挤掉承乾而自代。他拉拢在自己府中管事的韦挺、杜楚客等，让他们广泛结交朝中大臣，为自己做太子造舆论，又与驸马都尉柴令武、房玄龄的儿子驸马都尉房遗爱等二十余人结成死党，形成颠覆太子的一大势力。承乾本来就因父亲的偏爱而害怕失位，又觉察到弟弟的活动，更担心被挤掉。但是，他此时已无法挽回自己的影响，想得到父亲的宠爱已不可能，要保住自己的地位，只有设法除掉弟弟。于是他先派人冒充李泰府中的人到太宗面前密告李泰有种种不法行为，结果被李世民识破；再派人去暗杀李泰，也没有成功。承乾眼看大势已去，便暗中招募刺客死士，联络对父亲有不满情绪的李元昌、侯君集等人，密谋杀人皇宫，发动武装政变，直接夺取皇位。当时正值太宗的第五个儿子李祐为逃避惩罚，在外地举行武装叛乱，虽很快被平息，但也为承乾添加了一副兴奋剂，他认为：东宫与皇宫只有一墙之隔，不过二十余步的距离，一旦起事，便可马到成功，不会落到五弟的下场。但是，承乾的刺客中有一个人叫纥干承基，因李祐事件受到牵连，在接受审讯中，主动交代了太子的政变计划。太宗大惊，立即命人囚禁承乾，派人核查情况属实，一举清洗了太子党。李世民征求大臣对如何惩治承乾的意见，来济建议：“陛下不失慈父的形象，太子又可以活命，便是最好的办法。”太宗接受这项建议，废承乾为庶人。政变阴谋流产。

承乾被废，李泰似乎成为理所当然的太子人选。他每天都到宫中侍候，进一步讨父亲的欢心；太宗本来就喜欢他，便当面表示要立他为太子。但这时大臣们的意见却有两派：岑文本、刘洎等主张立李泰，在朝中地位显赫的长孙无忌和褚遂良等人却主张立九子晋王李治。太宗拿不定主意，既不愿为立李泰使这几位功臣现在或以后受害，也不想使李泰失去元老派的支持。为消除父亲的顾虑，李泰表示在自己临死前杀掉自己的儿子，再把皇位传给九弟李治。李世民很赏识李泰的宽宏大度，便再次征求大臣们的意见，褚遂良对李泰的许诺表示异议："若魏王（李泰）以后真做了皇帝，还肯杀掉亲生儿子，传位晋王吗？"李世民对此却也不能保证。褚遂良紧接着提醒太宗："当初承乾被立为太子，陛下却厚爱魏王，待遇过于太子，才酿成后来兄弟争立、太子图谋政变的悲剧。这可是血的教训。如果您立魏王为太子，为避免以后悲剧重演，请您先给晋王一个妥善的安置，才能大家平安无事。"这番话入情入理，若李泰做皇帝，李治和几个元老大臣很难幸免；这种结局是可以预料的，故太宗又陷于困惑。

面临种种阻力，李泰为尽快取得太子资格，希望胁迫软弱的九弟退出这场竞争。他找到李治，说："原来你与七叔元昌关系密切，现在他因谋反被杀，你不怕受到牵连？"这时的李治才十五岁，还并没有意识到目前的处境，也不知道正在争夺的内幕，的确被李泰的话吓住，整天忧心忡忡，唯恐有朝一日父亲来惩罚自己。太宗逐渐发现九儿的神色不对，便追问原因，李治如实坦白，李世民才知道是四儿暗中在搞小动作，心里很不高兴。

太宗召见承乾，承乾说："儿臣贵为太子，还能有什么不满足的？只不过总被李泰排挤、陷害，才不得不结交朝中大臣，希望能够安稳度日罢了。有人趁机煽风点火，教我做了一些不法之事。如果立李泰为太子，正好成全了他们的阴谋。"太宗仔细考虑这话颇有道理，就暗中决定不立李泰，让九儿继承皇位。为稳固下一任皇帝的统治，太宗召集长孙无忌、房玄龄、褚遂良、李世勣几个重要臣属，要统一他们的步调，以后好死心塌地地尽忠于李治。李世民开场便宣称自己对三个儿子（承乾、李泰、李祐）和一个弟弟（元昌）的所作所为非常痛心，活着没有意思，说完便要拔刀自尽。长孙无忌等赶快上前抱住，表示绝对听命于皇帝，不论决定立谁，都不许再有异议。其实，问题已很明确，长孙皇后的三个儿子，太宗刚刚已排除两个，李治成为唯一合法的候选人。太宗的戏实际是演给房玄龄和李世勣等人看的。李世民刚说出要立晋王，长孙无忌马上表示赞成，并说："谁若再有异议，就要杀死他。"立晋王为太子的决定在最高统治圈内通过。既然皇帝已有明确决定，朝中百官没人再敢阻拦。李世民为防止李泰闹事，派人把他囚禁起来。决定宣布后，李世民又作了解释："我若立魏王为太子，则太子之位似乎可以通过图谋钻营得到，就为以后没有取得太子资格的后代树立了不好的榜样。现在，太子图谋发动政变，魏王伺隙谋取太子位，我就把二人都废掉。这种方法要成为一种制度，后世若再发生类似事件，也要照此办理；这样可以避免出现争夺皇位的悲剧。另外，如果魏王得立，承乾必被处死，他要巩固自己的地位，晋王也难以保全；晋王做皇帝，与承乾、魏王都没有直接的竞争冲突，故二人的生命安全都可得到保障。”这是贞观十七年（643）的事，李治刚十五岁。承乾和李泰相争，两败俱伤，结果使李治坐收渔翁之利。

小“鸡倌”生来仁弱，性格不似太子的风风火火，也不似魏王的心机深重，但也说明他不具有执掌乾坤的魄力。被立为太子后，李世民为巩固他的地位和培养他的治国才能花费了不少心血。太宗在废掉李承乾和李泰的同时，清洗了他们各自的同党，消灭了颠覆李治的隐患；让当时最有权势的大臣都兼东宫官职，名义是让他们教育太子，其实是为培养他们与未来皇帝的感情。为树立李治的威信，太宗下令全国的军队都要服从太子调遣，大将军以下的官员都要听从太子的处分。为培养李治的治国能力，太宗经常让他陪同自己朝见群臣，当场观摩对日常政务的处理，还让他发表对某些问题的处理意见。

太宗虽然确立了李治的太子地位，也为他日后做皇帝作了各方面的努力，但内心对这个性情温和、天赋不高的儿子不甚满意，认为他过于懦弱，将来恐怕难有作为。为此，太宗一度想废掉李治，让三儿李恪做继承人，认为李恪在许多方面颇与自己相像。但李恪为隋炀帝的女儿杨氏所生，是庶子，按照嫡长子继承制，不具备继承王位的资格。更重要的是，太宗废太子李治的想法遭到长孙无忌等人的反对，又经过李治的努力，太宗以后便没有再提废立太子之事。太宗东征高句丽，留太子镇守，没出什么纰漏；而且对太子表现出来的孝道，李世民是赞赏的。

贞观二十三年（649）四月，唐太宗病重，对过于懦弱的太子仍放心不下，要为他做好人事安排，他把开国功臣大司空李世勣贬到外地。太宗对李治说：“李世勣才智过人，但你对他未曾有丝毫恩惠，恐怕日后难以真正为你效力。为此，我现在把他贬到外地，等你做了皇帝，再把他召回来做丞相，这样，他或能对你感恩。”太宗在临死前，把积极支持李治做太子的长孙无忌和褚遂良叫到床前托以后事。太宗死后，李治即位，是年二十二岁。

二、勤于政事 得父遗风

李治即位后，严格按照父亲的遗训，重用长孙无忌和褚遂良，把李世勣调回来做了右仆射，对他们非常信任。李治虽然天赋不高，但经过太宗多年的苦心培养，毕竟掌握了一些为政驭民的本领，特别是对太宗的言传身教，受到很深的影响。长孙无忌、褚遂良、李世勣、于志宁都是贞观时代的重要谋臣，对治国都有一套经验。形成一个强有力的政治集团，而且君臣齐心合力，正是“二人同心，其利断金”，所以李治初做皇帝的几年中被后世誉为有贞观遗风。即使在武则天参与政事以后，高宗经常有病，又贪于声色，但在对政事的处理中仍遵循着太宗的遗训。

早期的高宗皇帝雄心勃勃，确有治理好国家的愿望。他鼓励大臣们对有关国计民生的各个方面多提意见，并能够虚心接受。学习太宗，善于纳谏，成为弥补他天赋不高的重要措施。

李治非常勤于政事。太宗在后半期一般是每三天朝见一次百官，处理日常政务。李治则坚持每天上朝，及时解决各种随时遇到的问题，他说：“我年龄不大就做皇帝，必须一天到晚孜孜不倦地工作，犹恐有些需要及时处理的事情被挤压拖延。”直到显庆二年（657）五月，宰相李义府提出：现在是太平盛世，每天上朝也并没有多少要紧的事情可做，请改为隔日上朝。李治接受了这个建议，才改为每两天朝见一次。

善于听从劝谏，是唐太宗李世民的一大优点。李治在即位之初，便鼓励大臣们对有关国计民生的各个方面多提意见，并把每天召见十个刺史询问情况作为一项制度坚持下来。同时，李治也接受正确意见。有一次，他带人出外打猎，路上下起雨来，他问谏议大夫谷那律：“用油布做的雨衣怎么样才能不漏一点水？”谷那律回答说：“要是用瓦做，肯定不会漏雨。”用瓦做雨衣当然是指房子，谷氏的言外之意，是批评李治本来就不应出来打猎游玩。李治愉快地接受了批评，从此废除皇帝游猎的常规。显庆元年（656），李治再次征求意见，询问减轻百姓负担的办法。来济指出：不必要的劳役是老百姓的一大负担，出工则违误农时，出钱又须花费很多，建议免除一切不十分紧迫的徭役征发。

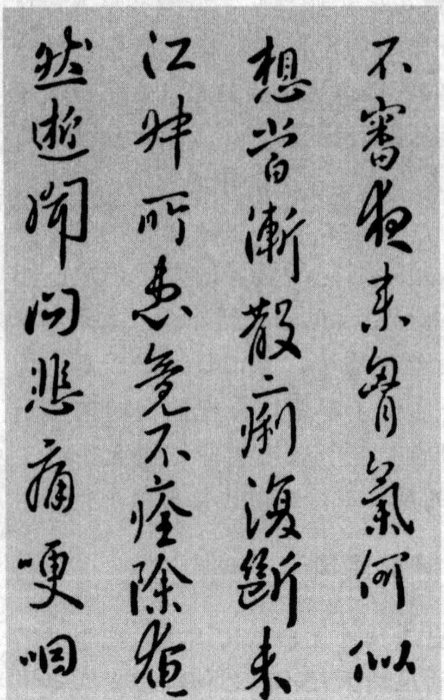

唐高宗《矛江叙帖》

贞观年间，从天竺国来一术士，声称有长生不老之术。李世民对此很相信，给他以优厚的生活待遇，让他配制长生不老药。这位术士为拖延时间，开出一张非常奇特的药方，所需药物不仅遍布全国各地的深山大川，有些还需要到天竺等国寻找。为尽快制药，太宗派出大批人四处购求，但术士终于没有成功，被李世民打发回去。李治继位后，这位已白发苍苍的术士又来献方，但李治对此则根本不信，他说："自古以来哪有什么神仙，秦始皇、汉武帝都曾四处求长生药，结果是徒费钱财，骚扰百姓，谁也没能长生。如果真有长生不老之人，现在他们都到哪里去了呢?"这位术士也被当场赶走。李治对此能有这样的见解，确也难能可贵。

贞观时期的法律相对来说是疏阔的，太宗追慕古人对法律的表述："法网恢恢"、"网漏吞舟"。所以贞观年间政治宽和。李治对此也继承下来。对监狱里囚犯少、死罪率低的情况表示满意。

李渊生二十二子，太宗生十四子，这些皇室成员往往仗势欺人，横行不法，欺凌百姓，胡作非为。李渊的小儿子滕王元婴与太宗的七子蒋王李恽都是搜刮民财的能手，四处盘剥、掠夺，民愤很大。在一次普赐诸王时，高宗说："滕王叔叔和蒋王哥哥都善于自己经营，我看就不必赐给财物，只赏给他们两车麻，让他们回去做穿铜钱的绳子吧。"李治虽没有严厉地惩罚他们，却使他们当场亮相，大失脸面，这是不罚之罚，让人们看到仁弱的高宗毕竟与弱智的汉惠帝、晋惠帝根本不同。

李世民的女儿高阳公主嫁给房玄龄的儿子房遗爱，她对李治做皇帝有不满情绪；李渊女儿丹阳公主的丈夫薛万彻、太宗的女儿巴陵公主的丈夫柴令武、李渊的六子荆王李元景等人也各有牢骚，他们便联合起来，形成一派势力，阴谋发动政变，推翻高宗的统治，共举自称有做皇帝征兆的李元景为未来的皇帝。但此事很快被李治发觉，他立即命长孙无忌负责调查，事情很快真相大白。太宗的三子李恪颇受父亲喜欢，并一度被作为太子候选人，只因出身不好才没有做上皇帝，故对李治和长孙无忌等有对立情绪。房遗爱自知死罪难免，便声称李恪是主谋，希望用李恪的生命为自己换回一条生路。李恪虽被逮捕，李治仍没有因此饶恕房遗爱，他下令：将房遗爱、薛万彻、柴令武等斩首，李元景、李恪、高阳公主、巴陵公主都是皇室直系亲属，不宜杀头，令其自尽。同时，又有一大批人受到株连。这次由皇亲组成的政变阴谋很快流产，反映了李治处理事情还是比较果断的。

高宗在执政期间，没有惊天动地的功绩，也没有表现出特殊的治国才能，却由于基本继承了太宗的治国路线，本人也比较谨慎，所以政治局面基本稳定，经济仍保持持续繁荣的势头，人口也不断增加。

由于国力持续强盛，在整个高宗时期，对外战争经久不息。战争扩大了疆域版图，维护了国家的统一，加强了对边疆地区的控制，促进了中外的经济交往与文化交流，扩大了中国在当时世界上的影响。随着政治的腐败，兵役、徭役的连年征发，人民群众也怨声载道。东征将帅刘仁轨在麟德元年（664)上奏：我看见现在的战士，大多瘦弱而憔悴，健壮而有勇力者极少，大多年老体弱，衣着破烂，人人有翘首西归之意，没有为国效力之心。我问他们："从前招募时，我见百姓都争相从征，甚至有人甘愿自备粮食衣物，参加义征；现在你们为何如此狼狈?"他们回答说："如今的官府和从前不同，人心也已变化。过去在东、西征役中死亡的将士，都有人专程带着朝廷的圣旨参加临丧吊祭，追赠官职、爵位，或直接把官爵赐给他们的子弟；凡参加渡海东征的人都可得到一级勋衔。自显庆五年（660）以来，阵亡将士已无人问及他们的姓名和籍贯，官府也不再保留参加渡海东征的名单。所以，遇有征役，年轻力壮的富家子弟纷纷买通官府逃避兵役，而穷人虽年老体弱也必须服役。如显庆五年的东征之役，将官们答应胜利之后有高官重赏等种种优厚待遇，但战争结束后，只见不断有人以各种罪名被逮捕入狱，却没有人得到任何赏赐；本已受到重大的经济损失，却又落得性命忧虑，原来，大家都以参与征役获得勋衔为荣耀，但在后来的征战中，他们仍须与一般百姓一样从事苦力劳动。所以，在服役初期就不断有人逃亡，后来开小差者更屡见不鲜。"我又问："从前的战士留守边疆五年尚可支持，你们现在才刚刚一年，为何衣着就这样破烂?"他们说："临来之时，官府让我们准备一年的服装，但现已离家两年，却还没有让回去的音讯。"依此看来，百姓本不愿从征，现在他们又如此艰苦，士气低落，怎能取得战争胜利？希望朝廷能采取新的措施。刘仁轨反映的问题具有一定代表性，但终李治之世，东征之役仍时断时续。

然而，更严重的事情还是在宫中。武则天在政坛上崛起，这颗耀眼的明星使高宗这颗本来就不那么明亮的星星彻底暗淡下去。

三、平庸无能　大权旁落

李治即位，立王氏为皇后。王皇后不能生育，渐渐失宠，萧淑妃在后宫的地位迅速攀升，这引起了王皇后的忧虑，担心萧淑妃会取代她的地位。她要找个同盟军，同盟军适时地出现了——武则天。

武则天原是太宗妃，曾得到当时的太子李治的好感。太宗死后，武则天随众嫔妃削发为尼。李治在一次进香时，二人相见，旧情复萌。出于对萧淑妃的嫉妒，王皇后鼓动皇帝让武则天蓄起头发，重新纳入宫来。武则天进宫后，王氏在皇帝面前又一再称赞她的种种好处，皇帝越发喜欢武则天。萧淑妃不再受宠，王皇后虽然达到了排挤萧淑妃的目的，但自己的地位并未获得改善，反而更趋低下。所以，王皇后又把攻击矛头指向武则天。不久，王皇后与母亲魏国夫人诅咒武则天的事情暴露，高宗大怒，下令魏国夫人以后不许出入宫廷，王皇后的舅舅中书令也因此被罢免；高宗开始有废皇后之意。

不久，武则天生了个女孩，王皇后自己生不出小孩，但对武则天生的这个小女孩十分喜爱。经常来抱她，这给武则天陷害王皇后提供了机会，这天王皇后走后，武则天掐死亲生的孩子，又把她蒙在被子里。等高宗来到，武则天装着看孩子，共同发现了小姑娘的尸体，武则天号啕大哭，借此诬陷王皇后。这次事件坚定了李治废掉皇后的决心。

为得到大臣们的支持，高宗带武则天去登门拜访舅舅长孙无忌。但刚一提废除皇后，便遭到长孙无忌的拒绝。高宗便在朝见百官时突然宣布封武则天为宸妃，以示特宠，以此提高武则天的地位。

这时，皇帝要重新废立皇后的意图已为百官共知。善于察言观色、为人笑里藏刀的中书舍人李义府，因正受长孙无忌排挤，正式奏请废掉皇后王氏，立武则天为皇后。这个奏本深得高宗赏识，同时，许敬宗、袁公瑜、崔义玄等人也都成为废立皇后的支持者。在朝廷内部，围绕皇后废立，分为两大阵营。

在争取到一批人的支持之后，高宗召开大臣会议，专门讨论皇后废立问题。李世勣不愿卷入这场纷争，称病没有参加。废立皇后的理由基本是成立的：不孝有三，无后为大。王皇后既然不能生育，不能为皇家传宗接代，理应被废；武则天已生了儿子，立为皇后也算顺理成章。但遭到长孙无忌、褚遂良、韩瑗、来济等元老重臣的激烈反对。褚遂良对此当场表示反对：太宗临死时亲口对我们说，把好儿好媳托付给我们，至今不过六年，废皇后不符先帝遗训；王皇后出身名门贵族，平常并无过错，也不应轻易废掉。退一步说，即使重新议定皇后，也不应选择武则天。一则武则天出身寒微，二则她曾做过太宗的妃子，这个父子共妻的名声若传之后世，实在不太好听。褚遂良的这番话虽也合乎情理，但实在太露骨，又当场以辞职相要挟，并趴在地上叩头不止，流出一大片血，表示死谏的决心，致使李治感到大失脸面，一怒之下，命人把褚遂良拉出去，经长孙无忌讲情，才没有给他加刑。长孙无忌的态度早已明确，这时在场的另一重臣于志宁一直不敢表态，韩瑗、来济等也表示反对，李治的提议在最高统治圈内受阻。几天后，李治再次征求李勣的意见，李勣回答得很圆滑："这是陛下的家务事，何必要问外人。"既不公开支持，也不表示反对。积极支持李治的许敬宗则公开宣扬："种地的老百姓遇上好收成，多收获几担粮食，还想换换老婆，何况皇帝！况且天子要废立皇后，与别人有什么关系，何必要提出种种异议！"这无疑是对高宗的支持。

李治当了皇帝，而且当得有声有色，这是长孙无忌、褚遂良等人积极努力的结果。李治初做皇帝，在各方面也多依靠他们；他们自恃有功，希望皇帝能听命于他们，最好是大臣们拼力工作，皇帝坐享其成。但是这时的李治已近而立之年，他为自己的成就所陶醉，逐渐忘记了自己原本是智能低劣在别人以下，对长期被元老重臣们控制郁闷不乐。他认为自己完全可以独立当皇帝，不会比先皇差。废立皇后成为反映控制与反控制这一矛盾的焦点。李治要摆脱被元老派大臣所左右的处境，只能继续坚持自己的做法。永徽五年（654)冬，李治正式宣布废掉王皇后和萧淑妃，罪名是她们要用毒药害人；同时宣布立武则天为皇后。经过皇后废立事件，贞观时代留下来的元老派大臣除李勣外，大部分被罢免或疏远。由支持武则天做皇后的李义府、许敬宗等奸佞小人组成新的统治中心。

显庆五年（660）冬，高宗开始生病，头痛眩晕，视力模糊，难以主持日常政务，故上朝时往往委托武则天代为处理。武则天生性聪慧，又有很好的文史修养，对朝政的处理总能使李治感到满意。

在做皇后前后的一段时间里，武则天对高宗百依百顺；当皇后地位巩固、并拉拢一批心腹之后，特别经过直接处理政务对自己的能力有了新的认识，武则天便开始控制高宗，皇帝的一举一动都受到她的监视。王皇后和萧淑妃被关在别院处境悲惨，高宗偶然发现后萌发同情之心，马上被武则天得知，遂令人将二人残杀。高宗对自己的处境也渐不满意。麟德元年（664)，皇帝与上官仪商议，准备废掉武则天的皇后地位，并立即由上官仪草拟了诏书。但这次密谋武则天很快得知，找皇帝质问，皇帝把责任推给上官仪。结果，上官仪与儿子被杀，李治对武则天的反抗宣告失败。从此，高宗每次上朝，都由武则天垂帘听政，朝野内外都恭称"二圣"。实权已完全转移到武则天手中。

李治是一个平庸的皇帝。在他完全信任长孙无忌等人并尽量恪守父亲遗训时，承贞观遗风，虽然没有建立丰功伟绩，尚能使国泰民安；当他想摆脱元老大臣的束缚，自己独掌朝政时，大权又很快被武则天和一帮新的大臣所控制。他没有驾驭群臣、独执政柄的本领，只能被他人所左右。虽然，高宗皇帝在后期仍不断有求贤纳谏之举，但徒有虚名的皇帝使这事徒然显得滑稽。

四、两度立储　临终托政

高宗共有八子：李忠、李孝、李上金、李素节、李弘、李贤、李显、李旦。王皇后无子，前四子均为后宫嫔妃所生，后四子出于武则天。

李治初即位，王皇后请李治立李忠为太子。李忠虽为长子，却是后宫刘氏所生，本没有做太子的资格。王皇后利用这一点，希望他在成人后能亲近自己，巩固皇后的地位。永徽三年（652），十岁的李忠被立为太子。

李忠立太子一年后，武则天的第一个儿子李弘出生。武则天立为皇后，皇后的儿子应是法定的皇位继承人。许敬宗根据嫡长子继承制的原则，建议更换太子。显庆元年（656），李忠被废，四岁的李弘被立为太子。

龙朔三年（663），十一岁的李弘开始接受做皇帝的培训。随着年龄的增长，李弘对各种事情逐渐有了自己的见解。李忠因受上官仪株连被害，引起李弘的同情，要求父亲收尸安葬，得到应允。此时，武则天正逐步独揽朝政，儿子的成熟使她感到威胁。一次偶然的机会，李弘突然发现囚禁萧淑妃两个女儿的所在，非常同情，请求父亲释放她们。李弘的建议当然不合母亲的心思。不久，二十四岁的李弘突然病死，人们有充分的理由怀疑这是一个阴谋，施害者是他的亲生母亲武则天，因为太子李弘的聪明正直已经威胁到

乾　陵

了她的前途，而她的前途绝不止于一个皇后。

李弘死，其弟李贤被立为太子。李贤自幼聪明，博览群书，深得父亲喜爱。这时的李贤也已二十多岁，武则天更怕难以驾驭，管教甚严，后来，终于以李贤好声色为借口废去，武则天的第三子李显被确定为李治的接班人。

永淳二年（683）冬，高宗病情加重。他让太子监国，并拒绝接见朝廷百官。同年十二月，李治到洛阳，确定改元弘道，并大赦天下。不久，皇帝病危，令太子在灵前即位，诏令宰相裴炎辅政，凡军国大事有疑难处，可听从天后（武则天）处置。死时五十六岁。第二年，高宗的灵柩从洛阳运到长安，埋葬在今陕西乾县，号乾陵。

高宗才能平庸，但自负甚高，这种自负在武则天进宫后遭受致命打击，转而变成自卑，高宗皇帝自觉处处不及武皇后，虽然试图夺回政权，但反抗实在微弱，放弃抵抗的高宗在声色中麻醉自己。他无力驯服一个女人，他只能是一个“鸡倌”。

隐太子李建成

李建成

李建成（588～626），唐高祖李渊长子，唐太宗李世民之兄。小字毗沙门，陇西成纪（甘肃秦安）人。武德元年（618）立为太子。谥号“隐”。他勇猛善战，为唐帝国的建立做了一定贡献，但战功不如李世民多，威望也不如他高。李世民威胁到他的太子地位，二人为此互相倾轧。最终，在玄武门被李世民一箭射死。李世民为了争夺帝位，置手足之情而不顾，从而遗讥后世。

一、粗豪勇猛 助父开国

李建成生性豪放爽直，不拘小节，喜欢打猎饮酒，结交了大批嗜赌好斗的不法之徒。

隋朝末年，李渊受命镇守太原，留李建成护家，在河东（今山西西南部）居住。命他同时结交当地英豪，扩大势力。

李渊准备起兵反隋，遣人密召李建成与其弟李元吉赴太原。大业十三年（617)六月，李渊在晋阳起兵后，决定进军关中，直取长安，以便利用长安的政治优势，号令天下。西河郡（今山西汾阳）守将高德儒不服从李渊，李渊遣李建成、李世民二人率军前去攻伐。李建成、李世民二人与士兵同甘共苦，所过地区秋毫无犯，甚得军心民心。李建成等很快攻下西河，擒斩高德儒，在城中开仓济贫，令百姓各安旧业，二人名声逐渐传播开来。

西河告捷后，李渊建置大将军府，自称大将军，以长子李建成为陇西公，左领军大都督，统率左三军。以次子李世民为敦煌公，右领军大都督，统率右三军。以裴寂、刘文静为大将军府长史司马，以殷开山、唐俭等人为掾属、记室等，以长孙顺德、刘弘基等人分任左右统军、副统军，初步建立军事、政治机构。

大业十三年（617）七月，李渊率兵西图关中。隋将宋老生屯兵霍邑（今山西霍县），阻挡李渊前进。适逢秋雨连绵，又有流言说突厥与刘武周联合，准备乘虚袭击太原。有人主张回师太原，以后伺机再举兵。李渊准备班师，李建成、李世民二人坚决反对，李渊决定继续进军，终于击败宋老生，平定霍邑。

平定霍邑后，李渊连取晋州、绛州（今山西闻喜），九月，进军河东。隋朝大将军屈突通率军镇守河东，抗拒李渊部队，李渊决定分兵，一部分对付屈突通，一部分直取长安。李建成率兵，自新丰（今陕西临潼）至灞上（今陕西西安东），李渊率军从下邽西上，形成对长安的包围之势。十月，李渊来到灞上，与李建成、李世民会师，合兵二十万，令诸军各依壁垒，不得抢掠，十一月，攻陷长安。

进入长安后，李渊立隋的代王杨侑为帝，改元义宁，遥尊隋炀帝杨广为太上皇。李渊自立为唐王，大丞相，总揽内外军事。以李建成为唐王世子，开府设置官员属吏；李世民为京兆尹，改封秦公；李元吉为齐公。后又任李建成为抚军大将军，东讨元帅，授尚书令，命李建成率军去进攻洛阳。

大业十四年（618)，隋炀帝被宇文化及杀掉，李渊在长安自立为帝，国号唐，改元武德。立李建成为皇太子，李世民为秦王，李元吉为齐王。

凉州（今甘肃武威）李轨自号凉王，年号安乐。后来，他被李渊派去的安兴贵杀死。安兴贵准备颠覆李轨政权时，李渊派李建成率兵出发，迅速到原州（今宁夏固原）接应安兴贵。李建成率兵昼夜奔驰，士卒不堪劳苦，逃亡过半。但李建成如期抵达指定地点，帮助安兴贵杀死李轨，接管凉州。

胡人在北部边境作乱，朝廷派李建成征讨。在鄜州（今陕西富县）大败敌军，斩首千计。他又将俘虏的胡人首领全部授予官职，命他们回去招降部众。胡人投降。李建成见胡人众多，担心这些人日后成为大患，于是派胡人筑城，暗中带兵杀死胡人六千。胡人首领奔逃。李建成巡守北部边境，曾经俘获四百名地方盗匪，下令将他们全部割掉耳朵后放掉。

二、处置失当 势倾位危

李渊为了培养李建成的行政能力，下诏朝廷，除军政大事外的日常政务，一概由李建成裁决，又任命李纲、郑善果为东宫官员，令他们协助李建成处理政事。

李 渊

李世民常年统兵出战，屡立战功，名震天下，手下文武官员众多，势力渐渐壮大。东宫中允王珪、洗马魏徵等人认为李世民日渐崛起，对太子地位已经构成威胁，而太子不善谋略，今后应当讲求方法，树立形象。当时刘黑闼在河北盘踞，王珪认为李建成应当前去率兵平叛，树立威信，同时团结东方地区的英杰，壮大自己的势力。李建成请命东征，采用魏徵建议，对刘黑闼部众分化瓦解，争取人心，实行安抚政策。武德六年（623）刘黑闼兵败被杀。李建成大获全胜，控制了河北、山东地区。

李渊晚年，妃嫔众多。其中，张婕妤、尹德妃最受宠幸。二妃亲戚子弟，大多在宫中任职，李建成与李元吉商议，在宫内结好妃嫔，防止别人非议，借以巩固自己在父亲李渊心中的地位。这段时间，天下尚未平定，秦王李世民长期在外统兵作战，各妃嫔很少与他相见。李世民攻占洛阳后，各妃嫔对洛阳宫内的财宝珍玩，私下里多有求索，还有人为自己的兄弟请求官职。李世民下令将所有财物造册登记。同时下令非有军功均不得封官爵。各嫔妃请托不得，都在背后怨骂李世民。李世民当时任陕东道行台，李渊特命他在自己政管范围内可以专权独断，李世民将一处良田分给淮安王李神通。不巧张婕妤也为父亲请求赏赐这片土地。李渊同意，下手谕将这片土地赏赐给张婕妤的父亲。李渊诏书到达时，李神通已得到了土地，不肯再让出来。张婕妤诬告李世民违背谕旨，私自赏给他人。李渊大怒，召见李世民大加斥责：“我的诏令不如你的命令？”几天之后又对裴寂说：“李世民长期带兵，被一群儒生误导，不再是我以前的儿子了。”

秦王府官员杜如晦骑马路过尹德妃父亲门前，被尹府家人殴打，打断一根手指。尹父惧怕李世民追究，急忙派人告诉尹德妃，让她在李渊面前讲李世民坏话，告李世民的左右侍从暴打尹父。李渊听到尹德妃言语，勃然大怒，不加调查，斥责李世民：“你左右侍从连我爱妃的家父都敢打，对普通百姓又是如何欺凌？”李世民申辩，李渊不予理睬，各位妃嫔趁机中伤李世民，父子二人关系从此渐渐疏远。

突厥人入侵北部边境，威胁长安，李渊准备迁都洛阳，秦王李世民苦谏，方才作罢。李建成对李渊说：“秦王阻止迁都，是希望率兵抵御突厥，长期保留军队，拥兵自重，以便于夺取皇位。”李渊对李世民越发心中不满。

李渊下令，太子李建成居东宫，秦王李世民入居西宫承乾殿，齐王李元吉入居武德殿。三王入宫，侍卫皆带弓箭刀枪。从此以后，李渊诏令，太子命令，秦王命令，齐王命令，政出多门，宫内宫外人人恐惧，不知所从。

李建成招募骁勇两千人，入宫为甲士，驻扎在长林门，号称“长林兵”，又命左虞侯可达志招募幽州突厥士兵三百人入宫。有人将这事报告李渊，李渊斥责李建成擅自行动，将可达志流放窘州（今四川西昌）。

杨文干生性凶狠奸诈，李建成对他一直很欣赏，派他出任庆州（今甘肃庆阳）总管，招募士兵送到长安。李渊驾幸仁智宫，命秦王李世民、齐王李元吉随行。李建成对李元吉说：“秦王已经笼络了各位妃嫔，他金银财宝众多，贿赂馈赠之物不缺，我们不能坐等受害。”李元吉同意，命手下官员尔朱焕、桥公山运送士兵铠甲给杨文干，通知他迅速发兵前来。尔朱焕等人心中恐惧，到达豳乡（今陕西彬县）后，上报朝廷杨文干造反。宁州（今甘肃宁县）人杜凤也同时上报。李渊派遣司农卿宇文颖将杨文干诱回京师，李元吉暗中结好宇文颖，让他告诉杨文干事实真相，杨文干于是举兵造反。李渊因事情牵连李建成，下诏派人逮捕王珪、魏徵、韦挺、徐师谟、冯世立，准备将他们杀掉。同时召李建成入宫进见。徐师谟劝李建成趁此机会举兵夺权，詹事主簿赵弘智则劝李建成前去请罪。李建成听从赵弘智建议，去见李渊。李渊将他囚禁，派兵看守。

杨文干攻陷宁州，李渊惊惧而逃，连夜率卫士南奔十余里，天明方回宫中。李渊问李世民如何对付杨文干，李世民认为，派遣一员大将前去，就能消灭杨文干。李渊说：“事情牵连建成，恐怕响应之人众多，你亲自去，回来，我立你为太子，废建成为蜀王。蜀地狭窄，如果他不肯服从你，消灭他也容易。”李世民率领军队直奔宁州，杨文干被他的部下斩杀，余众投降。

李世民将宇文颖押送京师。

李世民走后，李元吉和宫内妃嫔，在李渊面前为李建成说情；封德彝也私下里劝李渊慎重决定。李渊又将李建成释放回宫，只是责备他们兄弟二人不能相互容忍。将王珪、韦挺、杜淹等人流放。从此，李建成、李元吉与李世民之间的猜忌敌视越来越严重。

李建成请李世民夜里宴饮。酒席上，李世民突然难受，吐血数升，被人扶回西宫。李渊闻讯，只是对李建成说，李世民不能饮酒，以后晚上不要聚会。又对李世民说："我从晋阳起兵，平定天下，全靠你的力量。我看你们兄弟互不服气，同在京师，隔阂会越来越深。你还是回洛阳行台，自陕州（今河南陕县）以东地区全部由你掌管，可以建天子旌旗。"李世民哭泣请留，声称不愿远离父亲。李建成等人怕李世民割据天下，以后不好对付，也悄悄派人劝说。李渊于是没有派李世民离京回洛。

三、玄武变起　中箭身亡

武德九年（626）夏天，突厥侵犯边境，李建成推荐李元吉率兵征讨，以便掌握兵权。长孙无忌、房玄龄、杜如晦、尉迟敬德、侯君集等人劝秦王李世民趁此机会先发制人，除掉李建成、李元吉。李世民听从。于是，李世民入宫进见李渊，告李建成等人与后宫淫乱，又说他们想杀自己："儿臣没有对不起兄长和三弟，现在他们却想杀我，这是为敌人王世充、窦建德复仇。假如儿臣死去，即使在地下，也羞于与以前的敌人相见。"李渊大惊，命三位兄弟第二天共同入宫进见。张婕妤迅速将李世民告状的消息通知了李建成、李元吉。李元吉建议武装侍卫，称病不去。李建成说："不入宫进见，怎么了解事情的发展？"主张进见李渊。

第二天清晨，唐高祖李渊与裴寂、萧瑀、陈叔达、封德彝、宇文士及、窦诞、颜师古等人，在大殿中等候这三位兄弟。太子李建成、齐王李元吉骑马来到玄武门，见秦王李世民正在玄武门，察觉形势不对，立刻转身想走，李世民一箭射死李建成，李元吉中箭逃跑，被尉迟敬德追杀。东宫、齐王府闻讯，发兵攻打玄武门，李世民闭门抵抗，流矢射入宫中。不久秦王府兵到，李建成、李元吉部下一哄而散。

李渊问裴寂等人应当如何处置。萧瑀、陈叔达说："臣听说内外不分，则父子不亲。当断不断，反受其乱。建成、元吉无功无德，秦王功盖天下，内外归心，立为太子，交付军国大权，陛下就可以减轻沉重负担了。"李渊于是召见李世民，好言抚慰。

武德九年（626）六月一日，李世民被立为太子，八月，高祖退位禅让，秦王李世民登上皇帝位，即唐太宗。

李建成死时三十九岁。长子李承宗为太原王，早年去世。其他几个儿子，安陆王李承道、河东王李承德、武安王李承训、汝南王李承明、钜鹿王李承义，全部诛杀。宇文颖被杀。太子余党惊惧不安。庐江王李瑗起兵造反，朝廷于是下诏，除李建成、李元吉、李瑗三人外，他人不予株连，天下这才平静。

天下安定后，唐太宗李世民追封李建成为息王，赐谥号为“隐”，以礼改葬，诏命东宫旧臣全部前去送葬。安葬日，李世民在宜秋门前痛哭。

齐王李元吉

李元吉

李元吉（603～626），唐高祖李渊第四子，唐太宗李世民之弟。小字三胡。陇西成纪（甘肃秦安）人。武德元年（618），封为齐王，后改封巢王，谥号“剌”。他任并州总管，手握重兵。其为人猜忌多疑，阴险好斗，骄横跋扈。他丢失并州，唐高祖却不加治罪，无异于纵容他的骄横行为。在太子李建成与李世民争夺嗣君的斗争中，他挑拨离间，欲从中取利。结果，却身死玄武门。他的一生，令人感叹。

一、骄横跋扈　丢失并州

隋朝末年，李渊奉命镇守太原，将家属留在河东地区，令长子李建成守家，并命李建成、李元吉等人结交当地豪杰，树立个人形象，扩大家族势力，为以后夺取天下做准备。李元吉协助李建成做了大量工作。

隋炀帝大业十三年（617），李渊准备起兵反隋，秘密派人通知李建成、李元吉二人速到太原。六月，李渊举兵反隋。

李渊带领大军直指长安，令长子李建成、次子李世民随军行动，命三子李元吉留守太原。夺取长安后，李渊自任大丞相，分封诸子众将，封李元吉为姑臧郡公，后进齐国公，命他总揽十五郡军事大权，加授镇北将军，太原道行军元帅。李渊称帝后，进封李元吉为齐王，授并州总管。

李元吉刚生下来时，相貌丑陋，他母亲心中嫌弃，不想抚养，被乳母陈善意喂养长大。李元吉成年后，性格猜忌多疑，阴鸷好斗。又因久居边镇，手握重兵，越发放纵奢侈，骄横跋扈。他喜军事，经常命令手下家奴、姬妾数百人披甲装束，手持兵器，相互击刺。长期演练，死伤人数众多。后来，李元吉中剑受伤，乳母陈善意出面禁止李元吉继续胡闹，李元吉恼羞成怒，命健壮武士将陈善意杀死，又私下赐谥号为慈训夫人。

刘武周占领汾州（今山西隰县）、晋州，威胁太原。李渊派右卫将军宇文歆前去协助李元吉镇守太原。李元吉喜欢捕鸟打猎，出门时经常带上三十车捕捉鸟兽用的罗网，自称宁可三日不食，不能一日不猎。夜色降临，李元吉出府，带人悄悄到百姓家中奸淫妇女。府门整夜不关。敌人虎视眈眈。宇文歆严肃劝谏，李元吉不听，宇文歆于是上表李渊，陈述李元吉纵情狩猎、践踏民田、纵兵掠夺、射箭伤人、夜淫民女等诸般劣迹，说太原附近百姓对李元吉恨之入骨，自己无法与他共守太原。李渊接表，下诏召见李元吉。李元吉派人威胁太原百姓，另去长安请求让李元吉留守太原，李渊相信，放回李元吉。

刘武周派五千骑兵驻扎于黄蛇岭。李元吉派将军张达率领步兵百人前去攻击。张达认为士兵人数太少，不能贸然进攻，李元吉强逼张达出战，否则军法从事。张达率军出战，百名士兵全部战死。张达大怒，引导刘武周部队攻陷榆次（今山西榆次），李元吉退保祁州（今山西祁县），刘武周部队迅速追击，李元吉逃回并州，刘武周部队士气大振，乘胜追击，李元吉欺骗司马刘德威："你率老弱士兵守城，我率精锐出战，抵抗敌人进攻。"然后，他携带珍宝财物、妻妾奴仆连夜出城，丢下军队直奔长安。太原城陷落敌手，并州地区尽归刘武周。唐高祖李渊没有追究李元吉的罪责，这无疑助长了他的骄纵之气。

逃回长安不久，李渊任李元吉为侍中、襄州道行台尚书令、稷州（今山西稷山）刺史。秦王李世民围困东都洛阳，准备消灭王世充，窦建德率兵前来增援王世充。李世民率领精锐骑兵迎击窦建德，留李元吉、屈突通二人守大营。王世充认为形势发生变化，马上派兵出击。屈突通协助李元吉巧设伏兵，击溃王世充部队，擒获王军部将，斩杀八百士卒。洛阳被攻下后，李元吉被拜为司空，赐王冕衮服，鼓吹乐二部，班剑仪仗二十人，黄金两千斤，与太子李建成、秦王李世民同时各得一炉铸钱，后升任司徒，兼任侍中及并州大都督。

二、挑拨离间　阴险狠毒

天下平定，秦王李世民南征北战，功劳最大，太子李建成因长期防守长安，名望不如李世民响亮，许多人对他不怎么敬佩。李元吉喜欢挑拨离间，他希望李建成、李世民二人仇视、争斗，他趁机从中取利。于是，他反复向李建成吹风："秦王功高，名声越来越大，又被父皇宠爱，殿下虽为太子，地位并不稳定。如果不早作谋划，很快就会受害，让我为殿下杀掉秦王。"太子李建成不忍心杀掉二弟，不同意李元吉的想法，李元吉五次三番，劝说不止，李建成逐渐同意。

在取得李建成同意后，李元吉便协助李建成结交宫内人员，厚赂中书令封德彝，让他在李渊面前说太子好话，多进秦王坏话，因此李渊渐渐怀疑、疏远李世民。

李元吉招募众多凶悍亡命之人，给予优厚待遇，重加培植，以便他们能够为自己卖命。记室参军荣九思委婉劝谏，李元吉不听。齐王属官裴宣俨被免职，去到秦王府任职。李元吉怀疑裴宣俨泄露自己作为，将他用鸩酒毒杀。从此以后，对李元吉的所作所为，齐王府上下无人敢讲。

一次，秦王李世民随李渊来到齐王府第，李元吉派人藏到卧室内，准备刺杀李世民。李建成发觉后，坚决阻止行刺。李元吉说："我这是帮助太子，秦王对我有什么害处?"

武德九年（626），突厥侵犯边疆地区，太子李建成推荐齐王李元吉率兵征讨。李元吉领命后，调用秦叔宝、尉迟敬德、程知节、段志玄等很多秦王

唐代宴饮壁画

李世民属下将官，又调秦王府精兵归属自己指挥。李渊未能制止李元吉的做法，李元吉又秘密奏请李渊，请求杀掉李世民。李渊回答："秦王平定四海，杀秦王，没有任何理由。"李元吉说："秦王平定洛阳，不马上向长安进贡财物，却私下里大肆散发金钱玉帛，树立个人恩信，难道这不是谋反吗?"李渊没有回答。

李元吉与李建成秘密商议，李元吉带兵走后，由李建成在昆明池将李世民杀掉，然后称李世民暴病身亡，报告李渊。然后李元吉再杀尽秦琼等秦王府部下将领。率更令王晊悄悄将这个计划告诉了秦王李世民，并说李元吉对护军薛宝说过，只要除掉秦王，取得东宫之位易如反掌。秦王李世民于是召集部将，布置人马之后，进宫向高祖李渊报告李建成、李元吉淫乱后宫，并说他二人要杀害自己。李渊大惊，命他兄弟三人第二天入宫，准备调查原委，当面对质。第二天清晨，李建成、李元吉在玄武门被李世民杀掉。

李元吉死时二十四岁。他的儿子梁郡王李承业、渔阳王李承鸾、善安王李承奖、江夏王李承裕、义阳王李承度，全被李世民杀死。

李世民称帝后，追封李元吉为海陵郡王，赐谥号为"剌"。后改封巢王。

霍王李元轨

李元轨（?～688)，唐高祖李渊第十四子，唐太宗李世民之弟。陇西成纪（甘肃秦安）人，唐武德六年（623）封蜀王。后改封吴王，后又改封为霍王。

李元轨

李元轨勤奋好学，多才多艺，李渊对他特别喜爱。唐太宗曾经问群臣，在各位子侄弟兄之中，哪一个亲王最为贤良，魏徵推举李元轨，认为他博学多才，温和孝顺，李世民深表同意，为李元轨聘娶了魏徵的女儿。

李元轨曾经陪李世民打猎，李元轨箭无虚发，猎物众多。李世民抚着李元轨的后背感叹："你武艺过人，可惜现在无处施展，如果天下尚未平定，这些武艺就全都能用上了。”

贞观七年（633），李元轨出任寿州（今安徽寿县）刺史。贞观十年（636），改封霍王，又历任绛州、徐州、定州三州刺史，实封食邑五千户。李元轨在州任职，每日闭门读书，将日常政务委托本州长史、司马处理。他平时谦虚、谨慎，遵守法纪，恪守道德规范。他与布衣刘玄平来往密切。有人问刘玄平，李元轨在哪方面有特长。刘玄平沉吟不语。问话的人不解其意，追问不止，刘玄平说：“一个人有了短处，才能显示出其他方面的长处。霍王各种长处无所不具，你让我讲哪个方面的长处啊？”

突厥进犯定州，李元轨命士兵偃旗息鼓，大开城门，突厥军队怀疑城中有伏兵，不敢入城，乘夜色撤退。定州人李嘉运暗中勾结突厥，事情败露，朝廷下诏。命李元轨捕杀所有与李嘉运有牵连的人。李元轨认为敌人强大，距离又近，人心本来就动摇不定，为了稳固民心，防止内乱，他只杀了首犯李嘉运，其他人一概不予追究。处理完毕，他上表请罪自我批评。唐太宗高兴地说：“全部捕杀的命令发出后，我心中一直有些后悔。不是霍王明智，定州恐怕就要危险了。”

在前线的一次遭遇战中，王文操与敌人苦战，兵败撤退，他的两个儿子王凤、王贤用身体遮挡父亲，掩护王文操撤走。王文操逃脱，但两个儿子全都战死于军中。所在县压下这个事迹，没有上报，李元轨从其他渠道了解了这一事迹，遣使前去吊祭王凤、王贤，并将此事上报朝廷。朝廷下诏，追赠王凤、王贤为朝散大夫，表彰王氏家族。

李元轨每次进京朝见，都上疏陈述朝政得失，多所指正，唐太宗对他非常尊重，每有大事，都秘密派人前去咨询。唐太宗去世后，朝廷命李元轨与侍中刘齐贤共同修治太宗陵墓。李元轨博学多识，熟知历代典章制度，刘齐贤深为叹服。

有人建议李元轨经商取利，李元轨说：“你应当指正我的过失，为什么要劝我谋利呢？”不予采纳。

李元轨后任司徒，又出任襄州（今湖北襄樊）、青州（今山东青州）二州刺史。垂拱三年（687），越王李贞起兵反对武则天，因准备不充分，很快失败。李元轨因与越王李贞有来往，被武则天流放黔州（今四川彭水），用槛车押送李元轨出发。槛车走到陈仓（今陕西宝鸡）时，李元轨死了，死因不明。

荆王李元景

李元景（？～652），唐高祖李渊第六子，唐太宗李世民之弟。武德三年（620）封赵王。贞观初年（627），升任雍州牧。贞观十年（636），改封荆王，授荆州都督。第二年下诏：荆州都督荆王李元景、徐州都督徐王李元礼、潞州都督韩王李元嘉、郑州刺史郑王李元懿、豫州刺史道王李元庆、邓州刺史邓王李元裕、寿州刺史舒王李元名、幽州都督燕王李灵夔、苏州刺史许王李元祚、安州都督吴王李恪、相州都督魏王李泰、齐州都督齐王李祐、益州都督蜀王李愔、扬州都督越王李贞、并州都督晋王李治、秦州都督纪王李镇等人受封的名号世袭。但长孙无忌等坚决反对，因此这一决议被废除。其后李元景改封鄜州刺史。

永徽初年（650），李元景升任司徒，赐予实封一千五百户。

永徽四年（653），前宰相房玄龄之子房遗爱谋反，李元景的儿子李则与房遗爱来往较多，李元景受牵连被捕入狱。当时吴王李恪也牵连在内，高宗李治对大臣说："我请求诸公免除我哥哥（指李恪）的死罪。"兵部侍郎崔敦礼说："陛下希望施恩德于亲族，但不能为此违背国家法令。"于是，李恪、李元景被赐死。很久以后，追封李元景为沈黎王，过继渤海王李奉慈的儿子李长沙为嗣，但降为侯爵。神龙初年（705），唐中宗李显下令恢复李元景的王爵，由李元景孙李逖继承。李逖死后，因没有儿子，这个封国就废除了。

韩王李元嘉

李元嘉（618～688），唐高祖李渊第十一子，唐太宗李世民之弟。母宇文昭仪，隋朝左武卫大将军宇文述之女。武德四年（621）封宋王，武德十年（636），改封韩王。

李元嘉的母亲宇文昭仪，很得高祖宠爱，高祖即位之初，想立宇文昭仪为皇后，但昭仪坚决辞让。因为母亲的缘故，李元嘉特别得到高祖的喜爱，诸子中没有谁比得上他。

贞观六年（632），唐太宗李世民封李元嘉为潞州刺史。这时，他才十五岁，因母亲宇文太妃病重，哭泣不进食。母亲死后，李元嘉在居丧期间，哀毁过度，太宗多次劝慰他，让他保重身体。

李元嘉少年时就勤奋好学，藏书至万卷。他逐卷用古本考订正误，又采碑文古迹，多得异本。他与弟弟李灵夔友爱，相处甚为融洽，受到广泛的称赞。他洁身自好，礼贤下士，当代诸王没有能和他相提并论的，他可谓是唐太宗朝的贤王。

贞观九年（635），改封李元嘉为韩王，升任滑州都督。

高宗末年，李元嘉任泽州刺史。武后临朝执政，李元嘉升为太尉，改任定州刺史。霍王李元轨任司徒，舒王李元名任司空，滕王李元婴开府仪同三司，鲁王李灵夔任太子太师，越王李贞任太子太傅，纪王李慎任太子太保。诸王的职位看似很高、很受尊崇，但武后已经在谋划削弱诸王。

李元嘉因此十分恐惧，与儿子李谍和越王李贞的儿子李冲纠集李唐宗室子弟起兵讨伐武后。行动尚未开始，恰逢武后下诏，令宗室子弟都到京师祭祀祖庙。李元嘉派使者遍告诸王："这次大祭祀是个阴谋，祭祀举行之后，武后一定要诛杀诸王，不如现在就起兵，不然，我们李家人就要灭绝了！"

唐代壁画《仙山楼阁图》

于是，李元嘉假造了中宗诏书，统领诸王发兵。李冲率兵五千攻打济州，但诸王仓促之间不能集结军队，被武后派出的官军击败，兵变以失败告终。李元嘉到京师，因他是这次兵变的主谋，武后迫使他自杀，时年七十岁。下诏将韩王李元嘉、鲁王李灵夔、越王李贞削去王号。

李元嘉生有六个儿子。长子李训，封颍州王，早卒。次子李谊，封武陵王。第三子李谌，封上党公。第四子李譔，封董公，擅长做文章。出任通州刺史，因患病辞官回家，图谋响应越王的兵变。李谌精通言律，任杭州别驾，与李譔一起在这次兵变中牵连被杀。当时有许多王公被杀，李冲、李譔家中藏书最多，都是善本，朝廷图书馆中的书籍都比不上他们的书珍贵，神龙初年（705），朝廷恢复李元嘉的王号和封国，由他的第五子李讷继承。

愍太子李承乾

李承乾（614～645），唐太宗李世民长子。字高明，陇西成纪（甘肃秦安）人。武德三年（620）封恒山王。唐太宗即位后，立为皇太子。贞观十七年（643）被废。谥号“愍”。他因为是嫡长子而被立为太子，但却缺乏为人君应有的才能。他喜好声色，言行放荡，狂傲不羁；又与魏王李泰争夺储君之位，各自结党。他准备起兵诛杀李泰，被人告发，废为庶人。

一、身为太子　言行放荡

李承乾生于承乾殿中，因此取名为承乾。武德三年（620），被封为恒山王。唐太宗即位后，立李承乾为皇太子。

李承乾幼时，思维敏锐，非常聪明。成年后，喜好声色漫游，但因畏惧父亲李世民，还不敢放纵自己的行为。他处理政事、接见众臣时，言辞忠厚，“忠孝”二字几乎成了口头禅；回宫之后，则与一群自己宠幸的人狎戏作乐。每有属下官员进谏，李承乾都是正襟危坐，沉痛检讨。劝谏者深受感动，人人都以为李承乾特别贤良忠正，无人察觉他本性的虚伪圆滑与粗野狡诈。

随着时间的推移，他的一些劣迹便慢慢传到众位大臣和太宗的耳中。每当孔颖达、令狐德棻、于志宁、张玄素、赵弘智、王仁表、崔知机等朝中大臣劝谏李承乾，李世民都厚赐诸臣，以示鼓励，同时也是提示李承乾应改恶从善。李承乾狂傲不悛，这些人劝谏时，他当面点头答应，唯唯称是，表示坚决改过，背后却遣人暗中调查诸人言行，伺机报复。

魏王李泰勤奋好学，礼贤下士，李世民比较器重他。李承乾腿脚有毛病，走路不很平稳，不符人君庄严之相，他惧怕自己的太子身份被父亲废掉，而魏王是最强大的竞争者，因此与李泰对立。李泰也阴谋夺取皇太子之位。二人各自结党，壮大势力，相互窥伺攻击。

东宫中有一位唱戏的少年，善于搔首弄姿，李承乾异常喜爱他。二人朝夕相伴，寝食俱同。太宗派人将那少年杀掉，与这事有牵连的人也有几个被杀。李承乾认为这事是李泰在背后捣鬼，对李泰特别仇恨。他怀念少年，画其图像，日夜观看；又为少年在花园中修造坟墓，赠官树碑，朝夕祭祀。李承乾每次到坟边徘徊，都是惋惜落泪，痛苦异常。内心越发憎恨李泰，怨恨太宗，从此称病，不问政务，几个月不曾出宫。

在宫中，李承乾命令奴仆上百人练习音乐，束成胡人发型，用彩帛制成舞衣，挥竿舞剑，群斗作乐，鼓声昼夜不绝。他又命人铸造大铜炉和六个大鼎，派人盗取百姓牛马，在炉鼎中煮熟，带领他宠幸的美女、俊男们搞起了“野炊”。

唐代蹴鞠图

李承乾喜好突厥语言、服饰。他挑选奴仆中相貌长得像胡人的，用羊皮制衣，盘上发辫，每五人组成一个部落，建造毡房，树立五狼头旗帜，排兵布阵，演习练兵。他自己又建造毡帐居住，命各部落弄羊烧煮，用佩刀割肉而食。他又曾身扮可汗，假装死去，令众人号哭，涂黑面孔给他送葬，用众多马匹环绕他来回奔走。他曾讲过：“假如我拥有天下，就带数万骄兵到金城（今甘肃兰州），披散开头发，投奔思摩王，当他的一个部下，该是多么痛快！”

李承乾还命奴仆剪开毛毡制成铠甲，张旗布阵，与汉王李元昌各自率领一部分人，大呼小叫，相互击刺。有不服从命令的，就暴打他，有的被打死或致残。他大声宣布："我如果做了皇帝，一定全部满足我的欲望！我要在皇苑中设置万人营，那时再与汉王分兵打仗，坐观岂不痛快！如果有劝谏的人，我就把他杀掉。杀死五百人，就没有人再敢乱嚼舌头，我的耳根子就清静了。"

二、不遵礼法　废为庶人

李承乾憎恨李泰，曾派封师进、张师政、纥干承基等人筹划刺杀李泰，没有成功。后来他与汉王李元昌、侯君集、李安俨、赵节、杜荷等人滴血盟誓，准备起兵诛杀李泰。贞观十七年（643），齐王李祐在齐州（今山东济南）造反，李承乾对纥干承基说："我宫殿的西墙，离大内只有二十步，与齐州不一样。"齐王造反，事情牵扯到纥干承基，纥干承基被捕下狱，准备问成死罪。为求活命，他上告李承乾欲谋反，李世民命长孙无忌、房玄龄、李勣、孙伏伽、岑文本、马周、褚遂良等人共同处理此事。李承乾被废为庶人，流放黔州（今四川彭水）。

贞观十九年（645），李承乾死去，李世民闻讯废朝，命以国公礼节安葬，赐谥号为"愍"。

李承乾之子李象，任怀州（今河南沁阳）别驾，越州（今浙江绍兴）都督，封郇国公。另一子李厥，任鄂州（今湖北武汉）别驾。李象的儿子李适之，在玄宗开元年间曾任宰相。

濮王李泰

李泰（618～652），唐太宗李世民第四子。字惠褒，陇西成纪（今甘肃秦安）人。封魏王。武德三年（620）封宜都王，后改封卫王，又改封越王，再改封魏王。因他阴谋夺取太子之位，降爵东莱郡王，又改封顺阳王，后进封为濮王。死后赐谥号为"恭"。他富有才学，精明强干，深受唐太宗喜爱，对他的待遇甚至超过了皇太子李承乾。大臣多次劝谏，唐太宗也不听。唐太宗的宠爱，刺激李泰产生了夺取太子之位的野心，与太子明争暗斗。结果太子被废，他也因过于阴险不得立太子，被贬官降爵。从中可见唐太宗虽然英明一世，但却不是一个成功的父亲。

一、身受宠幸　谋夺储位

李泰初封宜都王，又改封卫王，再改封为越王，任扬州（治今江苏扬州）大都督，后任雍州牧，左武侯大将军。改封魏王。

李泰在诸位王子中文才最好，表现得精明强干，唐太宗对他很赏识，格外偏爱。唐太宗命他在魏王府设置文学馆，可以自己招引文学之士做馆内人员。又因为李泰肥胖，腰腹硕大，走路不便，特许他可以乘坐小车进宫朝见。司马苏勖劝李泰招集宾客著书，学习模仿古代贤良亲王的作为，既立身闻名于当代，又流芳于后世，李泰于是奏请撰写《括地志》。朝廷派著作郎萧德言、秘书郎顾胤、记室参军蒋亚卿、功曹参军谢偃等人主持撰写工作，很多文人学士参与写作。众多贵族子弟也想趁此机会立名邀宠，纷纷前来攀附，魏王府一时门庭若市。李泰察觉到自己门前车马喧嚣有些过分，希望迅速编成，于是分发给全国各州道府县，命各地负责本地区卷册章节，写成后上交魏王府。《括地志》一共五百五十篇，分四期完成。唐太宗下诏，将此书收藏于宫廷秘阁，又驾幸延康坊魏王府第，以示恩宠，表明他对这件工作非常满意，当日赦长安犯人死罪，免坊人一年租税，魏王府中官吏僚佐各有赏赐。

魏王李泰平时待遇和每月的份例银，都远远超过皇太子李承乾，谏议大夫褚遂良劝谏李世民："帝王尊嫡卑庶，将长子立为储君。因此，储君在各方面都与帝王相同，庶出子弟不能攀比。历代朝廷一直用这种方法来杜绝弟兄之间产生嫌隙，避免尊卑不分，成为祸乱之源。从前的帝王制定各种规定，都是从普通人的正常心理出发来考虑问题，拥有国家的人，子孙后代必然有嫡庶之分；对庶子再喜爱，在待遇上也不能超过嫡长子。如果应当亲近的反而受到疏远，应当尊崇的待遇反而卑下，这就是以私情损害国法，惑乱臣民思想，制造国家混乱。现在魏王各种待遇都超过东宫太子，舆论认为这样不对。过去汉朝窦太后宠爱梁王，

唐代彩绘说唱俑

分封四十余城，梁王建造苑囿三百里，修治宫室、复道，浪费钱财无数，出警入跸，显赫异常。后来不得意，发病而死。汉宣帝骄纵淮阳王，差点宠坏他，后来派正直、谦恭、严谨、忠厚的大臣辅佐他，才终于保全他。现在，应当训导魏王注意节俭克制，待好习惯养成后，再慢慢增加他的收入，提高他的待遇，还应当为他选择师傅，劝导他谦虚谨慎。然后鼓励他在文学方面努力发展，以此来把他塑造成为道德修养高深的贤明亲王。这样做，就是古人所提倡的圣人之教，用不严苛的办法塑造人才。”唐太宗虽然认为褚遂良说得很对，但由于他对魏王宠爱太深，竟不肯改变那些错误做法。

唐太宗又下诏，命李泰搬进武德殿居住。侍中魏徵劝谏：“魏王是陛下爱子，陛下如果希望他平安保全，就不应当把他放到招人猜忌的地方。武德殿在东宫西面，又是以前齐王李元吉居住过的宫殿，很多人认为这么做不合适。虽然时间已经发生变化，事情也与过去不同，但人言可畏，不能不防，现在陛下虽然宠爱魏王，但是，希望陛下停办这件事，以便成就魏王身受宠幸而心中审慎的美德。”唐太宗总算是接受了劝谏，收回成命，不再主张把魏王迁往武德殿。

唐太宗的娇宠溺爱，刺激魏王李泰产生了夺取皇位的野心。他招集驸马都尉柴令武、房遗爱等人，密商计策，又派韦挺、杜楚客二人以贿赂馈赠等手段，结交朝中大臣，许多人依附李泰，魏王势力日渐强大。

贞观十七年（643），李承乾被废黜。唐太宗在背后许诺立李泰为皇太子。岑文本、刘洎请求立魏王李泰为皇太子，长孙无忌等人则请求立晋王李治为皇太子，唐太宗犹豫不决。

二、弄巧成拙　降爵外放

李泰知道唐太宗犹豫，就前去威胁晋王李治，说李治与太子朋党李元昌有牵连。李治生性懦弱，忧形于色。唐太宗觉得李治行为反常，就询问原因，李治如实回答。太宗闻言怅然失意，无语静坐。

唐太宗召来李承乾，斥责他的所作所为不合礼法规定。李承乾回答：“儿臣贵为太子，还能有什么不满足的？只不过总被李泰排挤、陷害，我不得不结交朝中大臣，希望能够安稳度日罢了。有人趁此机会煽风点火，教我做了一些不法之事。如果立李泰为太子，正好成全了他们的阴谋。”唐太宗叹息道：“如果立李泰为太子，那就是告诉天下人，太子之位可以用阴谋夺得。李泰做太子，承乾、李治都会死掉；李治做太子，承乾、李泰都不会有危险。”于是，唐太宗下诏，解除李泰雍州牧、相州都督、左武侯大将军等职务，降爵为东莱王。同时规定，今后如果太子无道，有诸王窥伺太子位置的，这两个人必须同时处分，全部废黜。

晋王李治后来被立为太子。但唐太宗对这项措置始终心有不甘，内心还是偏向李泰，他对长孙无忌说："你劝我立李治，但李治过于懦弱，恐怕治理天下有困难，朕不知道我们这个决定是不是明智？"

李泰后来又改封顺阳王。在均州郧乡（今湖北郧县）居住。唐太宗曾经拿着李泰上奏的表章对左右说："李泰文辞可喜，是难得的治世良才，只不过为了国家考虑，让他在外地居住，使他的兄弟几人都能够得到保全。"贞观二十一年（647），李泰又晋封为濮王。

永徽元年（650），唐高宗李治即皇帝位，朝廷下诏，李泰可以开府办差，招请官属僚佐，各种待遇全部超规格提高。永徽三年（652），李泰死于郧乡，只有三十五岁。朝廷追赠太尉，雍州牧，赐谥号为"恭"。

齐王李祐

齐王李祐

李祐（？～643），唐太宗李世民第五子。陇西成纪（今甘肃秦安）人。唐武德八年（625），被封为宜阳王，又改封楚王，后改封燕王，再改封齐王。他喜好玩乐，宠信奸佞小人，疏远正人君子，是个不折不扣的纨绔子弟。后来起兵造反，兵败后被赐死。

一、纵情玩乐　远贤近佞

武德八年（625），李祐被封为宜阳王。当年，又改封楚王。

贞观二年（628），李祐改封燕王，任豳州（治今甘肃宁县）都督。贞观十年（636），改封齐王，授齐州（治今山东济南）都督。李祐早年封齐王，他的舅舅尚乘直长分析皇位继承之势，对他说："你们兄弟众多，你父皇去世之后，你必须拥有武装力量，才能自我保护。"于是，李祐厚待尚乘直长的妻兄燕弘信，赏给他许多金银布帛，命他暗中招募擅长剑术的武士。

贞观初年，唐太宗担心自己的儿子们不遵守国家法令制度，因此，对辅助诸王的长史、司马尽量选择正直刚毅、严肃认真的大臣担任，不管哪一个亲王有违法犯纪之事，都命他们迅速上奏。李祐纵情玩乐，亲近一群奸邪之人。他又特别喜欢打猎，齐王长史薛大鼎屡次进谏，李祐不听。唐太宗认为薛大鼎辅导无方，就地免职。

权万纪曾任吴王李恪长史，为人耿直，性情急躁。太宗派权万纪前去约束李祐，权万纪到来后，每次见到李祐违法，都犯颜直谏，毫不客气。李祐左右，有昝君谟、梁猛彪二人，善于骑射，是李祐最宠爱的人，权万纪劝谏李祐疏远二人，李祐不听。二人均被权万纪斥退。李祐又派人招二人回府，对他们的宠爱变本加厉。

太宗担心李祐不能悔过自新，亲自写信，严厉斥责李祐。权万纪担心自己同时受到惩处，便对李祐说："齐王您是陛下爱子，陛下希望你能够改正错误，因此才严加训导。您如果能够悉心改正的话，我到朝中去为你说情。"李祐于是上表谢罪，承认自己诸般错误，保证今后不再重犯。权万纪进京见驾，太宗给予表彰、赏赐，对李祐却没有宽恕的意思，还写信严厉斥责。李祐看到权万纪蒙受赏赐，而自己却仍然被斥责训诫，以为权万纪在皇帝面前出卖自己，心中十分不平。

二、起兵造反　贬废赐死

权万纪生性偏执狭隘，专门以严厉苛刻的方式来约束李祐。他不允许李祐走出城门，命令李祐解散所有飞鹰猎犬，赶走昝君谟、梁猛彪，不许李祐与他们二人相见。李祐发怒，准备派昝君谟杀掉权万纪。计划泄露，权万纪逮捕昝君谟，将此事上奏朝廷。

贞观十七年（643），太宗派刑部尚书刘德威前去调查权万纪所奏事件，同时命李祐与权万纪进京，权万纪奉诏先行，李祐派燕弘亮追赶权万纪，在路上把他射死，还把尸体肢解，扔入粪池。

杀死权万纪后，昝君谟等人劝李祐造反。李祐下令，征召城中十五岁以上男子入伍，分封属下官吏任拓东王、拓西王等职。他自称上柱国，打开府库，赏赐从周围入城的百姓。修治兵器，制造铠甲，准备战斗。太宗闻讯，派兵部尚书李勣与刘德威领兵征讨。

李祐以为事情办得稳妥，每夜招引燕弘亮等五人与王妃饮酒作乐。嬉笑之际，李祐讲官军很快到来，燕弘亮吹嘘说："大王不必担心。我右手照常吃酒，只用左手即可用刀杀尽那些官军。"李祐宠信燕弘亮，众人闻言大笑。

太宗又派人送书信斥责李祐："朕曾经警告你不要亲近小人，正因为担心你这样做。昔为父子，今为国仇。朕上惭皇天，下愧后土。"

李勣等人兵马尚未进入齐王封地，青州（治今山东青州）、淄州（治今山东淄博）等数州兵马，就开始不听从李祐的命令。李祐传送檄文，号召造反，各县都不行动。有人劝李祐掠走城中青年男女，选择一个位置险要的地方，出去据守。李祐犹豫不决。

兵曹杜行敏计划捕捉李祐，许多士兵愿意追随他行动。于是，杜行敏率人连夜凿通围墙进入王府，李祐与燕弘亮等人身穿铠甲，手持兵刃，在室内抵抗。双方对峙到中午，杜行敏大呼："李祐昔为帝子，今为国贼！我杜行敏为国讨贼，义无反顾。齐王如果不降，就会被烧死！"命士兵堆积柴草，准备放火烧房。李祐出室投降，同伙全部被杀。

李祐被送到京师，朝廷赐死，贬为庶人，解除爵位。与李祐有牵连的，共杀掉四十余人。

权万纪被追封齐州都督，追封武都郡公。

越王李贞

李贞（？～688），唐太宗李世民第八子。陇西成纪（今甘肃秦安）人，贞观五年（631），封汉王，后改封原王，又改封为越王。谥号"敬"。曾起兵反抗武则天，兵败自杀。李贞擅长骑射，涉猎文史，有行政才干，是宗室亲王之中的卓越人才。

武则天掌权后，任李贞为太子傅、豫州（治今河南洛阳）刺史。唐中宗李显被武则天废黜，出居房陵（今湖北房县），李贞与韩王李元嘉、鲁王李灵夔及其子范阳王李蔼、江都王李绪，还有自己的儿子琅玡王李冲等人联合筹划，准备扶助中宗李显，废黜武则天。

垂拱四年（688），都城明堂建成。武则天命令全体李氏亲王入京参加礼仪活动。亲王都怀疑武后准备杀戮亲王。事情紧急，韩王李元嘉假造中宗李显书信给李冲"诏书"写道："朕被关押了，各位亲王要立即起兵救朕。"李冲得书，命长史萧德琮招募士兵，通知诸位亲王约期举兵。

八月，李冲首先发兵，公开反对武则天执政。可是除了父亲李贞外，李氏亲王无人响应。李贞率军队攻占上蔡时，李冲已经失败。李贞招兵，得众七千，分为五营：李贞自居中营，以裴守德为大将，领中营；以赵成美为左

唐代三彩武官俑

中郎将，领左营；阎弘道为右中郎将，领右营；以安摩诃为郎将，领后军；以王孝志为右将军，领前军；以韦孝礼为司马，管理官署官吏五百人。

九月，武则天派左卫大将军曲崇裕、夏官尚书岑长倩率军十万征讨。以凤阁侍郎张光辅为诸军节度，下诏取消李贞、李冲父子皇室宗亲属籍。曲崇裕等率兵来到豫州，李贞少子李规及裴守德率兵与之交战，作战失败。李贞闭城拒守。裴守德原为武士，李贞将他提拔起来，将女儿嫁给他，委托他办理重要事务。朝廷军队逼近，他家里人对李贞说："事情已经这样，大王难道甘心忍受侮辱屠戮吗?"李贞服药而死；李冲退走博州（治今山东聊城），被守门士兵杀死；李规自杀；裴守德及妻子自缢。

李贞从发兵至失败，共二十天。

开元四年（716），朝廷下诏，备礼改葬，赐谥号为"敬"。

影响太宗和被太宗影响的女人们

对唐太宗影响较大的女性有太宗之母窦氏、皇后长孙氏和充容徐惠。窦氏精心教导李世民，把他培养成才；长孙氏屡谏唐太宗，贞观之治，她功不可没；徐惠效法长孙氏，积极进谏太宗，也有一定影响。文成公主、丹阳公主、常乐公主、襄城公主、高阳公主均受到唐太宗影响。其中，文成公主为和亲远嫁异域，是青史留名的女性之一。

皇太后窦氏

窦 氏

窦氏（生卒年不详），唐太宗李世民生母，高祖李渊皇后，父窦毅，曾仕北周为上柱国，入隋为定州总管，神武公；母为北周武帝的姐姐襄阳长公主。窦氏生前李渊并未称帝，她死后才被追认为皇后，谥号“太穆神皇后”。她精心教导儿子李世民，以贤德和才干辅佐丈夫和儿子夺天下，唐帝国的建立，也有她的一份功劳。她既无争宠夺权之痛苦，亦无失宠之恐惧。而是：生，得丈夫之宠爱；死，得子女敬佩。实乃幸运也！

一、才貌双全　贤德孝顺

窦氏是京兆平陵人。出身于官宦之家。父亲窦毅，曾任周为上柱国，入隋为定州总管、神武公。窦毅娶周武帝的姐姐襄阳长公主。窦氏就出生在这样一个环境优裕的官僚家庭，全家人对她百般呵护与宠爱。

窦氏的母亲襄阳长公主忍受十月怀胎之艰辛，将窦氏生下。窦氏刚刚降临，因见窦氏不同寻常，发垂过颈，窦家一片恐惧。惊恐之余，窦氏父母又是一阵欣慰，原来，窦氏看上去聪明伶俐，两只眼睛很会说话，十分招人喜欢。随着时光的流逝，窦氏转眼就长到三岁，一头乌黑的头发，已与身同长，格外引人注意。年幼的窦氏有超人的记忆力，喜爱读书，过目不忘。窦氏尤其喜欢读《女诫》、《列女传》等。

窦氏的舅舅周武帝宇文邕见外甥女聪明好学，十分喜欢，便留窦氏在宫中生活。窦氏在皇宫中每日读书、写字，生活得悠然自得。武帝宇文邕连年征战，积劳成疾。宣政元年（578）五月，因突厥骚扰边境，武帝亲自率军讨伐，途中不幸病倒，返回长安的当天晚上便离开人世。窦氏得知武帝逝世的消息，悲痛万分，因为武帝生前鞠躬尽瘁治理国家，提倡节俭，经常穿粗布袍，而且取消皇宫中的装饰品，减少宫女，这些都给年幼的窦氏留下了深刻的印象。

大象三年（581）二月，杨坚篡位，改号为隋。窦氏慨然道：“我非男子，不能救舅家。”父亲窦毅连忙捂住窦氏的嘴，连连低声叫道：“千万不要胡说，若让杨坚听到，是要杀头的。”可是，窦氏对此却不以为然。

窦毅见女儿窦氏已渐渐长大，不仅相貌非凡，而且言谈举止都与平常女子不同。窦毅便和襄阳长公主说：“咱们的女儿天生相貌非凡，而且知识非同一般，一定有大福大贵，我们不能随便把她嫁给一般人家，一定要仔细择婿，与她相配才行！”夫妻俩让人在屏间画两只孔雀，有人求婚，就让求婚者张弓射屏间孔雀，如果射中了孔雀的眼睛，就许婚。

当时，许多贵胄王孙早就听说窦毅有一个才貌双全的女儿，听说窦毅招婿，纷纷前来比赛射箭。这些贵胄王孙张弓发矢，都不能射中，只好败兴离去。李渊也前去“应试”，连发两箭，一箭中孔雀左眼，一箭中孔雀右眼。窦毅见李渊英俊潇洒，而且举止不凡，心中暗喜，遂将窦氏许配给李渊，因而成就了一对良缘。

李渊对窦氏十分满意，所以婚后与窦氏相亲相爱。窦氏刚嫁到李家，恰逢李渊的母亲有病。李渊的母亲平时性格怪异，脾气暴躁，李渊家人都十分害怕她，没人愿意侍奉她。窦氏自幼熟读《女诫》之类的书籍，受家庭环境影响，所以非常贤德，刚入夫家，便承担起侍奉婆婆的琐碎之事。窦氏对婆婆尽心尽力，甚为孝顺。为了陪伴病中的婆婆，甚至整月不脱衣服和鞋，几乎没睡一个好觉。李渊一家为此非常感动。

窦氏与李渊情投意合。两人时常在一起读书写字，探讨文章。窦氏的书法与李渊之书十分相似，一般人很难分辨。

二、相夫教子　夫宠子敬

窦氏嫁给李渊不久，便为李渊生下一子，取名李建成。开皇十八年（598）十二月二十二日又生下次子李世民。据说，李世民出生时，有两条龙在门外相戏三日才离去，人们见后十分惊奇，议论纷纷，窦氏也感到李世民非同一般，十分怜爱。李世民自幼聪明敏捷，胆识过人，窦氏精心教导，督促其读书写字，李渊也教李世民骑射要领。所以，青少年时期的李世民就具有骑射征战和文韬武略的本领。之后，窦氏又为李渊生下三子李玄霸、四子李元吉和一女，也就是平阳公主。

李渊娶窦氏后可谓春风得意。岳丈窦毅乃隋朝定州总管，封为神武公，姨母又是独孤皇后，因此，朝廷十分重视李渊。李渊历任谯州（治今安徽亳州）、陇州（治今陕西陇县）、岐州（治今陕西凤翔县）刺史。窦氏随李渊的职务不断调动，过着迁徙不定的生活。窦氏可以说是一个有见解、识大体、聪明贤淑、宽厚仁慈的女性。她以自己的贤德和才干影响着李渊的家庭生活和政治生涯，李渊之所以能建立大业，是与窦氏的品德分不开的。

李渊喜好养马，窦氏便劝李渊说：“皇上也喜欢骑，干脆全献给皇上，留下只有坏处，没有任何好处。”但是李渊不听窦氏的劝告，隋炀帝听说后果然治罪于李渊，李渊后悔没有听窦氏的建议。隋炀帝在位期间穷奢极欲，滥杀无辜，朝政混乱。窦氏去世后，李渊为了保全自己，便采用窦氏生前的劝告，时常送炀帝一些名马，炀帝十分欢喜，遂封李渊为大将军。为此，李渊怀念窦氏，曾哭泣着对子女说：“我若早听你们母亲的话，肯定早就当上大将军了。”由此可见窦氏对李渊的帮助。

窦氏教育子女很有办法，她时常言传身教，所以，子女对她十分敬佩。李渊父子在外征战，窦氏牵肠挂肚，回来后对李渊关心备至，对子女谆谆教诲。因窦氏对次子李世民尤为喜爱，所以，相对其他子女关心也就更多一些。遗憾的是，窦氏辛苦操劳一生，未看到丈夫李渊登基称帝，便病逝于涿郡，享年四十五岁。

李渊称帝后，命窦氏墓地为“寿安陵”。唐高祖死后，又与窦氏合葬于献陵。

武德九年（626）八月，窦氏次子李世民即位。史称唐太宗。

唐太宗李世民做了皇帝后，仍然不忘对他谆谆教诲的母后。一日，太宗李世民经过窦氏曾居住过的“庆善宫”停下来，满怀深情地观览“庆善宫”。然后对左右大臣说：“朕今生能当皇帝，与母亲的恩德分不开，今母亲已逝，母亲恩德不可不报。”说完大哭，左右也被感动，都痛哭起来。后来，太宗下诏有司大发赈灾物品，救济平民百姓，以此来报窦氏的养育之恩。

上元中，谥窦氏为“太穆神皇后”。

窦氏相夫教子，使夫功成名就，使子完成霸业，不愧为隋唐时期一位伟大的女性。

皇后长孙氏

长孙氏（601～636），唐太宗李世民皇后。河南洛阳人。父长孙晟，曾任隋朝右骁卫将军；母高氏，隋朝扬州刺史高敬德之女。武德九年（626）被立为皇后，谥号“文德”。她博闻强识，深明大义，时常规谏唐太宗，对唐太宗影响很大。贞观盛世的出现，她功不可没。

长孙皇后

一、夹缝生存 凡事忍让

长孙氏是河南洛阳人，父亲长孙晟，是隋朝的右骁卫将军，喜欢涉猎史书，文韬武略，英勇善战，通晓边事，隋帝与突厥及其他外族的往来都是由他预先交涉。她的母亲是隋朝扬州刺史高敬德之女。长孙氏自幼循规蹈矩，以古代善恶自鉴，严格按照礼教行事，再加上相貌出众，家人视其为掌上明珠，待之如众星捧月！

长孙氏渐渐长大，方圆几十里都知道右骁卫将军家出了美女，而且聪颖，所以上门提亲的人很多，可长孙家为长孙氏的婚嫁费了一番脑筋。能与之天生一对、地配一双的如意郎君实在难找。长孙氏的伯父长孙炽曾是北周的一名学者，对当时盛传的北周武帝的外甥女窦氏生来奇特、自小见识超常印象特别深刻。窦氏后来嫁给李渊，生下四男一女。长孙炽想这样明智贤慧的母亲教养出来的孩子肯定非同一般。长孙一家托人四处打听，后来听说李渊的次子李世民文武双全，一表人才，年龄与长孙氏相若，所以长孙家请人倒提媒，把长孙氏许配给李世民。李渊也听说长孙晟家的女儿如花似玉，天生丽质，并且博学，所以这桩婚姻一提就成。

李世民智勇双全，为帮助父亲建立唐朝拼杀疆场，立下汗马功劳，可是李世民的哥哥李建成却被立为太子。李建成无论功劳、才能、人品及在众臣中的威信都远在李世民之下，况且唐初的一班开国元勋、文臣武将，大多跟随李世民打天下，深深爱戴和拥护他，对太子李建成从内心里不服。所以，李世民的存在对太子李建成登上皇帝宝座构成威胁，李建成处心积虑地要把这颗“眼中钉”、“肉中刺”除掉。另外，李世民的弟弟李元吉做梦都想成为大唐的皇帝，他觊觎皇帝宝座则要越过李建成、李世民两重障碍。在他眼里，最大的障碍是文武双全、威重功高的李世民。一场皇权的争夺战，在兄弟三人之间明争暗斗地展开。

长孙氏嫁到李世民家中，面临着错综复杂的局面。其一，李世民的母亲窦后去世后，后宫一时混乱。其二，李家三兄弟的明争暗斗，给长孙氏在皇宫中的生活增添了许多麻烦和苦涩，因为李世民的关系，无形之中她也成为妃嫔们诽谤的对象，在夹缝中站住脚十分不易。可长孙氏超人的为人处事的能力，使她赢得宫中大部分人的信任。她认为做人首先要坐得正、站得直。她竭心尽孝地侍奉公公李渊，使他在丧妻之后，感受到儿女的亲情温暖。同那些争宠、相斗的妃嫔相比，李渊从心底里喜欢、信任这个贤惠的儿媳。在妯娌之间，她凡事忍让几分，尊敬顺从她们，从不顶撞、不怕吃亏，尽量让她们挑不出刺儿，找不到借口，以消除猜忌。

为了帮助丈夫建立一个有利的环境，长孙氏昼夜焦思劳神，处处忍辱负重。到玄武门兵变，兄弟之间真刀真枪地干起来的时候，她一反软弱顺从的性格，旗帜鲜明，勇敢地帮助李世民激励将士。兄弟三人经过互相残杀、陷害，于武德九年（626），李世民胜出登基，夫贵妻荣，长孙氏也由秦王妃被立为皇后。

二、德冠后宫 深明大义

在当时的历史条件下，长孙皇后参政议政均受到限制，但她仍最大限度地发挥了贤内助的作用，尽量不让后宫事务影响唐太宗李世民。长孙皇后处处关心体贴太宗，后宫发生不顺心的事，也尽量不麻烦太宗，而且凡事都顺着太宗的心思。有时唐太宗下朝回到后宫，心情不畅，常会不明缘由地训斥宫中侍役者。每当这时，长孙皇后也附和太宗，命令把惹太宗生气的人抓起来。之后，她再问明情况，遇到冤枉好人的情况时，她总是替太宗道歉，等到太宗高兴时，她再慢慢地把事情的经过告诉太宗。

长孙皇后赏罚分明，人人竭力效忠，没有人整日提心吊胆，宫中气氛比较宽松和谐。只要是太宗的孩子，不管是嫡生庶出，长孙皇后待如己出，加以爱护。豫章公主出生后母亲去世，长孙皇后主动收养，给公主的母爱甚至超过了长孙皇后自己的亲生儿女。她对妃嫔，甚至宫女体贴入微，当妃嫔、宫女有病时，长孙皇后总是亲自去探望，把自己用的好药、食物送给她们，使之尽快痊愈，给予安慰。因此，后宫上下都十分爱戴长孙皇后。整个后宫充满了欢声笑语，宫内上下都在一种温暖和谐的气氛中生活，使唐太宗把整个身心都投入到管理国家大事中。

历朝历代的皇后、妃子，哪一个不是登上皇后、妃子的位子之后，便百般讨好皇帝，把娘家亲属举荐给皇上，恳求皇帝封个一官半职，而长孙皇后却深明大义，只想朝中安宁，不想给皇帝带来任何麻烦。

长孙皇后的哥哥长孙无忌，曾在玄武门兵变中立下大功。唐太宗想封他为右仆射（宰相）。太宗把这个想法告诉长孙皇后时，长孙皇后深感不安，对太宗说："妾位居三宫之首，全家已贵宠至极，实在不愿父兄之辈再位居显要。历史上外戚弄权误国的事太多了。汉高祖死后吕产、吕禄专权；汉昭帝时上官桀、上官安专权；汉宣帝时霍山、霍禹专权，他们最后都因谋反篡位而被杀，祸及家族，这应该成为刻骨铭心的教训，希望皇上矜察。”听完这话，太宗对长孙皇后十分敬重，对于历史，太宗李世民太熟悉了，只是太宗与长孙无忌两人从布衣之交到出生入死，长孙无忌为太宗立下汗马功劳。太宗看中的是长孙无忌的才能。所以他从容地说：“皇后的苦心我是知道的。我用长孙无忌是为社稷着想，是为官择人，唯才是用，并不因为他是你哥哥。没有才能的人虽是至亲也不能任用；如果有才虽有仇隙，只要改过，我也重用。右仆射这职位只有他才能胜任，别无佳选。请皇后不必过虑。”贞观元年（627），太宗任命长孙无忌为右仆射、吏部尚书、武侯大将军。

长孙皇后见太宗不听她的劝阻，只好派人把长孙无忌叫到宫中，直言相劝：“皇上任命你为右仆射，我已向皇上表明，你不适合。长孙家的人最好不要再做高官，这样可以省却不少麻烦。你最好向皇上力辞右仆射之职。”“右仆射”的职位很有诱惑力，可是，长孙无忌理解妹妹的苦心，于是，亲自拜见太宗，坚决请求辞去职务。长孙皇后又极力劝说太宗接受。终于在贞观二年（628），太宗李世民接受了长孙无忌的请求。

皇后的地位和权力仅在天子之下，对于一个国家起着举足轻重的作用，若再进一步影响和控制皇帝，其权力之大可想而知。历史上有许多后妃弄权误国，影响朝政，甚至断送江山。长孙皇后吸取历史教训，时时引以为戒。她认为国家大事应由皇帝与大臣们商量决定，对于朝廷上的事，从不过问，更不用说干预了。长孙皇后知识渊博，与太宗私下闲谈时，引经据典、滔滔不绝，可一旦太宗与她提到朝政，她就引开话题不肯发言。

三、规谏君王　严于克己

长孙皇后虽不干涉朝政，但遇到太宗做出不明智之事，有损江山社稷时，她却总是苦苦规劝，用心可谓良苦。

有一次，太宗下朝归来，满面怒容地吼道：“一有机会，我一定杀了这个乡巴佬儿！”长孙皇后大吃一惊，却笑着问：“皇上又跟谁生气了？”太宗余怒未消，恨恨地说：“魏徵这个老东西太不像话了，他经常当着满朝文武的面使我难堪，下不来台，真是可恨。”听了这话，长孙皇后默默退出，回到寝宫，穿上只有在册封、庆典、朝会仪式上穿的朝服，端端正正地站在太宗面前，然后深深一拜。太宗一看，惊诧地问道：“皇后为何这样庄重严肃?”长孙皇后答道:“我听说只有君主贤明，采纳忠言，才能有正直的大臣出现;魏徵的确是少见的正直的忠臣。这是皇上贤明、能采纳忠言的缘故了。有这样的君和臣，国家有幸、百姓有幸，所以我不能不向您表示祝贺。”太宗转怒为喜，对魏徵的怨愤都转为内心的敬佩。感慨地说:“多亏皇后及时指点，给我敲了警钟，否则险些误了大事。”就这样，太宗上朝时，有魏徵这样的忠臣劝诫;下朝后，有长孙皇后把关，勤政爱民，事事办得合情合理，深得民心，才有“贞观之治”的繁盛。

长孙皇后不仅劝诫皇上采纳忠言，而且严于克己。长乐公主是长孙皇后的亲生女儿，生得聪明伶俐，才貌出众，深得太宗和长孙皇后的喜爱。太宗最喜爱的长乐公主终于到了出嫁的年龄。长乐公主出嫁时，皇宫上下都为此忙碌。太宗命长乐公主的嫁妆要超过永嘉长公主的一倍，永嘉长公主是高祖李渊的女儿。魏徵听说此事，马上劝谏太宗说:“从前汉明帝要分封他的儿子，明帝说:‘我的儿子决不能高于先帝的儿子，所以分封的领地只能是先帝儿子们的一半。’现在陛下您的女儿出嫁，论情感，您和公主是父女关系，更亲密一些;论道理、论地位，长乐公主就不能与永嘉长公主相比，可嫁妆反而超过永嘉长公主的一倍，道理何在呢?”太宗尽管心里十分不满意。可是为了表明他的大度和圣明，还是下令资送公主的嫁妆按永嘉长公主的一半陪送。

唐代陶女俑

回到后宫，太宗把这件事告诉了长孙皇后，以为会招致长孙皇后的埋怨。谁知长孙皇后感慨地说:“魏徵能够引用古今道理说服皇上控制私人感情，把事情办得更公正、更令人信服，这说明他真是一心为国的忠臣。魏徵不过是您殿下的大臣，他能不顾自己的安危，冒犯皇上的威严，驳回不合理的决定，这是难能可贵的，皇上应该采纳他的忠言。”长孙皇后一番话，太宗听完如释重负。之后，便得意洋洋，仿佛是自己做了善事，长孙皇后看皇帝的高兴劲儿，心中十分舒坦。皇后派人带着四百缗钱、四百匹绢去魏徵府上表示感谢，并捎话说:“很早听说魏公为人刚直不阿，从公主出嫁这件事上看得更加清楚。

希望魏公能永远保持这种高尚的情操，对国家的忠心不要有丝毫改变。”

长孙皇后不贪权也不贪钱，她一生崇尚节俭，一粒米、一寸布都视为有用之物，从不奢侈。

贞观元年，长孙皇后亲自带领宫廷内外自贵妃到宫内女官、内外命妇去“亲蚕”——栽桑养蚕，体会男耕女织的艰难。她深知，战乱刚刚结束，国家困难重重，百姓从流离失所到安居乐业的局面刚刚形成，如要帮助丈夫治理好国家，就要谦恭、谨慎、节俭。在平时的生活中，长孙皇后率先垂范，教育子女也是这样。一次，太子的乳母遂安夫人向皇后启奏说，太子的衣、食、住、行方面的器具不够排场。长孙皇后生气地回答：“作为太子就怕将来继位时道德修养没有树立起来；勤政爱民，礼贤下士的美名别人不知晓，至于日常生活用品够用就行了。你们应该多引导他积极向上，而不是替他要东西。”

四、久病缠身　叮咛国事

长孙皇后一直患有哮喘病。贞观八年（634）旧病复发，卧病在床，太宗经常亲临探视，太子李承乾日夜守护。全国各地的名医都为皇后诊断过，用了很多好药，可是病情仍无好转。万般无奈，太子向她秘密请示说：“药都用遍了，母后的病仍然没有起色。现在只有两个办法：一是大赦天下罪犯；二是奉劝更多的人加入佛道。做这样的善事，祓除灾祸，或许神仙能够保佑您早日康复呢。”长孙皇后睁开眼，正色说：“死生命中注定的，我自忖一辈子行善不算少，从未做过恶事。况且，大赦有关国家大政，不到关键时刻不能随便用，怎能因为我一人，就去破坏规定呢？佛也好，道也好，保留它们只是表示我们宽宏大量，照顾一部分人的信仰而已。你父皇从来不求助于这些东西，怎能因为我而让你父皇去干他所不愿干的事呢？你不要向你父皇请示。”

太子不愿违背母后的意愿，只是把这事告诉了房玄龄。房玄龄又原原本本地奏知太宗，太宗与大臣们听后莫不感动，一致请求太宗大赦天下。长孙皇后知道后，对太宗说：“大赦与劝人入佛道都是无济于事的，只是让别人觉得皇上为了我什么规定都可以破坏，岂不误了国家大事。皇上若真那样办，我只求速死。”太宗只好作罢。

长孙皇后在病重和生命垂危之际，更表现出非凡的高尚品质和牺牲精神。

长孙皇后的精神一天不如一天，她预感到死神在向她招手，她觉得还有许多事情放心不下，于是派人把太宗请来。喘息了一阵后，她对太宗说：

"大臣房玄龄对皇上忠心耿耿。办事慎重细致，他与陛下谋划了许多奇谋秘计，却从未泄露他人，这样劳苦功高的人，应该继续重用才是。我自己攀龙附凤，荣华富贵已达到了顶点，像我娘家的人无功无德，让他们掌握朝中大权，众臣难服，处境就危险了。皇上只给他们奉朝请（古代以春季朝见为朝，秋季朝见为请，是朝廷安置闲散官员的散官官号）就行了。请皇上千万不要忘记，否则，就辜负了我的一片心意。"当时，房玄龄因与太宗意见不合，受到太宗责备罢官回家了。长孙皇后虽已处于弥留之际，对此事却深感不安。历史上，像长孙皇后这样谦恭、节俭、克己为人的皇后真是屈指可数，值得后人借鉴。

长孙皇后临终前紧紧拉着唐太宗的手，说："皇上不必过于悲伤，我死后不要因为我的葬礼花很多的钱。埋到山上，不用修陵墓。棺椁要用最简单的，陪葬物品只用木器、陶器。皇上真能照我说的办，那就是对我最好的纪念。希望皇上永远重用魏徵、房玄龄那样的忠臣，采纳他们发自肺腑的忠言，广开言路。清除那些谄媚奸佞之徒，不听信谗言。尽量少征发徭役、兵役，一心勤政为民，争取年年五谷丰登，岁岁国泰民安，我死也瞑目了。"太宗泪流满面地答应了结发之妻长孙皇后。

贞观十年（636），长孙皇后与世长辞，年仅三十六岁，葬于昭陵（今陕西礼县东北）。唐太宗每每遥望昭陵，怀念他的结发妻子长孙皇后。立政殿内，太宗拿着长孙皇后编纂的《女则》对侍臣们说："这是皇后采集古代妇女得失之事，定成三十卷，此书足以垂范百世。从此，朕再也听不见她的劝诫了。"说罢，恸哭失声。

不久，唐太宗恢复了房玄龄的官职。朝廷上下知其秘密的都赞誉长孙皇后的美德。

长孙皇后的心愿终于了却。古今中外，像长孙皇后那样深明大义，勤政爱民的皇后太少太少了，长孙皇后不失为一代贤德、英明的皇后。

充容徐惠

徐惠（627～650），唐太宗李世民妃。名惠。湖州长城（今浙江长兴）人。父徐孝德，曾经官至右散骑常侍。贞观十年（636），徐惠被纳为才人，不久升充容。谥号"贤妃"。她是当时著名的才女，入宫后深受唐太宗宠爱。她经常和唐太宗谈论国家大事，议论朝政，唐太宗对她的见解多有接受。她常直言劝谏，和长孙皇后齐名，是一代贤德后妃，成为历代后妃效法和学习的榜样。

一、工诗能文　一代才女

徐惠天资聪颖，五个月就能开口讲话，口齿清晰、伶俐。四岁时能口诵《论语》、《毛诗》等经典著作。八岁就能写一些颇有文采的通顺流畅的文章，具有超乎寻常的天赋。为了丰富她的知识，其父经常让她读一些经史子集方面的书。徐惠自己也喜欢读书，常常废寝忘食，就连走路都拿着书。天赋加勤奋，使得徐惠从小就具有十分渊博的知识。父亲徐孝德曾叫她拟《离骚》为《小山篇》，她脱口而出即作："仰幽岩而流盼，抚桂枝以凝想；将千龄兮此遇，荃何为兮独往!"表现了她文学上很深的造诣。

徐惠还未成年即以才华而闻名遐迩。唐太宗得知有这样一位才女，非常高兴，下诏将她选入宫内。贞观十年（636），徐惠被选入后宫，纳为才人。徐妃不但文章作得好，诗亦端雅可人，因此，受到唐太宗的特别宠爱。她的诗基调明快，艳丽之中透出其自重自爱的情感。徐妃在宫中的生活是无忧无虑的，这多反映在她的诗作里。抒情、柔美是她诗作的特点，现《全唐诗》卷五中收录有她的诗。如其中一首《赋得北方佳人》中的"纤腰宜宝珠，红衫艳织成"，《长门怨》中"守分辞芳辇，含情泣团扇"，都反映了她的风格。特别是她的《秋风函谷应诏》中，"秋风起函谷，劲气动河山"，表现出一种男子气魄。

由于徐惠的聪颖、美丽，深得唐太宗的喜爱。唐太宗欣赏她"挥翰立成，词华绮赡"的才学，很快将其升为婕妤，不久又升至充容。按唐制已入了九嫔之列。徐妃的出现很快就把唐太宗从失去结发妻子长孙皇后的痛苦中解脱出来。聪颖、伶俐的徐妃抚平了唐太宗那颗受损的心。

徐妃有很多与长孙皇后相似的地方。唐太宗执政期间，有不合民心之处，徐妃敢于积极进谏，给予唐太宗很大的帮助，可以说，唐太宗治理国家期间出现唐朝的鼎盛期，这与长孙皇后和徐惠这两个贤内助的支持有很大的关系。

唐太宗在位时颁布了一系列深得民心的法律、规章，出现了"贞观之治"这样前所未有的盛世。

二、直言进谏　得帝尊宠

贞观后期，唐太宗多次调兵讨伐四夷，战争需要人力、物力、财力作保障，这必然加重人民的负担，激化社会矛盾。徐妃便利用一切时机劝说唐太宗，极力阻止对外发动战争。同时警告太宗："人民的痛苦、疲劳是叛乱的导火线，当人民不堪重负时，必然会起义反抗。"希望唐太宗能减少兵役、劳役，让人民休养生息、发展生产。贞观二十二年（648）春，唐太宗出游玉华宫，徐妃上疏唐太宗，指出近年来，战争、劳役的双重压迫，东征高句丽，西讨龟兹，加上兴筑翠微、玉华等宫殿，使士兵和马匹疲于战争，船只、车辆忙于运输，势必造成田园荒芜。

唐太宗采纳了徐妃的建议，对她进行了优厚的赏赐。唐太宗在位之时，很少兴修离宫、别馆。

徐妃虽为女子，但她知道治国的基本道理，当唐太宗巡游天下时，她就告诫唐太宗"有道之君，以逸逸人，无道之君，以乐乐身"。在给唐太宗上疏中，她认为珍玩伎巧，是国家沦丧的根本所在；珠宝玉器，是迷人心窍的毒药。珍玩珠宝盛行民间，必然会败坏淳朴的民风。她还举例说："商纣王迷恋玉器，最后导致了国破家亡。"所以，她说："做皇帝应提倡节俭，而不能奢华，应该给后人留下治国的法制、原则，让人们都遵从，这样大唐王朝必会更加强盛，永远立于不败之地。"可见，徐妃非常痛恨玩物丧志之人。

《新唐书》、《旧唐书》对徐妃的这篇近千字的疏文均有记载，并且《旧唐书》将其原文照录。这篇疏文结构严谨，论据充实，全是徐妃的肺腑之言。

唐太宗对徐妃的进谏非常赞赏，给予她很丰厚的赏赐和十分高的荣誉。她的父亲也为此被提升为水部员外郎。作为妃嫔，能直言相劝、不在乎皇上的情绪，甚至可以说冒着被贬为庶人的危险进谏，可见徐妃确属非凡女子。

唐代六屏仕女

徐妃对唐太宗的知遇之恩，非常感激，她爱戴唐太宗，对唐太宗有深厚的感情。

唐太宗于贞观二十三年（648）去世后，徐妃痛苦万分，由于思念而患疾病，病情一天天加重，而她却不让太医医治。她曾充满深情地对她比较亲近的人讲："我之所以这样，就是想早日死去，假若真有灵魂的话，就让我日夜侍奉于太宗身边。太宗待我仁厚，即使做牛马我也心甘情愿，这就是我最大的心愿。"

永徽元年（650），徐妃告别人世。享年二十四岁。唐高宗继位后，念其贤德，下诏追谥号"贤妃"。而且按照她的遗愿袝葬于昭陵，实现了她永远陪伴于唐太宗身边的愿望。

文成公主

文成公主

文成公主（？～680），唐太宗收养的宗室之女。贞观十五年（641），与吐蕃赞普松赞干布联姻。她泪别亲人，肩负起沟通汉藏人民友好和平的重任。在她的影响下，汉族的碾磨、制陶、制纸、制酒等工艺及历算、医药等陆续传入吐蕃，促进了吐蕃经济、文化的发展。"黠虏生擒未有涯，黑山营中识龙蛇。自从公主和亲后，一半胡风似汉家。"唐诗人陈陶的诗句，正是对汉藏和亲的歌颂。文成公主一生致力于汉藏友好事业，是一位献身于汉藏人民友好团结事业的优秀女性。

一、深明大义　万里和亲

唐朝初年，在祖国西南隅的西藏高原上，崛起了一个强大的少数民族政权——吐蕃。贞观十年（636），年轻的吐蕃赞普松赞干布，统一了西藏高原，经过一系列的政治经济改革，使吐蕃成为一个奴隶制强国。

松赞干布向往大唐的制度、文物、礼乐、冠裳。他曾经几次向唐朝求婚，都被唐太宗回绝。贞观十四年（640）冬天，松赞干布再次派大相禄东赞（藏文史书名"伦噶尔"）和智塞恭顿为正副使者，携带黄金五千两和大

（唐）阎立本《步辇图》描绘唐太宗接见来迎娶文成公主的吐蕃使臣的情景

量的贵重礼物，率从者百名，从逻些（今拉萨）出发，千里迢迢来到了唐朝首都长安，向唐太宗再次求婚。唐太宗被松赞干布的精诚打动，他赏识这位“性骁武，多英略”的年轻赞普，于是他接受了松赞干布的请求，决定把宗室之女文成公主嫁给他。

得知让自己远嫁吐蕃时，文成公主的内心很矛盾，她自幼被唐太宗和长孙皇后收养，在宫中生活无忧无虑，享尽了荣华富贵，自幼受过良好教育，熟读经、史、诗文。吐蕃在文成公主心目中是个很遥远的地方，让她远离家乡不能与亲人往来，嫁到遥远的边疆，而且那里风俗习惯与中原地区完全不同，一种不安和愁苦涌上心头。但是她能理解皇帝的意图和自己肩负的重任，意识到与松赞干布结婚，能使汉藏人民世代友好，便愉快地同意了这桩婚事，并且悉心筹划着未来的生活和事业，做好了嫁到“僻寂荒寒”的青藏高原去的一切准备。唐太宗为文成公主准备了丰厚的嫁妆，显示了唐朝的富庶和国力；还送去了中原的经史、医药、文学、历法等书籍和各种先进的生产技术，把中原文化的精华传到了吐蕃；还另备洁车奉载释迦牟尼佛像。

唐太宗特派他的族弟、礼部尚书李道宗主婚，并护送文成公主去吐蕃。贞观十五年（641）正月，文成公主和禄东赞等在长安城的十里送客亭，告别了送行的人群，乘上车马浩浩荡荡地离开了长安。

文成公主和禄东赞等人经过鄯城（今青海西宁），越过险峻的赤岭，进入吐谷浑，在专门为文成公主修建的行馆中，停留月余，以消除旅途疲劳，然后继续向吐蕃进发。当文成公主越过青海的日月山时，不由更加思念家乡，唐太宗为了宽慰她，特意用黄金铸造了日月模型各一个，派人远道送来，叫文成公主携带在身边，从此这座山就被叫做“日月山”，现在山上仍有一座刻着“日月山”三个大字的旧石碑。

青海有一条河，叫“倒淌河”，河水自东向西流入青海湖。传说它本来也是由西向东流的，因为文成公主从这条河边起，要弃轿乘马，进入草原，她感到离家越来越遥远，不禁失声痛哭，随着哭声出现了“天下江河皆东去，唯有此水向西流”的现象，“倒淌河”由此而来。这些传说，表达了人民对文成公主的深切怀念。

二、万世传颂　蕃汉团结

文成公主嫁到吐蕃的消息传到了吐蕃，吐蕃人民都十分喜悦、兴奋，他们在许多地方都准备了马匹、牦牛、船只、饮水和食物，松赞干布从吐蕃远道赶到黄河源头附近的柏海迎接文成公主，他打扮成唐朝的驸马，以唐朝女婿的身份拜见了李道宗。李道宗辞别了赞普和文成公主，返回长安。松赞干布陪着公主前往逻些。

经过千山万水的长途跋涉，文成公主到达逻些，吐蕃人民穿着节日的盛装，迎接这位不远万里而来的赞蒙（即王后）。松赞干布在逻些筑了一座华丽的王宫，就在这座王宫里他和文成公主举行了隆重的婚礼，至今著名的布达拉宫内仍保存着他们结婚的洞房遗址。

文成公主带去大唐的先进的文化和技术，有各种谷物、蔬菜种子、工艺品、药材、茶叶及各种书籍，对吐蕃的农牧业、手工业以及宗教文化的发展都起到了推动作用。

文成公主入藏前，吐蕃人都是住帐篷，穿毡裘；文成公主入藏后，上层人物都改住房屋，人们的生活习惯有所改变，生活条件也随之改善。吐蕃没有文字，无论什么事都是以绳打结或刻木记事的原始办法。文成公主建议松赞干布创造藏族自己的文字。于是松赞干布指令桑扎布去研究，选出三十个字母和拼音及造句的文法，从此吐蕃有了自己的文字。文成公主把唐代天文历法带入吐蕃，从此吐蕃开始用唐朝的农历，为吐蕃的经济、文化的发展，特别是农业生产提供了方便。文成公主还是一个虔诚的佛教徒，在文成公主和尼泊尔婆尊公主的影响下，松赞干布信仰了佛教，从此佛教逐渐在吐蕃得到了广泛的传播。

文成公主入藏后，松赞干布不断派遣贵族子弟到长安求学，唐朝许多有学问的人，也被聘请到吐蕃掌管文书，加强汉藏两族的友好关系。

西藏大昭寺内的文成公主入藏壁画

贞观二十三年（649），唐太宗逝世，松赞干布到长安吊丧，并献金银珠宝十五种，“请置太宗灵座前”。唐高宗即位，封松赞干布为“驸马都尉”、“西海郡王”，并赐物两千种。永徽元年（650），松赞干布去世。

永隆元年（680），吐蕃流行黑痘症，文成公主染病死去。文成公主逝世后，藏族人民为她举行了隆重的葬礼，还规定藏历四月十五日，为藏族的“萨噶达瓦”节，是公主到达拉萨的纪念日，每逢这一天，藏族人民按照传统习惯，载歌载舞，在布达拉宫后面的龙王庙举行盛大的纪念活动。再就是藏历的十月十五日，相传这是文成公主的生日，在这一天，藏族人民都穿上节日盛装到寺院去祈祷祝福。

文成公主在吐蕃生活了四十年，那里至今还流传着文成公主进藏的许许多多的传说。

丹阳公主

丹阳公主（生卒年不详），唐高祖李渊之女，唐太宗李世民之妹。丹阳公主在皇宫中长大，生活条件优越，因此颇有些心高气傲。

丹阳公主长大后，被指配给右卫将军薛万彻。薛万彻乃一介武夫，蠢笨

唐代托盘侍女壁画

不堪，公主认为嫁给这样一个莽汉，是难以忍受的耻辱，婚后不肯与驸马同床，甚至不和他同席吃饭。就这样僵持了好几个月。

这桩婚事是太宗亲自指配的，所以他对此非常关注，薛万彻南征北战，勇冠三军，为唐政权的巩固做出了很大贡献。太宗爱惜薛万彻是个将才，一意要笼络他，才将妹妹嫁给他。现在丹阳公主却对薛万彻不理不睬，这是太宗所不愿看到的。

太宗决定亲自调解这一对夫妇的关系，便办了一场酒宴，把薛万彻和其他驸马都召来。席间与薛万彻谈笑风生，显得十分亲密。太宗提出打赌，赌自己的佩刀，太宗故意赌输，当场把佩刀解下来“输”给薛万彻。丹阳公主见此，欢喜不已。宴席结束后，她第一次与丈夫同车而行，美滋滋地回家去了。

唐太宗日理万机，仍惦念着将帅、妹妹的婚姻幸福，也算是一个充满人情味的皇帝。

常乐公主

常乐公主（？～688），唐高祖李渊之女，唐太宗李世民之妹。常乐公主下嫁赵瓌，生有一女，是周王李元方妃。周王李元方是唐高祖的儿子，在贞观三年（629）去世。唐高宗时，武则天掌权，意欲篡唐自为女皇，因此大杀李唐宗室。周王妃也因小事触怒武后，被武后杀害。武后还把常乐公主和赵瓌驱逐到括州，赵瓌任括州刺史，又改任寿州（治今安徽寿县）刺史。

垂拱四年（688），唐太宗的第八子越王李贞起兵反武后，写信给赵瓌，赵瓌准备响应。常乐公主把越王的使者叫来说：“请致意越王，越王前进，我们跟着前进；越王后退，我们也不后退。如果李姓的大小亲王都是真正的男人，不会允许武才人作乱这么久还不做声！当年杨坚篡夺后周的江山，尉迟迥不是王族，还能举兵起义，联合突厥，讨伐叛逆，天下震动。现今诸王都是李姓血脉，供奉同一个祖先，现在不舍生取义反武后，还等什么?! 作为人臣与国家同患难，是忠臣，不肯救国家之难，就是叛逆，各位亲王们努力啊!”

但是，仅过了二十天，越王李贞就兵败了，酷吏周兴上书弹劾赵瓌、常乐公主与越王同谋，结果，常乐公主夫妇都被杀害。

襄城公主

襄城公主（?～651)，唐太宗李世民之女。下嫁萧锐。襄城公主性情温和，恭敬孝谨，一举一动都中规合矩，太宗指示公主们要向襄城公主学习，以她为榜样。有关部门要为公主建造住宅，以符合公主的身份，公主辞谢道:“我既已出嫁，公婆就等于父母，如果住在另一处，每天早晚向公婆的问候就会缺失，这不符合礼仪规矩。”仍然住在萧家故宅，只是略作修饰，在门口竖立两支戟以表明这是公主的住宅而已。

襄城公主在太宗一朝，备受礼遇，与萧锐夫妻感情也很好，生活可谓幸福美满。但后来，萧锐去世，襄城公主在丧夫之痛中备受痛苦寂寞的煎熬。唐太宗见女儿日益消瘦、憔悴，十分心疼，又为她择定了佳婿，这就是姜简。于是，襄城公主改嫁姜简。

永徽二年（651)，襄城公主去世，唐高宗亲自在命妇朝堂哀悼了她，又命工部侍郎丘行淹往襄城公主家吊祭，让公主陪葬昭陵（太宗陵）。

高阳公主

高阳公主（?～653)，唐太宗李世民之女。始封地为高阳，长大成人后公主下嫁宰相房玄龄的儿子房遗爱。

高阳公主在太宗诸女中最受宠爱，所以陪嫁也比其他公主多，但她却恃宠而骄，在家里的表现尤为霸道。房玄龄退休，长子房遗直应继承银青光禄大夫一职，房遗直要把这一职位让给弟弟房遗爱，但是太宗没有批准这个请求。房玄龄死后，高阳公主指使丈夫与哥哥分财产，反过来又诬称是房遗直要分财产。房遗直在太宗面前自行剖白，太宗严厉地批评了高阳公主，还因此疏远了她夫妇二人。公主见失去父皇的宠爱，心情十分郁闷。

恰巧此时御史审问一宗盗窃案，从法名辩机的和尚那里搜获一个金宝神枕，辩机供认是高阳公主赠送的。原来，辩机在公主的封地上建房，公主与丈夫打猎，见到了辩机，看他相貌英俊、身材魁梧，于是公主便与他私通，还公开住在辩机那里。为了安抚丈夫，高阳公主改让另两个女人侍候房遗爱。太宗得知此事大怒，下令腰斩辩机。于是，这和尚被处死，与这事有牵连的奴婢十余人也被杀。辩机受刑而死，高阳公主更加郁闷愤恨，太宗驾崩时，高阳公主居然一点也不悲伤。

高宗继位后，高阳公主又让房遗爱与兄长房遗直相互诉讼分割财产，高宗认为这有失兄弟友爱之道，把他贬任房州刺史，房遗直为隰州刺史。

高阳公主仍然不收敛自己的行为。当时，和尚智勖会占卜祸福，惠弘能招引鬼魂，道士李晃颇懂医道，三个人都经常出入公主府邸，与公主关系暧昧。高阳公主还指使掖庭令陈玄运窥探皇宫和朝堂的“气”，用占星术预测朝廷命运。

先前，驸马都尉薛万彻获罪被除去名籍，降职为宁州刺史。到朝廷来，与房遗爱十分亲近，与遗爱讲到对朝廷有怨言的话，而且说：“我如今虽然有脚病，只要安坐京城，那些人也不敢轻举妄动。”进而与房遗爱谋划：“假如朝廷有变化，我们应当尊奉司徒荆王李元景为君王。”李元景的女儿嫁给房遗爱的弟弟遗则，因此元景与遗爱二人往来密切。李元景曾自称做梦用手握住太阳、月亮。驸马都尉柴令武，娶太宗女儿巴陵公主，官拜卫州刺史，托词公主有病留在京城求医，因而与房遗爱相互串通谋划。高阳公主图谋罢免遗直官职，夺掉他的封爵，让人诬告遗直对自己无礼。遗直也上疏列举房遗爱与公主的罪状，并说：“他们恶贯满盈，恐怕牵累到臣下的家门。”高宗令长孙无忌审问其事，又得到房遗爱与公主谋反的罪证。

纨扇仕女图

司空、安州都督、吴王李恪的母亲，是隋炀帝的女儿。李恪文武全才，太宗常常觉得他像自己，想要立他为太子，长孙无忌极力争辩才作罢，由此李恪与长孙无忌关系恶化。李恪平素名望较高，为人心所向，无忌非常忌恨他，想要找借口诛灭李恪以断绝众望。房遗爱得悉实情后，便自称与李恪是同谋，希望像当年纥干承基密告太子李承乾谋反那样得免一死。

永徽四年（653），高宗诏令将房遗爱、薛万彻、柴令武处斩，李元景、李恪、高阳公主、巴陵公主一并赐其自尽。高宗流着泪对身边的大臣说："荆王是朕的叔父，吴王是朕的兄长，朕想赦免他们不死，可以吗?"兵部尚书崔敦礼认为不可，于是将他们处死。薛万彻临刑前大声言道："薛万彻也算是个豪杰，留着为国家效力，岂不是更好吗？只因受房遗爱牵连就杀掉他吗?!"吴王李恪临死的时候，大骂道："长孙无忌擅弄威权，残害忠良，假如宗庙有灵的话，会在不久后灭他一族。"

侍中兼太子詹事宇文节，特进、太常寺卿江夏王李道宗，左骁卫大将军、驸马都尉执失思力，均因与房遗爱交结串通而获罪，流放到岭南。宇文节与房遗爱关系亲密，等到遗爱关在狱中，宇文节颇为他开罪辩护。江夏王李道宗平时即与长孙无忌、褚遂良不和睦，故而都有罪。高宗还将与李恪同母的弟弟蜀王李愔废为平民，安置在巴州；房遗直贬为春州铜陵尉，薛万彻的弟弟万备流放交州。罢除房玄龄在太宗庙陪祭的殊荣。

皇亲国戚

唐王朝的皇亲国戚中不乏历史著名人物。其中，皇后长孙氏之兄长孙无忌作为宰相尤为著名，他长于谋略，是玄武门之变的首功之人，于辅佐唐太宗更是竭尽全力。李唐宗室事迹突出的有李道宗、李道玄、李神通、李神符等，他们为唐王朝南征北战，建立了赫赫战功。唐太宗的妹夫柴绍智勇兼备，四处征战，成为唐初名将，另一妹夫薛万彻是沙场名将，勇冠三军，但太宗一死，他即以谋反罪名被诛。

淮安王李神通

李神通（？～630），唐太宗的同族叔叔，原籍陇西成纪（今甘肃秦安）。父名李亮，任隋海州刺史。李神通于武德元年（618）封永唐王，后改封淮安王。死后赐谥号为“靖”。

李神通年少时，轻狂放纵，豪放任侠。隋朝大业末年，天下大乱，他在长安（今陕西省西安市）居住嬉游。

李渊在太原兴兵反隋，官府逮捕李神通，他逃入鄠县（今陕西户县），与当地豪杰史万宝、裴勣、柳崇礼等人举兵造反，响应李渊。他又联络何潘仁，与李渊之女后来的平阳公主合兵，占据鄠县，拥兵一万人。李神通自封为关中道行军总管，以史万宝为副总管，裴勣、柳崇礼为司马，令狐德棻为记室。

李渊发兵长安，李神通随军进发。平定长安后，李渊任李神通为宗正卿，率领士兵负责宫廷保卫，封爵永康郡王，后改封淮安郡王。

李渊称帝后，拜李神通为山东（指崤山以东地区）安抚大使，任命黄门侍郎崔干为李神通副使，率部队前去攻击盘踞魏州（今河北大名）的宇文化及。在唐军猛烈进攻下，宇文化及败走柳城（今辽宁省朝阳市）。李神通追击，敌人粮尽愿降，李神通不肯接受，崔干请求李神通接受敌人投降，李神通说：“军队长期作战，现在敌人粮尽，不用一天时间，就能击败他们，应当趁此机会消灭他们，缴获财帛，犒赏将士，如果敌人投降了，我用什么犒赏三军?”崔干认为，占据河北的义军窦建德尚存，宇文化及又未消灭，唐军辗转战斗于两个敌对势力中间，形势危险，如果贪图财帛，必定失败。李神通闻言大怒，将崔干囚禁于军中。

宇文士及从济北（今山东长清）接济宇文化及，宇文化及军威复振。李神通进军，攻击敌人营垒，贝州（治今河北清河）刺史赵君德率先登上敌人军营围墙，李神通妒忌赵君德夺得首功，命部队停止攻击，赵君德大怒，大骂李神通后率部队退回，敌军营垒迅速得到加固。李神通派人去魏州运送攻打敌人营垒的器械，路上遭敌袭击，李神通不得不引兵退走。两天后，窦建德攻取聊城（今山东聊城），山东诸县大多归附窦建德。形势非常紧张。李神通部下不肯出力作战，大多逃亡，李神通退保黎阳（今河南浚县），不久被窦建德俘虏。但窦建德没有杀他，释放了他，他得以回到长安。窦建德失败后，李神通复任河北行台左仆射。

李神通后随秦王李世民平定刘黑闼，但一经与刘黑闼交战，李神通就望风兵败。回师后，拜左武卫大将军。贞观元年（627），李神通拜开府仪同三司，赐实封五百户。当时，太宗对众臣说："朕叙公等功勋，指定封邑，恐怕不能完全得当，准许各人自我申诉。"李神通说："义旗初举，臣率兵先至，如今房玄龄、杜如晦等刀笔之吏，却功居第一，臣不服。"太宗说："义旗初举，人皆有心。叔父虽然率兵先至，但不曾身入行阵。山东未定，叔父奉命专征，窦建德南侵，叔父全军覆没；及征伐刘黑闼，叔父望风而败。房玄龄等有运筹帷幄、安定社稷之功，如同汉朝的萧何，虽无汗马之功，但辅佐得力，所以功居第一。叔父是国家至亲，朕不可因为私恩滥与勋臣同赏。"李神通听后，面红耳赤，一时哑口无言。贞观四年（630），李神通去世。朝廷追赠司空，赐谥号为"靖"。

襄邑王李神符

李神符（579～651），唐室宗亲，淮安王李神通之弟。唐高祖李渊从父弟。陇西成纪（今甘肃秦安）人。父名李亮。李渊占据长安后，封他为安吉郡公。武德元年（618）封襄邑王。死后赐谥号为"恭"。

李神符少年丧父，由兄长抚养成人。李渊在太原起兵反隋时，李神符正在长安。因与李渊同族，被隋大臣卫文升囚禁。李渊进据长安后，李神符获救。李渊称帝后，封他为襄邑王，授并州总管。

突厥首领颉利可汗率军侵犯边境，李神符率兵与突厥军队大战，斩首级五百，俘获马匹两千。又战于沙河（今河北沙河），俘突厥部将乙利达官，获颉利可汗所乘马匹及所用铠甲。朝廷因他有功，召回长安任太府卿。后来迁任扬州（治今江苏扬州）大都督。很有政绩，受到当地百姓称颂。但李神符性格随和，缺少威严，属下官吏对他毫不畏惧。

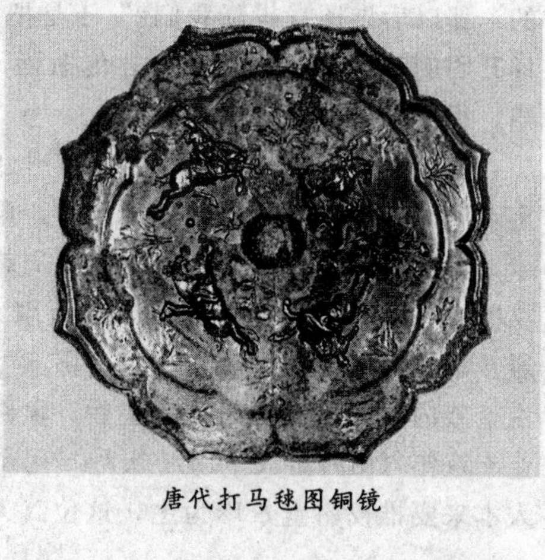

唐代打马毬图铜镜

李神符后任宗正卿。因腿脚有病改任光禄大夫，回府养病。朝廷每月赐给羊、酒。唐太宗李世民曾到府第慰问，又曾命他乘坐小轿入宫，三个侍卫抬着他到紫微殿进见。后迁开府，仪同三司。

永徽二年（651），李神符去世，时年七十三岁，朝廷追赠司空，荆州都督，赐谥号为“恭”，特许陪葬献陵。

河间王李孝恭

李孝恭（591～640），唐朝宗室，唐太宗李世民的堂兄，凌烟阁二十四功臣之一。陇西成纪（今甘肃秦安）人。父李安，隋时任领军大将军，追封西安王。李孝恭于贞观初年（627）封为河间王。他招降巴蜀三十多州、击降萧铣、镇压辅公祏叛乱，立下了赫赫战功。他对降附之人以礼相待，常兵不血刃而攻占城池，可谓“仁德”将军。

一、仁取巴蜀　智破江陵

唐高祖李渊占领长安后，任命李孝恭为山南招抚大使，攻取巴蜀地区。李孝恭率军抵达蜀地，发起猛攻，连续攻克了许多州。当时，农民起义军朱粲部下不愿投降，在被围困日久后断粮，只得吃人肉为生。在攻破朱粲军时，唐军俘获众多俘虏，李孝恭的部将建议说：“朱粲的军队吃人肉，太可恶了。一定要把他们活埋处死，以作惩戒。”李孝恭说：“这不是个好主意，我们的敌人那么多，有那么多城池等待我们攻克，如果攻下一处就杀死守城的，那以后谁还肯投降我们？”于是把那些俘虏全部释放。由于他采取了这样开明的政策，因此许多地方传檄而下，军队进展神速，降附者达三十多州，很快平定了整个巴蜀地区。

武德二年（619），李孝恭任信州（今四川奉节东）总管，根据朝廷的决定，他对当地事务全权处置。当时，萧铣占据江陵。

萧铣是后梁宣帝曾孙。当年北周趁梁国内乱入境大掠，象征性地保留了梁国。隋文帝时萧铣的爷爷萧岩叛隋入陈。陈国灭亡后，隋文帝杀掉了萧岩。萧铣自幼丧父，家里很穷，靠卖字作书挣钱养活母亲，为人十分孝顺。由于族内的萧氏成为隋炀帝皇后，萧铣沾光被授以罗川令的官职。隋炀帝大业十三年（617），天下纷纷叛乱，岳州上下文武官员也趁势想起军叛隋，众人本来要推校尉董景珍为主，这位武人倒有自知之明，他对众人说：“我家世寒贱，起事以我为名没有号召力。罗川令萧铣是梁国王孙，宽仁大度，有梁武帝之风。我还听说帝王龙兴，都有符名吉兆，隋朝的冠带都叫‘起梁’，这个称呼，冥冥之中预示着萧家梁国该中兴啊。现在请萧铣为主，不正是应天顺人吗?”大家找到萧铣一说，果然帝王贵胄没有一般书生畏怯怕事之意，他马上应承，即日自称梁公，改易服色，建立梁国旗帜。不久，附近义军和起义官军纷纷来投，隋朝派军来攻都四散败走。萧铣于是称帝，署置百官。隋炀帝被弑江都，一时间天下无主，岭表诸州纷纷归降萧铣，九江、南郡也相继为梁国所据，当时东至三峡、南到交趾、北接汉川，全都成了萧铣梁国的地盘，拥兵四十余万，成为南方雄国。唐高祖武德元年（618），萧铣迁都江陵，开始与刚刚建唐的李家有了遭遇战。由于萧铣属下将领多横恣杀戮，他就以罢兵为名把诸将召回，想趁机剥夺这些将帅的权力。已经当了梁国大司马的董景珍等人相继怨恨叛乱，纷纷被杀，以至于萧铣的故旧边将各自心怀疑惧，实力大减。

李孝恭多次向唐高祖建议削平萧铣，他的建议为高祖采纳。他因此得以晋封赵郡郡主，改信州为州。于是李孝恭大力修造战舰，指挥士兵练习水战。大将军李靖受命征伐江南，李孝恭依照李靖的计谋，进取江陵，就是召集巴蜀地区首领的子弟，让他们在军中担任职务，表面上是重用他们，实际是把他们当做人质，是一箭双雕之计。

李孝恭

不久，李孝恭升任荆湘道总管，统领水陆十二军出发，以李靖为行军长史，又令庐江王李瑗为荆郢道行军元帅出襄州（今湖北襄樊）道，但把缴获的战舰丢弃在江中，使之顺流而下。部将不解地问他：“缴获了战舰，正好补充我们的军队，现在把它们丢弃给敌军，为什么呢?”李孝恭说：“萧铣控制的地面南抵岭南，东接洞庭，地势有利于固守。人口稠密，兵员众多，萧铣据守江陵，一时还不能攻下，如果援兵来救，我们就难以取胜，有多少船也没用。我们把他的战舰放到江中。各地援兵看到这许多无人船，会认为萧铣已经战败，江陵已破，救援没有意义了，这样迟疑下来又派人到江陵探问，时间就会耽搁下来，我们就可以拔取江陵了。”

果然，救兵来到江陵，见到满江残破的舰船，迟疑不敢前进。萧铣断绝外援，李孝恭纵兵布围把江陵围得铁桶一般，很快就攻克了水城，俘获舟船数千艘，梁国的交州总管丘和、长史高士廉等人本来是带人来拜谒萧铣的，听说梁国兵败，新主对自己又无恩宠，就都转头到李靖军门投诚。萧铣秉承梁家一贯的“仁义道德”，自度救兵难于急至，就对属下说：“天不助梁，数次亡国。如果战至力屈而降，唐军必因军士死伤而大杀城内百姓。怎能因为我一人之故而使百姓遭殃呢。现在城池还未被攻拔，我先出降，可能会保全民众。众人失我，何患无君！”于是他亲自巡城下令投降，守城军士都号哭不已。萧铣祭拜太庙后，率官吏赴李孝恭军门请降：“当死者唯有我萧铣，百姓无罪，请勿杀掠。”李孝恭把萧铣用囚车送至京师。李渊下令斩萧铣于都市。荆湘地区尽归唐朝所有。唐高祖很高兴，升任李孝恭为荆州大总管，还命人把这次战役制成画卷，保存在朝廷。

二、治理荆州　平定叛乱

李孝恭在治理荆州期间，开展屯田，建设铜矿，使百姓获利甚丰。由于他政绩不凡，升任襄州道尚书左仆射。当时岭南一带还没有平定，李孝恭派出代表，到各地安抚慰问，岭南四十九州归顺了大唐，朝廷的号令直达南海，不再有阻隔。

武德六年（623），原为江淮义军首领后降唐的辅公祏反叛，占据丹阳（今江苏丹阳）称帝，朝廷下诏命李孝恭为元帅前往讨伐。李孝恭率兵紧急前往，李靖、李勣、黄君汉、卢祖尚等将领都归他节制。大军出征前，李孝恭大开宴会犒劳将士，忽然不知什么缘故，一碗清水变成了血水，众人大惊失色，以为不吉利，李孝恭却很平静，从容说：“是祸是福，原本是没有一定之规，全凭人的处置。我李孝恭没有做下对不起天地的事，大家不用担心，辅公祏恶贯满盈。我们的征讨已经有神仙显灵了。这杯中血，就是那辅公祏要送死的象征！”说完，将杯中血一饮而尽，将士也就安定下来了。

辅公祏的部将冯惠亮占据险要之地，前来叫战，李孝恭坚守营寨，不肯出战，派奇兵断绝救军的粮道，敌军饥饿，乘夜到后军偷吃的，李孝恭不予理会。第二天派出弱兵到敌军营寨前挑战，又派卢祖尚率精锐骑兵在第二防线等待。双方相持一会，弱兵退却，后军追击，与卢祖尚军相遇，交战，叛军大败。冯惠亮退守梁山，李孝恭乘胜连破叛军各镇，叛军士兵数千人投水而死，辅公祏无奈放弃丹阳逃走，李孝恭骑兵追击，抓获辅公祏，江南平定。朝廷下诏，表彰李孝恭的功绩，赏赐丰厚，并提升他为东南道尚书右仆射。尚书制废除后，改任李孝恭为扬州大都督。

李孝恭两次打败敌人，势力范围北自淮水，东越过江水，南到达岭南。李孝恭想树立自己的威望，以镇抚这广大地区，就在石头城修造宅第，并用重兵守卫，于是有人说他要谋反。朝廷把李孝恭召回，逮捕下狱严格审查，但查无实据，便赦免他无罪，改任宗正卿，并赐给实封一千二百户。

李孝恭历任凉州都督，晋州刺史。贞观初年（627），任礼部尚书，封河间王。

李孝恭生活奢侈，府中仅歌舞伎就达百余人。但他性格宽厚待人谦恭，并不骄傲轻慢人，唐太宗因此很器重他。在诸宗室中，他的威望也最高，李孝恭曾经对人说："我的宅子十分壮丽，这不是我想要的，我想另外建造简单的，只供起居。这样的宅子，在我死后，子孙们如果有才能也容易守得住，如果子孙们无能，别人也没有兴趣谋夺它。"贞观十四年（640），李孝恭因为饮酒过量而死，享年五十岁。唐太宗为之痛哭，追赠司空、扬州都督，并议定谥号，陪葬于高祖献陵。

当初，隋朝灭亡，盗贼遍天下，太宗亲自率兵一一讨伐平定，谋臣猛将集中于麾下，此外再没有建立重大功勋的军队了，只有李孝恭不在太宗的麾下，是单独开疆拓土、平定叛乱的一支军队。

李孝恭有子李崇义、李晦。

李崇义继承河间王位，后降封为谯国公，历任蒲州、同州刺史，益州都督府长史，也很有威名，终于宗正卿任上。

庐江王李瑗

李瑗（586～626），唐朝宗室，唐太宗李世民堂弟。字德圭，陇西成纪（今甘肃秦安）人。父李哲，隋时任柱国、备身将军，追封济南王。李瑗在武德元年封庐江王，多次晋升，官至山南东道尚书右仆射。

李瑗与河间王李孝恭共同讨伐梁王萧铣，但没有获得军功，改任幽州都督。李瑗生性懦弱，朝廷担心他不能履行职务，便派右领军将军王君廓辅佐他，随他一起到幽州赴任。王君廓出身强盗，勇力超人，李瑗倚重他，与他结为儿女亲家，对他推心置腹。

太子李建成阴谋陷害秦王李世民，把李瑗引为同盟，过从甚密。太子在玄武门之变中被杀，太宗李世民即位，命通事舍人崔敦礼召李瑗入朝。李瑗由于与李建成的亲密关系，认为这一去凶多吉少，手足无措。

王君廓为人阴险，想施展阴谋陷害李瑗，以便自己立功，遂劝李瑗造反，他说："现在事情将出现什么变化，前景如何，都不明朗，但大王是国家宗亲，受命守卫边疆，拥兵十万。怎么能听凭一个使臣吆来喝去？何况，此前赵郡王（李孝恭）已经被逮捕，太子、齐王（李元吉）又遭遇不幸，大王您思量一下，到了京都，您能平安回来吗？"说着泪如雨下。

李瑗觉得王君廓说得有理，决定不去长安，说把身家性命交给王君廓。于是，李瑗囚禁崔敦礼，紧急动员军队，召北燕州刺史王诜谋划造反的事。参军王利涉向李瑗献计说："大王没有诏书就发兵，这是谋反，如果召请刺史，刺史们不来，怎么办？"李瑗问该怎么办，王利涉说："太行山以东广大地区的豪杰一向忠于窦建德，现在他们散布隐藏在民间，渴望有人举义旗再造反，就像大旱之人盼望下雨一样，大王派出使者，恢复他们的职位，要他们在所在地区原地招募兵卒，听候调用，如果不服从大王的命令，就地正法，那么河北一带唾手可得。然后派王诜与突厥联兵，从太原向南直扑蒲州、济州，大王您自己率大军入关，两军相合，十天半月后天下就尽归大王所有了。"李瑗采用了这计划，命王君廓执掌全部兵权。

王利涉认为王君廓为人狡诈，反复无常，建议由王诜执掌兵权，李瑗还在犹豫，王君廓已经探知此事，突然发兵杀死王诜，召集军队宣布："李瑗与王诜谋反，拘禁天子使臣，擅自传召军队。现在王诜已被处死，李瑗还没有抓到，但他已经无所作为了。你们自己思量吧，跟随李瑗造反，会被灭族，如果帮助我讨贼，就能获得荣华富贵！"众人都说："情愿追随王将军讨贼！"于是，王君廓从狱中放出崔敦礼。

李瑗得知有变，率领身边亲兵数百人武装而出，刚到达门外，便与王君廓相遇。王君廓喊道："李瑗叛乱，你们大家都受蒙蔽了，为什么要随他造反，遭受杀身之祸？"李瑗的亲随一哄而散。李瑗大骂王君廓："你这小人，竟出卖我！你等着吧，我死之后，下一个就轮到你了！"王君廓擒获李瑗并把他绞死，将首级送到京师。李瑗时年四十一岁。唐太宗将李瑗废为庶人，并剥夺他的宗室资格。

江夏王李道宗

李道宗

李道宗（600～653），唐初王侯，唐太宗李世民的堂弟。字承范。父李韶，追封东平王。李道宗于武德元年（618）被封为略阳郡公，贞观十二年（638）被封为江夏王。他有勇有谋，能以少胜多，在边疆连连收复失地，大大拓展了疆域。又率军攻打突厥、吐谷浑、高句丽，都立下了战功。唐太宗对他宠用有加，经常称赞他。他在李唐宗室中，以贤明为人所称颂。

一、收复失地　立功边疆

武德元年（618），李道宗作为皇室宗亲被授为左千牛备身、略阳郡公。当时，义军首领刘武周前来攻打唐朝，唐高祖李渊命大臣裴寂征讨，大败而回，敌军进逼河东（今山西境内）。李道宗时年十七岁，随秦王李世民率兵抵抗。在玉璧城（今山西稷山西南），秦王登上城墙察看前来围城的敌军。回过头问李道宗："敌军众多，现在城下挑战，你看该怎么办？"李道宗答道："现在敌军气焰正盛锐不可当。我们城高池深，不如避其锋芒，与他们进行持久战，敌军粮尽疲倦，一定会撤去，到时我们定会不战而胜。"秦王大笑："你我不谋而合。"不几日，叛军果然粮尽而退，唐军乘机出击，一战而大获全胜。这之后，李道宗在平定割据称帝的窦建德、王世充的战斗中，又屡建战功。

武德五年（622），李道宗任灵州总管。梁师都占据夏州（今陕西横山县西），派他的弟弟梁洛仁，带领突厥兵数万人围攻灵州城（今宁夏灵武地区）。李道宗城门紧闭，坚守不出，趁对方稍有松懈之时，便带兵出城冲杀一阵，如此多次，敌军损失惨重，最终大败而退。唐高祖听说后，高兴地对大臣们说："道宗镇守边镇，能以少胜多，勇气可嘉。"封他为任城王。李道宗又在边疆连连收复失地，大大拓展了疆域。

贞观三年（629），李道宗拜为大同道行军总管。正逢李靖带兵击败突厥叛军颉利可汗，颉利可汗带残部十余骑四处逃窜，藏在荒山之中，李道宗引兵追击，活捉了颉利可汗，派人押回京城，因功受封为刑部尚书。

吐谷浑在边境骚扰，朝廷任李靖为昆丘道行军大总管，李道宗与吏部尚书侯君集为副帅，出兵征讨。敌军听到唐朝大军前来，退回嶂山（今甘肃旧宁夏府），已距唐军几千里地。众将领便欲收兵回朝，李道宗请令带兵追击，李靖同意。李道宗率部急行十日，追上了叛军，叛军占据山隘险阻，久攻不下。道宗便秘密派千余人马，从山后小道偷偷上山，袭击敌军的背后，叛军腹背受敌，完全失去战斗力，结果全军覆没。

二、因贪免官　安市失利

贞观十二年（638），李道宗改封为江夏王。不久因贪赃入狱。唐太宗因此事对侍臣们讲道："朕富有四海，奇珍异宝什么不可以得到，然而劳苦万千百姓，而使朕一人享乐，这是朕所不愿意的。人心没有尽头，应当自行节制。李道宗俸禄如此之多，对钱财还如此贪婪，实在令人感到惋惜。"免了李道宗的官职，取消了他的封邑。

贞观十三年（639），李道宗又被起用为茂州都督，还未上任，又转任为晋州刺史。贞观十四年（640），重又拜为礼部尚书。当时的吏部尚书侯君集，自恃功高才大，心怀异志，平日言语中流露出许多对朝廷不满的意思。李道宗在一次太宗所设的宴席上将这一情况告诉了太宗，唐太宗回答说："你不要去胡乱猜度别人，无中生有。"不久，侯君集因谋反未成而被杀，唐太宗对李道宗说："这还真让你给说对了。"

唐代凤首龙杯壶

贞观十九年（645），太宗出兵高句丽，任李道宗与李勣为前锋，自己亲率大军随进，前锋到达盖牟城（今辽宁盖平县境内）时，敌兵大队人马前来围城，众将准备坚守城池，等待大军的到来，李道宗说："敌兵远道而来，必然人困马乏，疲于应战。我若出击，必定一战而胜，再说，皇上既然任我们为前锋，就应该扫平道路来迎接皇上，不能坐等援助。"于是带壮士数十骑，直冲敌阵，左右冲杀，如入无人之境，敌阵大乱，李勣引兵从城内前往配合作战，一举战败了敌军。太宗对李道宗大为赞赏。

李道宗率军围攻安市城（今辽宁海城东南）。他指挥兵士在城外筑起土山，领兵士登山而攻，不料土山崩坍，兵士陷落，被敌兵围攻，损失惨重。李道宗光着脚来到军旗下向太宗请罪。太宗对他说："当年的汉武帝杀死王恢损失大将，不如秦穆公赦免孟明视而反败为胜，土山的失利，并不是你的过错。"不仅没有问罪，李道宗在阵中扭伤了脚，太宗还亲自为他针灸，并赐予御膳。

永徽四年（653），宰相房玄龄之子房遗爱因谋反罪被杀，长孙无忌和褚遂良素来与李道宗不和，便说李道宗曾与房遗爱暗中勾结，李道宗因此被流放象州（今广西柳州东南），途中病逝，享年五十四岁。

后来长孙无忌与褚遂良反对立武则天为皇后而被问罪，李道宗才被追复原位。李道宗晚年时，十分好学，敬慕贤士，不因自己的地位势力欺压他人。在李家皇室宗族中，唯有李道宗与河间王孝恭兄弟俩，最被当时人们所称颂。

淮阳王李道玄

李道玄

李道玄（605～622），唐初五侯，唐太宗李世民的堂弟。陇西成纪（今甘肃秦安）人。父李赟，追封河南王。李道玄于唐武德元年（618）封淮阳王。死后赐谥号"壮"。

李道玄生性严谨忠厚，虽然擅长器械格斗，但他举止文雅。武德元年（618），唐高祖李渊称帝后，封李道玄为淮阳王。

李道玄十五岁时，随秦王李世民在介州（今山西介休）与义军首领刘武周部将宋金刚作战，他首先登城。李世民欣赏他的勇敢作风，赏赐丰厚，大加鼓励。唐军征讨称帝洛阳的王世充时，他参加了多次战斗。

唐军与割据称帝的窦建德作战，窦建德屯兵虎牢关（今河南荥阳县），秦王李世民率轻骑诱敌出战，派李道玄带伏兵等待敌人。窦建德追兵进入伏击圈后，被唐军击溃。唐军又继续追击窦建德军队，两军对阵，李道玄率骑兵径直穿过敌人军阵，杀到敌人背后。又从敌人背后穿越敌阵返回本阵。如入无人之境，敌军无不胆寒。李世民对李道玄的勇敢，惊喜非常，将自己的随从铁骑全部赐给李道玄，以保护他的安全，壮大他的声威。从此以后，每次作战，李道玄均勇往直前，飞箭着甲，身如刺猬，他丝毫没有胆怯之情，胆气愈发豪壮。洛阳平定后，李道玄以功授洛州（今河南洛阳）总管，后改任刺史。

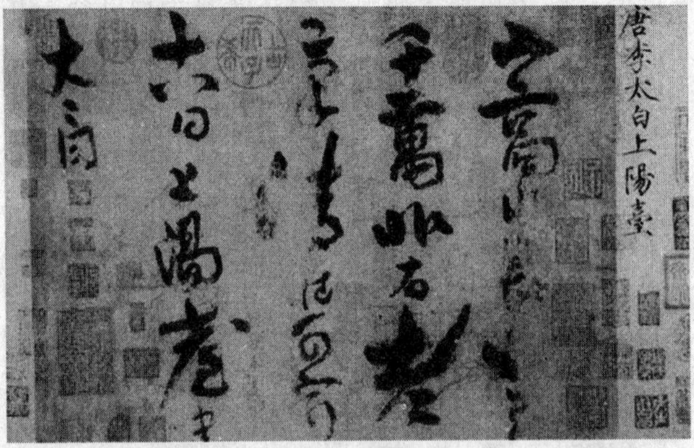

李白《上阳台》

唐军征讨窦建德部将刘黑闼，李道玄任山东道行军总管，临阵多有战功。与刘黑闼第二次作战时，李道玄率史万宝在下博（今河北深县）遇敌军。他率领骑兵穿越泥泞地带，冲击敌军，命史万宝大军随后进发。史万宝平素与李道玄不和，李道玄率领部队出发后，他对左右说：“我接受朝廷诏令，李道玄虽然名为大将，但军队的进退战守由我指挥。现在他轻易出击，如果咱们大军力量耗尽，必然全部陷于泥泞地带，被敌人攻击。不如用李道玄引诱敌人，我们在此驻扎，等待敌人前来攻击，这样做，即使对李道玄不利，国家也不会有大的损失。”唐军大军没有在前锋李道玄后面继续前进，于是李道玄孤军深入。被敌人包围，战死军中，时年十九岁。刘黑闼军队乘胜突进，唐军溃败，史万宝只身一人逃走。李道玄战死沙场，李世民闻讯，泪流不止，深为惋惜。朝廷追封李道玄为左骁卫大将军，赐谥号为“壮”。

胶东郡王李道彦

李道彦（生卒年不详），唐朝宗室，唐太宗李世民的堂弟。父李神通，封淮安王。李渊、李世民父子举兵反隋时，李神通、李道彦父子正在长安，为逃避官吏追捕，他们隐藏在鄠县山中，一连数旬。李神通不堪忍受惊惧不安的生活，病倒了。此时，粮食也已吃光，李道彦穿上破旧的衣服到村庄中乞讨，供养父亲，或采野果子回家，如果父亲没有进食，他就不肯吃。父亲分给他的食物，他常推说已经吃饱，留下来等父亲饿的时候给父亲吃。高祖李渊称帝后，李道彦被封为胶东王，任陇州刺史。贞观初年（627）李道彦任相州都督，又改任岷州都督。

早在武德年间，李道彦便被封为义兴郡王。与他同时受封的，有广平王李孝慈、河间王李孝恭、清河王李孝节、城西王李孝义等人，那时候唐朝刚刚创立，需要广泛树立同族以镇抚天下，所以李姓子十几岁以上的都得到郡王的封爵。太宗即位后，天下已经太平很多，在一次朝廷会议上，太宗拿着宗室名册问大臣们："宗族子弟全都封王，可不可行?"大臣封德彝说："汉代封王，都是皇帝的儿子，或是亲兄弟，支系疏远的，如果没有大功，就不封王，周朝的姬郇、姬滕，汉朝的刘贾、刘泽都不得分封土地，就是为了区别亲疏。先帝朝分封全部李姓宗室，封爵多，百姓出的赋役就多，这就等于把天下当做李姓一家的分邑，不符合圣贤教训。"太宗说："朕治理天下，是为了安定百姓，不容许劳苦百姓来奉养自己的亲戚。"于是对子弟中族属疏远封了王的，都降级为公爵，但建立过功勋的不降级。根据这个标准，李道彦等降封为公爵。

父亲死后，李道彦按丁忧制辞官守丧，他亲自担土造坟，种植松柏，住在墓旁的墓屋中，由于劳累哀伤、营养不足而形销骨立，亲友都认不出他了。太宗对此十分感慨，派侍中王珪到墓地慰问他。

李道彦服丧期满，再任岷州都督，时常派使者到党项地区告谕宣示朝廷的威严，在他的努力下很多部落相继归降大唐。

贞观八年（634），吐谷浑侵扰唐朝边境。十一月，唐太宗决定对屡教不改的吐谷浑动武，他发布《讨吐谷浑诏》，历数其对大唐犯下的罪行。十二月，以李靖为西海道行军大总管，由其指挥侯君集、李道宗、李道彦、李大亮和高甑生五位行军总管讨伐吐谷浑。

进入吐谷浑境内作战的难度很大，对唐军而言是一个陌生的战场。因此，他们在战前做了很多准备。大唐专门拨出一大笔钱，用来收买党项羌，希望他们能够为唐军做向导。面对大唐的军事压力和经济攻势，许多酋长加入了唐军的阵营，只有拓跋部的拓跋赤辞还在坚持。

吐谷浑强盛时，其疆域东起今甘肃南部、四川西北，南抵今青海南部，西至新疆的若羌、且末，北到祁连山。党项羌自然也长期臣服于吐谷浑。吐谷浑可汗慕容伏允待拓跋赤辞非常好，两家还结为姻亲。因此，拓跋赤辞不愿背叛慕容伏允。于是，廓州刺史久且洛生派人去劝说。拓跋赤辞却说："吐谷浑可汗和我是亲戚，他视我为心腹，无论生死，我都不会背叛他。你赶快走，不要玷污了我的刀!"

久且洛生得到回报后，非常生气，率领轻骑兵在肃远山偷袭拓跋赤辞得手，斩首数百级，缴获杂畜六千而还。

唐太宗乘胜派人劝说拓跋赤辞，他的侄子拓跋思头暗中向大唐表示了忠心，他的忠实党羽拓跋细豆干脆带着自己的人马投降了唐军。内忧外患，宗党离心，拓跋赤辞只能面见李靖。

隋炀帝当年进攻吐谷浑时，党项羌曾为隋军提供物资，但是隋军进入其领地时顺手对他们进行了抢劫。因此，拓跋赤辞向李靖等人提出请求："从前隋人攻打吐谷浑，我党项给大军提供后勤支援，但隋人不讲信用，反而侵掠我党项。如今将军若能够讲信用，我理当资助大军粮草；如果欺骗了我，我立即固险以塞军路。"于是，唐军众将和他歃血为盟。

贞观九年（635），唐军分道进军吐谷浑，李道彦将通过拓跋赤辞的控制区。

然而，意想不到的事情发生了！李道彦部行至阔水，突然对毫无防备的党项羌发动袭击，抢得牛羊数千头。唐军背信弃义，卑鄙无耻！羌人被激怒了！一时之间，几乎所有的羌人都成了唐军的敌人！内附的羌人也都纷纷反叛！

当李道彦部来到野狐峡时，突然发现此处已被羌人严密封锁。正当他们为如何进入野狐峡而绞尽脑汁时，由拓跋赤辞率领的复仇之师追踪而至，打了唐军一个措手不及。唐军大败，死者数万人，还损失了大量装备。李道彦和他的副总管樊兴率领残部退保松州。

李道彦的行为还连累了盐泽道行军总管高甑生。高甑生和他的副总管刘德敏，一路之上，不断地遭到羌人的阻击，等他们杀到与李靖会师的地点时，李靖等人已经打完了讨伐吐谷浑的战争。由于延误军期，高甑生受到了李靖的处罚。气昏了头脑的高甑生，竟然诬告李靖谋反，受到了"减死徙边"的惩罚。

由于李道彦以前的战功，太宗诏令免除他的死罪发配边疆。多年以后，太宗将李道彦召回，任命他为凉州都督。不久，李道彦去世，后追赠为礼部尚书。

尚书右仆射高俭

高俭（576～647），长孙皇后的舅舅。字士廉，以字行于世。渤海蓨县（今河北景县）人。父高励，北齐安乐王，隋任洮州刺史。高士廉在唐太宗时，历任侍中、安州都督、吏部尚书。尚书右仆射、同中书门下三品等职。

谥号“文献”。他是唐太宗的心腹，参与玄武门之变的策划。他一家三代任宰相，外甥女为皇后，荣宠无比。但他始终谨慎行事，不骄纵，得以在官场上善终。

一、事母至孝　治蜀有方

高士廉自幼聪明，长大后才思敏捷很有度量，相貌伟岸。他读书过目成诵，对答如流，隋的司隶大夫薛道衡、起居舍人崔祖濬都是很有名望的重臣，与高士廉结成忘年交，因此高士廉名声大显。但高士廉考虑到自己齐宗室的身份不愿意与人广泛交往，隐居在终南山下。吏部侍郎高孝基劝他出来做官，高士廉遂于隋仁寿年间考中文才甲科，补缺治礼郎。

隋炀帝大业年间，高士廉的妹妹嫁给右骁卫将军长孙晟，生下儿子长孙无忌和一个女儿。长孙晟死后，高士廉把妹妹接回自己家中，他厚待外甥和外甥女。当时，他发现年轻的贵族子弟李世民非同常人，就把外甥女嫁给他，这位长孙氏就是后来的文德皇后。

大业九年（613），礼部尚书杨玄感反隋，兵部侍郎斛斯政一向与杨玄感交好，害怕被株连而叛逃到高句丽，高士廉由于和他关系密切，贬为朱鸢（今越南河内）主簿。朱鸢在南方，因为母亲年迈，不能居住在瘴疠之气充斥的地区，便留下妻子奉养母亲，独自前往。后来，天下大乱。高士廉所在地与京师阻断了联系，交趾太守丘和任命他为司法书佐。高士廉长久在南方，不知道母亲的音信，对北方顾念更加深切。他曾白天小睡，梦见母亲和自己说话，好像在母亲膝下，梦醒以后泪流了很多。第二天果然得到了母亲的音讯，谈论的人认为这是他的孝心产生了感应。当时，钦州土帅宁长真率兵侵犯交趾，丘和畏惧，准备投降，高士廉说：“宁长真士兵虽多，但他孤军远征，气势难以持久。我们城里有精兵武备足以抵抗，有这么好的条件，岂能轻易屈服?”丘和任命他为军司马，并大破宁长真。

唐高祖李渊建唐后，派使者招抚岭南，武德五年（622），高士廉与丘和来降。秦王李世民当时兼任雍州牧，推荐高士廉为治中，秦王很重视他。太子李建成与秦王的关系日益紧张，高士廉与长孙无忌秘密谋划除掉太子。玄武门之变这天，高士廉率领自己的士兵，打开监狱给囚犯们盔甲、武器，让他们奔赴玄武门助战。太子李建成被杀，李世民变为皇太子，高士廉任右庶子，提为侍中，封义兴郡公。黄门侍郎王珪有密奏要上报，交给高士廉转呈，但高士廉搁置起来没有转呈，太宗得知后，把高士廉降职为安州都督。

都江堰

贞观元年（627），高士廉升任益州大都督长史，蜀地人大都怕鬼，尤其恐惧疾病，对患病的人，都躲得远远的，即使父母病了，也舍弃不管，只是在很远的地方往父母的屋子里投掷些食物。兄弟之间不涉及钱财，缓急相助对他们来说是不可能的事，民风与中原差别很大。高士廉编制了许多条例、规则，教导他们，让他们遵守，蜀地风俗很快发生了改变。高士廉还召集各类读书人，给他们讲解经书六艺等，各类学校明显地兴盛起来。秦朝时李冰筑都江堰，引岷江水灌溉农田，于是水源附近被灌溉的田地价格高昂，一顷地达千金，引得人们互相侵夺，高士廉扩大了都江堰引水工程，在原有渠道上开出许多新支渠道，水田面积扩大了，蜀地随之富庶。蜀人朱桃椎，做事淡泊名利，隐居不做官，常披着毛皮当衣服，以绳子为衣带，在人们中间随波逐流。从前窦轨镇守益州时，听说后就召见他，把衣服送给他穿，逼迫他做官。朱桃椎始终一句话不说，把衣服扔在地上，逃入山中。高士廉到任后，用礼节招他来，等到他来到，走下台阶跟他说话，朱桃椎不回答，直直地看着他，然后离开了。高士廉常让人问候他，朱桃椎见到派去的人，就进入深山老林自己藏匿起来。近代以来，官员多轻视隐居不做官的人，唯独高士廉对朱桃椎施加礼节，蜀地的人把此事作为美谈。

贞观五年（631），高士廉被朝廷征召为吏部尚书，晋封许国公。高士廉善于鉴识人才，而且熟悉士族门第，凡是他任用的官员，人才和门第郡望没有不合适的。高祖驾崩，高士廉代理司空一职，负责营造陵墓，加特进，升任尚书右仆射。高士廉一门三代都担任过尚书右仆射这一官职，很使世人羡慕。

太宗东巡洛阳，命太子监国理政，让高士廉代理少师一职。太宗亲自写诏书道："端拱三川，不扰关中，以属卿也。"因为有高士廉辅佐太子，太宗十分放心。在职时间久了，高士廉请求退休，朝廷允许他辞去仆射一职，但加开府仪同三司，同中书门下三品。

贞观十九年（645），太宗征伐高句丽，皇太子李治监国理政，驻定州，高士廉代理太傅，并执掌军机要务。太子说："我长期受您的教导，您是我的师傅，但现在我们在一起办公，桌案相并，这不合道理，我心中很是不安，应当另外给太傅设立一处办公室。"高士廉坚决辞让。

二、为人谨慎　身后之事

高士廉举止文雅，每当他要发言，贵族们都洗耳恭听。他为人谨慎缜密，他的奏章疏议的底稿一律烧掉，家里人从来没有见过这些底稿。高士廉遗嘱说，自己墓中不得有随葬品，只能放一套衣服和自己喜爱的几本书。

东征大军回到并州（治今山西大同），高士廉患病，太宗亲自到他的住所探望。贞观二十一年（647），高士廉病重，太宗又到他家慰问，为他流泪。高士廉七十二岁时逝世。太宗想到高家吊祭，房玄龄提出，皇帝正在服食丹药，不宜接近死者。太宗不理会房玄龄的劝阻："我和高士廉既有姻亲的亲情，又有君臣的名分，你们不用再说了。"带着几百人前往高家。长孙无忌跪在太宗马前，禀告高士廉的遗言，请求皇帝不要到哀悼现场来。太宗仍然不予理睬，执意前往。长孙无忌泪流满面，太宗无奈回到京苑，向南痛哭。下诏追赠司徒，并州都督，谥号为"文献"，陪葬昭陵。下葬高士廉时正逢寒食节，太宗命令尚宫备四桌食品祭祀，太宗亲作祭文，并登城西北楼遥望灵车哭送。高宗继位，追加高士廉太尉职，配享太宗庙。

中国东部地区的贵族崇尚门阀，高门大户，即使家道中落了，子孙仍然依靠祖先创下的名望，或嫁或娶，都要索取众多的礼金，人们讽刺他们这是买卖婚姻。太宗很不满意这种风气，指令高士廉、韦挺、岑文本、令狐德棻集中全国的民族谱牒，仔细核对，参考史书，检验真伪，提升忠良，斥退悖逆，宗室为先，外戚在后，降低新贵族，提升旧贵族，尊崇富贵门第，压抑贫寒人家，共二百九十三姓，一千六百五十一家，分为九等，叫做《氏族志》。

《氏族志》将崔、卢、李、郑列在第一位。太宗说："朕对崔、卢、李、郑四姓没有成见，但这几姓已经衰落好几世了，也没有多少任高官的人，却凭借他们原来的郡望、门第索取财物，那些没有什么才能的子孙们仍然摆出高高在上的样子，其实已经到了出卖祖先坟墓上的松柏树维持生计的程度了，朕不明白，人们为什么还要尊崇他们呢？当时，北齐统治河北地区，梁陈统治江南，虽然当地也有些显赫的人物，但地方狭小，又地处偏远，没有多少贵族，所以推崇崔、卢、王、谢。现在，那么多谋士功臣凭借忠孝和学问跟随朕平定天下，怎么能容忍他们向那些旧贵族交纳钱财，追求那些虚名，脱离实际，都以同那些旧贵族联姻为荣？人生在世，最高尚的是树立美德，其次是建立功勋，再次是著书立说。最次是获得爵位，任公、卿、大夫，世代继承，这才叫门第。现在的《氏族志》不是这样，不实际，这不是很荒谬的吗？"于是将崔氏由第一姓降为第三姓，然后将《氏族志》颁布天下。

高宗时，宰相许敬宗认为《氏族志》没有叙述武后的家世，而宰相李义府也耻于自家无名，许、李便指使孔志约、杨仁卿、史玄道等十二人重新修订《氏族志》，删减裁撤成二百三十五姓，但增为二千二百八十七家，高宗亲自作序说明修正《氏族志》的缘由。以四皇后姓，三公、太子三师、开府仪同三司、尚书仆射为第一姓，文武二品、知政事三品为第二姓，各按高低品级排定，共分九等，各姓家仅录入自身和兄弟子孙，其余都不收入。改名为《姓氏录》。根据新的规定，凡是军功在五品以上者，都列入氏族，绅士大夫们很鄙视这一规定，把它叫做"勋格"。李义府上奏，搜集全部《氏族志》烧掉，又下诏，命令后魏的陇西李宾，太原王琼，荥阳郑温，范阳卢马迁、卢浑、卢辅，清河崔宗伯、崔元孙，前燕的博陵崔懿，晋的赵郡李楷，共七姓十家，不得互相通婚。三品以上官员婚配，收取礼金不得超过三百匹，四品五品的二百匹，六品七品的一百匹，这是全部出嫁的嫁妆，男方不得接受女方的陪嫁。

从前后魏太和年间（477～499），定天下郡望，以李姓为第一名，以后崇尚门第，所以《氏族志》把他们的地位降低了，王妃、公主的驸马都从当代勋贵名臣家中选出，东部地区的旧贵族不再重视，但后来房玄龄、魏徵、李勣等家又和东部地区的旧贵族通婚，所以这些旧贵族的地位又提升了，不过每一姓中，根据郡望不同，地位差别很大。李义府为儿子向这些大姓求婚，他们都不予理睬，这才恼羞成怒，奏请禁止这些大姓之间相互通婚。

尚书右仆射长孙无忌

长孙无忌

长孙无忌（？～659），唐太宗、唐高宗两朝宰相。字辅机，河南洛阳人。其祖为鲜卑拓跋部贵族。父长孙晟，隋时名将。妹为唐太宗皇后。李世民发动“玄武门之变”，他是策划和组织者之一。李世民即位后，他与房玄龄同为宰相。唐高宗李治继位后，他又与褚遂良同为宰相。他为官持正谨慎，力避亲嫌，却又直言进谏，对贞观之治功不可没；但也因力谏而埋下祸根，最后自缢而死。

一、善于谋略 “玄武”建功

长孙无忌的先祖是北魏皇族拓跋氏，因勋功，改姓长孙氏。长孙无忌的父亲长孙晟，隋时为右骁卫将军。虽然出身于军事贵族家庭，但长孙无忌并不善于统兵打仗，只是在军事方面稍有一些谋略，唐太宗说：“他聪明机断，悟性好。虽然有些军事谋略，但带兵打仗，并非他的长处。”不过，长孙无忌虽疏于军事，但他聪颖好学，博览文史，善于谋略。

因父亲较早去世，长孙无忌与妹妹，在舅父高士廉家中长大。高士廉本人很有才华和名望。在如此一个有着高文化素养的家庭，长孙氏兄妹受到了很好的文化教育。妹妹也从小好读书，举止遵循礼则。高士廉见识过人，他早在李渊父子太原举兵之前，就看出李世民是个非常之才，便把长孙无忌的妹妹嫁与李世民。长孙无忌与李世民年龄相仿，从小就是至交好友，一起长大，妹妹嫁给李世民后，两人的关系更加亲密。

李渊起兵太原，至朝邑（今陕西大荔），长孙无忌被授渭北道行军典签。随后一直随李世民征战。李渊建立唐朝后，长孙无忌官至比部（掌稽核簿籍，后为刑部四司之一）郎中，封上党县公。此时，李世民的才能、威望和显赫军功，引起了太子李建成的嫉妒和惶恐，李世民本人也开始对皇位有了野心。于是，为了争夺皇位继承权，唐高祖李渊集团内部开始发生了分裂，其主要矛盾就是太子李建成和秦王李世民的皇位之争。

唐武德九年（626），太子李建成联合齐王李元吉谋害李世民，没有成功。李世民问长孙无忌："危机的苗头已经显现，怎么办？"长孙无忌便召来秦王府僚属房玄龄、杜如晦商议。房玄龄说："现在矛盾已经出现，一旦发生祸端，不仅朝廷危亡，整个国家也堪忧。不如劝秦王学当年的周公，以便稳定国家。事情迫在眉睫，成败在此一举。"长孙无忌说："我早有此意，只是未敢说出。现在你的一席话，正合我意。我立刻面告秦王。"于是，长孙无忌劝李世民先发制人，夺取皇位。

与此同时，太子李建成与齐王李元吉也在暗自活动。他们想方设法用重金收买李世民的部将尉迟敬德、侯君集等，但均遭拒绝。后又行刺李世民，仍未得逞。李建成意识到房玄龄、杜如晦是他获取皇位的两个障碍，便在李渊面前诋毁二人，直至将二人逐出秦王府。这样，李世民就只剩下长孙无忌这一心腹之人留在府中。长孙无忌与舅父高士廉一起，联合秦王部将尉迟敬德、侯君集等人，密谋诛杀太子与齐王，李世民仍犹豫不决。

这时，突厥南下进犯，按惯例，应由秦王李世民率军抵御，但因李建成从中作梗，唐高祖命李元吉代替李世民督军讨伐，并调秦王李世民的部将尉迟敬德等一起前往。这明显是想趁机抽空秦王府的精兵强将，让李世民无还手之力。李建成早已有所计划，在为李元吉饯行时就杀掉李世民。得知秦王府部将被调走，李世民就深感此事不妙。在和长孙无忌商量后，派长孙无忌秘密召回房玄龄、杜如晦，终于谋划了玄武门兵变。六月四日，李世民亲自率领长孙无忌、尉迟敬德、侯君集等九人，在玄武门伏杀了李建成和李元吉。李世民遂成为皇太子，长孙无忌被任命为太子左庶子。

在玄武门兵变中，长孙无忌是首功之人。从酝酿之日起，他就态度坚定，屡次劝谏，日夜奔波，内外联络，并亲至玄武门参与伏杀。这也是为什么唐太宗至死不忘其佐命之功的原因。唐太宗在临死时还念念不忘长孙无忌，对大臣们说："我有天下，多仗他的出力啊。"

二、谨慎行事　力避亲嫌

玄武门兵变后不久，李渊让位给李世民，长孙无忌迁左武侯大将军，其妹被立为皇后。贞观元年（627），转任吏部尚书，以功第一晋封齐国公，赐封一千三百户。唐太宗与长孙无忌乃布衣之交，又是佐命元勋，而且是亲戚，太宗多次要任命长孙无忌为宰相，都被长孙无忌辞拒。长孙皇后也多次对唐太宗说："我蒙皇恩，在紫禁宫里为后，全家也尊贵无比。但我不愿自家兄弟执管国家政治。"她还提醒唐太宗要吸取汉朝吕氏、霍氏等的教训。唐太宗坚持拜长孙无忌为尚书右仆射。长孙无忌为人谨慎，行事小心，很注意避嫌。与历史上许多倚恃儿女或姐妹争权夺势的人相比，他确实是个盈满为戒之人。

贞观二年（628）正月，有密奏称："长孙无忌的权力太重，恩宠太多。"唐太宗对长孙无忌说："我与你没有什么猜疑的，如果听到什么消息而不彼此相告，那么你我君臣之间就没法沟通了。"长孙无忌以盈满为戒，恳求唐太宗同意他辞去宰相之职。加之长孙皇后的再三请求，唐太宗只好同意长孙无忌辞去尚书右仆射。

突厥文《翁金碑》

贞观五年（631），唐太宗为长孙无忌、房玄龄、杜如晦、尉迟敬德四人，以元勋之功封每人一子为郡公。贞观七年（633）十一月，唐太宗任命长孙无忌为司空，长孙无忌坚决推辞不受。他对唐太宗说："我有幸成为你的外戚，担当此任，只怕天下人说你有私心。"唐太宗说："我选择官吏，唯才是举。如果那人无才，就是亲戚我也不会用的。今日任命你为司空，并不是出于私心。"长孙无忌依然推辞。唐太宗不允许，并作《威凤赋》赐长孙无忌，追叹创帝业之艰难，以及长孙无忌的佐命之功。

长孙无忌不仅在玄武门兵变中表现出了不凡的才能与胆识，在唐太宗即位后，在一些重大事务上也发挥了重要作用。比如贞观元年（627），突厥因天灾人祸，内部叛乱，实力大衰，许多大臣建议唐太宗趁机出兵攻打突厥。因为唐与突厥刚立有盟约，唐太宗犹豫不决。长孙无忌说："现在国家正在养兵，待敌寇入侵，才可以发兵消灭他们。如今他们已经衰弱了，肯定不会来犯了，我们还期望什么呢？应该信守盟约为好。"唐太宗最终放弃了出兵突厥的打算。

贞观十一年（637），唐太宗又因仰慕周代的分封制，欲立功臣世袭刺史，诏令长孙无忌等十四人为世袭州刺史。许多大臣进谏，认为这非长治久安之道，唐太宗听不进去，依然故我。后来，还是以长孙无忌为首的被封功臣呈交了抗封书，加之长孙无忌又通过已是自己儿媳的长乐公主再三向唐太宗请求，唐太宗才停止了封世袭刺史这一错误措施。贞观十七年（643）二月，唐太宗将二十四位有卓越功勋的大臣图画于凌烟阁，以彰其功，长孙无忌被排在首位。

三、权衡利弊　拥立晋王

贞观十七年（643）四月，太子李承乾谋反被废。接下来最有资格被立为太子的，是长孙皇后的另外两个儿子：魏王李泰和晋王李治。依自身条件而论，李泰占优。一方面，他是次子，比李治大九岁；另一方面，唐太宗对他宠爱有加。唐太宗还令其在王府中设立文学馆，广纳贤士学人，并在闲谈中暗示过要立李泰为太子。而李治是长孙皇后的第三子，又是唐太宗的第九子，无论从年龄上还是从父子感情上，均处于劣势。但身为舅父的长孙无忌却在唐太宗面前大力举荐李治，唐太宗因此犹豫不决。遂来到两仪殿，令群臣都退出，独留下长孙无忌和房玄龄、李勣、褚遂良，然后说："我三个儿子一个弟弟，不知立哪一位。"说完自己倒在床上痛哭，长孙无忌等人赶紧抢着把他扶起来。他又抽出刀想自刺，长孙无忌等夺下了他手中的佩刀，并问他想立谁为太子。唐太宗说："我想立晋王。"长孙无忌说："我们奉诏执行，有异议者，我请求立即斩杀！"于是，立太子一事遂定，长孙无忌为太子太师。没过多久，唐太宗又想改立吴王李恪（唐太宗第三子，母亲为隋炀帝女），长孙无忌私底下和唐太宗争论了一番，这事遂中止。

长孙无忌拥立晋王李治为太子，有他自己的想法。唐太宗统治后期，长孙无忌在朝廷中权重无比，为了能在唐太宗之后继续维持这一局面，他希望将来的皇帝是仁孝之人充当，只有这样自己才会得到尊重，权势才会得到加强。李治生性懦弱，是最佳人选。魏王李泰则不同，他从小聪明，长大后喜好经籍、舆地之学，自置文学馆后广纳贤士，文武官员也纷纷投其门下，早已形成一股政治势力。而且李泰恃才不恭，连上品官员都不放在眼里，甚至连他的舅父长孙无忌都不愿意去赢得支持。如让他做皇帝，他依靠并重用的必定是他招纳的党羽，而不会是舅父长孙无忌。两子争立，一个是才华出众的李泰，一个是懦弱少能的李治。立李泰为太子是顺理成章的事，可唐太宗心里也不是很放心。李泰门下都是些功臣子弟，他们因祖上资荫，身处高官，奢侈放纵，均盼着李泰当皇帝后，驱逐元老，自己掌权。而李治这边则是以长孙无忌为首的元老重臣，如李勣、褚遂良等。长孙无忌既是唐朝的开国元勋，又是唐太宗的佐命大臣，是贞观之治的忠实执行者。唐太宗当然希望在自己死后，贞观政治依然存在，但这又必须依靠长孙无忌等的辅佐。为此，他不得不立李治为太子。

贞观二十三年（649），唐太宗病危，引长孙无忌和中书令褚遂良二人辅政。唐太宗对太子李治说："有无忌、遂良二位大臣在，你不用担心天下。"

又对褚遂良说："无忌非常忠于我，我有天下，多仗其力。我死之后，不要听信小人的话加害他。"最后嘱托长孙无忌和褚遂良二人："望二位大臣尽心辅佐国家，以天下安危为己任。"太子即位，是为高宗，长孙无忌迁为太尉，兼检校中书令，执掌门下省事。唐高宗对长孙无忌和褚遂良二人也格外敬重和信赖。长孙无忌更以帝舅身份数进谋议，唐高宗无不采纳。

四、祸起昭仪　遭贬缢亡

长孙无忌及其家族命运的彻底改变，源自永徽五年（654）十月的废立皇后之争。唐高宗欲立昭仪（即后来的武则天）为皇后，长孙无忌屡次谏言，都遭拒绝。唐高宗还秘密遣人赐送长孙无忌金银宝器各一车，绫绢锦缎十车，并亲自登门，继而武氏母杨氏前来说项，长孙无忌始终不允许。礼部尚书许敬宗也多次劝说，长孙无忌厉声拒绝。永徽六年（655）九月，唐高宗召长孙无忌、褚遂良、李勣、左仆射于志宁到内殿，说："皇后没有生儿子，武昭仪生了儿子，我今天想立昭仪为后，大家说怎么样？"长孙无忌说："先帝托付遂良辅政，请陛下问遂良可否。"褚遂良表示不可以。唐高宗不听，遂立武昭仪为皇后。武则天为长孙无忌曾阻止唐高宗立自己为皇后，一直耿耿于怀，命许敬宗寻找机会加以陷害。

长孙无忌画像

显庆四年（659）四月，有人状告太子洗马韦季方、监察御史李巢密划谋反。因许敬宗追查过急，韦季方自杀，未成功。许敬宗趁机借此上奏诬蔑韦季方想与长孙无忌陷害忠臣，近戚伺机谋反，并奏言其谋反有原因："无忌和先帝共同谋取了天下，天下人都信服他的智谋。他做宰相三十年，百姓都敬畏他的威严。真可谓威能服物，智能服兵，我恐怕无忌知道他的谋反一事败露，狗急跳墙，联合同党造反，必为国家之忧啊。"随后，许敬宗要唐高宗速来决断。唐高宗竟然不亲自向长孙无忌证实一下事件真假，就听信了许敬宗。但他不忍处死舅舅。许敬宗便用汉文帝杀其舅薄昭的故事对唐高宗说："当断不断，反受其乱。安危之机，间不容发。"

唐高宗到底没有斩杀长孙无忌，但免去了长孙无忌的官爵，流放到黔州（今四川彭水），准许按一品供给生活费用，算是对娘舅的照顾，也是对当年为其争取帝位的报答。至于长孙无忌的儿子和宗族，则全被株连，有的被流放，有的被杀。数月后，唐高宗又命许敬宗等人复核此案，许敬宗派中书舍人袁公瑜到黔州，逼迫长孙无忌自杀。长孙无忌遂自缢而死。

泽州刺史长孙顺德

长孙顺德（生卒年不详），长孙皇后的本家叔父。父亲长孙恺，隋朝时任开府。长孙顺德在隋朝时任右勋卫。他为逃避隋炀帝远征辽东的战役，从军中偷跑出来，躲藏到太原，得到李渊、李世民的热情接待。

当时国内群雄并起，盗匪丛生，各地郡县纷纷招募兵员，加强防御。李世民也以讨贼为名，指示长孙顺德与刘弘基等招募兵勇，一月之间，招回一万多人，在太原城外安营驻扎。不久，李渊杀死隋朝派驻太原的监视官王威、高君雅，起兵自立，号称义兵。任长孙顺德为统军。此后，他便带领部属随军征战。

在李渊以太原、晋阳为根据地逐步向外扩张势力的初期，长孙顺德参加了大大小小许多战役，平霍邑、破临汾、下绛郡，每次作战都勇当先锋，斩将陷阵，多有军功。后与刘文静一起攻击隋将屈突通时，在潼关（今陕西潼关）连战连胜，屈突通败逃洛阳，长孙顺德穷追不舍，直到桃林将屈突通生擒，带回京师。后又扫清陕县（今河南省西部）境内的匪众。李渊即位后，拜为左骁卫大将军，封薛国公。

武德九年（626），在玄武门事变中，长孙顺德与秦叔宝等人共同打击李建成的余党。唐太宗李世民即位后，封食邑一千二百户，又特赐宫女。唐太宗命他宿卫皇宫。

长孙顺德发现一些仆役们联合偷盗宫中财宝，这是死罪，但是长孙顺德接受了这些人给他的贿赂——一些丝绢和金银，他便将此事压下，放过了这几个人。这件丑闻终于暴露出来，被宫廷大臣及奴仆知道了。于是太宗对近臣说："顺德论身份是外戚，论功劳是开国元勋，地位高，爵禄厚，可以说富贵到家了吧。如果能多看些古今典籍，从中吸取教训，引以为鉴，以自己的言行为人民作出榜样，朕会与他一起共同享用国库，他怎么竟然不守气节不顾名誉，搞出贪污受贿的丑闻呢？"应该将顺德下狱治罪，但是太宗思量再三，念及他的功劳，不忍心问罪，反而在宫殿上当众赐给他几十匹丝绢，对长孙顺德使用他发明的“疗法”。大理少卿胡演不懂得什么“疗法”的奥妙，问道：“顺德贪赃枉法，罪不可恕，怎么又赐给他丝绢呢?”太宗回答说：“人是有灵性的，给他这点绢对他来说胜于刑罚。如果他仍然不觉得惭愧，那就像禽兽一样了，已经是禽兽了就更没有必要杀他了。”

可惜长孙顺德不领受太宗这份好心，把皇帝的“好生之德”误解为优柔寡断。不久，他与大臣李孝常图谋不轨，终于被革职。过了一年，太宗浏览功臣图时看到了顺德的画像，产生怜悯之情，便派宇文士及去看望他。只见长孙顺德精神颓废，一副醉态。有人议论他活到头了。太宗又召拜他为泽州刺史，并恢复了他的爵位、食邑。

唐代彩绘涂金着明光铠武士俑

长孙顺德以往放纵自己，不守法度。重新任职之后，放下架子认真办事，严明纪律。一些官吏接受了贿赂，长孙顺德一一追究，一个人也不放过，于是被人称为好官。前任刺史张长贵、赵士达都在本郡之内占有数十顷好地，长孙顺德一齐上报并且追回来分给贫穷农户。

后来长孙顺德又因犯法而被免官。此时，他的女儿不幸病死，长孙顺德悲痛不已，以至于自己也病倒了。太宗听到这个消息，对长孙顺德产生一种鄙视心理，对房玄龄说：“顺德这种人没有慷慨的气节，因为死了一个女儿，竟病到这个样子，不值得同情。”不久去世。太宗派人吊唁，赠荆州都督，谥号“襄”。贞观十三年（639）追改封为邳国公。永徽五年（654）重赠开府仪同三司。

营州都督张俭

张俭（594～653），唐王朝皇亲，唐高祖侄外孙。字师约，京兆新丰（今陕西新丰）人。祖父张威，为隋朝相州刺史、皖城郡公。父亲张植，是车骑将军、连城县公。

高祖起兵，张俭因军功被授任右卫郎将，迁任朔州刺史。当时颉利可汗正强盛，对唐朝廷态度傲慢，而且求索无厌，所遣送的文书总是称作诏令，边疆官吏只能承奉而不敢拒绝。等到张俭任职时，他决心改变这一现状，就不再接受颉利可汗这种妄自尊大的诏书。他大规模地教百姓开垦田地，每年收谷数十万斛。一遇霜、旱，他倡导百姓互相救济和帮助，使百姓免于饿死，州内因此安宁平静。

李靖平定突厥后，有个思结部落，因穷困归附了张俭，张俭接纳了他们，并予以安抚。部落中有住在漠北的人，亲戚私下往来探望，张俭不加禁止，以此来笼络突厥人。

张俭转任胜州都督，继任的将领不了解这种情况，就立即上奏说思结反叛。朝廷商议进军讨伐，当时张俭因母亲去世回家守丧，丧期未满便被起用，命他前往安抚。张俭单骑进入思结部落，召见酋长安慰晓谕，对他们推心置腹，他们都匍匐在地听从命令，于是全部迁到代州，张俭便受命检校代州都督。张俭鼓励百姓开垦田地，致力耕作，每年都获得丰收，私家积蓄充实。张俭担心突厥人容易骄纵，于是设平价购买粮食的方法，余粮收入官府，突厥人喜悦，从此储备充裕。

由于张俭抚边有方，太宗将他调任营州都督，兼任护东夷校尉。因事获罪免官，下诏以平民身份领任官职。营州部和契丹、奚、霫、靺鞨众番边境相连，高句丽率众入侵，张俭率军将他们打败，几乎将来犯敌军全数俘虏或斩首。又拜授营州都督。太宗将要征伐辽东，派张俭率番兵先进，攻到辽

唐长安城大明宫正殿含元殿遗址

西，正值河水上涨，很久没能渡过。太宗以为他胆小懦弱，召他回来。张俭在洛阳宫谒见太宗，陈述水草分布、山川险易以及长久没能前进的情况。太宗才知道是这么回事，而且见张俭已经把进攻的先期准备做得很好了，分外高兴，遂拜授他为行军总管，让他率领众番骑兵，做六军前锋。

这时，唐军擒获了高句丽侦察兵，从他们口中得知高句丽大将莫离支即将到达，太宗下诏张俭从新城路拦路截击，敌军不敢出动。张俭进军渡过辽水，直逼建安城，打败贼军，斩首数千级。因为这次战功，张俭受封为皖城郡公。后来将东夷校尉官改为都护府，就任命张俭做了都护。

永徽初年（650），加授张俭金紫光禄大夫。永徽四年（653），张俭去世，终年六十岁，谥号为“密”。

张俭的哥哥名叫大师，做官到太仆卿、华州刺史、武功县男。

张俭的弟弟名叫延师，官至左卫大将军、范阳郡公。性情谨慎小心，掌管羽林兵三十年，不曾出过差错。去世后，追赠荆州都督，谥号为“敬”，陪葬昭陵。

唐代制度，功名高贵的门第门前可以树立戟。张家兄弟三人的门前都立了戟，当时人称他们为“三戟张家”。

右骁卫大将军柴绍

柴绍（？～638），唐王朝皇亲，唐太宗李世民的妹夫。字嗣昌，晋州临汾（今山西临汾）人。祖父柴烈，是北周的骠骑大将军，历任遂、梁二州刺史。父亲柴慎，隋朝时任太子右内率，封钜鹿郡公。柴绍智勇兼备，在李渊、李世民起兵之初便随军四处征战，立下了赫赫战功，为唐王朝的建立、巩固做出了很大贡献。他的妻子平阳公主也是一位巾帼英雄，统兵数万，被称为“娘子军”，被人传为一段佳话。

一、矫健有力　临危应变

柴绍出身于将门，自幼矫健有力，其勇敢义气在当地颇有名气。少年时就当了隋朝元德太子（隋炀帝长子）的千牛备身（陪伴）。李渊早在起兵之前，就将女儿嫁给了他，就是后来称为平阳公主的三闺女。

隋末，唐国公李渊决定在太原举兵，柴绍夫妇都在长安，一旦起兵，他们将被杀死，因此李渊派人秘密召他们返回太原。他们立即商量怎么走。柴绍说："你的父亲想扫清国难，救民于水火，我非常赞同，一定要去参加起义，可是两人一齐走是不行的，如果我一个人走了，又恐怕给你留下后患，你看该怎么办?"妻子说："你应该赶快去，我一个妇道人家，到时候可以躲藏，或者再想别的办法。"于是柴绍自长安启程去太原。

当时，李渊的两个儿子李建成与李元吉自河东出发去太原。他们在路上不期而遇。李建成对柴绍说："我们第一次得到消息就赶紧准备上路，日前又有人送来催促的书信，说得非常紧急。现在恐怕已经起事了。这里到太原郡县相连，千里有余，到处都有隋朝的官吏兵员，势必被人发现，不如现在姑且投靠山匪小贼保全性命。"柴绍听罢，果断地说："不行！既然追书催促，说明起义紧急，我们更该日夜兼程，尽快到达，虽然辛苦一些，但是最终彼此放心，我们也能保全。如果投靠小贼，他们一旦知道了你是唐公的儿子，必然抓起来送到官府请功，那我们只能白白去送死了。"于是李建成听从了柴绍的话，三人相随，晓行夜宿，加速赶路。走到太原附近的雀鼠谷时，听别人传说李渊已经起义，他们高兴地相互庆贺，说柴绍的主意是正确的。到达太原后，授柴绍右领军大都督府长史。

二、娇妻佩刀　双双义军

柴绍离开长安后，他的妻子便很快回到鄠县自家庄园，用家中的积蓄招引山野豪杰和亡命之徒，聚集起数百人后便打出造反的旗帜，以此响应父亲的起义。当时有个胡人叫何潘仁，在司竹园占山为王，柴绍妻子派马三宝去劝说他参加义军。何潘仁欣然同意，遂率部攻陷鄠县城。马三宝又去说服山大王李仲文、向善志、丘师利等人，各领数千人来，与柴绍妻子的队伍会师。当时隋朝的京师留守官不断派出军队讨伐他们，马三宝与何潘仁引兵抗拒，接连打退来进攻的隋军。后来他们发展到七万人，柴绍的妻子派人报告她的父亲李渊。李渊喜出望外，便派柴绍率军渡过黄河去占领华阴，依傍南山接应其妻。这时柴绍妻子引精兵一万多人在渭河北岸与李世民会师，与柴绍别后重逢，夫妻见面，真是感慨万千，一言难尽。别时城中，相逢城郊。世事沧桑，实难预料。昔日娇妻，而今佩刀。将兵数万，显是英豪。于是依带兵将军的惯例，各自设置幕府，一齐包围长安。军中称其军为"娘子军"。李渊进据长安后，即封她为平阳公主，以其独特的功劳，赏赐重于他人。

柴绍在随军进攻霍邑的时候，先到城下侦察了隋守将宋老生的布防，归来对众将领说："老生只有匹夫之勇，我们大军一到，他必然出来迎战，战则可以生擒。”此后大军到来时，老生果然出来接战。柴绍与之奋力拼搏，立功受赏。此后柴绍又参加了攻占临汾、扫平绛郡的战役，每战都当先锋，登城破阵。因功又授右光禄大夫。

（唐）李思训《江帆楼阁图》

武德元年（618）柴绍升迁为左翊卫大将军，又跟随李世民讨伐薛举，战胜宋金刚，打败王世充，擒获窦建德。战功累累，因此封为霍国公，赐食邑一千二百户，并转为右骁卫大将军。

吐谷浑与党项联合进兵入侵西北边境时，柴绍奉命带兵征讨。军到边地时，敌军居高临下，向柴绍军中射箭，箭如雨下。柴绍不能与敌交锋一决雌雄，便叫人来弹奏琵琶，又令女子二人相对起舞。敌兵望见这般情景，很是奇异，停止射箭，相聚观看。柴绍观察到敌军阵线紊乱，便悄悄派遣精兵强将，以轻骑袭击其后方，结果敌军大乱，溃不成军，柴绍趁势掩杀，斩首五百余级。

贞观二年（628），柴绍率军出征梁师都，在夏州（今陕西大理河北）扫平叛军。贞观七年（633），加镇军大将军，改封谯国公。贞观十二年（638）病重，太宗亲往探望。不久去世，赠荆州都督，谥号“襄”。

驸马都尉薛万彻

薛万彻（？～651），唐王朝皇亲，唐太宗李世民的妹夫。雍州咸阳（今陕西咸阳）人。父亲薛世雄是隋朝时的左翊卫大将军。薛万彻武艺高强，勇冠三军，屡立战功，封为武安郡公。他本为东宫部属，唐太宗不咎既往，加以重用，对他赏赐众多。但也骄横跋扈，被唐太宗撤职贬到边远之地。高宗即位后，他与散骑常侍房遗爱造反，被斩杀。

薛万彻

一、兄弟双雄　勇冠三军

薛万彻少年时与哥哥薛万均跟随父亲住在幽州（治今北京西南附近），兄弟二人都有武艺，俱受幽州总管罗艺的青睐。后与罗艺一齐归附唐高祖李渊，授薛万均为上柱国、永安郡公，薛万彻为车骑将军，武安县公。

武德三年（620）九月，窦建德率领二十万兵马进攻幽州，包围城垣之后又填平护城河沟，发起总攻时，许多将士强行攀登城墙，企图一举攻拔其城。这时，万均与万彻兄弟二人率领一百多人的敢死队员通过地道钻出城外，以饿虎扑食之势从敌军背面予以袭击，敌军阵容大乱，城中出兵趁势掩杀，敌军溃败而走。

入朝后，薛万均被分配到秦王李世民府，薛万彻分配到太子李建成的东宫中，李建成将薛万彻当做左右手一般看待。武德九年（626）六月发生玄武门事变时，薛万彻当时正在宫中，一听说玄武门发生战斗，立即率领宫兵两千多人去攻打玄武门，同时叫嚷着要打秦王府。宫兵都十分害怕，但仍然服从命令赶到玄武门，当他们看到李建成与李元吉的首级后，更加惊愕，立即四处逃散。薛万彻考虑到自己作为李建成的亲信，又与众有所不同，于是带领数十名骑兵逃往终南山。

李世民即位后，数次派人传达自己让他回朝的意思，薛万彻终于放弃对立情绪，随使者入朝。太宗认为他事主以忠，所以不咎既往。

贞观二年（628），薛万均任殿中少监。左骁卫大将军柴绍领兵出征割据朔方的梁师都时，任命薛万彻为副总管。梁师都当时联结突厥，攻守同盟。当官军行至距朔方（今内蒙古杭锦旗北）几十里远的地方时，突厥的援兵从四方八面包抄过来。官军稍向后撤，停在一处小山坡上。这时薛万均、薛万彻兄弟俩从左右横向出击，斩其猛将，砍其军旗，于是突厥兵慌乱自流。官军乘势掩杀，突厥死伤遍野。官军又击鼓进军，包围了梁师都所在的朔方东城，不久梁师都被其部属杀死，举城投降。突厥始终不敢出兵援救。

贞观三年（629）十一月，薛万彻跟随兵部尚书李靖征讨突厥颉利可汗，一直进军到塞北，归来之后，薛万彻因有战功，授为统军，进爵位为武安郡公。贞观九年（653），李靖奉命出击吐谷浑时，特请薛万彻同往。进入吐谷浑的辖境之后，众将领各率一百多骑兵先行一步。他们与数千名敌军突然遭遇，薛万彻让大家原地暂停，他单骑直入敌群，左右冲杀，敌军无人敢挡。他跑回来对大家说："这支敌军虽然人多，但战斗力不强，只要人人奋勇，定获全胜！"说罢又策马转身再次冲向敌群。众将士紧随其后，挥刀呐喊，一齐投入战斗，结果斩首数千级。薛万彻战罢，人与马都负伤流血，从统军总管到普通士兵都称他勇冠三军。此后又与薛万均在赤水源（今青海南境）打败吐谷浑天柱王，缴获各种牲畜二十余万头（只）。此后薛万均官至左屯卫大将军，封为潞国公，但不幸早逝。

二、沙场名将　太宗赞赏

薛万彻转任右卫将军、蒲州刺史后，贞观十五年（641）十一月，突厥薛延陀率领回纥、同罗（均为部族）二十万兵众，从北方南下，渡过大沙漠，打击已经归附唐朝的李思摩。太宗命李勣为朔州道行军总管、薛万彻为副总管，率兵援助李思摩。遇到敌军后，薛万彻率数百骑兵先锋出战，他们迂回到敌人阵地之后，发起突然攻击，打散了敌军的马群，敌人阵乱溃退。薛万彻挥军追杀数十里，斩首三千余级，缴获马一万五千匹。回朝后，以他的功勋封给他一个儿子县侯的爵位。

贞观十八年（644）薛万彻与唐高祖的女儿丹阳公主结婚，拜为驸马都尉、右卫大将军，又转升为右武卫大将军。一次太宗对大臣们说："当今的名将，依我看只有李勣、李道宗和薛万彻三个人而已。李勣与李道宗不能取得大胜利，但也不会有大失败；薛万彻则不然，他的作战风格是要么得大胜，要么就大败。"文臣武将都认为所言极对。

又有一次，太宗在丹霞殿设宴招待长孙无忌等十几个人，其中就有薛万彻。当时太宗赏给每人一件貂皮衣服，轮到薛万彻时，却误称为万均，话一出口，他便知道说错了，同时悲从中来，怆然而言："万均是我过去的功臣，不幸早逝，今日不觉间呼出了他的名字，莫不是他的灵魂想让我赏赐他吗？"当下赏过薛万彻之后，又命人再取一件，太宗呼唤着薛万均的名字当众焚烧了皮衣，一如赏赐别人那样。在座的人无不感叹，薛万彻更是哀恸、感激。

贞观二十二年（648），薛万彻以青丘道行军大总管，率兵三万，从莱州（今山东掖县）乘战舰出发，入鸭绿水，又前进百余里到泊汋城下（今朝鲜新义州附近）。泊汋城主所夫孙率步骑兵一万余人出城抗拒。薛万彻派右卫将军裴行方领步兵沿岸进发，攻击高句丽军。薛万彻随后乘胜追击，敌军溃逃，追逐百余里。所夫孙试图组织败军列阵抵挡，薛万彻率先出阵，未交战几回便杀死了所夫孙，于是围攻泊汋城。其城依山傍水，十分险固，几次进攻均不能破。高句丽方面又派出将领高文，率领乌骨、安地等城的兵将三万余人赶来增援。援军分为两阵，薛万彻也分军为二，各挡其一阵。决战开始后，高句丽兵纷纷转身逃命，薛万彻大胜而归。

三、心怀怨望　谋反被诛

薛万彻临阵英勇无畏，作风凛冽。他认为每个军人都应该是这个样子。因此在军中稍不如意，他便盛气凌人地训斥将士，于是就有人向太宗上书，告发他的劣迹。班师回京，太宗对他说："有人举报你与众将官不团结，朕只记你的功劳而不追究过失。"当面取出上告的书信点火烧毁。

不久，薛万彻的副将、右卫将军裴行方揭发他有"怨望"表现，即对朝廷怀有怨愤，进而滋生非分之想的情绪。太宗认为这不是一般的小事情，便召他进宫作出解释，他结结巴巴地说不出反驳的理由来。英国公李勣说："薛万彻的职位是将军，又是高祖的女婿，竟然口出怨言，心生不轨之想，实在罪不容诛。"太宗据此将他撤职，并令他迁居边远的地方去。唐高宗即位后，大赦天下，他又回到了京城。

唐代红陶女俑

永徽二年（651），授薛万彻为宁州刺史。入朝后与散骑常侍房遗爱（宰相房玄龄之子、太宗的女婿）亲近为昵友。薛万彻对房遗爱说："我现在虽然患有脚病，但是坐镇京师，天下的小子们谁也不敢乱动。"房遗爱对他说："你要能使国家动乱起来，我与你一起扶立荆王元景当皇帝。"他们的这一谋划泄露了出去，司法官逮捕了薛万彻，薛万彻矢口否认，但是房遗爱出面指证，说他确实说了那些大逆不道的话，薛万彻被判死刑。临刑时他大声说："我薛万彻是大健儿，留下这条命为国家效力而死才对，不该死于房遗爱的案子里啊！"然后解开衣领叫监斩官快斩，但刽子手刀下无力，头一刀没有砍准，万彻大声呵斥："为什么不用力？"连砍三刀才把头砍落地上。

驸马都尉阿史那社尔

阿史那社尔（？～655），唐王朝皇亲，唐太宗的妹夫。突厥处罗可汗的儿子。阿史那社尔出身突厥贵族，原先与唐敌对，归降唐朝以后，忠心不二，临阵奋勇，屡建功勋。他入则为驸马，出则为战将，不避艰险，征战四方，尤其为开通“丝绸之路”做出了很大贡献。在他身上，既体现了唐太宗李世民的民族政策的胜利，又展示了中华民族的传统美德。他为官清廉，生活俭朴，功勋卓著，从不自傲。后人称他是“廉洁谨慎知足”的武将典范。

一、不听劝谏　战败降唐

阿史那社尔十一岁的时候，便以机智英勇闻名，因此当了部落统帅，在漠北建起牙旗（用象牙装饰的大旗，作为大将或首领的标志），与颉利可汗的儿子欲谷设分别统治铁勒、回纥、同罗等部落。他以宽松的政策休兵养民，连续十年不征赋税，相邻部落的首领却以此鄙视他不会借机自富，他听到一些风言风语后说：“只要部落富裕，我便满足了。”首领们听到这话，都对他产生敬畏之心。

武德九年（626），颉利可汗率兵南下入侵唐朝，漠北空虚。铁勒、延陀、回纥等部落发生叛乱，欲谷设率骑兵十万前往镇压，结果大败，阿史那社尔出兵援助欲谷设，也被延陀打败。

贞观二年（628），阿史那社尔率众西走，依附可汗浮图（今新疆吉木萨尔县西北），发展势力，以图自立。后来西突厥发生内乱，阿史那社尔引兵平定其境（今新疆西部及中亚细亚一带），占有一半国土，拥有十余万人，自称都布可汗。他对部下说：“当初是薛延陀首先叛乱，破坏了我们国家，薛延陀是有罪的。现在我们占据了西方之地，也有了兵马，如果不把薛延陀打败，而在这里享乐，就是忘记了先人可汗，就是不孝。所以我决定打回老家去，如果苍天不让我们取胜，死而无憾。”他属下的部落酋长都不同意，说：“我们取得西方为时不久，必须留下来镇守，如果离开这里去远征薛延陀，只怕这里叶护的子孙又卷土重来，东山再起。”

阿史那社尔不接受这一意见，亲自率领五万多骑兵讨伐延陀，结果一直打了一百多天，仍然未决胜负。阿史那社尔的兵将苦于长战不休，便纷纷逃亡，薛延陀纵兵攻击，阿史那社尔败走高昌国（今新疆吐鲁番东），逃出一万多人。其时西突厥振兴强大，阿史那社尔根本无力制服，高昌仅是客居之地，不宜久留，于是率众东行，归附大唐。贞观十年（636）正月，阿史那社尔到达长安，授左骑卫大将军，娶了皇帝的妹妹衡阳长公主，为驸马都尉，屯兵于皇家苑囿之中。

二、廉洁谨慎 战功卓著

贞观十三年（639），高昌王曲文泰攻打归附唐朝的伊吾（今新疆哈密），并且掳掠了唐朝的使者和商人，唐朝要求放还，遭到拒绝，因此太宗李世民大怒，任阿史那社尔为行军总管，与交河行军大总管侯君集前往征讨。

唐宫乐图

第二年八月，唐军进至碛口（今甘肃境内），曲文泰病死，他的儿子曲智盛继承王位。唐军前锋到达高昌城下，智盛战败。唐军源源不断而来，制造了攻城器具向城中抛石，飞石如雨而下，智盛不得已投降。唐军入城后，侯君集私自取走许多珍宝，将士知道后便上行下效，偷抢私藏，一时城中军纪混乱，而阿史那社尔及其部下秋毫无犯。回军之后，太宗听过汇报，盛赞其廉洁谨慎的美德，赐予高昌宝刀及杂彩千段，并令检校北门左屯营，封为毕国公。

贞观十九年（645）二月，太宗以高句丽的盖苏文杀主害民，亲率六军前往征伐。社尔奉命出征，在驻跸山与敌列阵交锋。社尔出阵挑战，敌军万箭齐发，他冒着箭雨前进，连中数箭，他拔掉箭枝，不顾流血，继续冲杀。他的将士看到之后，个个奋勇，于是大获全胜。回师长安后，以其特殊的功勋加授鸿胪卿。

贞观二十一年（647）十二月，阿史那社尔任昆丘道行军大总管，统兵十万，出征龟兹（今新疆库车、沙雅二县间）。第二年九月，出击西突厥的别部处密，大破处密军，兵众皆降。十月，引兵抵达龟兹北境，然后分兵五道，出其不意地突然回师攻入焉耆，焉耆王弃城逃奔龟兹。阿史那社尔派兵追杀后，立其堂弟先那准为王。龟兹听到这些消息，大为震惊，守将纷纷弃城而逃。阿史那社尔继续向西挺进，在距龟兹三百里远的地方，派遣伊州刺史韩威率一千轻骑兵先行寻战，大军随后跟进。龟兹王布失毕率领五万兵将前来迎战。韩威假装败退，龟兹军紧追不舍，追了三十余里，遇到阿史那社尔率领的大军，龟兹大败，退守大拨换城。阿史那社尔围城四十天，破城，擒其王布失毕及大臣那利等百余人。

阿史那社尔此番出征，先后攻占五大城，而后派遣使者到龟兹各地传谕安民政策，并立布失毕之弟叶护为王，龟兹人都很满意。于是社尔刻石纪功而还。

太宗逝世后，社尔出于对恩主的感谢和深厚的兄弟情谊，以突厥的习俗请求以身殉葬，高宗派人向他说明太宗的遗嘱，不许殉葬。永徽六年(655)，阿史那社尔病逝，赠辅国大将军、并州都督，陪葬昭陵（太宗陵），谥号“元”。

功过是非论宰相

唐太宗时，中书省、尚书省、门下省三省长官相当于宰相之职。中书令、中书侍郎为中书省长官，尚书左右仆射为尚书省长官，侍中为门下省长官。太宗朝宰相众多，其中较著名的却不过以下几个：房玄龄、杜如晦、魏徵、马周、褚遂良等。房玄龄善于谋划，杜如晦善于决断，“房谋杜断”传为美谈；魏徵直言进谏，不留情面，成为诤臣典范；王珪疾恶好善，激浊扬清；马周有经邦济世之才，被誉为“经世名臣”；褚遂良知无不言，为一代正直大臣。

尚书右仆射封伦

封伦（568～627），唐太宗朝宰相。字德彝，以字显名于世，观州蓨（今河北景县）人。祖父封隆之，在北齐为太子太保。父封子绣，为隋通州刺史。封伦在隋朝时教唆内史侍郎虞世基实施弊政，使隋朝日益衰败。降唐后，又玩弄权术，迎合君主心意，先后获得高祖和太宗宠信。死后，他的罪恶暴露，被削职。

一、受尊杨素　教唆世基

封伦少时，舅父卢思道就说："这孩子才智超人，凭自己的本事就能取得卿相的高位。"

隋朝开皇末年（600），江南发生叛乱事件，内史令杨素前去征讨，任用封伦为行军记室。船行至海上，杨素召他商议事情，慌忙中封伦掉到海里，所幸没被淹死。被别人救上来之后，封伦换了衣服再去拜见杨素，始终不谈落水之事。很久以后杨素才知道他曾落水遇难，便询问他缘故，封伦轻描淡写地说："这是私事，不敢为这些小事惊动您。"杨素感到这人非同一般，将堂妹嫁给他。

杨素受命营造仁寿宫，上表推荐封伦任土木监，宫殿修造得宏大奢侈。隋文帝一向崇尚节俭，对杨素居然耗尽资财建造这么奢华的宫殿极其愤怒，说："杨素竭尽百姓全力，给朕招聚天下的怨恨。"杨素大为恐惧。封伦说："不要惊恐，皇后来看过以后，就没事了。"第二天隋文帝果然慰劳杨素说："你知道我夫妇年老，没有什么可娱乐的，才建造这座豪华的宫殿吧？"杨素因而非常高兴。杨素退下后问封伦："你怎么会有先见之明？"封伦说："皇上节俭，所以看见宫殿必然发怒。但皇上平日听皇后的话。皇后是妇人，喜好奢侈华丽是她们的本性。皇后高兴，那么皇帝还有什么可说的呢？"杨素说："还是你比我见识高超！"

杨素依仗权势，对人多有欺凌，只有对待封伦，从不傲慢失礼，和他谈论天下事，时间再长也不知疲倦。杨素还拍着自己的座位说："封郎以后一定能居此座。"杨素向文帝推荐封伦，封伦得以被提拔为内史舍人。

大业中期（约610～612），内史侍郎虞世基得宠于隋炀帝，但他不熟悉政务，处理政事经常出现失误。封伦暗中为他裁决谋划：凡事秉承皇上旨意，百官奏章如果不合皇上心意，就扣下不上报；以苛酷的刑法统治天下；有功应当赏赐的，往往压抑不赏。因此虞世基个人恩宠日深一日，而隋朝的政治却日益衰败了。

大业十四年（618），宇文化及叛乱，挟持炀帝出宫，指示封伦起草一份文件列举炀帝的罪行，炀帝说："你是一个出身贵族的文化人，怎么可以做这种大逆不道的事情！"封伦羞愧退去。宇文化及杀死炀帝后，任命他为内史令。封伦跟随宇文化及到达聊城，他预知宇文化及将要失败，就结交其弟宇文士及，得以到济北保护粮道。

宇文化及死，他就和宇文士及投降唐朝。高祖知道他依附逆党，正要严厉责备，让他前往馆舍。封伦用秘策迎合高祖，高祖转而很高兴，改授他为内史舍人。升任侍郎兼内史令。

二、善弄权术　阳奉阴违

秦王李世民征讨在洛阳称帝的王世充，命令封伦参与谋划军事。当时长时间不能结束战事，高祖打算回军，秦王派封伦回长安分析军情。封伦见到高祖说："贼军占领的地盘虽多，但互相不能相通，所能效命的只有洛阳罢了，计穷力屈，死在旦夕之间。现在解围而向西返回，那么贼人势力重新联合，我军就等于前功尽弃。"高祖听从了。后来，秦王大败敌军，王世充降唐。高祖对侍臣说："起初商议东征，当时有许多人反对对剽悍的王世充用兵，只有秦王认为一定能取胜，封伦赞同这一举动，张华协助晋武帝的功劳也不过如此吧？"高祖封封伦为平原县公，署理天策府司马。当初，占据河北称帝的窦建德增援王世充，秦王将要奔赴虎牢，阻击窦建德军，封伦和萧瑀劝谏不可，这时入府祝贺。秦王笑着说："当初没有听从你们的建议，才侥幸取胜，你们智者终有一失啊。"封伦说："我从来就难比秦王的深谋远虑，审时度势，何况这一回呢。"

不久，突厥侵犯太原，却又派遣使者和亲。高祖向群臣询问计策，群臣都请求允许突厥和亲缓解战争。封伦说："突厥有轻视中原之心，以为我们不能和他们作战，如果乘其懈怠攻击他们，势必取胜，取胜以后再和亲，可使威德两全。如今即使不战，以后他们一定还要来。臣认为应该攻击。"朝廷采用封伦的意见，出击突厥。

武德六年（623），封伦任检校吏部尚书，他熟悉职务，善于理政，深受时人称赞。武德八年（625），封伦晋封赵国公，改封密国公。

太宗继位，拜授封伦为尚书右仆射，实封六百户。封伦归顺唐朝的初期，萧瑀曾向高祖推荐他。封伦官高位显，萧瑀任左仆射，每次商议国事，两个人先商量好了一致的意见，再向太宗禀报。封伦起初坚定，到太宗面前却视太宗脸色而改变主意，使萧瑀多次受太宗责备，由此两人产生隔阂。贞观元年（627），封伦得病，倒在尚书省，太宗亲临探视，命人用皇帝的车把他送回家。不久，封伦去世，终年六十岁，追赠司空，谥号为“明”。

封伦天性阴险，善于玩弄权术，屡屡猜中君主的心意，暗中引导而使表面相合。他外表谨慎和顺，住处及衣服简陋朴素，但暗中却结交权贵，贿赂赠送无数。然而，他善于掩盖真相，做坏事居然表现得像做好事一样坦荡，人们不能知道他的真心。隐太子李建成、巢剌王李元吉之乱时，封伦多次向秦王李世民进献计谋，秦王认为他忠诚，赏赐数以万计。封伦又秘密对高祖说：“秦王凭借功劳，和太子不相上下，若不早立为太子，就赶快除掉。”他又真心对太子说：“为了天下大业不要顾及亲族，你知道什么叫乞羹者吗？乞羹者就是自己失去自己的饭碗，被迫只舔人家的碗边儿。”高祖商议废立太子，封伦坚决劝谏阻止。当时所说的秘密无人知晓，到他去世后，事情慢慢地暴露。贞观十七年（643），治书侍御史唐临追查弹劾封伦为奸之事，太宗让百官商议。户部尚书唐俭等议论：“封伦生前宠极一时，而死后罪恶暴露，所历任的官职不可全部削夺，请求收回追赠的官职改换谥号，用以警戒谄媚卑鄙之人。”太宗下诏削夺封伦的司空官职，削去食封，改谥号为“缪”。

封伦的儿子封言道，娶淮南长公主，官至宋州刺史。

尚书左仆射裴寂

裴寂

裴寂（570～629），唐开国宰相。字玄真，蒲州桑泉（今山西临猗东南）人。父裴瑜，曾任绛州刺史。隋末，裴寂任晋阳宫监，将晋阳宫宫女偷出侍奉李渊；在李渊起义后，他又以晋阳宫所藏米粮、铠甲、彩帛等支持李渊。他参与了晋阳起兵的策划，是对建立李唐王朝有功的少数几位宰相之一，深受唐高祖李渊的恩宠。唐太宗即位后，疏远了他，把他免官遣回乡里。可谓一朝天子一朝臣。

一、少年为孤　乱中入仕

裴寂从小聪明好学，深得家人喜爱。父亲病故，裴寂成为孤儿，由几位兄长苦心抚养。十四岁时，恰逢州里缺主簿一名，裴寂前去补任，至此步入仕途。裴寂长大后，英俊威武，眉清目秀。由于家贫，无以营生，他常常徒步去京城。

隋朝末年，天下大乱，农民起义遍布全国各地，隋朝统治政权摇摇欲坠。裴寂在别人举荐下，任晋阳宫（在今山西太原境内）宫监。而就在此时，驻守太原的隋朝名将李渊还一无所知的是，他的次子李世民正秘密准备举兵反隋，只因担心父亲不同意，迟迟没有起兵。这时，晋阳令刘文静引见裴寂给李世民。刘文静和裴寂是非常要好的朋友，他深知裴寂与李渊关系甚好，所进之言李渊必听，便希望李世民通过裴寂说服李渊反隋。

刘文静动员裴寂时，对李世民评价极高："他绝不是一般人，胸怀宽广好比汉高祖，英勇智慧好比魏武帝，虽然只有十九岁，但他肯定是改变世界的人。"裴寂与李世民见面后，觉得刘文静说得一点不错，就决定结交李世民。随后，李世民以博弈的方式，相继输私钱数百万给裴寂。裴寂得了那么多钱，心中自然畅快，每天都和李世民闲游在一起。一天，李世民趁裴寂正玩在兴头上，就将准备举兵反隋一事告诉了裴寂，裴寂当即许诺支持反隋。

根据李世民的意思，裴寂私自以宫女侍奉李渊。在宫中，凡是与宫女发生关系的人（除皇帝外），一旦发现都将处以死罪。裴寂趁机对李渊说："二公子暗地收兵买马，要干大事；现在怕事情泄露被杀头，就赶快下决心吧！"李渊听了裴寂的话，生怕这事被发现后丢了脑袋，就同意了举兵之事。

裴寂又对李渊说："若守小节，旦夕死亡；若举义兵，必得天位。"李渊说："我儿果有此计，应该不成问题，听他的吧。"于是，大将军府立即建立，李渊为大将军，裴寂为大将军长史，准备配合李世民一举反隋。裴寂还特意进献宫女五百人，并上米九万斛，杂彩五万段，铠甲四十万领，以供军用。

李渊起兵时天下豪杰蜂起，正所谓"秦失其鹿，诸侯逐之"。这就看哪路诸侯能占据先机，率先控制天下大势。李渊想先取东都洛阳，又恐隋右武侯大将军屈突通在背后袭击，一时拿不定主意，犹豫不决。裴寂建议，先破屈突通，再夺取京师。李世民则建议早渡黄河占据长安，威震关中。李世民认为，关中各路叛军没有共主，各自为政易于招纳，合并关中分散势力，可趁此扩充数万军力。屈突通只知自守，不足为虑。李渊同意了李世民的建议。随后，李渊一边留兵围攻屈突通，一边让李世民率军入关。李氏大军一路势如破竹，最终攻占了长安。李渊拥立隋炀帝之子代王杨侑为帝，史称隋恭帝。平定长安后，裴寂迁任大丞相府长史，进封魏国公。

隋义宁二年（618）五月，隋恭帝被迫禅位于李渊。裴寂主持受禅事宜，李渊于是受禅。登上皇帝宝座的李渊（唐高祖）满怀感激地对裴寂说："是你促使我取得了今天的成就啊！"

二、皇帝心腹　恩宠有加

李渊即位后，裴寂为尚书右仆射，成了开国宰相。唐高祖对裴寂可谓宠爱有加。当朝文武百官、皇亲国戚，无人能比。赏赐的财物简直数不过来，唐高祖每天吃饭都想着裴寂，常把自己的"御膳"分给他吃。朝廷集会，唐高祖一定要让裴寂在自己身边，经常把他请到后堂商量事情，对裴寂言听计从。在正式场合叫他"裴监"而不直接叫他的名字以示尊崇。

唐武德二年（619）六月，割据势力刘武周派遣部将黄子英、宋金刚频频进犯太原，唐军屡战屡败，即位刚一年的唐高祖李渊不禁忧心如焚。裴寂主动请求率军平叛，任晋州道行军总管，率军抵御刘武周的军队。行军到介休，扎营于度索原，因水源被切断，便移营于有水之地。宋金刚趁机纵军击之，裴寂溃败，几乎全军覆没。裴寂经过一天一夜的疾行，逃至晋州（今山西临汾）。宋金刚继续进逼。裴寂上表谢罪，唐高祖安慰他，让他镇守河东之地（今属山西）。裴寂在战前虽然有拥立之功，能够审时度势，得李渊赏识，但在对待刘武周的战役中却显得力不从心，以致一败再败，不过高祖并没有过多地责备他。

裴寂生性胆小，又无将帅之才，遂驱虞、泰二州居民入城堡，焚其积蓄。百姓惶恐不安，皆思为乱。十月，夏县（今属山西）人吕崇茂聚众自称魏王，并寻求宋金刚支援，举兵反唐。裴寂率兵前往攻打，被吕崇茂击败而归。唐高祖把裴寂召入朝，责曰："先前与刘武周对阵，兵力足可破敌，却一败再败，你能对得起朕吗？"即便如此，唐高祖依然像当初一样宠爱裴寂，每次巡游，都让裴寂留守。

一次，后麟州刺史韦云起奏告裴寂谋反。唐高祖李渊亲自对裴寂说："朕有天下，本来就是你拥戴的，现在为什么要有二心？皂白要分清，不能不追究啊。"裴寂听了唐高祖的话，没有争辩，只是请求他查证后再做定论。经过查证，果然是对裴寂的诬告。经过这件事，高祖更加亲信裴寂，相信即使天下人都叛他，裴寂也不会离他而去。高祖为了抚慰裴寂，还派人到府上送礼给裴寂压惊。

武德六年（623）四月，裴寂迁任尚书左仆射。唐高祖非常高兴，赐宴于金章殿。裴寂辞谢皇帝对他的提拔，他说："当初在太原起事的时候，皇上已经答应在天下平定之后，让我回家种地。现在四海已经平静，刀兵不动，百姓安居，我请求陛下允许我退休，回家养老。"高祖坚决不准许："现在还不到时候呢，我还要和您携手到老呢。您为台司（宰相），我为皇上，逍遥快活，岂不美哉！"从此以后，唐高祖每日都要差遣一位尚书员外郎，在裴寂府中值班，由此可知裴寂尊贵至极。

唐代彩绘骑马拍腰鼓女陶俑

三、免官流放　猝死他乡

武德九年（626），高祖禅位于秦王李世民，是为唐太宗。太宗继位后，对前朝重臣采取疏远的态度，裴寂在朝中的特殊地位也不复存在，贞观三年（629）正月，有沙门法雅，从前受恩宠出入两宫，后来禁止入内，因而心怀不满，便说出一大串莫名其妙的妖言。杜如晦主审法雅，被这个妖僧的胡言乱语弄得昏头涨脑，但法雅终于改说"人"的语言了，他说裴寂能听懂这种神奇的语言。于是，裴寂被免去官职，遣回乡里。裴寂请求留在京师，唐太宗不允许："说起您的功德来，可谓平庸，但对您的恩泽是群臣第一呀！武德年间，贿赂公行，紊乱纪纲，根子都在您，只不过因为您是功臣不忍依法严办。现在能回去守墓，很不错啦！"裴寂随即返归蒲州故里。

汾阴（今山西万荣）一名叫信行的男子，言多妖妄，常对裴寂的家僮说："裴公的面相有成为天子的命。"裴寂监奴恭命把这事告诉了裴寂。裴寂恐惧不敢上奏，暗令恭命杀了信行。但恭命不仅没杀信行，反而同信行一起逃到别处藏匿了起来。裴寂得知后勃然大怒，派人四处搜捕。恭命害怕被杀，就到太宗那里举报了裴寂。太宗大怒，对群臣说："裴寂有四项死罪：第一，身为三公，却与妖人法雅亲密；第二，事发之后负气任性，说天下是他谋划来的；第三，妖人说他有天子之命，他却匿而不报；第四，密谋杀人灭口。"群臣听后议论纷纷，大家不相信裴寂有叛逆之心，请求对他从宽处理，唐太宗同意不杀裴寂，将他流放静州（今广西昭平）。

裴寂刚到静州，恰好碰上当地羌人聚众造反，并扬言要把裴寂劫来立为天子。唐太宗得知此事后，并不相信。没过多久，裴寂率家僮镇压了羌人叛乱，太宗很是感动，征召裴寂还朝。裴寂正为赴京做准备，却突然猝死，时年六十岁。

中书令宇文士及

宇文士及（？～642），唐太宗朝宰相。字仁人。京兆长安（今陕西西安）人。父宇文述，为隋朝右卫大将军。宇文士及在隋曾任内史令，入唐后曾任中书侍郎、太子詹事、中书令。

开皇末年（600），宇文士及凭借父亲宇文述的功勋封新城县公。隋文帝曾与他进行长谈，认为他是奇才。特别下诏让他娶炀帝的女儿南阳公主。大业中期（约608～610），宇文士及任尚辇奉御，跟随炀帝巡幸江都。后因父亲去世免职，丧期未满而起用为鸿胪少卿。大业十四年（618），炀帝住在江都，当时任右屯卫大将军的宇文化及是宇文士及的哥哥，宇文化及图谋篡逆，因为宇文士及的驸马身份不与他通气，担心他会向皇帝告发。炀帝被杀后，宇文氏都得封赠。宇文士及封为蜀王。

当初，宇文士及任奉御，而李渊任殿中少监，二人结为至交。后来宇文士及跟随宇文化及到达黎阳，唐高祖李渊亲自写信征召他。宇文士及也派家僮走小路到长安，表示愿意投降，并献上金环。高祖高兴地说："我曾经和宇文士及共事，如今他献纳金环，是快要来了。"后来，宇文化及军力涣散，形势不利，宇文士及劝他投降唐朝，宇文化及不听，宇文士及便和内史令封伦谋划，为了远离兵难、有回旋的机会，他们申请去济北督运军粮。

不久，宇文化及失败，这时济北的豪杰谋划发动齐地兵士攻打占据河北称帝的窦建德，以收复河北，观察形势变化再做决定，宇文士及不同意这个计划，遂和封伦等人归顺唐朝。高祖责怪他说："你兄弟俩在江都作乱，曾经谋划带军攻打长安入关灭唐，如果那时捉到我们父子，还肯让我们活命吗？你说今天要对你如何处置？”宇文士及道歉说：“臣罪当死，但臣往日在涿郡，曾经和陛下夜间商议天下大事，最近又有东西奉献，希望以此赎罪。”高祖笑着对宠臣裴寂说：“他和朕商议天下大事，至今已六七年了，公等都在他之后。”

当时宇文士及的妹妹为昭仪，得到高祖宠爱，宇文士及由此受到亲近礼遇，授任上仪同。他跟随秦王李世民平定宋金刚所部义军，立下战功，得以恢复在隋朝时的封爵新城县公，唐高祖将宗室的女儿下嫁给他，迁任秦王府骠骑将军。又跟随秦王征讨王世充，晋爵郢国公。武德八年（625），宇文士及代理检校侍中，兼太子詹事。

荒淫无度的隋炀帝

太宗李世民即位，拜授宇文士及为中书令，实封益州七百户，以本官检校凉州都督。当时突厥多次入侵，宇文士及要用威力来威镇边人，每次出入，都陈列盛大的士兵仪仗队。他礼贤下士，凉州的人都纷纷奔走其门。有人告发他想造反，经过审讯，告发查无实据，太宗把他召入任殿中监，因病改任蒲州刺史。宇文士及为政宽大，人们都感觉他很亲善。升任右卫大将军。太宗经常将他召入宫中便殿里交谈，有时到半夜才出来，遇上他休假，常常派人快马召他前来。

宇文士及行事谨慎严密，他的妻子曾经问皇帝突然召他有什么事，宇文士及始终不肯告诉她。太宗曾经玩赏宫禁中的树木，边看边说：“这是好树呀！”宇文士及在旁边也随声赞美。太宗厉声说：“魏徵常常劝我远离花言巧语的小人，但不知小人是谁，到今天才知道所谓小人是什么模样。”宇文士及忙解释说：“南衙的群臣在朝堂之上当面顶撞争执，使陛下无法做出决定。

今天臣有幸侍奉身边，还不事事顺从陛下，反而处处指摘皇帝的过错。那么陛下贵为天子，又有什么意思呢？”太宗一听，怒气顿消。

一次，宇文士及切熟肉，手上沾了油，便用面饼擦手。太宗一向主张节俭，见此便不满地频频看他，他装作不知道，把擦完手的面饼从容不迫地吃下去。他的机敏聪颖大都像这样。因为他是皇帝的旧友，他的一个儿子也被封为新城县公。宇文士及任中书令七年后，再次任殿中监。

贞观十六年（642），宇文士及去世，追赠左卫大将军、凉州都督，陪葬昭陵。

宇文士及抚养了幼小的弟弟和哥哥留下的孤儿，以友爱兄弟著称。喜好救济亲戚故人，口碑很好，但是他的个人生活极其奢侈，衣服玩物饮食必要极其丰厚奢侈。黄门侍郎刘洎说：“宇文士及居家奢侈过分，不能叫恭。”于是改谥号叫“纵”。

尚书左仆射萧瑀

萧瑀（577～650），唐太宗朝宰相。字时文。父萧岿，为后梁明帝。隋炀帝时，萧瑀任绍青光禄大夫、内史侍郎。唐建国后，历任民部尚书、尚书右仆射、太子太师、尚书左仆射等职。他是隋炀帝皇后萧氏的亲弟弟，但仍遭到炀帝忌恨，因此他在隋并不得志。降唐后，受到高祖、太宗两代皇帝重用，为唐政权建设做了贡献。但他性情猜忌，以致在宦海沉浮不定。

一、在隋失意　降唐为相

萧瑀年仅九岁，就得封新安王。隋开皇七年（587），隋文帝下诏废掉后梁，后梁遂亡国，萧瑀的封国也被废除。因姐姐是隋朝晋王杨广的妃子，萧瑀进入长安。萧瑀喜爱经学，擅长写文章。他性格耿直急躁，鄙视浮华的风气。他信仰佛教，曾经修行过很长时间。当时，南梁刘孝标著有《辨命论》一书，认为人的天命决定了吉凶祸福。萧瑀认为《辨命论》荒诞不经，于是写文章批驳，他的观点是：“什么叫天命，人禀受天地而生，受命于天，这就是天命，而吉凶祸福却在于个人。如今将这些都归于天命，这不符合先王对人们的教诲。”精通儒学的柳顾言、诸葛颖赞叹说：“自孝标至今已数十年，言及性命之理的人都不能驳斥他。这些论断足以医治刘孝标提出那些病人膏肓的理论了！”

晋王杨广立为太子后，授任萧瑀为右千牛。杨广即皇帝位，萧瑀的姐姐成为皇后，炀帝杨广对萧瑀的亲宠便日益加深，迁任为尚衣奉御、检校左羽卫鹰扬郎将。萧瑀对自己官职不高心怀不满，加上看不惯炀帝的荒淫行为，遂产生归隐的想法。他曾偶然染上四肢麻痹之病，却命家里人不要请医生医治，他说："上天如果延长我的余生，这番病后还不死，我这病就是隐遁山村最好的理由。"皇后听说后，责备他说："以你的才华，足以扬名显亲，岂能轻易残毁身体而谋求归隐！你是一个亡国之臣，对自己官位不高产生不满，这就很过分了，还要说这些怨气冲天的怪话。恐怕罪责难测。"萧瑀这才治病，病好后，拜授内史侍郎。萧瑀多次言事抵触炀帝旨意，渐渐被忌恨。

大业十一年（615），炀帝北巡长城，到雁门时，被突厥始毕可汗率军包围，萧瑀谋划说："听说始毕可汗是借校猎为名至此，义成公主（隋文帝宗室之女，作为文帝之女和亲突厥，成为启民可汗之妻，称可贺敦）并不知他有背逆之心。按照夷人的习俗，可贺敦可以参与军事，况且义成公主以皇帝的女儿身份嫁到突厥任可贺敦。如果派一名使臣告诉公主，应该能不战而解围。还有，众人议论陛下平定突厥以后，将要再征讨高句丽，众人全都厌战，所以现在怠慢不肯作战。希望陛下下诏书停止征伐高句丽。"炀帝听从了。随后义成公主用"北部边境有外寇入侵"的假话骗始毕可汗，始毕可汗这才解围退去。然而炀帝一心要征伐高句丽，又忌恨萧瑀的计谋胜过他的谋划，对群臣说："突厥能有什么作为？萧瑀乘包围未解之时欺哄恐吓朝廷罢了！"于是贬萧瑀为河池郡守。

萧瑀上任后，河池境内有强盗一万余人，官军无所作为，萧瑀招募乡勇做"敢死队"，攻打并降服了他们，将缴获的财产全部赏赐给有功的将士。又击败了叛隋称帝的薛举部众数万人。

李渊率领义军进入京城长安，派人招抚萧瑀，萧瑀带着本郡前来降顺，授任光禄大夫，封宋国公，拜授户部尚书。秦王李世民担任右元帅，进攻占据洛阳称帝的王世充，招用萧瑀为府司马。

武德元年（618），萧瑀升任内史令，高祖委任给他机要职务，内外各种政务他全都参与决断。有时引他升座御榻，称呼他为萧郎。萧瑀一向勤奋努力，孜孜不倦，抑制皇上过失，约束违法事件，无所畏惧。他常上奏对国家有利、合乎时宜的奏章，大多被采用。高祖亲笔下诏书说："能听到你的言论，是国家的幸运，朕认为你的意见很宝贵，所以赐给你黄金一匣，请不要推辞。"

唐代彩绘文官俑

同年，州中设置七个职位，萧瑀力求选择那些才能、名望兼优的人担任这七个职位。秦王任雍州牧时不以萧瑀为州都督。高祖常把诏书下达中书省，但萧瑀迟迟没有宣布执行，高祖责备他拖延，萧瑀说：“隋朝末年内史省所下的诏敕许多自相矛盾，各有关部门不知如何承办。如今大业初建，所以各种关系安危的大事都取决于号令。近来每起草一个诏书，一定要反复审核，使前后旨意不相违背，才能够下达，我这些日子在全面检查这些文件，这就是拖延的原因。”高祖高兴地说：“有你这样尽心竭力的大臣，朕还有什么可担忧的呢？”当初萧瑀在关内的田宅全都赏赐给有功之臣，到这时高祖下诏还给了他。萧瑀将这些田地全部分给宗族，只留下庙室供奉祭祀。王世充被平定后，萧瑀以参与谋划之功升任尚书右仆射。武德七年(624)，因荧惑星冲犯右执法星，萧瑀避让相位，但朝廷没有允许。

二、性情猜忌　交恶诸相

太宗即位，萧瑀升任尚书左仆射。贞观初年（627），宰相房玄龄、杜如晦等后起之秀崛起，很得太宗赏识，逐渐分担了萧瑀的一些职权，萧瑀内心怨恨，找机会极力诋毁，语意轻慢而急躁。太宗十分生气，将萧瑀罢免回家。

不久，萧瑀拜授特进、太子少师，又任左仆射，实封食邑六百户。太宗问萧瑀：“朕想使国家长治久安，应该如何做？”萧瑀说：“夏商周三代所以能长久，是因为分封诸侯作为藩屏。秦朝建立郡县制度，只有两代就灭亡了。汉朝分封子弟为王，国运长达四百年。魏、晋废除分封制，转瞬之间就亡国了。这就是分封诸侯所起的明显效果。”太宗赞同他的意见，开始商议封建诸侯之事。

后来，萧瑀因和陈叔达在太宗面前争执不敬，获罪，被免职。一年多以后，他被起用为晋州都督。贞观五年（631），萧瑀入朝拜太常卿，升任御史大夫，参与朝政。萧瑀议论明辨，见解卓异，令人信服，但不能容忍别人的短处，情绪偏激，意见也难免存在偏颇，又一向执法严厉。房玄龄、魏徵、温彦博曾多次裁正他，他的意见多被摈弃不用，萧瑀更加愤恨不平。恰值房玄龄等人小有过失，萧瑀立即痛加弹劾，想借机会把房玄龄等人打倒，但太宗对此似乎不感兴趣，并不打算处置那几个人，萧瑀由此自感失落，罢免相位，任太子少傅，不再参与朝政。次年加特进，再次任太常卿。拜授河南道巡省大使。贞观九年（635），萧瑀又参与政事。

太宗曾经说："武德末年，太上皇有废立太子的言论，考虑朕有特殊功劳，兄弟们不能相容，萧瑀在那时不受利益引诱也不怕恶势力威胁，真是有功于国家的大臣啊。"因此赐诗说："疾风知劲草，板荡识诚臣。"太宗评价萧瑀说："公恪守道义忠心正直，古人没有能超过你的，但善恶太过分明，有时也有些失误。"萧瑀磕头道谢说："既蒙受陛下教诲，又赞许臣的忠诚正直，得到陛下如此表扬，臣这一辈子，也算没有白过啊。"魏徵说："大臣有不顾家人议论严格执法的，君主因他的公正而宽容他；孤傲但保持气节，君主因他耿直而容忍他。过去总听人说这些前代圣人的言行，今天却真的见识到了。假如萧瑀不遇到陛下，不用说建立功业、树立美名，就是简单自保，恐怕也很难！"

贞观十七年（643），萧瑀与长孙皇后之兄长孙无忌等二十四人都被画图像于凌烟阁。同年晋王李治被立为皇太子，拜授萧瑀为太子太保、同中书门下三品。太宗说："三师是以德引导太子之人，在礼仪上如果不尊崇他们，就无从取法。"于是下诏："老师入东宫谒见，太子必须出门迎拜；老师坐下，太子才能就座；文书开头末尾签名，要称说'惶恐'二字。"

萧瑀向来显贵，但气量狭小。每当宴会朝见，就说："房玄龄等人结交党羽窃取权力，他的同党如同用胶粘在一起一样牢固，只是没有机会反叛罢了。"太宗说："了解臣下莫若君主。朕虽然不圣明，难道会昏聩得不知臣下的好坏？"萧瑀认为皇帝偏听偏信。这样时间长了，太宗心中也不高兴。

萧瑀喜好佛教，有时不高兴就向太宗请求出家做和尚。太宗允许了，随后他又奏说自己思量不能这样做。不久，又称有脚病不能入朝谒见，太宗说："萧瑀是不是不知道自己应该干点什么了？"于是下诏削去他的爵位，降授商州刺史。但太宗因萧瑀一向忠贞，所以不忍废其爵位，不久又恢复他的封爵，加特进。

贞观二十一年（647），太宗任命萧瑀为金紫光禄大夫，封为宋国公。他随从太宗到玉华宫，因病死在那里，终年七十四岁。遗言用单衣殓尸，下葬不必占卜吉日。下诏追赠司空、荆州都督，陪葬昭陵。太常寺拟议谥号为"肃"，太宗认为他性情猜忌，改谥号为"贞褊"。

萧瑀的儿子萧锐，娶襄城公主，任太常少卿、汾州刺史。

尚书左仆射房玄龄

房玄龄

房玄龄（579～648），唐太宗朝宰相。名乔，字玄龄，以字行，齐州临淄（今山东淄博）人。父房彦谦，是当时著名学者。玄龄博览经史，工书善文，是有唐以来任相最长的一位，也是中国历史上最为著名的贤相之一。他与杜如晦、魏徵一道辅佐唐太宗李世民，创造了历史上著名的盛世“贞观之治”，被太宗比为汉代名相萧何。

一、书香门第　仗策谒主

房玄龄出生于诗书世家。他的曾祖和祖父都曾在北魏、北齐任官职，父亲房彦谦是当时著名学者，在隋时做过司隶刺史，隋朝大文学家薛道衡与他父亲关系很好，每次因公事途经临淄，都要在房家盘桓数日。而后，房彦谦对魏、齐、周、隋之间的争斗极其厌倦，曾产生过“优游乡曲”的念头。隋朝初建，房彦谦以为国家振兴有望，对政治转为热心。但后来见隋朝的政治腐败，他十分忧虑。曾谏言宰相高颎，对官吏要严于管理，不要再修筑那些“穷极侈丽”的建筑。他曾对朋友说：“隋炀帝不吸取教训，不采纳大臣的劝谏，却一意孤行，肆行苛政。别看现在天下貌似安定，不久定会出现动乱。”

房玄龄深受家传熏染，自小爱好文学，广闻博览，文章异彩纷呈，又写得一笔好字，在当时很有名气。

开皇十六年（596），房玄龄举进士，授羽骑尉。此时，隋朝仍是一派“兴旺发达”的景象，人们都以为国家长治久安，社会积弊并未显现，然而，房玄龄却看出隋朝“天下太平”的表面下隐藏着巨大的政治危机。他对父亲说，隋朝并没有什么功德，只不过靠着愚弄百姓过日子，现在各位皇子又在皇位问题上相互倾轧、争夺，权贵们奢侈糜烂，这样的王朝又怎么会持续长久呢？看到儿子年纪虽小，却有如此远见，房彦谦非常惊奇。房玄龄事亲至孝，谨行“周礼”，父亲病了，他尽心服侍，一百多天，没有解衣安眠；继母病死，他悲伤得食不下咽，以至于骨瘦如柴。这都是“周礼”要求做的，是士大夫的标准。时任吏部侍郎的高孝基对其评价甚高。

隋炀帝大业十三年（617），李渊起兵于太原，攻打隋朝。渡过黄河之后，李世民率军占领了渭北，准备进攻隋朝的都城长安。此时，隋朝的统治土崩瓦解，新王朝势必要替代旧王朝。李渊、李世民父子起兵反隋顺应潮流，加上李渊的军队军令严格，秋毫无犯，很得民心，归顺的人很多。官民及将士都来归顺，扶老携幼，日以千计。李世民广纳贤士，声名远播。时任隋隰州（今山西隰县，在山西西部）尉的房玄龄，分析天下大势，认为隋朝已是穷途末路，毅然决定投奔李世民。李世民当时驻军于渭北，而房玄龄在隰州，两个地方相隔有七八百里，房玄龄徒步前往李世民的驻地。当时的著名文学家温彦博也投奔了李世民，对房玄龄的才能早有耳闻，认为他是不可多得的人才，于是就向李世民推荐。求才若渴的李世民对房玄龄一见如故，深为他的才能所折服，任命他为渭北道行台记室参军。大业十四年（618）五月，李渊称帝，封李世民为秦王，李世民任命房玄龄为秦王府记室，封临淄侯。接着，唐王朝就开始了削平群雄、统一全国的战争。

李世民连破薛仁杲、刘武周、窦建德、王世充、刘黑闼等割据势力，房玄龄全都参与谋划。他很有政治眼光，善于深谋远虑，打了胜仗，攻下了城池，很多将领的注意力都放到了黄金珍宝上面，唯有房玄龄不为这些东西所动，他所关心的是那些有才干的人，千方百计去打听、去发现他们，收罗到李世民的麾下，使之“各致死力”。由此李世民的政治势力在征战的过程中得以不断壮大。后来以“杜断”而闻名的杜如晦，就是被房玄龄发现并向李世民推荐的。李世民感叹说，光武帝得到了邓禹，天下大治，房玄龄就是当代的邓禹。房玄龄不仅重视人才，还注重对前代图籍文书的保护。他担任秦王府记室后，秦王府的诸多事务，都由他亲自打理。他做事认真，效率又高，特别是撰写了很多军书、表奏，都是不打草稿、即时完成的，而且文采斐然，得到唐高祖李渊的赏识。史称他：“在秦王府十年间，掌管文书，每有军书表奏，立地成章，文字简约，条理清楚。”

二、玄武之变　功在其中

“玄武门之变”是历史上很著名的一次宫廷政变，李世民由此决定性地成为唐王朝王位的继承人，开创“贞观之治”。在此次政变中，房玄龄起了很重要的作用。

唐王朝建立后，又经过一系列消除地方割据势力、统一全国的战争，进行得很顺利，捷报连连，经过长期的战乱，国家初定，民心思安，社会矛盾趋于缓和。随着时间的推移，太子李建成与李世民的矛盾凸显出来，两人为争夺皇位而进行的斗争愈演愈烈。

李世民是唐高祖李渊的次子，他在创建李唐王朝的过程中，战功显赫，卓出于众皇子，宋司马光认为李渊之所以得天下，依靠的都是李世民的功劳。李世民不仅能征善战，在文采上也毫不逊色，多才多艺，可谓文武兼备。唐高祖李渊对次子李世民也是极为看重的。太原起兵的时候，李渊曾向李世民承诺过事成之后就立他为太子。唐朝建立后，唐高祖封他为秦王，又赐他“天策上将”的称号，地位远在王公之上。同时，李世民在“天策府”享有官吏任免权，天策府成为他在军事上的顾问决策机构。此时的李世民不但掌握着大量军队，还有一大批效忠他的将领，他利用各方面的优势搜罗人才，聚集到他的帐下，政治势力急剧扩大。太子李建成很明白这一点，他看到李世民政治势力日渐膨胀，自己太子的地位岌岌可危，不禁忧心忡忡，但他也不甘心坐以待毙。在创立唐王朝的过程中，李建成也有一定的战功，他又与其弟李元吉联合起来同李世民抗衡，政治势力不容小觑。双方随着势力的扩大，矛盾也日益激化。据说有一次，李世民去太子府赴宴，回来后“吐血数升”。原来是李建成命人在酒食里下了毒，幸亏李世民酒量不大，饮之不多，才使李世民逃过此劫。这件事更使得双方的正面冲突一触即发。

房玄龄在这场争斗中起了重要的作用，他的有勇有谋和当机立断的性格在这个过程中得到了充分的体现。早在武德四年（621），一位名叫王远知的道士就称李世民有天子相，此事房玄龄一直谨记于心。中毒之事发生后，他

隋代敦煌壁画《牛车马、山林》

立即拜见李世民的妻兄长孙无忌，一起商量对策。他已十分清楚，此时的局势必要先发制人，才能掌握主动权，赢得胜利。他说："如今兄弟间矛盾已凸现，一旦发生内讧，不仅家族危险，国家也堪忧。"他认为应当劝李世民"学习周公的做法，以平定家乱。在生死存亡时刻，要当机立断"。长孙无忌同意他的看法，并将他的这些话转告李世民。李世民也认为只有立即除掉李建成及其党羽，才能避免一场大规模的战争，以维持唐王朝的安定统治，使人民免遭生灵涂炭的悲惨命运。于是，李世民与房玄龄商量，打算发动宫廷政变。杜如晦、高士廉、侯君集、尉迟敬德也坚定地支持李世民，加入到发动政变的核心力量当中。

太子李建成获得的相关情况表明局面已经十分危急，并且朝不利于他的方面迅速转化。他决定主动出击，打算先从李世民身边的人下手。为削弱李世民的势力，李建成使用了很多手段，软硬兼施。他先是对李世民帐下的重要谋士尽力拉拢、贿赂，但这一招术对李世民那些铁杆支持者显然不起作用。太子决定走上层路线，倚托皇帝这座大山，于是他在唐高祖那里中伤房玄龄和杜如晦。对于太子和秦王，唐高祖还是相信太子多一些，其实他本人也对秦王已经肥硕的羽翼十分不安，得到太子的举报，就将二人赶出了秦王府。

武德九年（626）李建成借突厥兵骚扰边疆之机，同李世民争夺兵权，并预谋杀死李世民，诸人都劝说李世民立即做出决定，不然就会贻误时机。李世民准备发动宫廷政变，政变前夕，受李世民之召，房玄龄、杜如晦化装成道士潜回秦王府，对政变事宜进行了细致策划。房玄龄对李世民说："大王功高盖世，理应继承大业。如今正在危急时刻，是上天相助的良机，望大王赶紧行动，不再迟疑。"从而坚定了李世民发动政变的信心。经过谋划，李世民除掉了李建成和李元吉，即"玄武门之变"。八月，唐高祖李渊传帝位于李世民，改元贞观，史称唐太宗。

三、裁汰冗官 任人唯贤

李世民做了皇帝后，对有功之臣大加封赏。房玄龄等居功至伟。这时候，淮安王李神通（李世民的叔父）表示不服。他认为房玄龄没什么功劳，只不过是个"刀笔之吏"罢了，唐太宗叙说李神通屡战屡败，并将房玄龄的功劳一一列举，称他运筹帷幄，坐安社稷，论功行赏，理应如此。李神通无言以对。

房玄龄任左仆射。因唐太宗在称帝前曾任尚书令，贞观年间因避讳，尚书令一职是无人出任的，因此尚书左右仆射就是尚书省最高长官，即宰相。

房玄龄任宰相后，兢兢业业，鞠躬尽瘁，对唐王朝的兴盛做出了很大贡献。唐太宗认为“官在得人，不在员多”，应该“得其善者”。根据唐太宗的旨意，房玄龄对中央机关大刀阔斧地进行改革，裁汰冗员，任人唯贤，最终核定文武官员共六百四十六员，减少了国家的财政支出，也减轻了人民的负担。

唐太宗十分重视人才，他说：“执政的要害，在于赢得人才。用人不当，必定难以治理国家。”太宗对房玄龄、杜如晦说：“你们身为仆射，应当广求天下贤才，因才授官，这是宰相的职责。近来听说你们受理词讼案情，日不暇接，怎么能帮助朕求得贤才呢？”因此下令：“尚书省琐细事务归尚书左右丞掌管，只有应当奏明的大事，才由左右仆射处理。”使之能尽心尽力选拔人才。

房玄龄通晓政务，又有文才，昼夜操劳，唯恐偶有差池；运用法令宽和平正，听到别人的长处，便如同自己所有，待人不求全责备，不以己之所长要求别人，与杜如晦提拔后进，不遗余力。至于尚书省的制度程式，均系二人所定。房玄龄虽然多蒙太宗宠爱，有时因某事受谴责，总是一连数日到朝堂内，磕头请罪，恐惧得好像无地自容。房玄龄的用人政策很灵活，在官员的任用方面，他知人善任，杜如晦就是由房玄龄举荐给唐太宗并得到重用的。

杜如晦在秦府里做事，原为李世民的兵曹参军（训练士兵的军事参谋），他的才能没有为李世民发现，因而没有得到重用。随着越来越多的人才被调离秦府，连杜如晦也在其中，李世民并没有在意，但房玄龄深知杜如晦的才能，劝李世民留下他，说失去别人都不可惜，杜如晦是个安天下的大人才，要想取得天下，就得有此人的辅佐。李世民听后大为震动，说：“你如果不向我介绍他，就会失去这一人才啊。”当即决定重用杜如晦，并把他当成是自己的心腹。他深知杜如晦的长处，说：“非如晦不能筹划大事。”事实也证明了这一点。杜如晦与房玄龄同朝为相，其功勋与房玄龄旗鼓相当。往往在房玄龄与唐太宗谋划之后，杜如晦进行剖断，这就是所谓的“房谋杜断”，两人相当默契，配合得很好，成为唐太宗的左膀右臂。房玄龄在选用人才的标准上，既注重才干又注重品德，注意发现德才兼备之人，认为这些人掌握着百姓的安乐。房玄龄对人才不求全责备，利用各自的优势，发挥其所具有的长处。薛收文才很好，也是经由房玄龄推荐给唐太宗的，讨伐的檄文、捷报大多由薛收来写，唐太宗也非常赏识他，可惜他英年早逝，让唐太宗悲叹不已。

在官员的任用上，房玄龄虽然求贤若渴，但坚持“宁缺毋滥”。一时没有合适的人才，他宁愿此位空缺，也不愿让不称职的人担当。对那些关系国计民生的职务他更不愿让那些贪婪之人担当，以至于祸国殃民。在这种情况下，他就自己来承担该职务，增大自己的工作量，宁愿世人误解讥讽他“吝权”。唐太宗对房玄龄信任有加，不仅授予用人大权，就连自己在任用人才时，也征求房玄龄的意见。房玄龄在用人方面谨遵唐太宗所提出的“量才授职”、“任官唯贤”的原则，尽心尽力选拔人才，使唐太宗身边聚集了当时最杰出的人才。贞观年间吏治清明，主要是他的功劳。

四、谏阻亲征　修订法律

房玄龄对自己很严格，做事公正严明。他认为：“治理国家的正道，就是处理事物要公平正直。”身为宰相，在处理君臣关系时，房玄龄不会曲意逢迎皇上；相反，他常当面指陈唐太宗的过失。

唐太宗下诏功臣可以世袭刺史，房玄龄授任宋州刺史。群臣都辞让世袭之事，房玄龄也罢刺史职，封为梁国公。不久，房玄龄加太子少师，来到东宫，皇太子李承乾要叩拜他，房玄龄辞让，李承乾遂止。

房玄龄任宰相十五年，女儿成了王妃，儿子娶太宗最宠爱的高阳公主为妻，可谓权高位尊，宠遇隆盛。他多次上表辞相位，唐太宗都未批准。后来，唐太宗晋升他为司空，仍总理朝政。房玄龄坚决推辞，唐太宗派使者对他说：“辞让确实是美德，然而国家多事，假如一日没有良臣辅佐，朕如同没有了左右手。看公体力未衰，请不要辞让。”贞观十七年（643），太子承乾谋反被废，晋王李治成为皇太子。房玄龄改任太子太傅。

房玄龄画像

在对周边部族关系方面，房玄龄不主张用武力解决问题。东突厥薛延陀部自恃强盛，反复无常。唐太宗带兵给予其致命的打击。真珠可汗放弃武力对抗，请求联姻结好，唐太宗反复权衡，拿不定主意。房玄龄认为国家疲敝，不宜再动干戈，主张和好。唐太宗采纳了他的意见，真珠可汗归顺唐朝。后来事情虽未成功，但房玄龄的主张是相当明智的。

贞观十六年（642），高句丽发生内乱，唐太宗打算武力干预。房玄龄不同意唐朝以强凌弱，大动干戈。他以历史上数次征讨高句丽的战争均告失败为依据，说："从前汉武帝多次讨伐匈奴，隋炀帝三征辽东，致使国败民穷，都是因战争引起的，望陛下详察。"由于他的劝阻，一触即发的大战得以消弭。但贞观十八年（644）唐太宗不能忍受高句丽王的挑衅，御驾亲征前去讨伐高句丽。果不出房玄龄所料，这次亲征失败了。然而，唐太宗没有吸取教训，决定再次东征，此时的唐太宗已不像贞观初年那样虚怀若谷，善于纳谏了，他骄傲自满，且猜忌之心日重。自魏徵死后，直言的大臣越来越少，逢迎之人日增。此时的房玄龄已身患重病，他躺在病榻上仍忧心忡忡，关心天下安危，他带病上疏，竭力谏阻唐太宗亲征。唐太宗览疏，深受感动，对高阳公主说："他已病危，尚能忧心国家大事！"遂停止亲征。

房玄龄、王珪执掌朝廷内外官吏的考核，治书侍御史、万年人权万纪上奏称有不公平之处，太宗命侯君集重加推勘。魏徵劝谏道："房玄龄、王珪均是朝中老臣，素以忠诚正直为陛下所信任，所考核的官员过多，中间能没有一两个人考核失当？体察其实情，绝不是有偏私。假如找到失当之处，那就不可信，怎么能重新担当重任呢！而且权万纪近来一直在考堂叙职，并没有任何驳正，等到自己没得到好的考核结果，才开始陈述意见。这正是想激怒陛下，并非竭诚为国。假如推问后得到考核失当的实情，于朝廷也没有什么益处；如果本来便虚妄，徒失陛下委任大臣的一片心意。我真正关心的是国家政体，不敢袒护房、王二人。"太宗于是放下此事不再过问。

房玄龄根据唐太宗的旨意，以前代的法律为基础，修订《贞观律》，包括律、令、格、式四个部分，该律承前启后，对社会生产的各个方面——大到国家制度和社会经济生活，小至民间的婚丧嫁娶等都加以规定。据史料记载，《贞观律》去掉了死刑九十二条，减流放为徒刑者七十一条，还有很多减轻刑罚的条款。与前代相比，《贞观律》在定罪量刑上要轻，条文简约，该律遵照唐太宗的意旨，以"宽"、"简"为指导思想。《贞观律》在中国法制史上有一定的影响，后来中国古代最具代表性的法典——《唐律疏议》，即是以该律为蓝本制定的。

房玄龄不仅在政治方面大有作为，在史学方面也有很大的贡献。早在李世民攻下洛阳时，房玄龄就注意保护隋朝留下的图籍，以作为治国的参照。唐太宗也非常重视总结历史经验，任命房玄龄为史书的总监修，主持编撰前朝史书，包括两晋、北齐、北周和梁、陈、隋六朝史的编纂。令狐德棻和岑文本合修《周书》，李百药修《北齐书》，姚思廉编撰《梁书》和《陈书》，魏徵编《隋书》，房玄龄还担任《晋书》的监修，他还在唐太宗的提议下，编纂本朝历史，这是前代从未有过的。太宗对他说："近来翻看《汉书》，载有《子虚赋》、《上林赋》，均华而不实。凡有上书议论国事，词理直切的，朕从与不从，均当载入国史。"因此，在编纂本朝国史时，房玄龄实事求是，对本朝人物不加以美化，不隐瞒其恶行，如实记录。

贞观二十二年（648），房玄龄病重，唐太宗亲自前去探望，君臣两人相对流泪不止，可见感情之深。七月，房玄龄辞世，时年七十岁。

尚书右仆射杜如晦

杜如晦

杜如晦（585～630），唐太宗朝宰相。字克明。京兆杜陵（今陕西西安）人。父杜吒，曾为隋昌州长史。他参与了"玄武门兵变"，协助李世民登上皇位，并与房玄龄一起共掌朝政。两人配合默契，理政建制，奠定了"贞观之治"的基础。后世论唐代良相，首推"房、杜"。史称"房玄龄善谋，杜如晦善断"。

一、善观时局　投身秦王

杜如晦出身于官宦之家。其祖父杜徽曾是隋的怀州刺史，父亲杜吒为隋昌州长史。隋大业年间，杜如晦参加吏部人才选拔，时任吏部侍郎的高孝基认为他有应变之才，当为栋梁之用，非常器重，叫他暂时屈就卑职，补滏阳县尉之缺。杜如晦就任没多久，就辞掉滏阳县尉之职。隋帝国风雨飘摇，乱军四起。到隋大业十二年（616），农民军已增至一百三十多支，人数达三四百万之众。随后，农民军在全国形成了三支强大的队伍：河南李密的瓦岗军、河北窦建德军、江淮杜伏威军。在这天下大乱之际，杜如晦也不知道自己该归向何方。

隋炀帝的统治集团内部也开始出现分裂。留守太原的李渊父子在晋阳举兵反隋。李渊率领李建成、李世民等一路向南进发，由于李渊父子深得民心，策略得当，加之李世民英勇有谋，以致一路势如破竹，进军神速，同年十一月就攻占了隋朝都城长安。观战已久的杜如晦见大势已定，且深知李世民是个英勇有谋之人，善于广纳天下贤士豪杰，便投奔于李世民门下。

李渊攻占长安后，立即采取了一系列强硬措施。他废除隋炀帝的各种重苛严刑，与民众约法十二条；处死拒不投降的阴世师等十余人；按起兵时预定的，立年仅十三岁的代王杨侑为天子，尊奉在江都（今江苏扬州）的隋炀帝为太上皇。没过多久，隋炀帝残部驻扎的江都发生内乱，隋炀帝被其部下所杀。李渊得知后，迫使杨侑下退位诏书，禅让于他。建国号大唐，改元武德，是为高祖。李渊的三个儿子则分别立为：皇太子李建成、秦王李世民、齐王李元吉。并任时年十九岁的李世民为尚书令。杜如晦投奔李世民门下后，被任为秦王府兵曹参军，执掌秦王府簿书、考课、仪卫等事务。

时隔不久，杜如晦被改任陕州总管府长史。总管府是设立在边塞统率军队的机构，长史职位仅次于总管。这期间，秦王府的很多勇将谋士都被唐高祖调到外地任职，李世民为此一直忧虑重重，十分担心。记室房玄龄对他说："府僚虽然大都走了，但不足惜。有个杜如晦，聪明，见识广博，有王佐之才。大王如果想经营四方，独揽天下，非此人帮助不可。"李世民奏请唐高祖留下杜如晦，使杜如晦依旧为秦王府幕官。高祖对杜如晦其人，一无所知，索性卖秦王一个虚人情，李世民把杜如晦视作自已的心腹，常常和他在一起商议国家大事。渐渐地，杜如晦成了秦王府幕僚中的重要成员，李世民每有心事，必与他商议。

二、随军征讨 剖断如流

唐朝初期，除了关中、山西和巴蜀等一些地区被唐朝控制外，周围地区都还处于割据状态之中。唐王朝要真正统一天下，必须铲除这些割据势力。李氏父子经过认真商议后决定：巩固关中，以此为根据地出兵西北，然后攻占关东，拿下江南，尽早统一全国。唐高祖李渊遂命李世民为右元帅，率军征讨盘踞各地的割据势力。杜如晦也随同李世民一起，东征西讨，转战于各割据之地。

武德元年（618），李世民采取各个击破的战略战术，最先击败了薛仁杲在陇西的割据势力，紧接着又消灭了在凉州自封皇帝的李轨。这一系列胜利，加强和巩固了唐王朝在长安以西的统治。武德三年（620），李世民军队又平定了盘踞晋北的刘武周。刘武周见唐军来势凶猛，逃到突厥，被突厥所杀。至此，关中周围的割据势力全被铲除。随后，李世民举兵关东，向李唐王朝在关外的最大威胁和对手、盘踞洛阳的王世充逼近。

王世充曾任隋朝礼部尚书，是隋炀帝的心腹。他利用手中的权力和阴谋手段夺取了实权，并自己当了皇帝，立国号为郑。在李世民与刘武周作战的时候，他趁机扩张势力和地盘，占据了唐的很多地方。然而，在李世民凌厉的攻击下，王世充的手下名将罗士信、秦叔宝、程志节等都归降了李世民。由于李世民对归降的官兵士吏都以礼相待，王世充的统治集团迅速解体，许多州县的官吏都想脱离王世充的统治。淯、邓、荥、汴、豫、显等州也相继归降，以致出现了“河南郡县相继来降”的热闹场面。王世充失去各州县官吏的支持和拥护，加之李世民军队的强烈攻势，节节败退，最后被围困于洛阳。这时，王世充想起了窦建德领导的农民军，便匆忙向窦建德求援。

窦建德在农民军中很有名望，他担心王世充被李世民铲除后，自己也会步王世充后尘，遭受攻击，就立即亲自率军前往洛阳救援王世充。李世民与杜如晦等人作了缜密的分析，最后决定先灭掉窦建德，再铲除王世充。于是，李世民率军把守武牢的各处险要，伺机进攻，窦建德的军队因长途跋涉，日夜行军，疲倦不堪。李世民觉得正是进攻的好时机，便率小股精骑领先，大军继后，一阵猛冲猛杀，窦建德军队还没弄清是怎么回事，就已溃不成军，随即大败，窦建德也受伤被俘。

击败窦建德后，李世民立即集中兵力分多路围攻洛阳。武德四年(621)，王世充见后援已断，深知大势已去，再硬拼下去无异于鸡蛋碰石头，便在李世民逼到城下时，率众臣出城投降，武牢之役不战而胜。这是唐朝统一中国的一个决定性战役。它的胜利，使整个中原地区的统一和安定迈出了关键性的一步。在这次战役中，杜如晦起了很大作用，他对战事运筹帷幄，剖断从容，深为同僚所佩服。加之李世民大胆而果断的指挥，以致取得了一石二鸟的战果，彻底铲除了这两个对唐朝统治有着很大威胁的强劲对手。

窦建德部将刘黑闼在漳南筑台告祭窦建德，并自封大将军，起兵反唐。不久，刘黑闼攻占了大片土地，定都洺州，自封东汉王。李世民又奉命率军攻打刘黑闼，经过艰苦作战，刘黑闼败亡。

在征讨割据势力的统一战争中，李世民和李建成两兄弟各有战功，但相比之下，明显是李世民的战功最大，这得益于杜如晦的军事谋略。在李世民整个的东征西讨中，杜如晦对军国大事运筹帷幄，判断准确，为李世民提供了有效的战略计策。杜如晦也因此受到了幕僚同属们的赞赏。战争结束后，杜如晦屡获升迁。李世民任陕东道大行台尚书令时，杜如晦任大行台司勋郎中，封爵建平县男，食邑三百户。随后以本馆兼文学馆学士。文学馆是李世民专门用来接纳天下治学贤士而设置的。在被接纳的十八学士中，杜如晦居首位。李世民还命人画下十八学士的图像，藏于书府。李世民为其像题词道："建平文雅，体有烈光。怀忠履义，身立名扬。"李世民为天策上将后，开府设官属，又拜任杜如晦天策府从事中郎，成为天策府参军。

三、"玄武"谋变　功勋卓著

唐朝完成全国的统一后，其统治集团内部已开始发生分裂，最主要的矛盾是太子李建成和秦王李世民之间争夺皇位继承权的斗争。

杜如晦画像

李建成对齐王李元吉说："秦王府内的智谋人士中，只有房玄龄、杜如晦最可怕。"于是，在唐高祖面前谗毁二人，遂将之逐出秦王府。这样，李世民府中最为心腹之人只有长孙无忌。武德九年（626），突厥南下犯边。按惯例，应由李世民督军抵御，但李建成认为这是削弱李世民军事力量的好机会，便奏请唐高祖，由李元吉代李世民率军北征，并调秦王府强将尉迟敬德等同行。这个目的很明显，他们想抽空李世民的精兵猛将，让李世民无还手之力。李建成甚至早已计划好，在为李元吉饯行时就杀掉李世民。李世民得知后，立即与长孙无忌商议，又派长孙无忌秘密召回房玄龄、杜如晦，密商计策，并与高士廉、尉迟敬德等人商量对策。经过精心密划，李世民最终于六月四日发动了"玄武门兵变"，亲自率领长孙无忌等九人，在玄武门伏杀了李建成和李元吉，为自己夺取皇位铲除了障碍。随后，李渊立李世民为皇太子，将军政大权全交给了李世民，李世民则任杜如晦为左庶子，协助料理政务。不久，又调杜如晦任吏部尚书。

四、功高位重　青史留名

武德九年（626）八月，唐高祖李渊让位李世民，李世民在东宫显德殿即位，改元贞观，尊李渊为太上皇。李世民即位后，论功行赏，群臣中房玄龄、杜如晦等五人居功第一。杜如晦被晋封为蔡国公，食邑一千三百户。贞观二年（628），杜如晦被晋升为检校侍中，兼吏部尚书。检校侍中是门下省的长官，相当于宰相。贞观三年（629），唐太宗又授杜如晦为右仆射。太宗在诏书中说："杜如晦见识过人，神采奕奕，德高望重，声播远近。"从此以后，杜如晦和房玄龄同为唐朝宰相，两人配合默契，同心协力，开始了唐朝政治制度的建立工作。

杜如晦身为宰相，又是吏部尚书，执掌着任用官职的权力。在为宰相不到两年的时间里，他引贤荐才，罢除贪官污吏；纳士用人，注重实效。杜如晦用官员史吏，主张先由州郡举荐，再由他考核录用。在当时，选官纳士只注重言辞口笔，不注重品质德行。杜如晦上任后，把品质德行作为选官任吏的一个必需条件。在杜如晦临终时，强力推荐刚正不阿的戴胄做吏部尚书。监察御史陈师合上书《拔士论》，说一人不能身兼数职，矛头直指房玄龄和杜如晦。唐太宗说："玄龄、如晦二臣的才能是可以治理天下，陈师合难道想离间我们君臣之间的关系吗?"遂贬陈师合于岭南。

杜如晦善于治国理政。隋末农民大起义后，纲纪紊乱，百废待兴。杜如晦和同朝宰相房玄龄拨乱反正，唐朝的典章制度，台阁规模，都是二人所定。两人的通力合作和努力，使唐朝初期的政治制度和社会秩序走上了正轨，从而奠定了贞观之治的基础。杜如晦为宰相时，君臣之间的关系如同鱼水，同僚之间通力配合，互相学习。唐太宗每次同房玄龄商议大事，房玄龄必说："非如晦不能决断。"待唐太宗把杜如晦召来，杜如晦必说："最终须用玄龄的策略。"房玄龄善谋，杜如晦善断，两人齐心辅政，取长补短，充分发挥各自的才干，共掌朝政。所以，后世论说唐代名相，必推"房、杜"。

在杜如晦做宰相时，他非常敬重敢于进谏之臣。他说："天下有直言敢谏的人臣，即使国君无道也不至于失天下。"将诤臣看做是挽国家于危难的栋梁。他十分鄙视隋朝内史侍郎虞世基，说他身居要职，处得言之地，却对隋炀帝的荒淫残暴闭口不说，无一句谏言，只会使国家走向灭亡，用这样的人是国之不幸。作为宰相，杜如晦严格要求自己，对人却宽容大度，并能正确地发现别人的长处，使之充分发挥出来。然而，身为一代名相，史书记述他的功绩并不多，对此《资治通鉴》分析道："太宗平定天下，而房、杜二人从不表明自己为此立下的功劳。王珪、魏徵敢于直言，而房玄龄、杜如晦善于让贤。英国公李勣和卫国公李靖善用兵，而房玄龄、杜如晦则善于把功劳归于皇上。"

贞观三年（629）十二月，杜如晦因病辞去宰相职务。随后病情加重，唐太宗多次遣使探望，并找名医诊治。次年二月，病危，唐太宗命太子前去探询。接着，唐太宗亲临杜如晦家中，抚之流涕。不久，杜如晦病逝，时年四十六岁。唐太宗闻知恸哭不已，废朝三日，并赐谥曰"成"。杜如晦的英年早逝，无疑是唐王朝的一大损失。一天，唐太宗吃瓜，其瓜味美，忽然又想起杜如晦，遂遣使把瓜放于杜如晦灵前以示哀悼，并对房玄龄说："今日惟独见公。"说罢潸然泪下。可见其对杜如晦的感情之深。

侍中王珪

王珪（571～639），太宗朝宰相。字叔玠，太原祁县（今属山西）人。祖父王僧辩，为南梁太尉、尚书令；父王颉，在北齐时任乐陵郡太守。王珪历任黄门侍郎、侍中、礼部侍郎等职。王珪忠直，经常向太宗直言进谏；他乐于济助穷困的亲族，自己生活却很节俭。王珪是唐初与房玄龄、魏徵等齐名的宰相，对于"贞观之治"有一定作用。

一、太宗信任　王珪直谏

王珪幼年时父亲去世，家中生活贫困，这使他养成了沉稳淡定的性格，他安于贫贱，为人随遇而安，但志向远大，与人交往严肃正派。隋开皇十三年（593），王珪应召到秘书内省，负责校定书籍，任太常治礼郎。他的叔叔王颇通晓儒学，见识高远，特别看重王珪，认为他将会大有成就。王颇受汉王杨谅造反牵连，被朝廷处死，王珪也应处死，他被迫逃往深山躲藏十多年。

唐高祖入关称帝，丞相府司录李纲向朝廷举荐王珪，王珪得以任世子府咨议参军。李建成立为皇太子，王珪任职中书舍人，升为太子中允，很受太子礼遇。太子与秦王李世民有矛盾，高祖责怪王珪不能起到辅佐太子化解矛盾的作用，把王珪流放到越嶲（今四川越西）。太子死后，李世民被立为太子，武德九年（626），太宗李世民登基，把王珪从流放地召回，任谏议大夫。太宗曾经说："国君清正，但治下的大臣奸邪，天下固然不能太平，大臣贤良，国君奸邪，同样也不能天下太平。只有君臣同心同德，才能四海安泰。朕虽然算不上清明，但幸亏有你们大家的不断谏正，也算是达到了太平了。"王珪说："古时候，天子有谏诤之臣，因为谏言不被采用，相继而死，如今陛下圣德广布，广泛征求民间意见，我们愿意竭尽全力，希望对陛下稍有帮助。"太宗同意，于是诏令谏官随同中书门下及三品官一起入宫。王珪一心一意进谏善言，经常提出好的建议，太宗很信任他，封永宁县爵，任黄门侍郎，升为侍中。

太宗对王珪说："朝中本来设置中书省、门下省，以相互监督检查。中书省起草诏令制敕如有差误，则门下省当予纠驳指正。人的见解各有不同，如果往来辩论，务求准确恰当，放弃个人见解从善如流，又有什么不好呢？近来有人护己之短，于是产生仇怨隔阂；有的为了避开私人恩怨，明知其错误也不加驳正。顺从顾及某个人的脸面，造成万民的灾患，这是亡国的政治。隋炀帝在位时，内外官吏一团和气，在那时，均自认为有智慧，祸患殃及不到自身。等到天下大乱，家庭与国家俱亡，虽然这中间偶有某个人得以幸免，也要被舆论所针砭，永远难以翻身。你们每个人都应徇公忘私，不要犯同样的错误。"王珪谨记心中，并身体力行。

一天，王珪晋见太宗，有一个美人站立在太宗身边。这个美人原来是因谋反被杀的庐江王李瑗的妃子。太宗指着美人告诉王珪："庐江王蛮横无道，杀了她的丈夫，把她收为小妾，这样昏暴的王公，哪能不灭亡？"王珪离开席位，严肃地问太宗："陛下认为庐江王是对呢，还是不对？"太宗惊讶地问："庐江王杀了人把被杀者的妻子夺为自己的妾，你还问他是对还是不对，这么简单的问题，还用问吗？你是什么意思？"王珪说："我听说，齐桓公到郭国（即虢国，都城为河南陕县）时，问当地父老郭为什么灭亡，父老说，那是因为郭国国君亲近善人，厌弃恶人。齐桓公不理解地问：'如你所说，那么郭君是贤明君主啊，怎么会灭亡？'父老说：'事情不是这么简单。郭君亲近善人却不能任用他们，厌弃恶人却不能罢黜他们，所以郭国不能不亡。'现在陛下知道庐江王无道，所以灭亡，但他的侍妾还在，我不知道陛下如何看待这件事，是对还是错。"太宗虽然后来没有疏远这个美人，但很欣赏王珪的这番议论。

太宗问王珪："近代以来国家政治越来越赶不上古代，为什么呢？"王珪回答道："汉代崇尚儒术，宰相多用通经的儒士，所以风俗淳厚；近代以来重文艺而轻儒术，又辅以法律，这便是治世化民之道日益衰微的原因。"太宗颇以为然。

太宗命太常少卿祖孝孙给宫中的乐师指导乐律，但是长期以来，乐师们一直没有长进，因此祖孝孙多次被批评，王珪与宰相温彦博一起劝谏太宗说："孝孙精通音律，教授不是不用心，只是恐怕陛下所问不得其人，祖孝孙是品行高尚的雅士，陛下却让他教授那些女乐师，还责骂他，陛下是不是太轻视士人了？"太宗大怒："你们都是我的心腹，应当尽忠献直，为何欺罔主上，替别人说话？"温彦博恐惧告罪，王珪却不为所动说："我原是前太子（李建成）的部下，犯罪当死，陛下哀怜我，免了我的死罪，还让我担任枢密之职，是要我效忠陛下。如今臣所进言，岂是为了私恩？现在陛下怀疑我有私心，这是陛下有亏于臣，而臣不亏欠陛下。”太宗深感惭愧，不说话了。第二天，太宗对房玄龄说：“自古帝王，能够纳谏者确实难。从前周武王不任用伯夷、叔齐，宣王杀死了无罪的杜伯，自古以来帝王纳谏实在是难啊。朕每天都向往前代圣贤，昨天朕无端责备王珪等人，现在非常后悔，你们大家不要因为这点小误会，从此不愿意进谏啊！”

二、论相精准 为人节俭

当时，王珪与房玄龄、李靖、温彦博、戴胄、魏徵同朝辅政。太宗因王珪善于品鉴人物，并且善于言辞，便与他讨论：“你善于识别人才，而且通达敏悟，请你说说房玄龄他们都是什么类型的人才，再把你自己跟他们作一下比较。”王珪说：“勤劳于国家之事，尽心竭力，这方面我不如房玄龄；能文能武，能将能相，这方面我不如李靖；启奏文本写得详明，进退合乎礼仪，这方面我不如温彦博；善于处理繁杂事务，井井有条，这方面我不如戴胄；一心谏诤主上过失，总担心当今天子比不上古代尧舜，这方面我不如魏徵。但是，疾恶好善，激浊扬清，我比他们要强一些。”太宗赞同这番评价，房玄龄等人也认为都说出了他们的优点，评论准确。

后来，王珪晋封为郡公。贞观七年（633），王珪因为泄露朝廷上的一些言语获罪，降职为同州刺史。太宗看重他是名臣，不久便召还他，任礼部尚书。贞观十一年（637），王珪与诸儒修订《五礼》书成，太宗赐给他三百段帛，封其一子为县男。同年，王珪兼任魏王李泰的师傅。魏王降尊称师，王珪也坦然以师傅自命。魏王曾问师傅什么是忠孝，王珪说：“陛下是大王的君主，侍奉君主要考虑尽忠；陛下是大王的父亲，侍奉父亲要考虑尽孝。既忠又孝，就可以成名成功。”魏王说：“关于忠孝，我谨遵教诲，希望能听一听具体怎么去做。”王珪说：“汉朝的东平王刘苍说‘为善最乐’，希望大王记住这

唐三彩女文官俑

句话。”太宗听到王珪如此教导魏王，非常高兴，说：“有王珪做老师，这孩子从此可以不犯错误了。”

王珪年少丧父，生活贫困，身边人经常救济他一些衣物钱财，他也不推辞。后来富贵了，他以丰厚的财物回报施恩之人，如果施惠者已经死了，就周济他的家人。王珪的性情宽简，在官任上严格遵循法度，他家的仆人们从没有见到他的责怒之色。王珪家中有守寡的嫂子，王珪对她十分尊重，家中事都要向嫂子请示，才做决定。王珪教育抚养侄子，比对自己的亲儿子还关心。家族中的人有困难，他全力帮助，对自己却很节俭。但是王珪居然不建家庙，四时八节，都在家中祭祀。这遭到礼部纠察弹劾，太宗出资，给王珪建了一座家庙，使他感觉羞愧，但不办他的罪。舆论因此认为，王珪的节俭也太过分了，与礼法相悖，因此很有鄙薄的意思。

王珪当年隐居时，与房玄龄、杜如晦友好，他的母亲李氏说：“你将来一定富贵，但我不知道你都与什么人交往，哪天你把他们请来，我看看。”房玄龄等人来到王家，李氏悄悄观察他们，惊讶不已，使人备办酒席，请宾客畅饮终日。李氏说：“这两位客人都是辅佐帝王的人才，你的富贵是毫无疑问了！”

王珪的儿子王敬直，娶南平公主为妻。当时习尚，各位公主下嫁，因为特殊的高贵身份，都不行拜见公婆之礼，王珪说：“皇上也得遵守法度，依国法家法，我应当受公主拜。我这不是为自己争什么礼，我要以此树立法度的权威。”于是与夫人坐在正堂，公主正式行儿媳拜见礼，然后退下。从此以后，公主下嫁，都要对公婆行儿媳妇拜见之礼，是王珪创下了这个先例。

贞观十三年（639），王珪病重，太宗派公主到他家探望，又派户部尚书唐俭调理医药和饮食。王珪不久去世，时年六十九岁。太宗穿丧服在别宅哭祭，还下诏魏王李泰率领百官亲到灵前哭吊。追赠吏部尚书，谥号“懿”。

侍中魏徵

魏徵（580～643），唐太宗朝著名宰相。字玄成。祖籍曲阳（今河北晋县），后迁相州内黄（今河南内黄）。父魏长贤，曾任隋地方官。魏徵任相期间，恪尽职守，刚直不阿，知无不言，敢于直谏，对于唐太宗统治的维护和巩固以及唐代社会的安定、政治的开明、经济的繁荣，功不可没。魏徵不但是政治家，也是文学家、史学家，在文化事业上颇有贡献。谥“文贞”。

魏 徵

一、少小勤学 加盟瓦岗

魏徵生于北周静帝大象二年（580），生后第二年隋朝便取代了北周，所以他便在隋朝度过了青少年时期。父亲魏长贤曾做过隋朝地方官，为政清廉、秉性刚直，而且博学多才，治学严谨，这使魏徵从小受到良好的熏陶，对于他以后的为政与治学大有裨益。由于父亲英年早逝，致使家道衰落，生活贫困。但是魏徵并没有因此而意志消沉、沦落颓废，反而更加胸怀大志、勤学苦读。他每天广学博览、挑灯夜读、伏案疾书，在浩瀚的古籍书海中，汲取滋养，陶冶情操，积蓄才志。

隋朝末年，各地农民军蜂拥而起，隋帝国处于风雨飘摇之中。生逢乱世，魏徵深感无法施展自己的才华，远大志向也无以寄托，既然入仕无望，便出家当了道士。

在隋末农民军中，有一支武阳郡郡丞元宝藏领导的队伍。元宝藏和魏徵平时交往甚密，以朋友相称。元宝藏深知魏徵的才华，起兵反隋后，就动员魏徵出山，辅佐自己。于是，魏徵便在元宝藏的旗下，做起了郡府的书记官，掌管军中的文书。当时，李密领导的农民军——瓦岗军，声势浩大。起义军攻占官仓，开仓放粮，救济百姓，深得民心。李密出身贵族，隋大业初，为左亲卫府大都督，因不满朝政，投奔瓦岗军。在瓦岗军中，李密长于谋略，战功卓著，逐渐成为瓦岗军的领袖。看到瓦岗军势如破竹的形势，元宝藏意欲投奔李密，便多次给李密写信，表明意愿。李密阅读了信件，深感措辞贴切，文采飞扬。经过一番打探，才得知信件出自魏徵之手。李密统辖元宝藏军后，就力邀魏徵在瓦岗军中任元帅府文学参军，专掌文学卷宗。

瓦岗军屡败隋军，据有洛口、黎阳、回洛三大粮仓，队伍不断壮大，声势日盛。李密便渐渐滋长了骄傲自满的情绪。魏徵根据瓦岗军当时所处的形势，向李密呈上十条建议，李密虽然表示感谢，并不予以重视。

隋朝末年，洛阳仍由隋军固守，李密与洛阳隋军长期对峙。双方在战斗中互有胜负。当时掌握洛阳大权的是隋朝大将王世充，他企图趁李密人马疲惫之际，一举歼灭瓦岗军，李密与将领们积极筹划，准备应战。魏徵认为这次战斗成败事关瓦岗军的前途命运，于是，就主动找李密的长史郑颋说："魏公虽然取得速胜，然而精锐将士多战死，士气又低落，恐怕难以御敌。况且王世充军粮不足，我军在士气和斗志上难以与其相比。不如挖深沟、垒高墙拒敌，以防守为主。过不了多久，王世充粮草殆尽，必将自行退兵。那时候追击残弱之兵，必定获胜。"郑颋根本没把这一个文学参军放在眼里，对魏徵的建议置若罔闻。李密自恃兵强，他的将领们也都主张与隋军速战，结果，李密大败，从此，曾经威震天下使隋军闻风丧胆的瓦岗军便销声匿迹了。

二、归降唐朝　辅弼太子

李密兵败后，率领残余部下逃奔长安，归降了当时李渊建立的唐朝。李渊本是隋朝的太原留守，被封为唐国公后起兵太原，占据了长安，建立了唐朝。虽然在瓦岗军中魏徵的建议不被李密所采纳，但是魏徵却一直对李密忠诚、信赖，所以当瓦岗军失利后，魏徵跟随李密归附李唐。

李密归唐后不久，又举兵谋反，最终兵败，引来杀身之祸。魏徵是李密带来的旧部，自然也就不会受到唐高祖李渊的重用。因长期无用武之地，魏徵便主动要求去招抚太行山以东地区，因为这一带仍有李密的余党在活动。于是魏徵先来到黎阳（今河南浚县东北），给据守在那里的徐世勣写了一封措辞恳切、语重心长的信函。信中魏徵规劝徐世勣认清当前形势、顺应历史潮流，只有归附唐朝，才能成就一番事业。徐世勣被此信深深打动了，不久便归降了唐朝。魏徵这一举动不可轻视，徐世勣后来成为唐朝一代名将，应该说这是魏徵为唐朝所做出的一大贡献。后来，魏徵又直奔魏州，那里有他的老朋友元宝藏。在魏徵的劝说下，元宝藏也归附了唐朝。

武德二年（619）十月，窦建德率领农民军起兵南下，直攻黎阳。此时，魏徵刚好从魏州返回黎阳。黎阳失守，魏徵被俘。窦建德对魏徵的才学早有耳闻，便任魏徵为起居舍人。

武德四年（621），李世民亲率大军东征洛阳王世充。唐军兵临城下，王世充深感形势严峻，火速与窦建德联络，请求援助。窦建德权衡利弊后，率领大军前往增援，李世民兵分两路，一路继续围攻洛阳，另一路阻击窦建德。结果，两路大军均获全胜，一举击溃王世充与窦建德。魏徵又得以回归唐朝。魏徵一生两次身入义军，他亲眼目睹了广大农民的生活疾苦，亲身经历了农民起义军声势浩大的反抗义举，这对他日后政治思想的形成起着至关重要的作用，使他最终成为刚直不阿、直言进谏的一代名臣。魏徵重回长安，仍然不被朝廷所重用，而太子李建成对他的学识颇为赏识，便召为洗马。为报太子的知遇之恩，魏徵尽心辅佐太子，积极为他出谋划策。李建成此时虽然已被立为太子，但获得皇位的根基并不牢固。其弟秦王李世民在统一唐朝的过程中，南征北战，驰骋疆场，威震四方，对于唐朝的统一，可谓战功卓著，其功业远远超过太子李建成。但李世民身为次子，不能继承皇位，他不甘为人之下，于是就与太子李建成展开了争夺皇位的殊死斗争。魏徵对此为太子深感忧虑。

魏徵诗帖

武德四年（621），窦建德旧党刘黑闼，再一次起兵，接连攻克漳南、幽州等地，大肆杀戮唐朝官吏，半年之内，便占领了河北大部分土地，收复窦建德旧地。魏徵认为这对太子来说是一个壮大势力、提高威望的绝好时机，于是便对太子进言道："现在刘黑闼的士卒伤亡、逃散的颇多，剩余的不满万人，而且粮草物资匮乏。如以我大军攻击他们，势如破竹。殿下应马上发兵进攻，以取功名。"李建成听从了魏徵的建议，便上奏唐高祖。奏准后，魏徵便协同太子率军征讨刘黑闼。在作战中，他鞍前马后，积极为太子献计献策。他主张对刘黑闼不宜采取强攻之策，否则部队人力、物力、财力耗费巨大，应该采取瓦解军心、涣散士气的策略，这样事半功倍，速战速决，能取得决定性的胜利。李建成采纳了魏徵的军事策略，便向敌军发出信息：只擒刘黑闼一人，其余部下只要投降，一律不予追究。结果，敌军纷纷放下武器，溃不成军，很快便不战自败了，河北的大批失地也尽归唐朝。

在魏徵的辅弼下，通过这次战役，李建成不但建立了战功，而且也结纳了山东豪杰，壮大了自己的势力。此后，李建成与李世民之间为了争夺皇位，互相倾轧，愈演愈烈。李建成的三弟李元吉站到其兄李建成一边，也加入到这场争夺皇位的斗争。魏徵劝说李建成杀掉李世民，先下手为强，否则夜长梦多，形势多变。但太子顾虑重重，并没有很快接受魏徵的建议。

武德九年（626）六月四日，李世民发动了"玄武门之变"，一举杀死了李建成与李元吉，逼迫李渊退位。同年八月，李世民登基，史称唐太宗，成为唐王朝的第二代皇帝。次年正月，改年号为贞观。

三、据理力谏 刚直不阿

李世民坐稳皇位之后，对太子东宫官属不计前嫌，还从中甄选了一批人员，委以重任。这时，有人向唐太宗告发魏徵曾劝太子谋杀他。唐太宗便把魏徵召至宫中，面带威严，厉声质问："你为何要挑拨离间我和太子？"魏徵坦然无惧、不慌不忙地回答说："太子如若早依我计行事，那么今天的局面就不是这个样子了。"听了魏徵的话，当时左右大臣的心都为之悬了起来。唐太宗却反而气消颜开，因为他觉得魏徵秉性刚直，有胆有识，所以不但没有怪罪于他，反而提拔魏徵为谏议大夫。

唐太宗是唐朝历史上的一代明君，他求贤纳才、知人善用，特别注意虚怀纳谏。有一次唐太宗问魏徵："何谓明君？何谓暗君？"魏徵答道："兼听则明，偏听则暗。"在魏徵看来，皇帝必须虚心、诚恳而广泛地听取臣子的建议，因为皇帝深居宫中，不可能全面地了解国家大事，只有虚怀纳谏，才能避免独断专行，国家也才能得以长治久安。唐太宗对此深表赞同，此后，魏徵"兼听则明，偏听则暗"的告诫便成为唐太宗纳谏的重要指导思想。

魏徵认为隋代灭亡，唐朝兴起，历朝历代的更迭有一条教训值得记取："静之则安，动之则乱。"因此，魏徵经常劝诫唐太宗轻徭薄赋与民休养生息。贞观四年（630），唐太宗准备在洛阳修建宫室，县丞皇甫德参上书极力劝阻。唐太宗非常气愤。魏徵说："皇甫德参的意见是正确的。皇帝修建宫室，只图个人享受，滥用人力物力，于国于民无裨。皇甫德参虽措辞激烈，但也是为了警策皇帝呀。"唐太宗思虑再三，最终接受了魏徵的意见，不但没有治罪于皇甫德参，而且还对他加封官职。后来唐太宗又要在洛阳修建飞山宫，当时正值陕西、河南一带大雨连降，许多百姓房屋坍塌，无家可归。魏徵上书唐太宗："隋炀帝恃其富强，不虑后患，穷奢极欲，使百姓困穷，自身被杀，江山破碎。陛下拨乱反正，要吸取亡隋的教训，不要奢望住进高大的宫殿，心甘情愿住在矮小的屋子。如果我们现在建造宏大宫殿，那就跟隋炀帝一样了，灾祸很可能降临于我们。"魏徵以隋为鉴，据理力谏，终于说服了唐太宗，停止修建飞山宫。唐太宗还下令将建宫的材料送至受灾地区，以资流离失所的灾民重建家园。

贞观六年（632），在众臣的请求下，唐太宗准备前往泰山封禅，而魏徵却极力反对。唐太宗百思不得其解，便向魏徵询问缘由。魏徵回答说："眼下国家刚刚安定，百业待兴，国库仍然空虚。在这种情况下，陛下如若封禅，兴师动众，必然劳民伤财，与‘抚民以静’的国策相悖。”唐太宗听了这番道理后，便取消了登泰山封禅的计划。

在治国方针上，魏徵不但认为对内应“静之而安”，在对外关系的处理上，也认为不应轻易动武。因此他向唐太宗提出“偃武兴文，布德施惠，中国既安，四夷即服”的治国策略。在魏徵看来，首先应立足于国家的强盛，不急于扩张领土，只要国家安定强大了，与周边的关系便能处理妥善，那些少数民族便能臣服于中国。唐太宗也非常赞同魏徵的观点。贞观初期，唐太宗一方面加强国家经济的恢复和发展；另一方面，实行了开明的民族政策，改善民族之间的关系。不管是对被征服还是主动归附的少数民族部落，都不强行改变他们原来的生活方式和风俗习惯，并且任命原来的首领担任高级官职。同时还送给他们农具、耕牛等物品，帮助他们发展农牧生产。此外还通过和亲政策，加强同周边各部族同唐朝的联系和团结。这样大大促进了民族交往和经济文化的交流。与此同时，唐朝和世界其他国家的政治、经济和文化交往也越来越频繁，京都长安不仅是国内各民族的大都会，也成了世界性的大都会。

四、依法治国　编纂史著

在依法治国方面，魏徵特别强调，作为一国之君，对待臣子应赏罚分明、不徇私情、一视同仁。贞观初，濮州刺史庞相寿搜刮百姓、贪污腐化。有人因此而向朝廷告发了他，结果受到追缴赃款、解除职务的处罚。庞相寿原来是唐太宗为秦王时的部下，因而就向唐太宗求情，请求从轻发落。唐太宗念及旧情，作出批示：官复原职，不予处罚，还赐予庞相寿一百匹绢以做安慰。唐太宗认为庞相寿之所以贪财，是因为他家里的生活可能较为贫困，赐予他一百匹绢，这样他今后也就不再贪赃枉法了。

朝廷众臣对唐太宗此事的处理议论纷纷，大家都敢怒而不敢言。魏徵便进谏说：“依法治国，切忌亲疏有别，赏赐之时，一定要想到与皇帝疏远之人；惩罚之时，千万不要忘记与皇帝亲近之人。这样，赏罚分明，秉公执法，百姓群臣才能心服口服，国家也因之而得以安定。如今庞相寿执法犯法，理应予以严惩，只因与陛下有私交，陛下就予以袒护，如此行事的后果必是法不服人，国将不国。”唐太宗听了魏徵的一番话语，觉得很有道理，收回了自己的批示，依法惩处了庞相寿。正是由于魏徵刚直不阿，勇于进谏，唐太宗诚心纳谏，以身作则，执法如山，在中央和地方政府中起到了积极的作用，因此才使贞观初期逐渐形成了执法严肃、令行天下的好风气。

由于魏徵秉性刚直，大公无私，对唐太宗的言行敢于面折廷争，因而唐太宗对魏徵有时不免也产生了敬畏之心。有一次唐太宗准备去山中打猎，一切安排就绪，却又犹豫不决，迟迟不肯动身，最终此次出猎没有成行。魏徵得知后向唐太宗问及此事，唐太宗笑而答曰："朕虽然计划要进山打猎，但当时你不在京城，没有征求你的意见，所以考虑再三，还是打消了这个念头。"

魏徵从贞观初年仕于朝廷，到贞观十七年（643）去世，其间所奏之事有史籍可考的共二百余件，涉猎了政治、经济、文化以及对外关系等各个方面，大部分都保留在《魏郑公谏录》和《贞观政要》两书中。贞观十一年（637）所上的《论时政疏》、《十渐疏》是他一生奏疏中最为重要而有名的，所谏内容主要有：居安思危，施行仁义，轻徭薄赋，举贤任能，坚持法制，虚怀纳谏，偃武修文，少动干戈，善始令终，力防蜕变等。

从唐朝建立始，魏徵的治国思想就是注重对前朝历史的借鉴。他博览古籍，精通史学，因而他的谏言善于剖析历史，以史为鉴，以古喻今，所以他不但是中国历史上有名的政治家，也是一位史学家。唐太宗即位后，贞观三年下诏修撰《隋书》、《周书》、《北齐书》、《陈书》、《梁书》（时称五代史），魏徵奉命总领其事。其中《隋书》中的绪论，《北齐书》、《梁书》、《陈书》中的总论部分皆由魏徵亲自撰写。这些论文深刻地剖析了历代王朝特别是隋朝衰亡的政治和经济原因，集中反映了魏徵进步的历史观，是颇有历史价值的。贞观十年（636）五部史书修撰完毕，唐太宗加封魏徵为光禄大夫，晋爵郑国公。

贞观十七年（643）正月，魏徵身染重病。由于魏徵一生清廉，家无正厅，唐太宗便下令用当时正在修建的一处便殿的建筑材料给魏徵建造正厅。唐太宗还派人到他家守护，并且亲临魏徵家中探望。

魏徵病逝后，唐太宗亲自上门吊唁，恸哭失声。为此唐太宗向文武大臣宣布停止上朝五天，全部去魏徵家中进行吊唁，自己还亲自为魏徵写了碑文。他对大臣们无限感慨地说："用铜做镜子，可以端正衣冠；用历史做镜子，可以知道国家兴亡的原因；用人做镜子，可以看到自己的过错。现在魏徵逝世，使我失去了一面镜子啊。"唐太宗的这番肺腑之言，是对魏徵一生极为正确而公允的评价。

中书令温彦博

温彦博（578～637），唐初宰相。字大临，并州祁县（今山西祁县）人。父温君悠，曾任北齐时文林馆学士，入隋为泗州司马。温彦博与他大哥温大雅、三弟温大有都是唐初的知名人士，在辅佐李渊建唐、太宗“贞观之治”中都有功绩。温彦博是贞观初年与王珪、房玄龄、李靖等名臣共同辅政的宰相之一。谥号“恭”。其中，使他彪炳史册的是他提出的对待突厥开明的民族同化政策。

一、拒不泄密　谙于应对

温彦博出生于书香之家，父亲温君悠曾任北齐文林馆学士、隋泗州司马。在良好的家庭环境中，温彦博不仅有学识渊博的父亲，还有和他一样自幼就博览群书、聪颖过人的哥哥温大雅和弟弟温大有。温彦博自幼聪悟，有口才，博涉经史笔记。他父亲的好友薛道衡、李纲看到温彦博弟兄三人刻苦攻读，都十分赞许，认为皆卿相才。隋文帝末年（604），温彦博二十七岁，为州牧秦孝王杨俊所荐，授文林郎、直内史省，转通直谒者。

唐律残片

大业十二年（616），隋虎贲郎将罗艺起兵攻占柳城、怀远等地，自称幽州总管，温彦博被引为司马。唐武德元年（618），李渊在关中建立唐政权，罗艺看到李氏已定关中，人望归之，认为其王业必成，于是于次年归附了唐王朝。温彦博因预谋此事有功，被任命为幽州总管府长史，封西河郡公。

不久，温彦博被唐高祖召入朝廷，拜为中书舍人，又擢为中书侍郎。当时高句丽国派遣使者进献地方特产，唐高祖因高句丽国反复无常，准备拒绝其进贡，不再做高句丽国的宗主国。温彦博引证历史，认为如此不妥，他劝唐高祖说："辽东本是周朝时的箕子国，汉朝在那里设立玄菟郡，不允许高句丽国称臣，周边各国怎么办？"唐高祖认为言之有理，于是采纳了他的建议，接受了高句丽国称臣纳贡的要求。

温彦博以善辞令而闻名，他熟悉四方风俗，胪布诰命，奏对详明，对于有关国家利害的事情，知无不言，史书上盛赞他这种谙于应对的才能说："有若成诵，声韵高朗，响溢殿廷，进止雍容，观者拭目。"高祖李渊曾经大宴近臣，遣秦王李世民宣读圣旨。李世民声音清朗、气质超群出众。待读完，高祖得意地问左右："我儿子比温彦博如何？"李世民有帝王之才，李渊把他与温彦博相比，由此可以想见温彦博的不同凡俗。

武德八年（625），突厥率骑兵十万入侵边境，唐高祖出兵拒敌，命右卫大将军张瑾为并州道行军总管，温彦博为行军长史。唐军在太谷一战中败于突厥，温彦博被俘。突厥统帅颉利听说温彦博是唐高祖身旁的重臣，如获至宝，多次审问温彦博，要他供出唐朝兵力分布、军备人员等情况。温彦博坚持不肯泄露军事机密。颉利大怒，把温彦博押送到阴山边远苦寒之地，温彦博仍坚贞不屈。直至唐太宗即位，突厥与唐和好，才把温彦博放回。

温彦博返归唐朝，被任命为雍州治中，不久改检校吏部侍郎。他兢兢业业，恪守职责，大力整顿吏治，被提拔为中书侍郎、兼太子右庶子。贞观二年（628），温彦博任御史大夫，仍检校中书侍郎职务，在与各国来使的交往中，他善于谈吐，颇有外交才干。有一次，唐太宗问到四方各邻国的民情风俗，温彦博侃侃而谈，了如指掌。

二、同化突厥 一生清廉

贞观四年（630），温彦博升任中书令，负责草拟皇帝诏诰及有关国家重大方针政策，成为宰相，晋爵虞国公。

不久，突厥来降。唐太宗召集近臣商议如何安置突厥的土地和百姓。不少人认为：突厥恃强，扰乱中国，已经很久了。今日他们丧失了实力，来归顺我们，并不是真有慕义之心。他们主张把突厥人分散到河南及各个州县，让他们各自耕田务农，变其风俗。这样，百万胡虏，就变成为顺从的汉民，中国得到增加人口的好处，塞北也消除了隐患。一些大臣也十分称赞这样的计划，唯独温彦博起而反对。他认为，早在汉代时，就已安置来降的匈奴于五原塞下；今天，大唐也应当效法汉代的措施，不要遣散他们。这样做，保全其部落为捍蔽，又不离其土俗，因而可以安抚他们，一则可充实空虚之地，二则可示无猜疑之心。他认为，如果按某些大臣的建议，把他们遣向河南之地，散属州县，那就违背了突厥族的民情和风俗习惯，非招抚远人之道。但温彦博的主张遭到秘书监魏徵的激烈反对，他认为突厥自古为患，难以管理，安置内地，等于养虎为患，主张将这部分人仍然置于边疆，使他们居其旧土。温彦博坚持己见，主张以德怀之，他说："教给他们礼法，为他们选定首领，有何后患?"温彦博提出的安置突厥办法的实质，是以尊重突厥族的生产方式、风俗习惯为基点，给予突厥族以某种限度的自治权力，显然是在团结的基础上，采取开明的民族同化政策。唐太宗最后采纳了温彦博的建议，将十万户突厥族迁入中原，其中三万户定居在长安；在东起幽州，西至灵州（治今宁夏灵武西南）一带地方置顺、佑、长、比四州都督府安置内附突厥人民，任命突厥本族首领为都督或刺史，统率原来部众；又挑选突厥族部分贵族担任京官武职，其中五品以上的将军、中郎将约有百余人。这些措施的实施对当时以突厥为首的少数民族产生了良好的效果与深刻的影响。

贞观十年（636），温彦博又升为尚书左仆射，他鞠躬尽瘁，全力以赴国事，甚至杜绝了和宾客的应酬交往。对于国家大事，则知无不言，进见必陈政事利害，深得唐太宗的赏识，多次受到嘉奖。

贞观十一年（637），温彦博病故。唐太宗十分感叹地说："彦博的病故，实在是因为操劳国家大事、耗思殚神的缘故啊！朕亲眼见他不顾疲劳地为国办事，已经有多年了。朕恨不得让他多休息一下，以延长他的寿命，结果他还是过早地去世了!"

温彦博病故时，因为家中没有正房，只能将其遗体殡于别室，而不能按古时的风俗习惯寿终正寝。唐太宗当即下令，为温彦博建造正寝之堂（即正房）。又给温彦博赠特进（这是专授给大臣中有特殊贡献和特殊地位的官名，为文散官员中第二阶，相当于正二品），谥号"恭"，让温彦博的灵柩陪葬在昭陵，给予极高的礼遇。

侍中刘洎

刘洎（？～645)，唐太宗朝宰相。字思道，荆州江陵（今湖北江陵）人。刘洎历任长史、给事中、治书侍御史、尚书右丞、黄门侍郎、侍中等职。他为政颇有能力，也常劝谏太宗，多有建树。但他性情粗疏，不拘小节，被褚遂良诬陷而死。他的悲剧，反映了唐太宗晚年渐趋专断的情形。

一、善于理政 劝谏太宗

刘洎在隋朝末年，在占据江陵称帝的萧铣门下任黄门侍郎。萧铣命令他攻打岭南，他率军夺取五十个城镇，但还没有来得及报捷，萧铣就在唐军的攻打下破败了，于是他率所攻取的城镇归唐，拜授南康州都督府长史。

贞观七年（633)，刘洎升任给事中，封清苑县男。贞观十五年（641)，改任治书侍御史。这时候，尚书省诏敕拖延积压，长年不能解决。刘洎上疏说：

> 尚书省是政府机构中的关键部门，贞观初年没有尚书令、仆射，职务合并，事务繁杂，左丞戴胄、右丞魏徵应付各种事情，弹劾检举违法大臣，无所回避曲从，各个部门慑于威势，风气肃然，不敢懈怠。近来由于功臣和皇亲掌权，品级和官位不相称，功臣权贵互相排挤，虽然想努力去做，却害怕众人议论诽谤。因此郎中不敢裁夺，遇事只管禀告；尚书迟疑不决，不能独自裁决。使左右丞、左右司郎中各得其人，不仅是为了挽救疏忽延误的弊端，还应当矫正争名夺利的弊病。

不久，拜授刘洎任尚书右丞。刘洎非常胜任此职，于是尚书省又治理得像魏徵时一样井井有条。贞观十七年（643)，刘洎加授为银青光禄大夫、散骑常侍，升任黄门侍郎。

刘洎性情粗疏而果敢。太宗工王羲之书法，尤其善飞白。有一次他在玄武门大宴三品以上官员，太宗亲自操笔作飞白字赏赐群臣，群臣纷纷争相趁着酒意从太宗手中拿取，刘洎登上御座夺得。君臣都说：“刘洎登御座，罪当处死，请求依法治罪。”太宗笑了笑，对此置之不理。

太宗晚年不像贞观初年那样虚心纳谏，而是喜好辩论，与公卿谈论古今大事，一定要反复诘难、探究得失。刘洎劝谏说："帝王与臣庶、圣哲与庸人之间，等级悬殊，本来就不在同一个层次上。因此要求愚人与圣哲应对，卑贱的人与尊贵的人争论，即使想让自己占上风，也不能达到目的。陛下颁布恩诏，面带慈祥，虚心听取采纳劝谏，恐怕群臣还恐惧退缩不敢进言。何况陛下天生聪慧而有口才，修饰辞藻，援引古今、咄咄逼人地与他们辩论呢！大凡上天以无言为尊贵，圣哲以不言为美德，都是为了避免自找麻烦。而且多记损伤身心，多说耗费气力，心气内损，形神外劳，起初没有觉察，时间长了就会生病。况且今天的太平盛世，是陛下身体力行而达到的。想使它长久，不是通过广博的知识，而应当忘记爱憎，谨慎取舍，像贞观初年那样就可以了！"刘洎的这番议论的确说到了太宗的短处，太宗依仗自己的聪明睿智和至尊地位，经常在殿中与大臣辩论，不把大臣驳倒不罢休，这种争强好胜的行为，不是仁爱之君的做法，锋芒太过，令人恐惧。太宗亲写诏书答说："不思虑无法治理国家，不说话无法表达思虑。即使如此，傲慢而轻视别人，恐怕是因讨论导致而成。若说形神心气，不算烦劳。"这话仍然是在为自己辩护。

二、尊贤重道　被诬赐死

晋王李治被册立为皇太子后，刘洎认为应该尊贤重道，上书说："太子关系到国家的前途命运，善恶的习性，与兴亡紧密相连。开始不勤奋，以后必将后悔。因此晁错（西汉景帝时大臣）上书，要求太子通晓治国的方略；贾谊（西汉大臣）献计，要求太子务必懂得礼教。如今太子孝友仁爱，本是天生，然而正当壮年，在学业上应当有长进。陛下多才多艺，还能注意磨炼意志，博采异闻，而太子却悠然自得，坐在那里白白浪费时间。陛下每次退朝后，还要引见群臣，访古问今，询问得失；而太子身处内宫，不接近正人君子，听不到正直的言论，对此，臣实在不能理解。古时候的太子，问候起居后退下，是为了推广尊敬；不在同一个宫里相处，是为了远离嫌疑。近来，太子一旦入朝侍候，十多天还不见出来，师傅和东宫属官，只是充数摆样子罢了，到哪里去教导、帮助太子呢？这不是爱护太子的做法。臣认为给太子传授好书，让他与嘉宾同乐，让他听未曾听过的话，看未曾见过的事，使太子的品德更加高尚，是百姓的福分。"于是，太宗敕令刘洎与岑文本、马周每天轮流在东宫值班。

太宗曾经怨恨苑西监穆裕，下诏在朝堂斩首，皇太子急忙劝谏。太宗高兴地说："朕开始得到魏徵，能够早晚进谏，魏徵去世后，刘洎、岑文本、马周、褚遂良继续进谏。儿子在朕的膝前，看到朕喜欢听取谏言时间长了，因此今天也来进谏。确实是习惯成自然呀!”刘洎升任侍中。太宗忽然对群臣说：“人臣对于帝王大多顺承旨意，常以甜言蜜语取悦君主。朕欲闻已过，卿等必须积极指出朕的过失。”长孙无忌、李勣、杨师道共同推辞回答说：“陛下用高尚的品德达到天下太平，臣等愚昧，没有发现陛下的过错。”刘洎说：“可是近来有人上书，因为不对陛下的心思，陛下逼问得上书者羞愧汗颜，这恐怕不符合陛下鼓励进言的原则。”太宗说：“你的话很对，朕能改正。”

唐三彩女立俑

贞观十九年（645），太宗亲征辽东，诏令刘洎兼任太子左庶子、检校民部尚书，辅佐皇太子临时代皇帝处理国政。太宗说：“朕如今统军远征，让你辅佐太子，国家的安危都寄托在你身上，你应该理解朕的用意。”刘洎说：“希望陛下不要忧虑，大臣如果有罪，臣会立即依法诛杀他。”太宗责怪他的话太过分，告诫他说：“君主不缜密就会失去臣子，臣子不缜密会失掉性命。你性情粗疏而果断，恐怕会因此坏事。”

刘洎与宰相褚遂良合不来。太宗从辽东返回，由于在途中背上长痈，身体状况很差，刘洎与宰相马周一起入朝问候，出来时，刘洎看见褚遂良，哭着说：“皇上得了痈病，令人十分忧虑!”褚遂良就诬陷上奏说：“刘洎说：‘陛下死后，国家不足以忧虑，正好可以仿效伊尹、霍光辅佐少帝即位，有异议的大臣便诛杀掉。’”太宗大怒，病愈后，召刘洎询问情况，刘洎引马周为自己证明。褚遂良坚持说，刘洎就是这么说的。

太宗被褚遂良迷惑，于是赐刘洎死罪。刘洎临死时，索要纸笔，想为自己辩解，主审人员不敢给他。太宗后来得知刘洎是冤枉的，主审人员因不肯为刘洎诉冤获罪。显庆年间（656～660），刘洎的儿子刘弘业到朝廷诉讼褚遂良诬陷害死父亲的罪状，宰相李义府帮助他。高宗询问身边的大臣，给事中乐彦玮说：“辨明这事，就等于公开说先帝用刑太重。”这事于是不了了之。文明初年（684），唐睿宗下诏恢复刘洎的官爵。

中书令马周

马周（601～648），唐太宗朝宰相。字宾王，博州茌平（今山东茌平）人。他是贞观年间著名的政治家，他以杰出的才能，深得唐太宗的赏识，从门下省当直官至中书令，当了宰相。在官二十余年，清正廉洁，有经邦济世之才，后世誉为“经世名臣”。

马周出身于一个贫穷的农民家庭，幼年勤奋好学，精通《诗经》、《春秋》等古籍。性格落拓不羁，文才出众，不为乡里所敬。唐武德年间（618～626），补博州助教，日饮醇酒，不管公务。刺史达奚恕屡加斥责，马周拂袖而去。游于曹（今山东曹县）、汴（今河南开封），又为浚仪令崔贤所辱，遂西往长安。后来，马周得志后，便将崔贤罢黜，算报了仇。至新丰（今陕西临潼东北），旅店主人只顾招待诸商贩，而不招待马周。马周要酒一斗八升，悠然独酌。主人十分奇怪。马周到了京城长安，与中郎将常何相识，两人一见如故，十分投机，便寄居于常何家。

唐代八卦纹镜

常何是守卫玄武门的将领，本是李建成的部下，后来为李世民所用，李世民的“玄武门之变”之所以能获得成功，和常何是有关系的。李世民即位后，重用常何。贞观五年（631），天大旱，唐太宗李世民下令文武官员，极言朝政得失，为国事出谋划策。常何是个武官，不通文史，不知从何下手。马周就为他谋划，开列了二十余条，陈述了自己的政治见解。常何上朝时将奏章呈上，太宗十分惊诧，其奏折不但事事可行，而且文笔奇佳。太宗把常何找来，对他说：“这个奏书肯定不是你写的，是谁捉刀？快把这人叫来见朕！”常何如实回答说：“这的确不是臣所能写出的，是家客马周教臣所写。马周是一个忠孝之人，可为陛下所用。”太宗下诏征马周。

在马周去皇宫的路上，四次遇到了皇帝派来催他前去的使者。进宫之后，马周详述了自己的政治见解，太宗十分赞赏。当日，二十岁的马周被授予门下省当值。次年，马周升任监察御史，为官称职。唐太宗认为常何荐举得人，赏赐帛三百段给他。一个布衣被皇帝召见，并立即任用，这在历史上是十分少见的。

马周善于奏对，才思敏捷，明于事理，裁处政务十分周密，深受群臣称赞。唐太宗常说："朕一会儿看不见马周就思念他。"大臣岑文本对亲信说："马周论事，文采斐然，合情合理，无一言可增减；说起来朗朗上口，令人忘记疲倦。他可以与苏秦、张仪、贾谊等人相提并论。但马周鸢肩火色，恐怕寿命不会长。"马周后来病死，不幸被言中。

由于杰出的政治才干和刚正不阿的性格，贞观十五年（641），马周被擢升为治书侍御史，兼知谏大夫，晋王（李治）府长史。不久，李治被立为太子。贞观十七年（643），为中书侍郎、兼太子左庶子。第二年八月，为中书令，仍兼左庶子。马周职兼两宫，处事精密，很有声誉。唐太宗亲征高句丽，太子李治留镇定州（今河北定州），令马周和高士廉、刘洎辅佐。

唐太宗对马周宠遇甚厚，马周也因此颇为自负。他任御史时，派人按图为自己购买住宅，众人都认为他不过起于书生，缺乏家资，都暗中嘲笑他，认为他买不起好住宅。过了不久，马周得知有一处好住宅，价值二百万贯钱。马周立即告诉唐太宗，唐太宗下诏命拿国库钱买下这处住宅，并赐给马周奴婢、用品等。这一来，嘲笑他的人才恍然大悟。

马周每次巡行郡县时，食必吃鸡，小吏告发了他。唐太宗说："朕禁止御史吃肉，是恐怕州县浪费，吃鸡有何关系？"把小吏痛打了一顿。由此可见，唐太宗对马周的宠用之重。

贞观二十年（646），马周患消渴病，久病不愈，唐太宗十分焦急，下令选择好宅地，给他建造养病的宅院。名医中使，相继不绝；供以御膳，又亲为调药。太子李治亲临探视。临终前，马周将所上奏的奏章草稿烧掉，慨然叹道："管仲、晏子在奏书中宣扬国君的过错，自己都获得贤臣的好名声，这样的事我不能做。奏书不可留。"

贞观二十二年（648），马周病逝，年仅四十八岁。

中书令褚遂良

褚遂良（596～658），唐太宗朝宰相。字登善，祖籍河南阳翟（今河南禹县），西晋末南迁钱塘（今浙江杭州）。褚遂良性格刚强，为人真诚、正直，不畏淫威，敢于直言，深为唐太宗敬重和信任，以致受遗诏辅政。与房

褚遂良

玄龄、杜如晦二人相比，他的才能和政绩确实不算显赫，但他在“贞观之治”中也是不可或缺的功臣。

一、精于书法 敢谏诤言

褚遂良的父亲褚亮，隋时为太常博士，后来成为秦王文学馆十八学士之一，李世民即位后，褚亮任散骑常侍。褚遂良博通文史，精于书法。他曾任割据势力薛举的通事舍人，薛举被打败后，归附唐朝，被授任秦王府铠曹参军。贞观十年（636)，升职为起居郎。

唐太宗非常喜爱书法，广求王羲之故帖，争献王羲之手迹的人很多，但真假难辨。唐太宗叹道：“虞世南死后，再没有人能和朕讨论书法了。”秘书监魏徵知道褚遂良博览文史，又工隶书楷书，就把他推荐给唐太宗。唐太宗听了非常高兴，立即把褚遂良召来，并任命为侍书。褚遂良上任后，独自鉴别王羲之墨迹，众人都叹服他的敏锐精细，从此以后，再也没有人敢以假冒充了。

贞观十五年（641)，唐太宗准备到泰山封禅。到达洛阳时，有星犯太微。褚遂良劝谏道：“陛下拨乱反正，功超古今，刚要向岱宗告成，而彗星却出现，这是天意有所不合。从前汉武帝封禅泰山，曾实行怀柔政策多年，愚臣希望陛下熟思。”唐太宗大悟，下诏停止封禅之事。

褚遂良升任谏议大夫，兼知起居事（专记帝王言行)。唐太宗问他：“你做的起居注，可以给我看看吗?”褚遂良知道自己的责任所在，回答说：“史官写人君言行，详记善恶，使人君不敢为非作歹，天子本人不能看，这是古代的规矩。”唐太宗说：“朕有不好的地方，你也要记吗?”褚遂良答道：“臣的职责所在，皇上的所有举动都要记录。”大臣刘洎说：“即使遂良不记，天下人也会记下来。”唐太宗说：“朕行为有三：一、以前代成败为鉴；二、任用良臣，共理政务；三、疏远群小，不受谗言。朕能守住这三点，不犯过错，正是不想让史官书写朕之恶行。”

当时，魏王李泰受唐太宗宠爱，礼遇甚至超过了太子李承乾，群臣谁也不敢劝谏。有一天，唐太宗问群臣：“如今朝廷中何事较为急迫?”岑文本泛言礼为急，唐太宗认为不是。褚遂良说：“如今四方仰望陛下之德，都很安定。只有确定太子与诸王的名分最为急迫。”唐太宗说：“这话说得有道理。朕年近五十，日渐衰老，虽然立长子为太子，而弟、侄、子尚有五十人，心中时常担心。自古王室宗亲没有良臣，大多互相倾轧，公等为朕举荐贤者为诸王之师。”

唐太宗问褚遂良：“舜帝制造漆器，进谏的有十余人。漆器不过是小物，这有什么值得谏的?”褚遂良答：“奢侈是危亡的根本，一旦养成奢侈的习惯，就会不满足于只是制造漆器，改为制造金玉的，那就会耗尽民财了。忠臣爱君，一定要防微杜渐，等到祸乱出来，进谏也没用了。”唐太宗说：“是这样。朕一有过失，你也应当谏于初发时。”

在实际工作中，褚遂良知无不言，言无不尽，一心以谏诤为己任。那时候，唐太宗诸子年龄还小，却大都担任了都督、刺史等要职。褚遂良上书劝谏说：“刺史、郡帅，是百姓安宁的依靠，得到一个善人，郡内安定；碰到一个恶人，整州不安。臣认为没有加冠的皇子，应该暂且留在京师，教给他们经学。考察后觉得确实可以担当职务，再派出去。”唐太宗赞成褚遂良的意见，立即采纳。

二、谏阻悔婚　托孤重臣

贞观十七年（643），太子李承乾已经获罪幽禁，魏王李泰便每天进宫侍奉太宗，太宗当面许诺立他为太子，岑文本、刘洎也劝说太宗立李泰；长孙无忌执意请求立晋王李治。太宗对身边大臣说：“昨天李泰投到我怀里对我说：‘我到今天才得以成为陛下最亲近的儿子，此乃我再生之日。我有一个儿子，我死之日，当为陛下将他杀死，传位给晋王李治。’人谁不爱惜自己的儿子，朕见李泰这么做，内心十分怜悯他。”谏议大夫褚遂良说：“陛下此言大为不妥。希望陛下深思熟虑，千万不要出现失误。陛下百年之后，魏王占有天下，他怎么肯杀自己的爱子，将皇位传给晋王呢？从前陛下既立承乾为太子，又宠爱魏王，对他的礼遇超过承乾，以致造成了今日的灾祸。承乾谋反的事刚刚过去，足可作为今日的借鉴。陛下如今要立魏王为太子，希望先安置好晋王，只有这样政局才得稳定。”太宗流着眼泪说：“朕不能这么做。”说完站起身，回到宫中。最终，还是立了李治为太子。

薛延陀真珠可汗派他的侄子突利设到唐帝国纳聘礼，拟献马五万匹，牛、骆驼一万头，羊十万只。突利设献上食物，太宗亲临相思殿，大宴群臣，设立十部乐曲，突利设再次行礼祝寿，太宗赏赐突利设十分丰厚。

契苾何力上书言道：“不可与薛延陀通婚。”太宗说：“朕已经答应他们

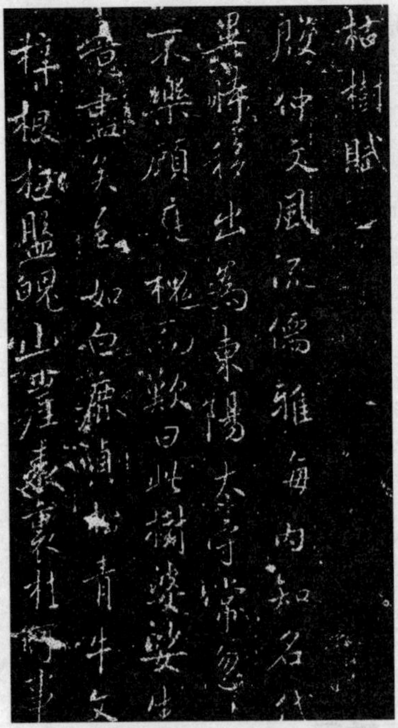

褚遂良《枯树赋》

了，怎么可以身为天子而自食其言呢?”何力答道：“我不是想要陛下立刻回绝他们，只是希望暂且延缓此事。我听说自古有迎亲礼仪，假如陛下敕令薛延陀让他迎亲，即使不到长安来，也要到灵州；薛延陀必定不敢前来，则回绝他就有理由了。夷男性情刚直暴戾，既然不能与大唐通婚，其部下又怀有二心，不过一二年便会病死，他的两个儿子争夺王位，到那时陛下可以轻易制服他们。”太宗听从其意见，于是征召真珠可汗让他前来迎亲，又发布诏书说将要在灵州与他相见。真珠十分高兴，想要亲到灵州，其大臣劝谏说：“倘若被对方扣留，到那时后悔都来不及!”真珠说：“我听说大唐天子有圣王的德行，我能亲自前去见他一面，至死都无遗憾。而且漠北必然会有人主事，我去的决心已定，不必再多说了。”太宗接连三次派使节，接受薛延陀所献的牲畜。薛延陀真珠可汗先前库房没有马厩，他征调各部落马牛羊等，往返一万多里，途经沙漠地带，没有水和草，牧畜消耗损失将近一半，过了迎亲期限没有到。有人议论认为聘礼未准备齐便与之通婚，这会使北方少数族轻视唐朝。太宗于是下诏回绝其婚姻，停止巡幸灵州，并追还三次派出的使节。

褚遂良上奏疏认为：“薛延陀可汗本来是突厥的一个首领，陛下当年征战沙漠，万里萧条少有人烟，残余势力奔波投靠，须有一个酋长，于是才赐给他鼓和大旗，立为可汗。近来又降下大恩，应允与他们通婚，西面告知吐蕃，北面通知思摩，连大唐朝中的儿童也都知道此事。陛下又行幸北门，接受他们敬献食物，群臣与边远地区都整日宴饮庆贺。都说陛下为了安抚天下百姓，不爱惜自己的女儿，芸芸众生，谁不感恩戴德。如今陡生变化，有悔婚之意，我深深为朝廷的声誉受损而惋惜；这样一来得到的很少，而失去的却很多，也会产生隔阂，必然会导致边境不安宁。薛延陀深怀被欺辱的怨恨，百姓也感受到背约的羞愧，恐怕这不是怀柔远方、训教边兵的办法。陛下即位治理天下已有十七年了，以仁义恩惠交结百姓，以诚信礼义安抚边远地区，天下百姓没有不佩服的。背约实在是没有道理，为什么就不能善始善终呢！龙沙城以北，薛延陀的部落众多，朝廷想要讨伐他们，终究不能全都消灭干净，应当对他们抚以德义，使正义掌握在朝廷手中而不是在对方手中，失信的在对方而不在我方。做到这些，则是尧、舜、禹、汤等人远不及陛下了。”太宗不听其谏议。

当此时，众位大臣大都说道：“朝廷既然答应与他们通婚，又接受了人家的聘礼，就不可失信于薛延陀，以免又生边乱。”太宗说：“你们这些人都是只知古而不知今。汉初匈奴强大，中原汉王朝怯弱，所以要装扮子女，送金银财物以作为诱饵，在当时是合乎时宜的。如今中原强大，北方少数民族怯弱，以我大唐的一千步兵，可以击败他们的数万骑兵，所以薛延陀肯卑躬屈膝，满足我们的要求，不敢稍有傲慢，是因为他们刚刚立了可汗，属下杂姓部族不少，想要借着大唐的势力以威慑制服他们。他们中的同罗、仆骨、回纥等十多个部族，各有兵力几万人，如果他们合力攻打薛延陀，可以立即攻破取胜，之所以不敢轻举妄动，是因为畏惧他是我大唐所立的可汗。如今将宗室女嫁给他，他必然自恃是大国的女婿，其他部族谁还敢不服！这些戎狄人面兽心，一旦稍不满意，必会反咬一口，造成祸害。现在我们回绝其婚姻，停止接受他们的聘礼，其他部族得知我们抛弃了他们，很快会将他们瓜分豆剖，你们只需记住朕说过的话就行了。”

唐太宗悔婚，致使薛延陀大怒，连年出兵侵扰唐朝边境。这时，唐太宗才后悔没有听褚遂良的话。

唐太宗亲征高句丽，褚遂良反对征讨高句丽，更反对唐太宗亲征。不出褚遂良所料，征讨高句丽失败而归，唐太宗后悔不已。

贞观十八年（644）九月，唐太宗拜褚遂良为黄门侍郎，参与朝政，成为贞观年间的宰相之一。贞观二十二年（648）九月，晋升为中书令。

次年五月，唐太宗病危，召褚遂良和长孙无忌到面前，对他俩说：“汉武帝将太子刘弗陵托孤于霍光，刘备将刘禅托孤于诸葛亮。朕现在把所有的后事都交给你们了。太子仁孝，你们要竭尽忠诚辅佐他。”接着对太子李治说：“有无忌、遂良在，你不用为天下担忧。”因为长孙无忌是太宗的姻亲，太宗又对褚遂良说：“无忌尽忠我，我有天下，大多是他出的力。我死之后，不要让人说他的坏话。”遂命褚遂良起草遗诏。

三、祸起昭仪　遭贬遇害

贞观二十三年（649）六月，太子李治即位，是为高宗，改元永徽，封褚遂良为河南郡公。长孙无忌和褚遂良同心协力，共同辅政，唐高宗也非常敬重二人，每次都虚心听取他俩的意见。因此，唐高宗初期，尚有贞观遗风。次年，即永徽元年（650），褚遂良因抑价强买土地被弹劾，出为同州刺史。永徽三年（652），褚遂良被召回，任吏部尚书、同中书下三品，复为宰相。次年为尚书右仆射。

永徽六年（655）九月，唐高宗李治欲废王皇后，立武昭仪（即后来的武则天）为皇后，召见褚遂良、长孙无忌等人说："皇后无子，武昭仪有子，现在我想立武昭仪为后，怎么样?"褚遂良说："皇后出身名门，陛下的大婚是先帝安排的。陛下是否还记得，先帝临崩，拉着陛下的手对臣说：'朕的佳儿佳妇，现在交给卿。'言犹在耳。皇后没有任何过失，废皇后这事不是儿戏，臣不敢对陛下说违心的话，更不敢违背先帝的诏训。未闻有过，岂可轻废？臣不敢曲从陛下，上违先帝之命!"唐高宗非常不快，此事当时也不了了之。

褚遂良画像

第二天，唐高宗又说起立武昭仪为皇后一事，褚遂良说："陛下如果一定要废去皇后，请精心选择天下的名门望族，何必要武氏呢？武氏曾经伺候过先帝，这是众所周知的，怎么能瞒得过天下人。如果这样，万代之后，人们会怎样议论陛下呢?"说罢置笏于殿阶，解巾叩头，直至血流，然后说道："还笏给陛下，请放我回归田里。"唐高宗大怒，命人把褚遂良赶出去，已经"垂帘"的武氏大声喊道："为何不杀掉此獠?"长孙无忌忙上前说："遂良受先帝顾命，有罪也不可加刑。"不久，武昭仪被立为皇后。

由于坚决反对废去皇后，褚遂良被贬为潭州都督。显庆二年（657）三月，转为桂州（今广西桂林）都督。七月，礼部尚书许敬宗、中书令李义府听从武氏旨意，诬陷褚遂良居心不良，图谋不轨。唐高宗便以桂州乃兵家用武之地，不适合褚遂良办公行事为由，又把褚遂良贬为爱州（今越南清化）刺史。爱州远在海外，荒凉不堪，唐高宗以此惩罚褚遂良。

褚遂良到了爱州，忧惧祸至，恐死不自明，于是上表唐高宗以陈忠诚："过去濮王（魏王李泰）、承乾（原太子）争斗的时候，臣不顾死亡，归心陛下，最终与无忌等四人共定大策。等到先帝临终，臣和长孙无忌同受遗诏，陛下手抱臣颈。臣与无忌处理众事，没有遗漏，数日之间，内外安宁。臣力量小责任重，现在臣的蝼蚁之命已没有几年，请求陛下哀怜。”然而，此时的唐高宗已昏庸懦弱，受武氏牵制，对褚遂良的忠诚之言无动于衷，对褚遂良的境遇更是不闻不问。显庆三年（658）十一月，褚遂良终被害而死，时年六十三岁。

中书令岑文本

岑文本（595～645），唐太宗朝宰相。字景仁，邓州棘阳（今河南南阳）人。祖父岑善方，在后梁任吏部尚书，把家迁到了江陵。父亲岑之象，在隋任邯郸令。岑文本历任别驾、行台考功郎中、秘书郎、中书侍郎、中书令等职。他擅长写作，才思敏捷，草拟文告下笔立成，深受太宗重用、信任。在随太宗征伐高句丽时，他事必躬亲，唯恐出错辜负太宗，以致心力交瘁而死。

一、少有才名　长为重臣

岑文本的父亲岑之象在隋末因事被人告发，没有机会申辩。岑文本当时只有十四岁，到司隶官那里为父亲喊冤，辩论和答对的言辞非常通畅，没有任何纰漏，为众人所注目。有人叫他作《莲华赋》，作成之后，在场的人都赞叹不已，于是他父亲的冤屈得以洗雪，他也因此闻名。

岑文本性情敏捷，仪表堂堂，擅长做文章，所作文章能贯通古今。本郡推荐他去考秀才，岑文本不应召举。萧铣占据荆州称帝，召他任中书侍郎，主管文书。唐河间元王李孝恭平定荆州，岑文本降唐。李孝恭的部下打算抢掠全城百姓，岑文本劝说李孝恭道：“自从隋室无道，四海之人为了活命都伸长脖子盼望真正的人主。萧氏君臣之所以决心归顺，是为了远离危亡而寻求安定。大王您如果纵兵剽掠，恐怕江、岭以南，人们的归顺之心受阻，从而造成狼顾獐惊的局面。不如妥善安顿荆州，以此来劝勉还未归附的人，宣示天子的大恩大德，那么谁不愿意成为唐朝的百姓呢？”李孝恭认为他说得对，下令不准侵扰掠夺，任用岑文本为别驾。后岑文本跟随李孝恭攻打起兵叛唐的辅公祏，主管撰写檄文符文。升任行台考功郎中。

贞观元年（627），岑文本被授任为秘书郎，同时在中书省值班。太宗举行完藉田礼之后，在元日召见群臣，岑文本献上《藉田》、《三元颂》两篇，辞藻与情致都很富丽。岑文本才名早著，李靖又把他推荐给太宗，太宗提拔他任中书舍人。这时颜师古为侍郎，自从武德以来，诏书文诰或大事都由颜师古起草制定。等到岑文本任职后，他很称职，而且敏捷快速超过了颜师古。有时诏令繁多，时间紧急，他便叫属吏六七人蘸笔等待，分别进行口授，文件写成后，居然全都符合要求，没有任何缺失。颜师古因过错被免职，宰相温彦博替他向皇上求情说："颜师古熟悉时事，擅长草拟文诰，很少有人能比得上，希望能重新任用。"太宗说："朕举荐一个人，足以担当此任，你尽可以放心。"于是授任岑文本为中书侍郎，专门掌管机要事务。贞观十年（636），岑文本与同僚令狐德棻撰写《周史》，史论多出于岑文本。《周史》修成，他得封江陵县子爵。

这时，魏王李泰得宠，宅第非常豪华，为诸王之冠。岑文本上疏给太宗，既用崇尚节俭来劝说，又陈述了嫡与庶应当有所区别，各守本分。认为应当对魏王有所限制。太宗认为他的建议很好，赐给他布帛三百段。

二、节俭孝友　鞠躬尽瘁

贞观十七年（643），岑文本加授银青光禄大夫。不久，他升任中书令。岑文本显贵后，常自以为以书生起家，所以住处简陋，室内也没有茵褥帏帘一类装饰。他侍奉母亲以孝著称，抚养弟侄很有恩义。他对待平生的故人，即使是漂泊贫贱之人也一定以礼平等相待。太宗常常称赞他的忠诚恭敬。晋王李治为皇太子时，大臣大多兼任东宫官职，太宗想让岑文本也兼任或代理东宫官职，他辞谢说："臣担任一个官职，还怕事务太多，不想再去东宫太子那里希求恩泽，请让我一心事奉陛下吧。"太宗这才作罢，但仍下诏叫他五天到东宫参见一次。岑文本每次进见，太子都要答拜。

在任中书令之初，岑文本面有忧色，母亲问他原因，他回答说："我既非功臣又非故旧，责任重而职位高，恐怕不是好事。"有人前来庆贺，他就说："我可以接受你的慰问，但庆贺就免了吧。"有人劝他经营产业，岑文本感叹说："我是汉南一介平民，徒步入关，所期望的不过是做个秘书郎、县令而已。没有一项军功在身，却以文墨书生出身而位居宰相，俸禄已很丰厚，为什么还要置办产业呢？"所以他从来不谈及家业之事。

岑文本任职时间长了，得到的赏赐也很丰厚，都交给他弟弟岑文昭主管。岑文昭任校书郎，结交了很多轻薄之人，行为很不检点，太宗大为不满，对岑文本说："你的弟弟多有过失，朕将叫他出京任外官。"岑文本说："臣自小没有父亲，母亲所钟爱的是臣的弟弟，不想叫他离开身边。如今若叫他到外地任官，母亲肯定会忧虑的，我没有这个弟弟，就等于没有老母亲了啊！”说着还哭出声来，太宗怜悯岑文本的孝心，召来岑文昭训斥一顿并予以约束，所幸岑文昭还很能悔过自新，以后居然没有什么过失。

贞观十九年（645），岑文本跟随太宗征伐高句丽，太宗把事情全部交付给他，关于粮食运输的目次、兵器甲胄的总目、草料分配的等级，岑文本总是筹算不离手，事必躬亲，他总担心太宗托付的事情出现差错，对不起太宗的信任。因而心力交瘁，难以为继了，太宗十分担忧，对左右说：“岑文本和朕一同出行，恐怕不能和朕一同返回了！”

走到幽州时，岑文本突然发病，太宗亲自去看望，为他的病重而伤心流泪。没几天岑文本便去世了，终年五十一岁。当天傍晚，太宗听见夜间戒严的声音，就说：“岑文本逝世了，朕不忍心再听见这种声音。”于是下令停止。追赠他为侍中、广州都督，谥号“宪”，陪葬昭陵。岑文本有文集六十卷。

中书侍郎杨弘礼

杨弘礼（？～653），唐太宗朝宰相。字履庄，弘农华阴（今陕西华阴）人。他是隋朝尚书令杨素的侄子。父杨岳，在隋大业中期（约608～610）为万年令，他一向与杨素之子杨玄感不和，上表说杨玄感一定会造反。等杨玄感谋反被杀，杨弘礼的父亲杨岳因为与叛乱者同族近支，牵连被关在长安监狱里，因他事先上表说杨玄感将要造反，所以炀帝派人赦免他，等使者到达时，杨岳已经被长安留守杀死，杨弘礼等遂免罪。

高祖李渊建唐，因杨素对隋室有功，诏令杨弘礼继承清河郡公的爵位，授任太子通事舍人。贞观中期（640～642），杨弘礼升迁为中书舍人。

贞观十九年（645），太宗出征辽东，拜授杨弘礼为兵部侍郎。驻跸山一战，他率领步骑二十四军绕到贼军背后出击，势如破竹。太宗从山上眺望他的部队，只见兵器精良，军容严整，人人尽力，不由得十分赞赏，对许敬宗等大臣说：“越公（指杨素，杨素骁勇善战，曾封越国公）儿郎，仍有家风。”

当时，众宰相都留在定州辅佐皇太子，只有褚遂良、许敬宗、杨弘礼随军，主持军务。

贞观二十年（646），太宗统率伐辽军队返回，拜授杨弘礼为中书侍郎。次年迁任司农卿。授任昆丘道副大总管，他率军打败处密，杀死焉耆王，降服昆支部，俘获龟兹、于阗王，凯旋而归。适逢太宗去世，大臣嫉妒他的功劳，被降职授泾州刺史。永徽初年（650），追论他的功绩，升任胜州都督，改任太府卿。永徽四年（653），杨弘礼去世，追赠兰州都督，谥号为“质”。

杨弘礼的弟弟名弘武。杨弘武少年时品行端庄。永徽年间，历任吏部郎中、太子中舍人。高宗到泰山封禅，杨弘武从荆州司马升任为司戎少常伯，随从高宗封禅。等封禅返回，高宗诏令授他吏部五品官，升任西台侍郎。高宗曾责备他说：“你在戎司时，所授之官有很多不合其才，为什么呢？”杨弘武说：“臣的妻子十分强悍，这些人都是她嘱托的，我不敢违抗。”以此来婉言批评高宗听从武后的话。高宗笑了笑，却也没有治他的罪。乾封二年（667），同东西台三品。杨弘武没有其他才能，只是以谦虚谨慎自守，然而在官时因清廉简明而为人称道。

中书令高季辅

高季辅（594～651），太宗朝宰相。名冯，字季辅，以字行世，德州蓨县（今河北景县）人。他自少事母至孝，以纯孝闻名于当世。他的哥哥高元道，出仕隋朝，任汲县令。隋末，义军四起，汲县百姓也在城中造反接应义军，杀害了高元道。高季辅率乡人与汲县人交战，生擒他们，斩叛乱者的首级祭奠哥哥，义军畏服，都归附了他，部众达数千人。

唐朝建立后，高季辅与武陟李厚德率领手下众人归降唐朝，授任陟州总管府户曹参军。

贞观初年（627），高季辅拜授监察御史，弹劾不法官员，从不回避权贵要人，深受太宗李世民赏识。他渐次升任为中书舍人，曾列举朝中五事上奏，说道：

> 现在天下大定，但刑罚却没有停止，为什么呢？原因是谋划之臣、台阁之吏不崇尚宽简，而且不懂经营远略，因此执法者把苛刻深严看做是奉公，为官者把剥削百姓作为助国积财的手段。如尚书的八个席位，是君主督责完成政务的人，应选择温厚廉洁之人担任。勉励人们追求朴素，革除浮夸虚伪，使家家懂得慈孝，人人知道廉耻，有过失行为的受乡人耻笑，不亲善仁孝的被亲人摈弃，自然就会使礼节振兴了。陛下率先奉行节俭之道，但营建不停，服役的工匠不够驱

使，又采用雇佣的方式来增加劳役费用。照这样下去，人主所欲，还有什么要求得不到满足？希望陛下爱惜财力，不要用尽；珍惜劳力，不要使他们疲敝。京畿附近的几个州，是京城的根本，土地狭窄人口众多，储蓄少却课税劳役多，应当蒙受优待，使百姓得以休息，这是加强根本削弱枝节的本义。至于江南、河南，地广人多，劳役财赋分配与京畿相差无几，百姓颇为闲适，应排列等次，平均劳逸。公侯勋戚之家，封邑收入、俸禄完全能够供养，但贷钱取息，新办商号或作坊，追求厚利，下民受到影响，竞相追求蝇头小利，应加以惩罚革除。现在品位低下的朝外官吏，都没得到俸禄，所以他们饥寒深重，即使如伯夷、柳下惠也不能保全他们的品行。为政之道，期望简便易行，不体恤他们的贫困，却要求他们清廉勤恳，只恐怕即使巡视监察每年出行，使臣接连不断，而官员侵夺渔利还是不停。应等到人口繁多，而且仓库丰足，渐渐增加俸禄，使得他们能事奉父母，抚养妻子儿女。然后督促他们效力，那么官员就会尽力了。

奏章报上，太宗很是欣赏，进授高季辅为太子右庶子。此后，高季辅多次上书论奏朝政得失，言辞诚恳真切。太宗赐给他一剂石钟乳制成的延年益寿药，说："你进献给我的是药石之言，朕也用药石回报。"贞观十八年（644），高季辅任吏部侍郎，擅长根据官吏们的资历和政绩来升降等级及品评人物。太宗赐给他一个金背镜子，以表扬他的清鉴。

贞观二十二年（648），高季辅迁任中书令、兼检校吏部尚书，监修国史，晋爵蓨县公。

永徽二年（651），高季辅加光禄大夫、侍中、兼太子少保。不久，他因患病回府休息，高宗下诏任命他的哥哥虢州刺史高季通为宗正少卿。高宗派人常去高府探望他的病情，还派中使每天前往他府上问候。同年，高季辅去世，时年五十八岁，追赠开府仪同三司、荆州都督，谥号为"宪"。官府供给运载灵柩的车子，把他归葬家乡。

侍中张行成

张行成（587～653），唐太宗、唐高宗两朝宰相。字德立，定州（今河北定县）人。张行成年轻时师从当时的名儒刘炫学习经史，他勤学不倦，学业进步很快。刘炫对门人说："张行成器度方正，是辅佐朝廷的良才。"隋朝大业末年，察举孝廉，任谒者台散从员外郎。后来王世充称帝，他任度支尚书。王世充被平定，张行成以其在隋朝的资历补授谷熟尉。因为家境贫困，他以计吏的低级职员身份来到京城，参加科举考试，考中制举乙科，改任陈仓尉。高祖李渊对吏部侍郎张锐说："现在铨选的官吏中难道没有才能特别突出的吗？朕要特别提拔任用他们。"张锐推荐张行成，改任富平主簿，以才能出众而有名。

太宗李世民即位后，将张行成召入朝中补授殿中侍御史。他为官认真负责，行使检举揭发弹劾监察等职责时严肃公正。太宗认为他很有才干，对宰相房玄龄说："古今用人没有不通过别人推荐的，像张行成这人，是朕亲自举用，没有别人介绍和推荐，这是个特例。"他为自己察举人才的能力而自豪。

有一次，张行成陪侍宴会，太宗谈到山东人和关中人，语意有所偏向。张行成说："天子以四海为家，不能以东方西方作为界限，如果这样，则是向人表明自己狭隘了。"太宗称赞他言之有理，赐名马一匹、钱十万、衣服一套。从此遇上大的政事，都让他参议。经过多次迁升，张行成官至给事中。太宗自视甚高，他曾对群臣说："朕做人主，兼行将相事务，岂不是剥夺了你们大家的名分？舜、夏禹、商汤、周武王得到后稷、契伊、尹、吕尚后四海平安，汉高祖有了萧何、曹参、韩信、彭越后天下安宁，这种事朕一身兼有。"张行成退下后，上疏说："隋朝丧失正道，天下大乱，陛下拨乱反正，拯救百姓于水火之中，周代、汉代君臣如何能与陛下相比。虽然这样，仍是美德含光光耀后世，规制宏大见识深远。左右文武官员确实没有将相之才，何须在大庭广众之中与他们较量损害皇上的尊贵，与臣下争功呢?"太宗欣然接受了他的意见。后来，张行成又转任刑部侍郎、太子少詹事。

贞观十九年（645），太宗御驾亲征高句丽，太子李治驻守定州监国，太子对张行成说："定州是公的故乡啊，我这就送公衣锦还乡！"命有关部门祭祀他先祖之墓。张行成所推荐的同乡人魏唐卿、崔宝权、马龙驹、张君劼等都以学识品行卓著而闻名，同时受到太子召见，因他们年老不能胜任事务，厚加赏赐后送回。太子派遣张行成到太宗在辽东的行宫，太宗见了他非常高兴，慰劳赏赐极为丰厚。张行成在太宗从辽东返回后任河南巡察大使，由于他办事符合皇帝心意，改任检校尚书左丞。

太宗巡幸灵州，下诏皇太子随从。张行成劝谏说："皇太子应该留下监国，每天面对百官处理各种政务，既做到以京城为重，同时向天下显示盛德。”太宗认为他的话是忠言。贞观二十三年（649），张行成迁任侍中、兼刑部尚书。

太宗驾崩，张行成与高季辅侍奉太子李治在太极殿梓宫前即位，是为高宗。高宗封张行成为北平县公，监修国史。当时晋州经常发生地震，声音如雷，高宗向他询问原因，他回答说：“天属阳，是君主的象征；地属阴，是大臣的象征。君主应动，臣子应静。现在该静的反而想动，恐怕是有女子干预政事，人臣也参与秘密计谋。再者，诸王、公主参与承问起居，有的窥伺宫闱，应该明确设防加以禁阻。况且晋州是陛下原来的封地（高宗曾封晋王），应该不会无缘无故的地震，臣希望陛下深思以防微杜渐。”高宗对他的话深表赞同，下诏五品以上官员积极谈论朝政得失。永徽二年（651），拜授张行成为尚书左仆射、太子少傅。

永徽四年（653），从三月到五月不下雨，时人将此归罪于宰相，张行成心中畏惧，称年老乞求退休，高宗下诏答复说：“过去罢免宰相的做法，违背了皇帝检讨自己的真义。这是朕缺少德行，并不是宰相的罪过。”于是赐予他宫女、黄金器物，敕令不要再辞官。张行成坚决请求辞去宰相，高宗说：“你是朕的旧臣，为什么要弃朕而去呢？”说着悲伤地流下眼泪。张行成惶惑恐惧，不得已又处理政事。九月，张行成在尚书省官舍逝世，终年六十七岁。高宗下诏九品以上官员前往府第哭丧祭吊。到殓尸时，三次派遣使者赐给内衣，尚宫住在他家监护。追赠开府仪同三司、并州都督，用少牢之礼祭祀，谥号为“定”。弘道元年（683），下诏让张行成配高宗庙廷享受祭祀。

中书侍郎崔仁师

崔仁师（约590～650），唐太宗朝宰相。定州安喜（今河北定县）人。

武德初年（618），崔仁师考中制举，调任管州录事参军。武德五年（622），侍中陈叔达举荐崔仁师有才能可以担任史官，崔仁师因此升任右卫录事参军，参与修纂《梁史》、《魏史》。

贞观初年（627），改任殿中侍御史。当时青州（今山东益都）有个男子图谋叛逆，有关官员逮捕他的党羽，株连众多，囚犯关满了监狱，太宗诏令崔仁师审问。崔仁师刚到青州，就为所有囚犯除去刑具，给他们准备食物，提供茶水，用感化的手段审讯他们，审讯结果，获罪的只有十多个带头作恶的人，其他都免罪放回。崔仁师将审讯结果奏报太宗，太宗命使者前往复审，大理少卿孙伏伽对崔仁师说："免罪昭雪的人很多，留下的这几个人怎么会甘心受死？假如到复审时，这几个人一齐叫起屈来，发生了反复，那就麻烦了。"崔仁师说："审理案件以仁爱宽恕为主，因此谚语说'杀人断脚，也都有礼可循'，我怎么可以为了自己做官的安全、减少麻烦，明知道有人冤枉，也不替他申明？让我用一个人的身体换取十名囚犯的性命，我也情愿！"等到朝廷所派使者再来复审时，众囚犯都叩头说："崔仁师仁爱宽恕，没有被冤枉之人。"众人都没有异词。崔仁师因此出名。

（唐）周昉《调琴啜茗图》（局部）

不久，崔仁师任度支郎中。崔仁师曾经口述支出费用数千项，太宗觉得奇怪，诏令黄门侍郎杜正伦拿账册提问，让崔仁师回答，居然没有一处错误。太宗感到惊奇。当时校书郎王玄度注解《尚书》、《毛诗》，诋毁孔颖达、郑玄的陈旧学说，请求立即废除。太宗诏令众儒生广泛讨论，博士以下的人都难不住他。河间王李孝恭奏请孔颖达、郑玄的学说一并流行，崔仁师认为王玄度的注解缺乏根据，罗列王玄度书中不合大义之处上奏皇上。王玄度之议于是作罢。

贞观十六年（642），崔仁师升任给事中。当时有官员认为《贼盗律》中"谋反叛逆的人兄弟都受牵连坐罪没收家产入官"量刑太轻，诏令高官讨论。右仆射高士廉、吏部尚书侯君集、兵部尚书李勣等人建议加重量刑，民部尚书唐俭、礼部尚书江夏王李道宗、工部尚书杜楚客等建议依旧不改。当时参与议论的多数人都说汉、魏、晋三朝一人谋反诛杀三族，请求改为处以死刑。崔仁师说："父子是直系亲属，足以烦劳其心，对这都不悯惜，哪里谈得上兄弟友爱？"房玄龄说："祖宗有荫庇子孙的义务，所以子孙关系亲近重要，而兄弟关系疏远。如此说来就是亲近的流放而疏远的处死，不是用刑的本意。"于是没有改变。

太子李承乾被太宗疏远，魏王李泰则深受太宗喜爱，但太宗并不打算立魏王为太子，崔仁师秘密请求立魏王为太子，违背了皇帝的旨意，降为鸿胪少卿。再逐渐升为户部侍郎。贞观十九年（645），唐军大举征讨辽东时，崔仁师任韦挺的副职，主持海运事务，又另外主持河南漕运事务。崔仁师认为漕运路线曲折遥远，恐怕所运物资不能及时到达，就相机行事，征调近海租税充作军饷。因运输的兵卒逃亡，他没有及时奏闻而获罪，被除官为民。

太宗亲征返京走到中山（今属河北），起用他任中书舍人、检校刑部侍郎。太宗前往翠微宫，崔仁师献上《清暑赋》婉言劝谏。太宗称赞他，赐帛五十段。贞观二十二年（648），升任中书侍郎，参与主持机要事务，尤其受到皇上的恩宠礼遇。中书令褚遂良为此十分嫉妒他。适逢有人伏阙上诉，崔仁师没有及时上报，太宗大怒，把他流放到连州。永徽初年（650），他拜授简州刺史，但不久就去世了。

侍中于志宁

于志宁（588～665），唐初宰相。字仲谧，京兆高陵（今陕西西安）人。父于宣道，为隋内史舍人。于志宁在贞观年间，历任中书侍郎、散骑常侍、太子左庶子、侍中等职。高宗朝任宰相。于志宁为官善于进谏，直抒已见，从不阿附他人。他雅爱宾客，曾与司空李勣修订《本草》并绘制图形。

一、极力诤谏　不避错失

隋炀帝大业末年，于志宁为冠氏县长。当时山东农民起义爆发，时局混乱不安，于志宁遂弃官归里。后来唐高祖李渊入关，于志宁听说后，马上率领手下前往长春宫迎接拜谒。李渊因为于志宁在当时很有名气，所以就授给他银青光禄大夫的职务，并以渭北道行军元帅记室的身份，与殷开山等参谋军议。当高祖李渊的次子李世民为秦王、天策上将时，于志宁被任命为天策府从事中郎，常常随从秦王李世民一同征伐。后来于志宁又兼文学馆学士。

唐太宗李世民即位后，于志宁得受重用。贞观三年（629）任中书侍郎。一次，唐太宗宴请大臣，发现宴席上没有于志宁，便问道："于志宁在哪里？"臣下回答说："陛下今天召见的人是三品官，于志宁位四品，所以未到。"唐太宗立刻下诏命于志宁前来参加宴席，随后又加授于志宁散骑常侍、太子左庶子，封爵黎阳县公。

于志宁为官，极力诤谏，不避得失。当时天下安定，群臣便商议建立皇家七庙之事。大家都奏请以凉武昭王为始祖，唯独于志宁不随大流，力排众议向太宗独陈自己的见解。他认为凉地不是建立王业的所在。太宗认为于志宁说得在理，便采纳了他的意见。一次，太宗下诏，凡有功之臣可以世袭刺史之职。于志宁认为此举不妥，便上奏说："古今时代不同，仰慕虚名，必定会遗留祸患，这不是长治久安之计。"太宗听后，便收回了诏令。

唐太宗认为于志宁正直忠诚，便想让他辅佐太子李承乾，便对他说："古代太子出生后，由文士背负太子，为他设置辅佐之臣，过去周成王便以周公、召公做师傅。太子每天听闻王道，渐渐习惯成性。现在皇太子年幼，卿应以正道辅佐他，勿让邪僻开其心智，只要卿努力辅佐不懈怠，便可以得到相应的官职赏赐。"于志宁便接受了辅佐太子的重任。太子李承乾生性不良，数有过恶，于志宁屡谏不止，为了匡救太子，便上《谏苑》二十卷进行讽劝。太宗见后大喜，赐给他黄金十斤，丝绢三百匹。贞观十四年（640），兼任太子詹事。后来，于志宁因母亲去世，辞职守丧，丧期未满，太宗下诏终丧复职。于志宁坚决请求服丧满期。太宗便派中书侍郎岑文本规劝他："自古忠孝不能两全，现在太子需要有人对他进行教育约束，卿最好返归复职，为朕辅导太子。"于志宁只好终丧就职。

当时，太子李承乾贪图享乐，在农忙之时营建密室，动工数月之久仍未停工。于志宁看在眼里，急在心头，经常劝谏太子，他说："克俭节用，是弘道之源，崇侈恣情，乃败德之本。现在的东宫是隋朝营建的，已经算得上奢侈富丽了，看到它的人都慨叹它的华丽，怎能再对它雕饰彩绘，大加修建呢？如此土木不停，耗资巨大，何况所用之工匠、宫奴都是一些犯法亡命之人，他们手持钳凿槌杆往来禁苑，出入禁闱，监门、宿卫等不能盘问或阻止，这种情形实在令人担忧。"太子又常常沉湎于音乐歌舞之中。于志宁又规劝太子："郑卫之乐，古人认为是淫声。现在宫内常常听鼓乐之声，乐伎经常滞留宫内。听到它的人为之战栗，疑及它的人心中烦闷。往年皇上亲口叮咛告诫，殿下怎能不思虑呢？"太子对于志宁的一番苦心劝告，置若罔闻。

太子常常任用一些宦官在自己的身边。于志宁规劝太子要"狎近君子，屏黜小人"。太子不但不听，而且大为反感，一意孤行。东宫的仆从按旧制是可以轮番休息的，而太子却不允许。因此东宫的仆从、车夫及兽医，一年四季得不到休息。于志宁认为太子的这种做法有违仁爱之道。太子又和下人引领突厥人达哥支等入宫，与他们日相亲近，对此，于志宁不能容忍，便上疏极言，太子大怒，他早就对于志宁怀恨在心，便派遣张师政等人刺杀于志宁。刺客进入于志宁的府第，看到于志宁身形憔悴，居住在草庐之中，顿生怜惜之情，便不忍下手。

后来，太子谋反的阴谋败露。太宗了解这件事情的经过后，便对于志宁说："听说卿曾多次上谏，承乾却不听，所以才有今日的下场。"当时东宫属官皆受此事迁连贬斥、流放，唯独于志宁得到慰问勉励。

二、直陈己见 晚年贬官

晋王李治被立为皇太子后，于志宁再次被任命为左庶子，迁侍中。永徽元年（650），李治即位，是为唐高宗。同年，于志宁被任命为光禄大夫，晋封燕国公。永徽二年（651）监修国史。

高宗朝，于志宁仍然勤勉为政，勇于直谏。洛阳人李弘泰诬告太尉长孙无忌阴谋造反。高宗大怒，下诏立刻斩决。于志宁不同意高宗的做法，他对高宗劝谏道："陛下平时对功臣勋戚情笃恩隆，现在想要斩决诬告之人，目的一是杜绝诬告之路，二是抚慰勋戚之心。但是现在值春天阳光滋生之时，因此不应行刑杀戮，况且诬告本来不属于叛逆作恶之列，所以，臣请求依照法律待秋分时再加以处决为宜。"高宗觉得于志宁说得在理，便同意了。

于志宁不但在关涉朝廷的行政事务上勇于谏诤，而且有关人性礼仪、吉凶之事，也敢于直陈己见。

唐代陶乐舞群俑

衡山公主因公脱去丧服以后，欲下嫁长孙氏。当时大多臣僚认为因公脱去丧服以后，可以行吉礼。但于志宁却说出自己的一番看法："按照《礼》的规定，女子十五岁笄发，二十岁出嫁，遇到变故，可延至二十三岁出嫁，由此可知遇上丧亡需要守丧三年。据《春秋》记载，鲁庄公到齐国交纳聘礼，母亲丧亡不到二年就准备成婚，《公羊》、《榖梁》两家对此不加评断，是因为他失礼太明显的缘故。现在有人说'因公脱去丧服可以行吉礼'，这是汉文帝创制的，只是为了天下百姓罢了。现在公主服丧本应穿上粗材布制作的衣服，纵使依照汉例脱去丧服，哀伤之情却不能因例改变。心情悲伤时成婚，这是人情所不能忍受的。”高宗同意于志宁的意见，并下诏公主等到服完丧再成婚。事后又拜授于志宁为尚书左仆射、同中书门下三品，成了宰相。不久，兼任太子少师。

永徽四年（653），有十八块陨石落在冯翊（今陕西西安附近）境内。高宗忐忑不安地向群臣询问道：“这是什么征兆呢？朕想要对以往的过失进行忏悔、对将来之事进行修福，以此来自戒，怎么样？”于志宁回答说：“《春秋》记载‘五块陨石落在宋国’。当时内史说‘这是阴阳之事，并非吉凶而致’。事物皆有其自然属性，并非全都关涉人事。即便如此，陛下能在没有灾祸的情况下引以自戒，这样做，没有害处，只能带来福运。”

显庆元年（656），于志宁迁太子主傅。曾与右仆射张行成、中书令高季辅俱蒙赐地。于志宁因家族自周、魏以来世代居住关中，产业不败，可以继承父祖之地，而张行成、高季辅刚开始经营产业，所以，他上奏请求将自己的赐地分赐给二人。于志宁这一举动得到高宗的赞扬。

显庆四年（659），于志宁因年老上奏请求辞官，高宗下诏免去他的尚书左仆射，另拜为太子太师，仍同中书门下三品。

高宗李治废王皇后，立武昭仪为皇后。朝廷大臣分为两派，宰相长孙无忌、褚遂良刚正不阿，力谏高宗；而宰相许敬宗迎合上意，大力支持高宗。于志宁则一言不发，两不得罪。后来，武昭仪立为皇后之后，对长孙无忌怀恨在心。她命许敬宗寻找机会陷害长孙无忌，于志宁因当时持中立态度，因此武后对他也不满意。后来武后杀害了长孙无忌，于志宁也被免官，贬为荥州刺史。麟德元年（664），转为华州刺史，于志宁由于年老请求退休，得到高宗批准。麟德二年（665），于家中病逝。追赠幽州都督。后又追赠恢复他的左光禄大夫、太子太师官职。

中书侍郎杜正伦

杜正伦（？～658），唐太宗朝宰相。相州洹水（今河南安阳）人。隋仁寿年间（601～604），杜正伦与哥哥杜正玄、杜正藏都考中秀才。隋代注重秀才科，考中者每科天下不到十人，然而杜正伦一家有三位秀才，全都考中高等，受到世人的羡慕和赞美。杜正伦善于写文章，贯通文史经典。但他在隋朝官位不显要，不过出任武骑尉。唐朝建立后，秦王李世民听说他的名气，上表召他入值秦王府文学馆。

贞观元年（627），尚书右丞魏徵推荐他有才能，他得以升任兵部员外郎。太宗勉励他说："朕选拔贤才，不是朕个人喜好，而是因为能对百姓有益。朕对宗亲和旧人也是一样，如果他们没有才能，最终也不会任用。因为卿忠直，朕才任用卿，卿应该想着有所作为，以不负朕对你的选拔。"不久迁任给事中，主持起居注之事。太宗曾经说："朕坐在朝堂，不敢多讲话，必须是对百姓有利，才敢说出口。"杜正伦说："臣位居左史，陛下一言有失，不仅损害百姓，而且记入史书，千年以后拖累圣德。"太宗十分欣赏他的话，赐给他彩色织物二百段。

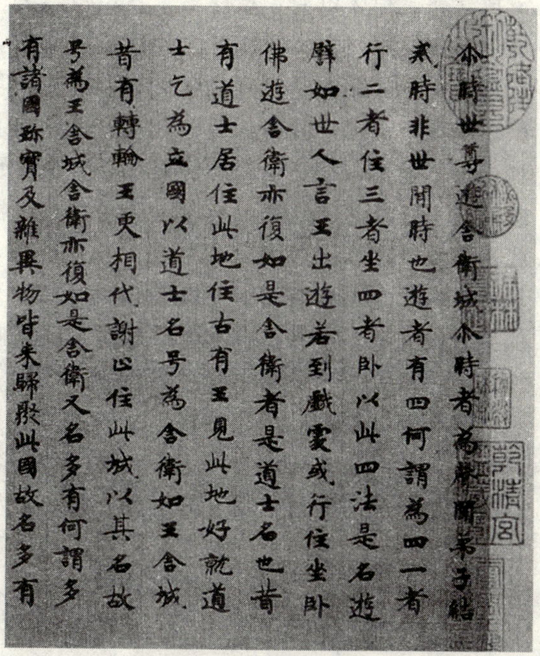
尒時世尊遊舍衛城尒時者為弟子結
戒時非世間時也遊者有四何謂為四一者
行二者住三者坐四者卧以此四法是名遊
譬如世人言王出遊若到戲處或行住坐卧
佛遊舍衛亦復如是舍衛者是道士名也昔
有道士居住此地往古有王見此地好就道
士乞為立國以道士名號為舍衛如王舍城
昔有轉輪王更相代謝心住此城以其名故
号為王舍城舍衛亦復如是舍衛又名多有何謂多
有諸國珍寶及雜異物皆來歸聚此國故名多有

唐国铨《善见律经卷》

贞观四年（630），杜正伦升任中书侍郎。他和韦挺、虞世南、姚思廉论事符合太宗旨意，太宗为他们设宴，召见四人，对他们说："朕听说神龙可以驯服，然而它的颔下长有逆鳞，触犯逆鳞者死，人君也有这种情况。众卿敢于触犯逆鳞，以补救朕的过失，朕还会担心危亡吗！想到众卿的诚意，所以设酒宴来同乐。"每人赏赐不等。

贞观六年（632），太子李承乾代行主持国事，诏令杜正伦右庶子，兼任崇贤馆学士。太宗对杜正伦说："太子年幼，没有形成完美的品德，朕总是事事告诫他。如今他担当代行主持国事的大任，不能朝夕相见，所以停止卿在朝廷的职务以便辅佐太子。卿一定要谨慎努力。"过了几天又说："朕长到十八岁，还生活在民间，世上真假无不亲身经历；即位以后，处置有时失误，必须待人劝谏，才恍然醒悟，何况太子生长在深宫不懂世事呢？而且君主不能骄傲，现在如果诏令天下，敢上谏者死，将肯定不会有人再说话了。所以朕孜孜不倦地让人进谏直言。卿要用此来开导太子，希望能够对他有所帮助。"

贞观十年（636），杜正伦被提升为中书侍郎，封南阳县侯，并兼任太子左庶子。他出入皇宫和东宫，执掌机密，以办事精明著称。后来，太子李承乾有足疾，不能朝谒太宗，他喜好亲近小人，纵情声色犬马，渐渐地偏离正道。太宗告诉杜正伦说："太子经常亲近小人，卿要劝诫他，教导他，如果他不改正，就告诉朕。"所以杜正伦大胆劝谏无所顾忌。太子不听，就转述太宗的话来督劝他，太子随即上表奏闻。太宗责问杜正伦说："为何泄露朕的话？"杜正伦回答说："教导他而他听不进去，所以用陛下的话来吓他。希望他能弃恶从善。"但太宗始终不能释怀，将他贬出朝任谷州刺史，又贬任交州都督。后来，太子李承乾被废，杜正伦因为曾接受太子赠予的金带，被流放欢州。很久以后，授任郢、石二州刺史。

显庆元年（656），杜正伦升任黄门侍郎，兼任度支尚书，并主持政事。迁任中书令，兼太子宾客、弘文馆学士，襄阳县公。杜正伦和城南众杜姓宗族关系本来疏远，曾请求与他们联宗，杜氏宗族自以为是显要贵族，不肯与杜正伦攀宗亲，杜正伦因而怀恨在心。众杜姓所居之地号称杜固，世人相传此地有兴旺发达的地气，所以世代为官绅。杜正伦执政后，为了报复杜氏家族，建议开凿杜固通水以利百姓。开通以后，水流如血，过十多天才停止，从此城南杜姓逐渐衰落。杜正伦善写文章，曾经和中书舍人董思恭夜晚当值，谈论文章。董思恭自觉受益匪浅，回到府第对家人说："通过和杜公谈论文章，今天发觉我的文章顿有长进。"

起初，杜正伦已经显贵，李义府的官位还低，后来李义府也成为宰相，两人一同执政，杜正伦心中不服。中书侍郎李友益是李义府的同族，向来依附杜正伦，一同挑剔李义府的过失。显庆三年（658），李义府命人控告杜正伦、李友益互相勾结欺瞒皇上，图谋不轨。高宗贬杜正伦出朝任横州刺史，将李友益流放峰州。杜正伦不久就死于贬所。杜正伦没有儿子，以哥哥的儿子杜志静为嗣。

开疆拓土众将领

唐初组织了一系列平定群雄的征战：西收陇右、东定中原、北征突厥、南灭萧铣，攻取河北、江淮一带；唐太宗即位后，曾数次东征，用兵于高句丽、百济，并有平定吐谷浑、吐蕃和南诏的战事。在唐朝开国及平叛战争中，造就了一大批优秀将领和卓越的军事家。李靖文武双全，出将入相，声名显赫，功勋卓著，但他态度谦恭，被唐太宗誉为“一代楷模”。尉迟敬德、秦叔宝、程知节（咬金）、李勣等皆为叱咤风云的名将……

卫国公李靖

李 靖

李靖（571～649），唐太宗时检校中书令、尚书左仆射，两度为相；同时亦是唐初名将，二十四功臣之一。原名药师。雍州三原（今陕西三原东北）人。隋朝末年，任马邑郡丞。李渊父子起兵反隋时李靖被俘，行将诛杀时被李世民救下，召入幕府。后因战功被授为开府。李世民即位后，历任刑部、兵部尚书，检校中书令，尚书右仆射。先后封代国公、卫国公。死后陪葬昭陵，谥“景武”。绘像凌烟阁。他虽然位高权重，却为人厚道，态度谦恭，被唐太宗称为“一代楷模”。

一、因祸得福　遇主逢时

李靖之父李诠是隋朝赵郡郡守。李靖身材魁梧、相貌清秀，青少年时就受到了良好的教育，精通史书，勤练武艺。青年的李靖曾经口出大言说：“男子汉大丈夫，应当以功名取富贵，不必去做咬文嚼字的书生。”隋朝名将韩擒虎是李靖的舅父，经常跟这个自负的外甥谈论兵法武艺。韩擒虎常在别人面前对李靖赞不绝口：“可与我讨论孙吴兵法的人，只有李靖一人了。”韩擒虎还悉心传授李靖武艺。李靖也非常勤奋，除了研习兵法，还刻苦演练弓马之术。

一天，韩擒虎看李靖练完三十六路枪法后连连摇头。沉思了片刻，韩擒虎对李靖说：“给你三个月时间，三个月后我要考你。到时候我站在校场上，两耳各挂一个小铁环，头上再放一枚铜钱。你必须快马从我身边跑过，两枪就把两个铁环挑下来，接着再来一个回马枪，把我头上的铜钱戳下。你要知道，如果枪法不准，我就会死在你的枪下。”韩擒虎说完，转身离开了校场。李靖静下心来犯了一阵嘀咕后，立即操枪纵马练了起来。三个月时间很快就过去了，考试这天终于来临。功夫不负有心人，李靖待舅父准备就绪后，操枪跃马，马起枪落，两个铁环眨眼工夫被挑飞，接着一个回马枪又戳落铜钱。后又轮番几次，次次稳当挑戳。特意为这次考试剃了个光头的韩擒虎高兴至极，满意地奖赏了李靖。

二十岁左右，李靖从军，后步入仕途，担任长安县功曹。三十岁时，任兵部员外郎。这期间，李靖的才略得到了吏部尚书牛弘、宰相杨素的赏识。牛弘曾怀着赞赏的心情对他说："李靖，是辅佐帝王的将才！"杨素也十分器重李靖，有一次他指着自己的座位对李靖说："我这把椅子，早晚会由你来坐。"当时杨素是大司徒，隋朝廷的头号重臣。

隋大业年间（605～617），李靖任马邑（今山西朔县）郡丞。大业十三年（617），留守太原的李渊、李世民父子正在密谋起兵谋反。李靖察觉到李渊密谋起兵，立即前往江都（今江苏扬州），准备把这事密告正在那里巡视的隋炀帝。因道路堵塞，未能到达宫中。这时，李渊父子已举兵太原，迅速攻占了长安，李靖被俘。后来，李渊决定处李靖以死刑。临刑前，李靖大声说道："公起兵，目的就是为天下扫除暴乱，成就大业，不应该为了私人恩怨杀害壮士！"李渊听了，很佩服李靖的胆识，李世民屡次说情，李靖得以免死获释，归于李世民幕府。从此，李靖随李渊父子东征西讨，可谓因祸得福，遇主逢时。不久，李渊在长安建唐登基，改元武德，是为高祖。李靖因跟随李世民征讨王世充立下大功，唐高祖李渊封赏他开置府署，设置官属。

二、平定萧铣　安抚岭南

武德二年（619），唐高祖命李靖率军南下，准备征讨正带领数万人马进攻开州（今四川开县）的少数民族首领冉肇则，不巧路上遭遇萧铣。萧铣是南朝梁皇室的后裔，隋末混乱之际，趁机占据了江陵，拥兵四十万，控制了整个长江中游地区。由于萧铣的阻挡，李靖无法开往夔州，致使夔州守将迎战失利。唐高祖大怒，密令陕州都督许绍斩李靖。许绍认为李靖是个有才之人，请求唐高祖赦免，李靖才得以活命。没过多久，李靖率八百士卒偷袭冉肇则大营，继而设伏兵于险要，身先士卒，一马当先，枪挑冉肇则，俘敌五千余人。唐高祖闻讯后高兴地对大臣们说："李靖以八百士卒击败敌酋所率万余众，堪当奇才。使功不如使过，他果然立了大功。"并写了一道敕令给李靖，说："既往不咎，以前的事，我早就忘了。"从此，唐高祖开始重用李靖。

武德四年（621）正月，李靖经过一番深思后，向唐高祖献上十策，以攻取萧铣。唐高祖对他的战略极为赞赏，于是任命李孝恭为夔州总管，李靖

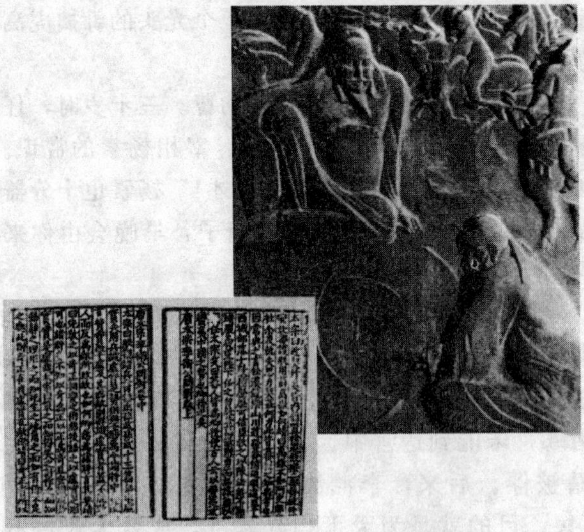

《唐太宗李卫公问对》书影与浮雕

为行军总管，兼李孝恭长史，负责军队的指挥。李靖立即召来巴蜀酋长子弟，因才授任，置之左右，看上去是提拔重用，实则是扣为人质，以稳定巴蜀局势。

九月，李靖兵分四路自夔州而下。正值江水猛涨，诸将建议水势减缓后再行军，李靖说：“兵贵神速，现在我们刚开始集结，萧铣还不知道，如果趁江水上涨时突然进抵其城下、袭其不备，擒获萧铣就可在此一举，机不可失!”李孝恭听取了李靖的意见，遂乘两千余艘战舰顺江而下。十月，抵达夷陵。萧铣部将文士弘率精兵数万屯驻于清江，李孝恭建议打清江。李靖认为文士弘是名将，不可硬战，应待其气衰，再奋力进击。李孝恭不听，命李靖驻守大营，亲自率军出战，结果大败。文士弘的军队小胜后趁机抢掠，阵势混乱。李靖立即指挥将士出击，一举击溃文士弘，获战舰三百余艘，杀敌近万人。

击败文士弘后，李靖乘胜而下，率五千精兵围攻江陵，萧铣投降。这时，诸将建议没收萧铣将士以及战死者的财产，以犒赏将士。李靖不赞成这些建议，他说：“王者之师，应该宣扬忠义，为萧铣战死的人，死为其主，乃是忠臣。至于归降之人，更不应惩罚，因为萧铣控制的地区还有许多尚未归附，我们应该宽大为怀，来收服人心。”于是李靖严令士兵对江陵秋毫无犯，犯者必斩。因此，江陵城中人心安定。江汉地区州县获知消息后，纷纷归降。

萧铣平定后，唐高祖论功封赏，授予李靖上柱国，封永安县令。十一月，又封李靖为岭南抚慰大使，并授予“承制拜封”的特权，代表朝廷任命地方官员。李靖所到之处，招抚诸州，共得九十六州，六十余万户，岭南之地尽为唐朝所有。紧接着，唐高祖又任命李靖为检校桂州（今广西桂林）总管，镇守岭南。

三、统一江淮　击败突厥

武德六年（623）八月，由辅公祏领导的江淮农民军，在归顺唐朝后不久又反唐。辅公祏在江南自封皇帝，并举兵向海州、寿阳进发。唐高祖闻讯后，立即命李孝恭为元帅，李靖为副元帅，率军由西、南、北三面包围江淮军。

武德七年（624）三月，唐军抵达舒州（今安徽舒城），辅公祏部将冯慧亮、陈正通屯兵博望山和青林山，坚守不战，两军形成对峙之势。李孝恭召集诸将商议进攻之策。大多数将领认为，舒州有强兵把守，又占有水陆险要，如果强攻，一时难以取胜，建议绕道取丹阳（今江苏南京），丹阳一败，冯慧亮等将不战自降。李靖不同意这一战略，他说："现在博望诸塞尚且不能攻破，辅公祏据石头城（指南京），岂是容易攻取的！如果进攻丹阳，久攻不下，冯慧亮威胁我们的后背，使我们腹背受敌，那更危险。"他接着说："冯慧亮不是不想战，而是受辅公祏之托必须据险固守，以拖延时间，待我师老兵衰，再攻打我们。我们现在以衰老瘦弱的士卒攻打他，正是时候。"李孝恭采纳了李靖的意见，以老弱士卒攻打冯慧亮。冯慧亮率军出城追击，被埋伏在途中的李靖大队人马打个措手不及，遂遭惨败。随后，李靖率水陆大军直逼丹阳，辅公祏得知前方军败，弃城而逃，在浙江武康镇被俘。经此一战，江淮军被彻底镇压，唐朝基本统一全国。

收复江淮后，唐高祖在丹阳设立东南道行台，任李靖为行台兵部尚书。没过多久，行台制度废除，改设扬州大都督府，李孝恭任扬州都督，李靖任扬州都督府长史，协助都督李孝恭治理江南。

武德八年（625）八月，突厥进犯太原，刚刚当了一年扬州大都督府长史的李靖奉命北上，投身于反击东突厥的战役。李靖为行军总管，率军万人屯守太谷，诸军皆败北，唯有李靖获胜而归。次年，突厥又进犯灵州（今宁夏中卫、中宁以北地区），李靖又奉命率军抗击，在青铜峡附近与突厥展开激战，突厥战败。不久，唐高祖设立灵州大都督府，命李靖任灵州大都督，料理北方防务。

武德九年（626），唐高祖让位给李世民，是为唐太宗，改元贞观。不久，唐太宗任命李靖为刑部尚书，后又任命他为代理中书令，当了宰相。

四、再建功勋　一代楷模

唐太宗李世民是个有远见卓识的皇帝，为了让周边疆界不再受东突厥的不断袭扰，决定对东突厥进行大规模的打击。贞观三年（629），唐太宗任命兵部尚书李靖为行军总管，代州都督张公瑾为总管，率十几万大军分兵四路，大规模征讨东突厥。

一天深夜，李靖以其大智大勇率精骑三千，从马邑直取恶阳岭，夜袭颉利可汗牙帐。颉利可汗以为唐朝倾全国之兵来攻，慌忙带着手下兵将逃往碛口（今内蒙古二连浩特西南）。李靖迅速攻下定襄。当初，李渊刚起兵时，突厥来犯，李渊难以抵敌，只好在渭水与突厥结盟，突厥才退兵而去。现在，李靖大败突厥，唐太宗赞扬李靖说："汉李陵以步卒五千抵御匈奴，然终归降于匈奴，尚青史留名。今李靖以轻骑三千攻占定襄，威震北方，古今未有。足以雪当年渭水之盟的耻辱!"

颉利可汗逃到阴山（今内蒙古阴山）后，为了取得喘息机会，以图反扑，便派人到长安，假意向唐太宗求和。身在前线的李靖知其有诈，立即果断决定率先头军乘雾再袭突厥。深夜，李靖亲率一万精骑悄悄尾随在出使突厥的唐使后面，随后突袭了颉利可汗牙帐，消灭突厥兵一万多人，俘虏突厥男女十八万人，获牲畜数十万头。颉利可汗率残部北逃，李靖率军穷追不舍。贞观四年（630）三月，俘获颉利可汗。至此，强大的东突厥汗国被灭亡。捷报飞传长安，举国上下一片欢腾。不久，东突厥、薛延陀等部的酋长都到长安朝见唐太宗，并尊称唐太宗为"天可汗"。唐太宗为此大赦天下，并晋封李靖为代国公。

在剿灭东突厥的战争中，李靖立下赫赫战功。但御史大夫萧瑀却上奏唐太宗，以李靖"破颉利牙帐，御军无法，突厥珍宝，掳掠俱尽"之由，弹劾李靖。唐太宗下敕书免予处罚。李靖入宫进见，唐太宗严加斥责。李靖并不辩解，只是顿首谢罪。不久，唐太宗知道萧瑀的上奏不实，自己上了小人谗言之当，对李靖说："以前有人在我面前说你的坏话，现在我知道自己上了当，请你不要把这件事放在心上。"贞观四年（630）八月，唐太宗任命李靖为尚书右仆射，再次做了宰相。

李靖做了宰相后，官高权重，但他为人宽厚，态度谦恭，从不盛气凌人，被唐太宗誉为"一代楷模"。贞观八年（634）正月，唐太宗命李靖等十三人分行天下，巡察各地。李靖为畿内道大使。因有足疾，李靖奏请辞去宰相职位。唐太宗允许，并给他特殊礼遇，只要病情好转，每两三日可去政事堂参加宰相会议。贞观十一年（637），唐太宗改封李靖为卫国公。

不久，占据青海的吐谷浑进犯边关，唐太宗决定大举讨伐吐谷浑。因满朝武将无人能担当此重任，唐太宗便对侍从说："不知道李靖还能不能再次挂帅出征?"已经六十四岁的李靖得知后，主动请求出征讨敌，他对唐太宗说："我虽然年纪大了，但还可以率军出征。"唐太宗任命他为西海道行军大总管，率大军数万，分五路直逼吐谷浑。吐谷浑部听说唐朝大军来到，慌忙点燃草原向西逃去。李靖采纳侯君集的建议，分兵两路，不顾粮水短缺，紧追不舍，终于击溃吐谷浑王伏允。伏允逃入大漠后，在走投无路的绝境中自缢而死。伏允的王子慕容顺在与李靖交战中，被李靖斩杀，举国投降。李靖大获全胜，凯旋返朝。

在征讨吐谷浑的战争中，盐泽道部管高甑生延误军期，被李靖以军法论处。凯旋归朝后，为报私仇，高甑生诬告李靖谋反。后来唐太宗以诬告罪将高甑生流放边疆。朝廷虽然处治了诬告的小人，但这件事还是在李靖的心中留下了一些阴影，此后，李靖闭门不出，杜绝宾客。

王知敬《李靖碑》

贞观二十三年（649）初，李靖病情加重，唐太宗曾亲自前往探望。五月，李靖病死于家中，时年七十九岁。为表彰他击灭东突厥、征服吐谷浑的辉煌战功，唐太宗特命将他陪葬昭陵，并赐谥号"景武"，把他的画像悬挂于凌烟阁。

李靖不仅是一位能征善战的名将，还是一位对武功很有研究的武术家，并以"李家枪"闻名于天下。李靖还著有《李靖六军镜》等兵书多部，但大多已散佚，后人辑有《唐太宗李卫公问对》、《卫公兵法》等兵书。《唐太宗李卫公问对》在北宋时被定为《武经七书》之一，是中国古代兵学宝典。

辅国大将军刘弘基

刘弘基（582～650），唐初名将。雍州池阳（今陕西泾阳）人。父亲刘升，隋朝时任河州刺史。刘弘基在李渊起兵之初便前来归附，与李世民深交。他跟随李世民转战南北，击败隋残余军力，削平割据群雄，立下了汗马功劳。后又长期屯驻于边疆。他为唐帝国的建立和巩固做出了巨大贡献。唐太宗李世民对他十分尊重，也算不负功臣。死后追赠开府仪同三司，赐谥号"襄"。

一、深交世民　随军征战

刘弘基少年时落拓不羁，与一些轻浮子弟和侠客交往，不事经营家产。长大后，他依赖父亲的名声当了一名右勋侍。

隋炀帝连年发动征讨高句丽的战争，强令全国的青壮年按时服兵役，并且规定，服役的兵员一律自备戎装。刘弘基家庭贫困，买不起军用衣履，因此没有随部队一起出发，而是单独行动追赶部队。当他走到汾阴（今山西宝鼎）时，知道到辽东指定的地点还很遥远，无论怎样赶路也是迟到，军法规定迟到即斩。他想不出别的办法，便与住在同一旅店的一个屠夫一同杀牛卖肉，以此糊口。他的身份传到了县吏的耳朵里，于是被捕，囚禁在当地的监狱里，一年后花钱赎了出来。但他生计无着，到处流浪，当了一阵子盗马贼，虽然解决了眼前的衣食问题，但他觉得终不是长久之计。

刘弘基到达太原的时候，李渊正在招兵买马，准备造反，刘弘基于是投到李渊门下。他看到李渊的次子李世民气度不凡，待人接物的言行间处处流露出雄心壮志，他感到由衷的钦佩和向往，于是主动接近李世民，因此深受重用，出门时两人并排骑马。回府中则同睡同起。

李渊举兵起义时，刘弘基与长孙顺德招募回两千多人。当时隋朝派驻太原的官员王威、高君雅不愿造反，准备制裁李渊，李渊便让刘弘基与长孙顺德躲藏于官厅的屏风之后，将王、高二人擒拿、斩首。

此后刘弘基跟随李世民，攻克西河（今山西汾州）。起义军到达贾胡堡时，与隋朝大将宋老生交锋，打退宋老生之后又进攻霍邑（今山西霍邑）。这时宋老生又率军出城抗拒。双方摆开阵势，拿出决战的勇气，一经接战便是凶狠的拼杀。李世民亲自出阵，刘弘基紧随左右，几个回合之后，宋老生招架不住，拨马回头便走，刘弘基穷追不舍，宋老生慌不择路，跑到一处断崖地方，他不得不跳下马来徒步逃跑，最后被逼无奈，跳崖自尽。刘弘基取回了他的首级，进占霍邑。刘弘基因此战功拜为右光禄大夫。

起义军打到河东（治今山西蒲州镇）的时候，刘弘基带领一千人先渡过了黄河，攻克冯翊（今陕西大荔），被任为渭北道大使，授权他主持所在地区的军事，抓住战机，主动进攻。刘弘基以殷开山为副将，向西扩展，占据了扶风（今陕西岐州）一带，兵员增至六万人，于是南下渡过渭水，屯兵于长安老城，对隋都长安造成直接的威胁。由此声威大震。刘弘基在金光门整编队伍，以其雄壮的军威展示于天下。隋将卫文升遣兵来战，刘弘基迎头痛击，生擒一千多人，获马数百匹。当时，李渊的其他几支大军还在别的战场上，而刘弘基的这一支方面军率先挺进隋都，首战告捷，唐军声威大震。李渊特别高兴，赐马二十匹。攻克长安之后，给他记第一功。

二、战功卓著　驻守边疆

李渊建国之初，国内既有隋朝统治阶级的残余势力，又有称霸一方的武装割据，还有农民起义军。他们都拥兵据城，不少首领都自称皇帝，努力向外扩张领地，至少是力图保守原有的辖地。这种局面，正为英雄豪杰提供了用武之地。胸怀一统天下大志的李世民亲自带兵，四出征伐。刘弘基作为李世民的左右手，马不停蹄，身不离鞍，始终追随着李世民。先在扶风一带攻打薛举，初战得利后乘胜追击，一直到陇山（今陕西陇县西北）才返回来。刘弘基拜为右领都督，封河间郡公。又随世民向东进攻洛阳的王世充，在璎珞门外与敌军展开激战，大胜，刘弘基殿后。隋朝大将段达、张志率兵在三王陵列阵挑战，刘弘基一面派人与前队联络，一面组织兵力予以反击，结果打败了段、张二人。

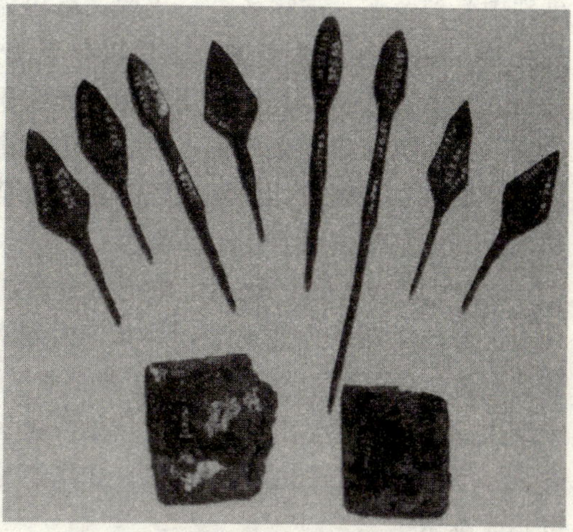

唐代箭镞与铁甲片

武德元年（618），拜刘弘基为右骁卫大将，并宣布以元老功臣的资格，今后如果犯法免其一次死罪。而后挥师西进，再次加兵于薛举，这时李世民因病留下，刘弘基与刘文静等领兵，在浅水原与薛举交锋，结果官军失利，八大总管都吃了败仗。尤其是刘弘基所部，苦战恶斗，直到矢尽无援，全军覆没，刘弘基本人也被俘。李渊对他临难不屈、临危不惧的精神表示嘉奖，赐给他家里许多粮食、布帛。后来官军终于平定了薛举（其子仁杲继位）的割据势力，刘弘基才从狱中被放出来，李渊便恢复了他原先的官爵。

当时山西一带仍有较大的对抗势力。宋金刚攻陷了太原之后，大有与唐王朝分庭抗礼、平分天下之志。李渊也为失却起兵之地而焦急，于是派刘弘基领兵出征，与原在太原一带的裴寂等将领联合征讨宋金刚。刘弘基进驻晋州（今山西临汾）时，裴寂刚刚被宋金刚打败，一时间军心慌乱。宋金刚以得胜之兵围攻晋州，刘弘基寡不敌众，城陷敌手。刘弘基辗转逃回长安。李渊表示抚慰，授左一总管。而后便跟随李世民再战宋金刚。这一次采取步步为营的策略，先屯兵于柏壁（今属山西），了解敌人的动向之后，刘弘基率领两千兵卒从隰州（今山西隰县）到达西河（今山西汾州），截断敌人的退路。其时敌军士气旺盛，想一举吃掉刘弘基，连日向他挑战，但他坚壁高垒，拒不应战。宋金刚无可奈何，迫于粮草不继，只好引军退去。这时刘弘基却率骑兵出城追击，在介休（今山西介休）城外与李世民的军队相会，一起攻打宋金刚，大破其军。刘弘基得封任国公。

此后，刘弘基又跟随李世民在洺州（今河北邯郸市）讨伐刘黑闼，回朝后授予秉钺将军。突厥入侵北部边境，刘弘基席不暇暖，又率步骑一万人出征，在豳州（今陕西邠县）北界，东起子午岭西接临泾一线抗拒突厥，他与副将淮安王李神通一起，督率兵勇民工修营设障，加强国防设施，并且长期屯驻于边疆。武德九年（626）李渊以其佐命功臣，封食邑九百户。

李世民登基之后，对刘弘基特别照顾，但他在李孝常与长孙安业的谋反事件中受到牵连，被除名，一年后又启用为易州刺史，恢复了他的爵位。贞观九年（635）改封为夔国公。后以年老为由申请退休，授辅国大将军，每月初一、十五上朝，其俸禄及赏赐一如在职人员。太宗出征辽东，又启用刘弘基，让他担任前军大总管，在驻跸山打击高延寿。刘弘基虽已霜染两鬓，但披甲戴盔立马阵前，依然威风凛凛，及至出战，不减当年勇，又以力战建功，因而太宗李世民屡屡给予慰劳。

永徽元年（650），唐高宗将他的食邑加至一千一百户，当年病卒，享年六十九岁。唐高宗为他举哀，停止三日早朝，赠开府仪同三司、并州都督，陪葬昭陵，谥号“襄”，又为之立碑。刘弘基留有遗嘱，分给每个儿子奴婢十五人、良田五顷，其余的家产仆役都施舍于众。他说：“子孙如果是贤能之人，原本就不依赖过多的资财；如果不是贤能，只要守住这些资产，也可以不受冻饿了。”

右武侯大将军尉迟敬德

尉迟敬德（585～658），唐初名将，二十四功臣之一。名恭。朔州善阳（今山西朔县）人。贞观年间，历任右武侯大将军、宣州刺史等职。谥号“忠武”。尉迟敬德于隋朝末年参军为官兵，多次随军出征，以勇敢善战见

尉迟敬德

称。后投降唐朝，在秦王李世民帐下为将，不仅屡立战功，而且在“玄武门之变”时果敢多智，为李世民即位立下了不世之功。

一、诚心归唐 多建奇功

尉迟敬德出身行伍，在隋军中任低级军官，隋大业末年马邑人刘武周聚众造反，自称皇帝，声势浩大。尉迟敬德看到隋朝已无所作为，于是投奔刘武周，被任为偏将。随之，尉迟敬德与刘武周属下的西南道大行台宋金刚合兵南下，攻陷晋、浍二州（今山西临汾、翼城）。尉迟敬德又深入夏县（今山西夏县东），打败唐军永安王李孝基，生擒唐将独狐怀恩、唐俭等人。

武德三年（620），李世民带兵征讨刘武周。刘武周命令尉迟敬德与宋金刚在介休（今山西介休）抗拒李世民，结果，一日八战，李世民大胜，俘斩宋金刚兵数万人，宋金刚轻骑逃奔突厥。尉迟敬德收拢残兵，坚守介休城。李世民围而不攻，派任城王李道宗和宇文士及入城劝降，于是尉迟敬德与骁将寻相举城归唐。李世民十分高兴，赐以歌舞盛宴，任尉迟敬德为右一府统军。此后，尉迟敬德便随李世民开赴洛阳前线，征讨王世充。

不久，原刘武周部下的降将寻相等多人叛变逃走，唐军将领由此都怀疑尉迟敬德早晚必叛，就把他囚禁了起来。行台左仆射屈突通、尚书殷开山齐向秦王李世民进言说：“尉迟敬德归降日浅，其情感志向尚未完全转变过来。这个人勇猛异常，现在关押在军中。他也知道被猜疑有贰心，必然心生怨气，这样下去恐怕会出乱子。为了免除后患，不如现在就把他杀掉。”秦王说：“依我所见，未必尽然。敬德假如想走的话，还会落在寻相之后吗？”当即命令释放尉迟敬德，并将他请入卧室之中，赐予一包金银，对他说：“大丈夫以意气相投而共事，请不要对前几天的怀疑介意。我本人始终不听信谗言而害忠良之士，请你相信这一点。如果你一定要走的话，我送这些金银作为路费，以表示咱们一起共事的情意。”尉迟敬德深受感动，几天来囚禁生活的怨愤顿时冰消雪化，同时又为秦王的宽宏大量所折服。他意识到这是有生以来遇到的真正英明之主，于是起身拜谢，说：“敬德虽为一介武夫，但也知道良禽择木而栖、士为知己者死之理。”

当天，秦王特邀尉迟敬德一同外出到榆窠（靠近敌方的前沿地区）一带打猎，意在通过他的一言一行进一步观察其去留心意。没想到敌方早已发现了他们，以为是偷袭之兵。王世充带领步骑兵数万人来战，骁将单雄信挺枪跃马直取秦王。尉迟敬德一看情势危急，来不及细想，拍马迎战单雄信，将其横刺落马，而后奋力保护秦王突出重重包围，又率骑兵返回来与王世充交战，结果王世充兵众溃败。尉迟敬德生擒敌将陈智略，俘虏其排矟（长矛，即槊）兵六千人，大胜而归。秦王对尉迟敬德说："这一仗足以证明你不叛的心迹。这真是天意安排，让你来救我，只是回报怎么这样快呢！"当即又赐给尉迟敬德一盒金银。自此，两人感情更见深厚。

尉迟敬德有一项独特的武艺是善于解矟，并且夺取敌矟予以反刺，常常单骑冲入敌阵，敌方矟兵群起攒刺，始终伤不了他，故而那天遭遇王世充的突然包围时，他出入重围往返无所阻。秦王的弟弟齐王李元吉也善于马上使矟并解矟，听说尉迟敬德有此本事，不相信他比自己的武功高强，要同他比试一番。秦王说："军中比武是可以的，但须取掉矟刃，以防万一。"尉迟敬德说："只取掉我的矟刃就可以了，齐王就不必取了。"比试了一场之后，李元吉始终没有刺中尉迟敬德。秦王问："夺矟与避矟，哪一项更难？"尉迟敬德回答说夺矟难，于是，李世民让尉迟敬德夺元吉手中之矟。元吉紧握矟柄，跃马向前，想刺中敬德，敬德腾挪闪扑，不一会儿就夺回三次。李元吉本来也是一员猛将，今日输在尉迟敬德手下，虽然叹服其技艺，但心中很不高兴。

尉迟敬德随秦王征讨自称皇帝的窦建德时，秦王先率领李勣、程知节、秦叔宝几员大将埋伏于山畔，后与尉迟敬德前去挑战。秦王持弓箭，敬德使矟，二人直抵窦建德的营垒前，大声呼喊"大军来了"！敌方大受惊扰，仔细一看却只见二人，于是派出数千骑兵追打。秦王一边后撤一边放箭，射杀数十人，尉迟敬德也挥矟击杀十多人，逐渐将敌军引入埋伏圈内。此时，一声令下，李勣等将士突然杀出，全歼敌军。当时王世充的侄子王琬以使者的身份到了窦建德军中，他骑的是隋炀帝的青骢马，体态雄健，鞍辔鲜艳。王琬骑着这匹马故意到阵前走来走去炫耀于众。秦王不禁赞叹道："那可真是一匹好马啊！"尉迟敬德请求出战夺马，秦王许可后，便与高甑生、梁建方三骑直入敌阵，经过一番拼杀，生擒王琬，拉着他的马跑回本阵来，敌军将士无人敢挡。

此后，尉迟敬德又随秦王讨伐割据河北的刘黑闼。刘黑闼军袭击李勣，秦王带兵迂回到刘黑闼阵地之后，以此来解救李勣。没想到刘黑闼的后续部队源源而来，从四面包围了秦王的小股队伍。尉迟敬德在另一处战场上得知情况危急，率壮士飞马赶来，打进包围圈，保护秦王等人突围。敬德一马当先，大破敌阵，秦王李世民与江夏王李道宗乘势冲出。尉迟敬德每战有功，授秦王府左二副护军。

二、辅佐秦王　扬威玄武

唐高祖李渊建立唐朝当了皇帝之后，同前代所有的帝王一样，须确定太子以继承皇位。按照常规应立长子李建成，但次子李世民在建国前后的征伐平乱中功劳最大，他也曾对李世民有过立太子的承诺。就在他举棋不定之时，长次之间争夺接班人位置的斗争已经酝酿多时了。

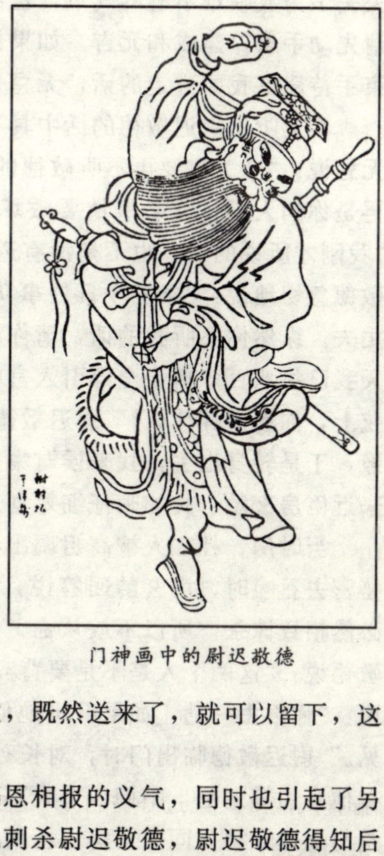

门神画中的尉迟敬德

太子李建成与齐王李元吉结为一党，企图谋害秦王李世民。为此，李建成秘密拉拢人，以扩展自己的羽翼，削弱对方的实力。他们派人悄悄给尉迟敬德送去一车金银器具，并附信一封，表示愿与他交朋友，相互关照。尉迟敬德本来早在秦王府供职，对于太子之争十分清楚。见到来信和礼物之后当即表示：“我本贱民出身，流落叛军之中，按理说罪不容诛，但承蒙秦王的惠顾，才使我获得新生，如今又让我担当将领，我必须以身报恩。而对殿下没有建立一丝功绩，所以不敢接受重礼。如果我私下应许了殿下，便是有了二心，见利忘义，为人不忠，这样的人对殿下又有什么用呢?”事后尉迟敬德将此事报告了秦王，秦王说：“你的心迹如山岳一样清晰沉稳，即使是满斗黄金也买不动你的坚贞情操。不过，既然送来了，就可以留下，这样可以继续得知他们的阴谋，再想对策。”

这件事使秦王进一步看到了尉迟敬德感恩相报的义气，同时也引起了另外一方李元吉的忌恨。李元吉命令壮士伺机刺杀尉迟敬德，尉迟敬德得知后故意敞开所有的门庭，在家中安卧不动，行刺者多次进入其庭院，但始终不敢迈进家门。行刺不成，李元吉又在高祖面前反复说尉迟敬德的坏话，捏造罪名，高祖信以为真，下诏逮捕了尉迟敬德，准备问成死罪。秦王挺身而出，以事实一一驳斥虚假的罪名，终于使尉迟敬德无罪释放。

武德九年（626）夏，突厥侵扰边镇，李建成向高祖推荐李元吉领兵出征，预谋请秦王到昆明池来一同为四弟饯行，在宴会上杀死秦王。尉迟敬德得知了这一阴谋，立即与长孙无忌去禀告秦王，劝他先发制人，不然危在旦夕。秦王却长叹一声说："我虽祸在须臾，但是同胞骨肉，始终不忍心加害其身。我想等他们先挑起事端，然后以正义之理予以反击，你们觉得如何?"尉迟敬德说："怕死乃人之常情，现在众人都以死来拥护你，这是天意。如果天赐良机而不利用，反而会受到惩罚。虽然要顾念亲情，但也不能忘掉了维护社稷的大计。你现在眼看大祸临头，如果打算逃跑以求独自安然，这就失去了为人临难不避的气节，也缺乏古圣先贤大义灭亲的品格。依我之见，请先动手杀掉建成和元吉。如果你不听我的话，就请允许我先逃跑，我不愿束手待毙。我要逃走的话，无忌也要与我一齐走!"

秦王听出尉迟敬德的话中具有明显的威胁和要挟，但仍犹豫不决。长孙无忌说："今天你要再不听敬德的进劝之言，就该知道敬德等人今后也就不再是你的人了。看来事情要败坏，我们还能做什么呢?"秦王缓和语气说："我刚才所说的话，也不是没有道理嘛。你们再想想还有什么好办法。"尉迟敬德急切地说："秦王今日处事犹疑，不像智者所为；临难不决，不像个大丈夫。纵然你不听我的话，请你自己决策，国家怎么办？你自身怎么办？今天我已将八百多勇士全部引入宫中，他们披甲执刃，专等号令。如今是箭在弦上，你还推辞什么!"尉迟敬德感到自己该说的都说了，只是秦王还在犹豫，于是转身出去，找来侯君集，连夜劝进。终于，秦王决定行动，但要召来近臣房玄龄、杜如晦仔细筹划。

当时房、杜二人被高祖调出秦王府，且不准他们再进。秦王派长孙无忌秘密去召唤时，房玄龄回答说："皇上有令不准再进，今天如果私自进去，必然招致诛杀，所以不敢从命。"长孙无忌回复秦王后，秦王大怒，对尉迟敬德说："这两个人是不是要背弃我?"说着摘下随身的佩刀，交给敬德，并说："你再去一趟，如果看出他们仍然不来的心思，便把他们斩首，提头来见。"尉迟敬德临出门时，对长孙无忌说："既然秦王已决计即日杀贼，你就在他身边筹划吧，咱们四个人不宜同时在街上跑来跑去。"但是长孙无忌还是与尉迟敬德一同去了房、杜两家。房、杜都换了一身道士的服装，跟随长孙无忌进了秦王府，尉迟敬德故意绕道，也随后回来。经过一番紧张的策划，决定立即动手，其时已是六月四日的凌晨。

早上，秦王带尉迟敬德等九人到玄武门。当时高祖派人去召集文武大臣。李建成与李元吉走到临湖殿时，发觉情况异常，拨转马头想退回自己的宫府。李世民当即呼唤他们回来，李元吉在马上张弓搭箭欲射李世民，但是仓促之间因过分紧张，三次都没有拉开弓。而李世民则只发了一箭，即将李建成射死落马，李元吉拍马便跑，李世民的随从一齐放箭，李元吉落马。这时，李世民的坐骑在树林里被枝杈挂住了绳索，急切间拉不出来，李元吉跑过去抢夺李世民的弓箭，两人扭打起来。尉迟敬德骑着马跑过来救援，李元吉急忙往武德殿跑去。尉迟敬德紧追不舍，将李元吉杀死。李建成府中将领薛万彻、谢叔方、冯立等率精兵两千赶至玄武门，杀死了屯营将军，想把守玄武门以援救李建成。这时，尉迟敬德手提李建成、李元吉的首级登在高处让府兵看，府兵将士见主帅已死，大势已去，纷纷逃离。

李世民看到玄武门前的局面基本稳定，但恐宫中有变，便命尉迟敬德入宫保护高祖。尉迟敬德披甲持矛迅速入宫，转了几个大殿不见高祖踪影，问过宫人，才知道高祖正在海池的船上游玩。尉迟敬德走到岸边，只见高祖与萧瑀、裴寂在小龙船上安然说笑。高祖见到全副武装的尉迟敬德，大吃一惊，心知必有动乱，于是问："今天是谁作乱？你来这里做什么？"尉迟敬德回答："太子与齐王作乱，秦王已经率兵把他们镇压，恐怕皇上受惊，派我来保护您。"高祖这才放下心来。其时，宫城的南衙、北门一带以及太子宫、秦王府附近仍在交战。尉迟敬德请高祖手书命令，令各路军队一律听从秦王的指挥。形势至此，即使高祖有意偏袒太子，也无济于事，只得依从敬德的建议，下令各路军队听秦王调动。此令一出，各处的局部战斗很快平息。

在这次有名的"玄武门之变"中，尉迟敬德从策划到行动始终都坚定、勇敢。因此秦王特意慰劳他，说："你对国家有安定社稷的大功劳。"赐给他大量珍宝。当时商量如何处置追随李建成的一百多人，都说应予捕杀，没收其家产，唯有尉迟敬德提出异议，他说："犯罪的元凶只有二人，现在都已除灭，如果扩大打击面，就不是稳定大局的策略了。"秦王采纳了他的意见，那些人都免于问罪。秦王在宫里主持政务，授尉迟敬德为太子左卫率。论功行赏时，尉迟敬德与长孙无忌为一等功，各赐绢万匹，另外又将齐王李元吉的府第财物全部赏给了尉迟敬德。

三、功高自傲　颐养天年

贞观元年（627），唐太宗李世民拜尉迟敬德为右武侯大将军，赐爵吴国公，与长孙无忌、房玄龄、杜如晦四人各自享有一千三百户食邑。突厥十万大军入侵泾州（今甘肃泾川），尉迟敬德以泾州道行军总管率兵出征。敌军

尉迟敬德画像

进至泾阳，敬德以轻骑兵先出挑战。杀死敌军首领后，其军溃乱，尉迟敬德挥师掩杀，突厥大败。

尉迟敬德性情憨直，居功自傲，每次见到房玄龄、杜如晦、长孙无忌，常常当面讥讽他们，议论其长短，有时在宫廷之上当着众大臣的面厉言争辩，于是渐渐与他们不和。贞观八年（634），尉迟敬德当了同州刺史。一次，太宗在庆善宫设宴招待文武百官。在座位的安排上，尉迟敬德很不满意。他对坐在上席的人说："你有什么功劳，敢坐在我的上席？"这时坐在他下席的任城王李道宗赶快解释，说明原委，没想到尉迟敬德竟勃然大怒，挥起拳头朝李道宗脸上打去。李道宗猝不及防，眉眼上挨了一拳，眼角立时出血，几乎被打瞎。咆哮皇帝的宴会，这在国家礼法上是"大不敬"，犯了死罪，太宗沉下脸摆手示意停止宴席，严肃地对尉迟敬德说："朕浏览汉代的史书，发现汉高祖刘邦建立汉朝时的开国功臣只有少数人寿终正寝，朕常常对那些不得善终的功臣十分同情。所以登上皇位之后，朕十分注意保护有功之臣，更想让他们子孙相继，家业兴旺。但是你任职为官以来多次触犯法律，朕才理解了韩信、彭越之所以被杀戮，并非刘邦之错。国家的大事，重要的是赏赐有功之人，惩罚罪犯，谁也不应有非分之想。希望你从今以后注重自身的修养，不要做出后悔不迭的事情。"这一席语重心长的开导，说得尉迟敬德低头不语。

贞观十一年（637），太宗分封功臣官爵，可以世袭刺史。册拜尉迟敬德为宣州刺史，改封为鄂国公，后历任鄜、夏二州（今陕西横山一带）都督。贞观十七年（643）初，尉迟敬德请求回家养老，授开府仪同三司，令他每月初一、十五上朝即可。二月，太宗命画家于凌烟阁上绘制二十四位功臣的图像，既有开国元勋，也有贞观之治中贡献颇大的文臣学士，以显示人才济济、群臣荟萃的盛世景象。入图凌烟阁是国家给予的最高荣誉。尉迟敬德即在其中，因此他又深受鼓舞，太宗出征高句丽时，他又主动请战，随军远征，得胜而还。

尉迟敬德晚年迷信方士仙丹，为求长生不老，在家中设炉炼丹，又按照方士的指点，服食云母粉，以为可以返老还童。同时，在庭院之中大兴土常命人为他弹奏清商之乐。他闭门谢客，在家中研习仙方，观花赏乐，十六年不与外人交往，怡然自得。

显庆三年（658），高宗皇帝以尉迟敬德功大，追赠他的父亲为幽州都督。当年，尉迟敬德病逝，享年七十四岁。高宗为之废朝三日，举行哀悼，并且命令五品以上的京官和入朝的地方使节一齐到他家吊唁。又册赠司徒、并州都督的官衔，谥号“忠武”，陪葬于昭陵（太宗陵园，在今陕西礼泉县东北）。

右武侯大将军丘行恭

丘行恭（586~665），唐初名将。河南洛阳人。出身将门，父亲丘和在唐高祖时任左武侯大将军。丘行恭善长骑射，作战骁勇。

大业末年（617），丘行恭与哥哥丘师利聚兵于岐、雍（皆在今陕西境内）一带，拥有一万兵马，兵众势盛，其他乱军，都不敢侵犯他的领地。

唐朝初年，原州（今甘肃镇原县）有乱贼聚众数万人，围攻扶风郡（今陕西岐山）。扶风郡太守窦进率兵坚守城池。数月之后，贼兵粮食用尽，挖食野菜，野菜也被他们挖光了，有数千人马投奔了丘行恭。丘行恭亲自率领五百兵士，带着大量的米面酒肉，来到敌兵大营，敌帅以为丘行恭给他送来了粮食，出营相迎，丘行恭拔刀斩杀了贼兵首领，然后对贼军将士说：“你们都是无辜的百姓，不要跟随贼人作乱，让天下人把你们当做反贼。”于是，兵士们都归附了丘行恭。随后，丘行恭和扶风郡太守窦进一同率兵投奔了驻军渭北的李世民的部队。丘行恭被封为光禄大夫。

唐代三彩陶马

之后，丘行恭随同李世民南征北战，先后参加了平定薛举、刘武周、王世充、窦建德的战役，屡建战功，被授为左一府骠骑。在“玄武门之变”中，丘行恭随李世民参与其事，杀掉太子李建成后，他因功升为左卫将军。

贞观年间，丘行恭和哥哥丘师利争葬亲生母亲，遭到弹劾，被免职为民。后随将军侯君集平定高昌，封为天水郡公，进右武侯将军。唐高宗李治继位后，丘行恭被封为右武侯大将军。

丘行恭脾气暴烈，对待兵士十分严酷。经常无故打骂将士，手下人对他都十分惧怕。丘行恭因此而好几次被降职，但不多时，唐太宗便因他的战功而官复原位。

麟德二年（665），丘行恭去世，终年八十岁，死后陪葬于昭陵。

丘行恭忠心事主，在战场上英勇无敌。当初随同李世民一同征讨称帝洛阳的王世充时，两军对峙，李世民想探探对方的虚实，带了数十骑将士，冲入敌阵，往来冲杀，无人能敌。急驰之中，因受一段长堤的阻挡，众将走散。敌兵追近了，丘行恭急忙护着李世民撤向唐军大营，混战中，李世民的坐骑被射中，从马上跌了下来。形势十分危急。丘行恭拨回马头，弯弓搭箭，箭无虚发，一鼓作气射死敌兵十几人，敌兵不敢上前，丘行恭翻身下马，将李世民扶上自己的战马，他自己在前面牵马步行，手执长刀，杀开一条血路，安全地将李世民护回了唐军大营。

丘行恭死后，皇帝下诏，让人在丘行恭的墓前立一个人马石像，刻为丘行恭弯弓射箭的姿势，以表彰他舍身救主的功绩。

左武卫大将军秦叔宝

秦叔宝

秦叔宝（？～638），唐初名将，二十四功臣之一。名琼，字叔宝，以字行，齐州历城（今山东济南）人，出身行伍。隋末时从军，曾跟随李密、王世充。归降唐朝，隶属于秦王李世民部下。他屡立战功，拜为军马总管，爵封国公，其影像图画于凌烟阁。

一、初入隋军　终归大唐

隋大业中期，秦叔宝在大将来护儿帐内当亲兵。秦叔宝母亲去世，来护儿派遣使者前往吊唁。军中文吏感到奇怪，说：“士卒死亡及军属家中有丧事的人多了，将军从来没有降低自己的身份去问候，为什么单单去慰问叔宝？”来护儿说：“叔宝勇敢强悍，志向高远，将来一定会取得富贵，怎么能按小人物来对待他呢？”

隋朝末年，各地的武装暴动风起云涌，山东地方的卢明月聚众十万，四处扩张。时任齐郡（今山东淄博）通守的张须陁率全部将士一万人前往平叛，秦叔宝正在张须陁部下当兵。双方相遇后，张须陁得知敌军全部出动来攻下邳（今江苏睢宁北），知道敌我力量过分悬殊，于是远在六七里外安营扎寨，并且一直没有主动出击。相持十几天后，张须陁的军队军粮将尽，打算撤退。这时，他对部将说：“敌人看见我们撤退，必然要来追击，他的大军出来，军营内部就空虚了，如果有一千骑兵去袭击敌军的军营，定会获胜。不过这是冒险行动，谁愿意去呢？”结果所有的将官都不做声，只有帐前兵卒秦叔宝和罗士信二人请求担当此任。于是张须陁让他们二人分别率一千士兵埋伏于芦苇中，自己则率众撤走。

卢明月的兵众很快发现了张须陁的撤退行动，便率全军追击。这时，秦叔宝与罗士信骑马领兵跑到卢军大营，但营门大栅紧闭，无法进去。秦、罗二人跳下马来便去攀登栅楼，敌军守栅之兵呐喊抗拒，居高临下地打击秦、罗二人，但他们毫无惧色，一面迅速登楼，一面挥刀砍杀。各杀数人后，趁守兵躲避时，秦罗二人迅速登上栅楼，拔掉敌军旗帜，杀入营中，打开栅门，放进自己的士卒，纵火点燃敌营共三十多栅。火焰腾空而起，卢明月望见之后，赶紧命令军队回头来救。这时张须陁也率军转身追击，于是大破敌军。卢明月仅带数百骑逃脱，其余的都做了俘虏。这次大胜之后，秦叔宝的勇气远近闻名。

秦叔宝在张须陁部下时又曾出征孙宣雅，率先登城破敌。张须陁以其前后战功相加，授建节尉。后在荥阳（今河南郑县）与瓦岗寨义军首领李密作战时，张须陁阵亡，秦叔宝带残军归附裴仁基，不久裴仁基以武牢（今河南境内）投降李密。李密见到秦叔宝，十分喜欢，当即任为帐内骠骑，待遇优厚。李密与杀死隋炀帝自立为帝的宇文化及在黎阳童山（今河南濬县西）大战时，李密被飞箭射中，跌于马下，昏迷过去。左右随从以为他已经死去，各自奔散。这时敌兵赶来欲取首级，秦叔宝单人独马，挺枪护卫，直到有人救援，扶持回队，李密以此得救。秦叔宝又收集将士奋力拼搏，宇文化及无奈引兵退去。

后来李密战败，秦叔宝又为称帝洛阳的王世充所得。王世充也早闻秦叔宝威名，任他为龙骧大将军。秦叔宝很快发现王世充为人虚伪，诡计多端，因而不愿听命于他。当王世充率众与秦王李世民的唐军交战时，走到九曲地方，秦叔宝与程咬金、吴黑闼、牛进达等数十人骑马跑出百步远，下马回拜王世充说：“虽然承蒙你的礼遇，但我不愿再待下去了，就此告辞！”王世充眼睁睁看着几员虎将投奔到唐军中去，心中有气，但无可奈何。

秦叔宝先后从军于张、裴、李、王四方军中，最终归降大唐。

二、屡建奇功 影图凌烟

唐高祖李渊将秦叔宝分配到秦王府。李世民知道秦叔宝、程咬金等都是海内名将，对他们格外看重，让秦叔宝镇守长春宫，拜为军马总管。秦叔宝跟随李世民多次出征，在美良川曾与割据势力刘武周手下将领尉迟敬德交锋，打败了敬德。征伐王世充时，秦叔宝一直担当先锋。李世民每当临阵，望见敌军阵地上有耀武扬威的将领和士卒时，常常流露出愤怒的神色，便指着敌将命令秦叔宝去打。秦叔宝认准目标，跃马挺枪，直入敌阵，于万马军中追击其人，或刺之于马下，或生擒回阵。敌人虽然人多势众，但都不敢阻挡。这样往往挫败敌人的锐气兵锋，大长本军的志气。

秦叔宝画像

在武牢（今河南境内）与割据称帝的窦建德交战时，秦叔宝与几十名精锐骑兵率先冲击敌阵，往来砍杀，斩将毁旗，彻底打乱了敌军的部署。唐高祖派遣使者到前线慰劳秦叔宝，赐给他金瓶，并说：“你不顾妻子儿女，远道而来投奔于朕，又每每有功，难能可贵。假如朕身上的肉可以为你所用的话，朕也会割下来给你的，何况这些金宝女子呢！望你再接再厉！”当下授他为秦王右三统军。在介休（今山西介休）打败刘武周部将宋金刚后，计其前后功勋，赏赐黄金百斤，杂彩六千段，授上柱国。扫平王世充后，进封翼国公，赐黄金百斤、帛七千段。消灭窦建德部将刘黑闼后，又赏彩千段。

武德九年（626）玄武门事变，秦叔宝紧随李世民，参与了诛杀李建成、李元吉的战斗，直至平息城内动乱的斗争。事后，拜为左武卫大将军，封食邑七百户。秦叔宝中年以后常常生病，他回想自己的经历，对人说：“我从小就步入戎马生涯，到如今打过二百多仗，多次受过重伤，算起先后流的血来总有好几斗了，哪能没有病呢？”

贞观十二年（638），秦叔宝去世。赠徐州都督，陪葬昭陵。唐太宗追思他生前的战绩，特令人在他的茔墓之内放置了精雕细刻的石人石马，以表示对他的哀悼和纪念。贞观十三年（639），改封胡国公。贞观十七年（643），与长孙无忌等一同被画进凌烟阁中，列为二十四功臣之一。

镇军大将军程知节

程知节（？～665），唐初名将，二十四功臣之一。本名咬金，济州东阿（山东东河）人。

程知节少年时就健壮勇敢，善于在马上挥稍作战。大业末年聚众数百人保卫家乡，抗御盗匪。

瓦岗寨义军首领李密起兵后，程知节率众加入李密军中，任内军骠骑。李密从军中选拔出八千名勇士，隶属四位骠骑将，又分为左右两队，主要任务是自卫，所以号称内军。李密对内军十分满意，说：“我这八千人相当于百万兵马。”

卢国公程知节

程知节统领着一支内军。一次出城与王世充的军队决战，程知节率内军与李密一同在北邙山（今河南洛阳北）上扎营，单雄信领一支外马军在偃师城（今河南西北部）北安营。王世充袭击单雄信的军营时，李密派出程知节和裴行俨出兵援助单雄信。裴行俨当先冲向敌阵，被飞箭射中跌落马下，敌人想抢去报功，蜂拥而上。程知节纵马向前，将围向裴行俨的敌将连杀数人，趁敌军躲避后退的空隙，他抢起裴行俨放在自己的马背上，又飞身上马，一手扶住裴行俨，一手挥剑杀敌，向本阵转回。王世充的骑兵手舞长槊追来，程知节挺剑抵挡，不想剑锋恰巧刺穿了槊头，两件兵器绞在了一起，同时用刀抽动，反而愈抽愈紧，谁也不能制服对方。程知节猛然回转身大喝一声，用劲一拉，连槊带人拉近自己，敌骑害怕坠马，放松了槊柄，程知节夺过来"咔嚓"一声将槊折断，同时抽出剑来，斩杀此将。敌骑不敢再追，程知节带裴行俨返回本军。

后来李密战败，程知节归于王世充部下。虽然王世充待遇优厚，但是程知节对好友秦叔宝说："王世充这个人心胸狭窄器量太小，又爱说假话，喜好赌咒发誓，像个老巫婆似的，哪里是个拨乱反正的英雄呢？"秦叔宝亦有同感。于是商定伺机投奔秦王李世民率领的唐军。当王世充带领他们到九曲（今河南寿安）抗拒李世民时，程知节与秦叔宝等人走在前面，在两军接战之前，程知节等人在马上回转身来向王世充告辞："感谢你给我们的待遇，很想报答你的恩情，但是你的性情好猜忌人，你的身边又是些只会煽动闹事、搬弄是非的人，因此这里不是我们的存身之地，现在就离去。"说罢与秦叔宝等几十个人拍马跑向李世民军中。王世充这边不敢追击，只好听之任之。

程知节归降后，被授秦王府左三统军。随军出征，打败宋金刚，生擒窦建德，迫使王世充投降，又任左一马军总管，每次作战都奋勇争先。因功封为宿国公。

武德七年（624），李建成为了削弱秦王府的势力，在唐高祖李渊面前说了许多程知节的坏话，于是李渊便调程知节到康州去当刺史。程知节对李世民说："他们在动手斩除你的左膀右臂，形势很危险了，我们不能坐以待毙，我不能离开秦王府！"当时太子与秦王之间的斗争一触即发，程知节找出种种借口不离秦王府。玄武门事变时，程知节跟随李世民杀死李建成与李元吉。事定之后，拜为太子右卫率，迁右武卫大将军，赐食邑七百户。

贞观中期（640），程知节任泸州都督，左领军大将军。与长孙无忌等人世袭刺史，改封卢国公，授普州刺史。贞观十七年（643），以开国功臣入凌烟阁群英图中。同年转任左屯卫大将军，检校宫城北门驻军，加封为镇军大将军。

永徽六年（655）迁为左卫大将军。显庆二年（657），授葱山道行军大总管，程知节率军征讨贺鲁，大军抵达恒笃城（今哈萨克东南），有数千家胡人开门投降，程知节不接受投降，杀死了城中所有的人，贺鲁远走高飞。返回长安后，以其屠城和没有捕获贺鲁被审讯问罪，免除了官职，不久，又授予岐州刺史。程知节以年事已高，请求退休，朝廷批准了，于是他回家颐养天年。麟德二年（665）病逝。赠骠骑大将军、益州大都督，陪葬昭陵（太宗陵）。

辽东道行军总管李勣

李　勣

李勣（594～669），唐初名将。本姓徐，名世勣，字懋公。唐朝建立后，徐世勣因对朝廷的特殊贡献赐姓李，太宗即位，因避讳改为单名李勣。曹州离狐（今山东鄄城）人，居东郡卫南（今河南浚县）。他本为瓦岗军的智囊人物，后降唐朝，为唐朝兼并群雄、抵御外寇而东征西讨，立下了汗马之功。他善于用兵，能够随机应变。由于饱经世故，李勣善于明哲保身，所以一生未受挫折。

一、初投义军　继归大唐

徐世勣家道富有，父亲徐盖是大地主，家中常囤粮数千石。徐盖乐善好施，济贫救困，不问亲疏贵贱。徐世勣从小深受父亲的影响，对穷困百姓深表同情，更对隋炀帝的昏庸荒淫深感不满。

十七岁那年，徐世勣参加了翟让领导的农民起义队伍瓦岗军。瓦岗军是当时遍布全国各地的农民军里最著名的一支，声势浩大，很有战斗力。徐世勣加入后，因为才干受到翟让的敬重。徐世勣建议翟让："我和你都是本地人，大多数人都相识，不相识的人也是本乡，不应该受到侵掠。你不如将战场转移到宋郑两郡，夺行舟，掠商贩，所获钱粮足以自给。"翟让觉得徐世勣的建议很好，当即采纳照行。于是，瓦岗军转移战线，经常突袭公私船只、过往商贩，很快就积累了大量军需钱粮，队伍也很快发展到了一万余人。不久，李密投奔瓦岗军。李密是长安人，善谋略，在徐世勣等人的鼓动下，李密被拥立为主，正式建立了大魏政权。瓦岗军至此有了统一指挥，徐世勣被任命为右武侯大将军，成为瓦岗军的智囊人物。

大魏政权的建立，使隋炀帝惶恐不安，命大将王世充率江淮军征讨李密。徐世勣受命前去迎战，两军大战于洛水，徐世勣出奇计用奇兵，王世充大败。凯旋后，徐世勣被封为东海郡王。随后，徐世勣又在瓦岗军中屡建战功。这时，河南、山东闹水灾，饿殍遍野，死者每天达数万人。徐世勣觉得这对瓦岗军来说是一个再好不过的有利时机，便建议李密说："天下大乱，又闹饥荒，现在如果再打下黎阳仓（今河南孟县境内），大事就成了。"李密觉得是一妙策，派徐世勣率精兵五千，攻打黎阳仓。徐世勣率军只用了一天时间就攻占了黎阳仓。黎阳仓是隋朝文帝时所建用来防备灾荒年的粮仓，仓内储藏巨量粮谷。瓦岗军占据了黎阳仓，军队的供给有了保障。随后几天，瓦岗军就增加兵力达二十余万之多，为了收买民心，瓦岗军还把少量的粮谷散发给农民，获得了"爱民"的名声。

李勣画像

隋义宁二年（618）三月，隋将宇文化及在江都（今江苏扬州）谋反，杀了隋炀帝，率军进逼瓦岗军。宇文化及来势凶猛，徐世勣严守重镇黎阳，挖深沟筑壁垒。宇文化及赶到黎阳，无计可施，只好扎营与徐世勣对峙，伺机进攻。徐世勣挖地道突袭，宇文化及大败。就在这时，李密被王世充打败，率残部投降了唐朝。后来成为宰相的魏徵也在李密军中。

魏徵到了长安，以安抚之职给徐世勣写了一封信，劝他归附唐朝。徐世勣对长史郭孝恪说："魏公（李密）既归大唐，现在这里的人马土地，都是魏公的。我如果上表献出，就是利用主人的失败，为自己邀功名、求富贵，这是我所不耻的。"他把州县的所有百姓和军人户口记录下来，派人送给李密。唐高祖李渊听说使者没有降表，只给李密送来书信，感到非常奇怪。使者把徐世勣的意见告诉了唐高祖，唐高祖十分高兴"徐世勣忠于国王，不冒占功绩，实在是正直之臣"。任命徐世勣为黎阳总管、上柱国，封曹国公，赐姓李，令他掌管河南、山东的军队，抵御王世充。

不久，李密谋反失败，被斩杀。唐高祖命人将李密首级送到黎阳，给李世勣看。李世勣向北跪下号啕大哭，大备仪卫，全军缟素，备君臣之礼，为李密哀悼，并把这位他曾经的君主葬于黎阳山南。李世勣对故主的忠诚之举，受到了人们的赞扬，凡闻知此事者，无不称其为有义之人。

二、东征西讨　功在统一

黎阳历来是兵家必争之地，王世充和窦建德也一直对这块宝地虎视眈眈。武德二年（619）十月，盘踞河北的窦建德率军进攻黎阳，黎阳失陷，李世勣率数百名轻骑突出重围。后因父亲徐盖被俘，李世勣被迫归降窦建德。魏徵也在这次失败中被俘，此外还有山东道安抚大使李神通。李世勣归降后，窦建德任命其为左骁卫将军，负责把守黎阳。李世勣与部将郭孝恪密谋发动兵变，并想趁机杀掉窦建德。后因机密泄露，率郭孝恪等数十轻骑逃到长安。

回到长安后，李世勣多次随李世民东征。李世勣屡战屡胜，尤其是在虎牢战役中，里应外合，大破虎牢城，俘获王世充大将王行本。王世充和窦建德的联系被斩断。窦建德得知虎牢被破，立即率军来攻，被李世民布置在虎牢东面的李世勣、秦叔宝、程知节等人率领的伏军攻击，窦建德损失三百余人，殷秋和石瓒两员大将被俘，他自己率大队人马败逃，从此元气大伤。这年冬天，窦建德最终被唐朝军队彻底击败，窦建德被俘，手下五万人投降。孤守洛阳的王世充见大势已去，也被迫投降。王世充的大将单雄信与李世勣是故交。李世勣多次向李世民力保赦罪，李世民认为单雄信罪大恶极，不肯赦免他，单雄信终被定为死罪。临刑时，李世勣从自己的手臂上割下一块肉让单雄信吃下。他哭着对单雄信说："我们兄弟曾约定同生死，共富贵，今天我臂上肉与你一同到地下，实践我们的誓言。"围观之人无不为此举感动。

东方平定，李世民率师凯旋，唐高祖论功行赏，李世民升为上将，李世勣为下将。向太庙献俘结束时，李世民和李世勣身穿黄金甲，甚是威武。

武德七年（624），李世勣受命参加了征讨叛将辅公祏的战争。李世勣率陆军一万人强渡淮河，迅速攻占了寿阳、硖石，随后向当涂逼近，配合李靖击败辅公祏的部将陈正通和冯慧亮。紧接着，李世勣又配合直捣辅公祏老巢丹阳（今南京）。辅公祏闻知唐军来势凶猛，弃城出逃。李世勣追至武康，辅公祏终于被杀。

三、铲除突厥　帝之"长城"

武德八年（625），为了防止突厥犯边，唐高祖任命李世勣为并州总管，抗击突厥。唐太宗李世民即位后，李世勣改名为李勣，继任并州总管。贞观三年（629），唐太宗决定大规模打击突厥，遂任命李勣通汉道行军大总管，李靖、李道宗分别为灵州、定襄道行军总管，兵分五路进攻突厥，各路大军

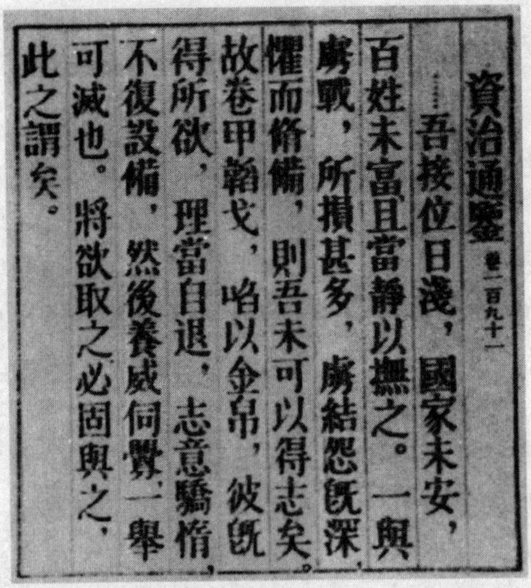
資治通鑑 卷一百九十一

……吾接位日淺，國家未安，百姓未富，且當靜以撫之。一與虜戰，所損甚多，虜結怨既深，懼而脩備，則吾未可以得志矣。故卷甲韜戈，啗以金帛，彼既得所欲，理當自退，志意驕惰，不復設備，然後養威伺釁，一舉可滅也。將欲取之，必固與之，此之謂矣。

《資治通鉴》中有关唐军灭突厥的记载

均受李勣节制。李勣率军出了大同，就在白道（今内蒙古土默特左旗）与突厥交战。敌军大败，突厥颉利可汗向唐朝求和。李勣和李靖知道其中有诈，两人商量后，决定同意派使臣唐俭与突厥谈判。李勣对李靖说："颉利虽败，人众尚多，如果从度碛去追，路远难行，恐怕追不上。现在让唐俭到那里去，他们必然会放松警惕，我们随后去袭击，不用打就可以获胜了。"李靖赞成李勣的建议。兴奋地说："这比得上韩信灭田横的计谋了。"李靖率精骑乘夜出发，李勣随后。颉利可汗还不知道是怎么回事，唐军已攻入帐营。颉利慌乱中率万余人逃往碛口，但此刻李勣已率军攻占了碛口，颉利可汗走投无路，被迫投降。

由于铲除突厥之功卓著，李靖被封为代国公，李勣被授以光禄大夫行并州大都督府长史。几年后，李勣又被封为英国公，长驻并州。在任并州期间，李勣治军有方，边防巩固。唐太宗赞扬他说："隋炀帝役使百姓，筑长城防备突厥，却没有什么效果，朕安排李勣在北边，边疆再也不见烟尘烽火，李勣不就是朕的长城吗?"

贞观十五年（641），李勣晋升为兵部尚书。正在此时，已归顺唐朝的突厥俟利必可汗告急，奏薛延陀真珠可汗命其子率兵二十万进攻突厥。还未启程接受进封的李勣立即奉命率军北上，以朔州道行军总管之职，率兵六万讨伐薛延陀主力。营州都督张检、灵州道行军总管李大亮则分别从东西两方配合，另有张士贵、李袭誉两路，共分兵五路进攻薛延陀大军。李勣亲自率数千精骑攻至大青山，斩首敌军三千，俘获五万。薛延陀军大败，逃至漠北。

贞观十七年（643），李勣被唐太宗任命为宰相，同时担任太子詹事兼左卫率，负责教育培养太子。在一次宫宴上，唐太宗对李勣说："我儿新登皇储，你是旧人，我把太子的事全托付给你，因为思之再三，没有比你更合适的人选。你以往不负李密，今日也不会负我。"李勣听了，备受感动。

四、古稀之年　伐辽主帅

贞观十九年（645），唐太宗御驾亲征高句丽。李勣为辽东道行军大总管，率军六万。四月，攻占盖苏城，两万余敌军被俘，缴获十万余石粮食。随后进攻辽东城（今辽阳北）。李勣用抛石车和撞车猛攻，战斗持续了十二昼夜，高句丽军最终抵挡不住，纷纷投降。李勣又配合唐太宗围攻白岩城，城主深知无力抵抗，被迫投降。一年后，薛延陀部内乱，李勣奉命前往征讨。他采取降则抚、叛则讨的策略，在郁督军山与薛延陀部展开激战，薛延陀大败。从此，漠北平定。

贞观二十三年（649），唐太宗病逝。临终前，他有意把李勣贬为叠州都督，然后暗中嘱咐太子李治继位后要委李勣以重任。李治问唐太宗这是何故，唐太宗说："你对李勣无恩，我死后你再调他回来任宰相，他会因为你的恩德，忠诚地为你效力。"李治即位后，立即召回李勣，任命他为同中书门下三品，直至后来进尚书左仆射、司空。

高宗乾封元年（666），高句丽王盖苏文去世，长子男生即位为王，其弟男建、男产不服，意图推翻男生，遂求助于唐朝。唐高宗任命时年已七十余岁的李勣为辽东道行军大总管。李勣以古稀之年，率军攻克城池十余座，最后攻入平壤。

总章二年（669），李勣患病，唐高宗召回其子弟给予照料，并为之请医寻药。李勣说："我本村夫，遭值圣明，致位三公，年将八十，岂非命耶！"不久，李勣去世，时年七十六岁，唐高宗命全国志哀，停朝七日。遂陪葬于昭陵。

李勣善于用兵，史称他"临敌应变，动合时机"。他在与人一起谋划时，只要有可取之处，立即采纳；告捷之时，却归功于部下，因此部下都乐于为他出谋划策。由于饱经世故，李勣善于趋避。左迁叠州都督时，奉诏即行，连家也不回。唐高宗欲立昭仪（武则天）为皇后，大多数大臣都表示反对，唐高宗征求他的意见时，他答道："这是陛下自己家的事，用不着问我们这些不相干的人。"正因为这样，李勣一生才没有遭到挫折。

镇军大将军段志玄

段志玄（？～642），唐初名将，二十四功臣之一。齐州临淄（今山东淄博）人。父亲段偃师，隋朝末年任太原郡司法书佐，后来跟随李渊起兵，官

唐代服食炼丹药材

至郢州刺史。

段志玄少年时家住太原，与李世民关系密切。李渊起兵时，段志玄招募了一千多人参军，授右领大都督府军头。随军攻克霍邑（今山西霍县）、绛郡（今山西新绛）及永丰仓（今陕西大荔），每次出战都当先锋，升迁为左光禄大夫。

段志玄随刘文静在潼关（今陕西潼关东南）与隋将屈突通交战时，刘文静的主力部队受到敌将桑显和的袭击，阵地动摇，军营慌乱，这时段志玄赶来，带领二十名骑兵向战斗最激烈的地方冲去，一连杀死几十人，敌军后退，段志玄也撤回来。当时他的脚部中箭，他怕影响将士的斗志，拔掉箭镞，忍着疼痛，完全像毫无伤病的样子，一而再、再而三地冲入敌阵拼杀，直打得桑显和阵容大乱。这时刘文静也稳定了自己的战阵，将士们看到段志玄等人已经扭转了战场的局面，士气大振，齐声呐喊奋进，大破敌军。屈突通夺路逃跑，段志玄与几员将佐飞马追击，终于生擒屈突通。归来脱下靴子，鲜血已经外溢。李渊以其带伤立功，授乐游府骠骑将军。

征讨称帝洛阳的王世充的时候，段志玄单枪匹马深入敌阵，正当狠打猛杀之时，坐骑突然摔倒了，敌将士一齐上前将他按倒在地。敌军将他俘虏之后，看到是一员猛将，押送的时候想了特别的方法。把他夹在两名骑兵的中间，骑兵从左右抓住他的头发，让他徒步跟着走。走到洛水边将要渡河的时候，他奋力跳起来，将左右二骑兵打下马，然后翻身上马往回跑，数百追赶的骑兵对他无可奈何，他便回到了本军。后来在扫荡窦建德、攻克东都洛阳的大战中，他又多次立功，于是升迁秦王府右二护军，赏绢两千匹。

在唐王朝初期的太子之争——李建成与李世民的斗争中，李建成和李元吉一派曾经使用赠送金帛的手段来拉拢段志玄，但他拒不接受，并报告李世民。其后与尉迟敬德一同参与玄武门事变。李世民即位后升任左骁卫大将军。封樊国公，食邑九百户。

长孙皇后去世，段志玄与宇文士及分别率领兵马出肃章门驻扎。有一天夜间，唐太宗李世民有急事，派遣宫廷官员到二位将军军营里去，使者到了宇文士及的军营，一经通报，便进入了军营之中；到了段志玄的军营却吃了闭门羹。守营将士说："夜晚不开军门。"使者说："我这里拿的是皇帝的手令。"段志玄回答说："夜间辨不清真假。"仍然不予开门，让使者在门外等到天亮。太宗听到这件事后，不但没有批评他，反而赞叹道："这才是真正的将军，周亚夫（西汉名将）也不过如此吧！"

贞观十一年（637），唐太宗审定世袭封爵时，授予段志玄金州刺史，改封为褒国公。贞观十二年（638），拜右卫大将军；贞观十四年（640），加镇军大将军。贞观十六年（642）段志玄病重时，太宗亲自到他家中探望，对他说："朕要封你的儿子做五品官。"段志玄顿首谢恩，同时请求将官职改授他的舅父，太宗便授予他舅父左卫郎将。段志玄去世之后，太宗为之哀恸痛哭，赠辅国将军，扬州都督，谥号"忠壮"，陪葬昭陵。贞观十七年（643），绘形于凌烟阁二十四功臣图中。

幽州都督王君廓

王君廓（生卒年不详），唐初将领。并州（今山西太原）人。他品质恶劣，为人狡猾奸诈。归附李渊后，随军征讨，多有战功，以功晋爵彭国公。在唐太宗即位后，怂恿庐江王李瑗造反，又中途出卖李瑗，杀掉他以邀功，后来，因叛逃突厥，被朝廷削去所有封号，贬为庶人。

一、品质恶劣　狡猾奸诈

王君廓少时穷困，在牲畜交易市场做中间介绍人，混饭度日。在生计问题难以解决的时候也做些偷盗抢劫的营生，王君廓曾经专门制作一种像捕鱼具一样的竹笼子，在里面装上倒刺，遇到售卖绸缎的商人，他就从背后把竹笼子套到商人头上，商人无法摘下竹笼子，王君廓趁机夺过绸缎逃跑。被抢的商人看不清他的面容，无法报官捉拿。王君廓还有许多劣迹，危害乡里，百姓恨之入骨。

隋炀帝大业末年（618），天下大乱，王君廓想聚众为盗，劝他叔父和他共同举事，他叔父不屑同他合作，王君廓便诬告邻居同他叔母通奸，诱骗叔父将邻人杀掉，他叔父不得不和他一起逃亡为盗。

王君廓召集一部分人，在夏县（今山西夏县）、长平（今山西高平）一带烧杀抢掠，河东丞丁荣率军追剿王君廓，派人前去招降，王君廓见到使者，假意应允归降。丁荣掉以轻心，率部队登山，王君廓命令手下人埋伏在山谷之中。丁荣部队返回时，遭到王君廓袭击，丁荣大败。

王君廓曾与韦宝、邓豹等人袭掠虞乡（今山西永济），隋将宋老生派兵攻杀，王君廓大败，退保方山（今山西方山）。宋老生军队列阵围攻，王君廓粮食缺乏，诈请归降，与宋老生隔涧说话，言辞哀婉凄切。宋老生被他感动，放松了对王君廓的攻击。王君廓乘夜色掩护，率兵全部逃掉。

唐高祖李渊起兵反隋，派人招抚他，王君廓不从，归附瓦岗寨义军首领李密。李密知道这人的根底，对他很不尊敬，待遇又低，王君廓便又归附李渊。李渊封他为常山郡公，授上柱国，任河内（今河南沁阳）太守。后来迁任辽州（今山西左权）刺史，封上谷郡公。

唐军攻打洛阳，王君廓随军作战有功，被朝廷封为右武卫将军，赐杂彩百段。王君廓积极作战，攻下轘辕（今河南偃师）等地，击破王世充部将魏隐，又袭击敌人粮道，将敌军沉入水中。

王君廓后来因功晋爵彭国公，镇守幽州，北击突厥获胜。他入朝进见，李渊赐给他自己所乘坐骑，特许他骑马出宫，以此作为特殊奖励；赐给他锦袍玉带，还镇守幽州。

二、制造混乱　从中取利

武德九年（626），李世民杀李建成、李元吉。幽州大都督庐江王李瑗因与太子李建成关系密切，在王君廓的怂恿下起兵造反，王君廓看透李瑗无能，想制造混乱，趁机杀掉李瑗，再平定叛乱，以此来建立自己的功勋。但李瑗先下手，夺王君廓兵交由另一将领王诜指挥。王君廓一见李瑗想夺取自己的兵权，他便抢先下手，率数名骑兵到王诜居处。他嘱咐手下人站在门外，听到呼声马上闯入。然后，王君廓自己进去寻找王诜，诈称有急事报告。王诜当时正在洗澡，听到后握着头发急匆匆走出来，被王君廓当场所杀。

韩干《照夜白》

杀掉王诜，王君廓

立即带人捉拿李瑗，迅速派人报告唐太宗。唐太宗称赞王君廓平叛有功，命他出任幽州都督。李瑗所有家人资财全部赏与王君廓。王君廓进位左光禄大夫。

王君廓任幽州都督后，更加藐视国家法律，胡作非为，长史李玄道试图用朝廷法律约束他，王君廓猜忌心日重，认为朝廷有处置他的意思，唐太宗召他入京进见。李玄道是宰相房玄龄的外甥，托王君廓捎信给房玄龄。王君廓私下拆信，不认识草书字体，怀疑他告发自己的不法行为。走到渭南（今陕西渭南），王君廓杀掉驿站官员，逃往突厥，路上被人杀掉。

唐太宗考虑王君廓生前立有战功，派人收尸安葬，家人不予追究。御史大夫温彦博认为，王君廓已成为叛臣，应当免去所有封赏。唐太宗同意，朝廷下诏，削去王君廓所有封号，贬为庶人。

交河道行军大总管侯君集

侯君集（？～643），唐初将领，二十四功臣之一。豳州三水（今陕西旬邑）人。侯君集一生，起步平庸，但在动乱争战之时，始终效命于皇上，所以能够平步青云，后来率军远征，克敌制胜，确实有功于国，然而他又弃前功而构后罪，贪赃任性，直至图谋造反。入图凌烟阁，是他的荣耀之处，被斩十字街，是他咎由自取的必然结局。因此古人说：“君子建立功勋，仍然谦和低调，不自我炫耀；小人侥幸得到显位，反而会招致自己的毁灭。”

一、出将入相　宠遇一时

侯君集个性轻浮，华而不实，爱好弓箭却不善射，但仍然自称勇敢有武功。侯君集一开始就进入李世民的秦王府，多次随军出征，历任左虞侯、车骑将军，封全椒县子。虽然没有多大战功，但因他是秦王府的老班底，所以渐渐受到重视，请他参加谋划议事。玄武门事变时，他也是主要的策划者之一。李世民即位后，升为左卫将军，因功进封潞国公，赐食邑一千户，不久又拜为右卫大将军。

贞观四年（630），侯君集升为兵部尚书，参与讨论国家大事。征讨吐谷浑伏允时，太宗命李靖为西海道行军大总管，侯君集和任城王李道宗为副总管。贞观九年（635）三月，唐军到达鄯州（今青海乐都），侯君集对李靖说："我军已来到这里，而敌军还没有逃出险境，现在应该选拔精锐骑兵，长驱直入，攻其不备，一定可以获胜。如果不依此计，敌人见我大军压境，一定会暗地远走，那样的话，山高路远，人地生疏，我们再想打击他，就难了。"李靖采纳了他的建议，选拔精锐骑兵，轻骑简装长途奔袭。李道宗追上了伏允的大队人马，在库山一带交战破敌。伏允的轻骑兵逃进大沙漠地带躲避唐军，李靖将兵马分为两路予以围剿。李靖与薛万均、李大亮走北路，侯君集与李道宗走南路。南路军翻山越岭，跋涉两千余里，其间通过荒无人烟的地区，这里盛夏之时天降霜雪，山上积雪终年不化。后又转战经过星宿川，直至柏海，常常遇敌展开遭遇战，每战得胜，缴获甚多。他们向北望见了积石山（今青海东甘肃南之间），看到了黄河的源头，然后转折，与李靖一路在大非川（今青海西）会师，扫平吐谷浑后回师长安。

贞观十一年（637），侯君集与长孙无忌等一同受到世袭的封赐，并且授陈州刺史，改封陈国公。一年后拜为吏部尚书，进位光禄大夫。侯君集出身于行伍军旅间，向来没有认真读过书，担负重要职务之后，开始阅读经典书籍，了解选拔、推荐人才的法律以及考察官吏的措施，出外为将，入朝为相，一时之间颇有声誉。

二、战胜高昌　贪婪财宝

西部地区的高昌王曲文泰阻断了唐朝通往西域的商贾之路（后称丝绸之路）。太宗通知曲文泰到长安来，曲文泰以有病为借口不肯入朝。太宗便命侯君集任交河道行军大总管率兵，征讨高昌王。曲文泰得知唐军将要兵临其地，对他的民众说："唐国距离我们七千里，中间有两千里沙漠地带，无水缺草，冬天寒风凛冽，夏天风如炎火，凡是大风吹到的地方，行人多数死亡，常常是一百人结队而行也没有一个人能够穿过沙漠，怎么能够通过大军呢？即使是来到了我们的城下，我们闭门不与交战，他们最多支持二十天，吃完了粮食，军队必然像鱼一样四处溃散，到那时我们便可去收捕俘虏了。"

侯君集率大军走到碛口（今新疆轮台地区）时，曲文泰病死，他的儿子曲智盛袭位。侯君集兵到柳谷（今新疆吐鲁番西北），侦察兵报告说曲文泰近日就要安葬，他的国民都要去送葬。众将领建议趁机袭击。侯君集说："皇帝派我们出征是因为高昌王傲慢无礼，让我们予以惩罚，如果趁人丧葬之时去打击，就不是替天行道的问罪之师了。"于是进军攻打田地城（今新疆柳中县)。敌军依赖高墙壁垒，据城自守。侯君集规劝他们投降，敌人不听。侯君集便调用善于制作攻城器械的士兵，制成推撞车、抛石车，全部用以攻城。由于车多石多，不断发射，石如雨下，守城的敌兵站立不住，城内的人用毡被遮挡也都无济于事，于是攻破一城，俘获男女七千余口，又进军其都城。

智盛走投无路，便给侯君集写信说:“得罪大唐天子的是我的先王，他已经受到了上天的惩罚。我本人袭位不久，不知该怎样表示认错，希望尚书大人宽容。”侯君集答复:“假如你愿意悔过，就开门投降。”智盛还是坚守不出。侯君集便令士卒填平护城河，又用抛石车向城内抛石，并且架起十丈多高的敌楼，俯视城中动静，行人及飞石打中的地方都看得一清二楚。每打中一处地方或行人，唐军都高声呼喊，并向地面的发石处报告好消息。原先，高昌王曲文泰与西突厥欲谷设曾经约定，如遇外敌则互相帮助。但是欲谷设听到侯君集引大军临境的消息后，立即向西逃出一千多里。智盛失去了救援力量，只得开门投降。侯君集分兵到各部落中实行管制，而后刻石纪功，带着智盛及其主要将吏返回长安。

唐代贴金铠甲骑马俑

侯君集战胜高昌之初，没有奏请朝廷便自作主张委任管理人员，又私自拿了高昌王府中不少宝物，众将士知道后也争先恐后地盗窃宝物。侯君集明知将士的行为，但怕人告发自己，因此不加制止。回到长安以后终于有人揭发了这些事，太宗大怒将他逮捕入狱。这时，中书侍郎岑文本向太宗上书，讲了许多道理，说明功臣大将不应轻易问罪。太宗便释放了侯君集。

三、心怀怨恨　谋反被诛

侯君集自认为两番出征西域，有了大功，没想到因贪污而被囚禁，虽然已被释放，但心情郁闷，快快不乐。功臣张亮由原职太子詹事被调出朝廷，任洛州都督。侯君集认为是受到了排挤，便以打抱不平的口气问张亮："他们凭什么排挤你？"张亮说："这只是你的看法，你想怪怨谁呢？"侯君集说："我有安邦定国之功，仍然感受到排挤，像这样窝窝囊囊地活着，真不是滋味。"他忽然拉住张亮的衣襟放低了声音说："你敢不敢造反？我和你一齐行动。"张亮将此事秘密报告太宗，太宗说："你与侯君集都是功臣，他单独与你说这些话，再没第二个听见，如果送到司法部门去办理，他一定不承认，没有旁证，这事情就不好办。"太宗便将此事压下，对待侯君集一如既往。在凌烟阁图画功臣像时，将侯君集列为其中之一。

同年，侯君集参与太宗长子李承乾的谋反集团，他们招聘壮士、刺客，预谋暗杀太宗，或率军进攻皇宫。侯君集为此事焦虑不安，往往睡梦之中突然跳起来，长时间地唉声叹气。他的妻子感到奇怪，便对他说："你是国家的大臣，为什么这个样子呢？一定有缘故。如果你有不对的地方，辜负了国家的重托，应该及早主动认罪，那样或许能保你不杀。"侯君集摆摆手，不予理睬。

不久，李承乾的阴谋被人揭发，所有的参与者都被逮捕入狱。太宗亲自对侯君集说："朕不想让刀笔小吏去审问你、污辱你，所以亲自来审查你的事。"侯君集无言以对。太宗对文武百官说："过去国家尚未安定时，侯君集东征西伐，确实有大贡献，朕不忍心将他法办。想保留他一条性命，你们的意见呢？"众大臣说："侯君集的罪行，为天地所不容，必须诛杀才能维护法律。"太宗对侯君集说："那朕只能与你诀别，从今以后，只能看你的遗像了。"说着流下泪来。

侯君集临刑前从容不迫，对监斩官说："我哪里是要造反呢？不过道路坎坎坷坷走到了这个地步。然而我毕竟当过大将，破灭二国，多少也有些功劳，请转告皇上，希望保留一个儿子。"当时他知道会株连全家，满门抄斩，所以提出这一请求。太宗听说后，特意开恩，留下了他的妻子和一个儿子，把他们迁到岭南（今广东钦山港）附近去居住。

左武卫中郎将苏定方

苏定方（592～667），唐初名将，冀州武邑（今河北东南部）人。父苏邕，历任匡道府折中、左武卫中郎将、左骁卫大将军等职。谥号"庄"。早年曾参加反隋义军，唐朝建立后跟随唐太宗李世民对西部侵扰唐朝的少数民

苏定方

族匈奴进行多次打击，有力地巩固了唐朝边境的安全。后又指挥大军参加平定百济的战争，立有卓著战功。

一、保郡安民　御寇靖边

苏定方的父亲苏邕，隋朝末年天下大乱时，组织民间兵勇数千人保卫郡县，抗拒外来作乱武装的入侵。那时苏定方还是个十几岁的少年，但他彪悍有力，勇猛善斗，跟随父亲征讨匪寇，常常率先攀登城围，冲锋陷阵。父亲去世之后，郡守又令他带领乡勇民兵，继续保郡安民。匪首张金称流窜入境，在郡南一带杀掠百姓。苏定方闻讯，率众进剿。张金称根本不把他放在眼里，及至兵器相接，才感到非同小可，于是使出浑身解数，猛打狠杀。苏定方则出阵，充分发挥其灵活矫健的特长，拼过几个回合之后，瞅准对方一个空子，手起刀落，将张金称斩于马下。进而扫清了郡南的匪患。不久，流寇杨公卿率众抢掠郡西地区，苏定方便去郡西寻战，这一伙流寇望风而逃，苏定方率众追击，疾驰二十多里，砍杀、俘虏大部分匪徒，于是郡西安定。

郡县官吏和乡民百姓看到苏定方虽然年少，却有爱民之心、过人之勇，因此都信赖他，称赞他。

唐太宗李世民即位后，苏定方应征参军，为匡道府折冲都尉。贞观四年(630)，随兵部尚书李靖出征讨伐突厥颉利可汗。到达碛口（今甘肃境内）后，李靖派苏定方率二百骑兵为前锋，快速先行。苏定方出发时浓雾弥天，茫茫荒野竟然看不见十步之外的景物，更辨不清方向。幸亏军中有多年守边的老兵引路，他们才没有迷途。走到距离突厥军营一里远的地方，雾散天晴，突然发现颉利可汗的牙帐已近在眼前。苏定方顿时精神大振，大喊一声，便如疾风扫叶似地直冲敌营，斩杀近百人。颉利可汗携义成公主狼狈逃走，其余兵卒有逃有抗，看到李靖率大军赶来，全部投降。回师以后，苏定方被任命为左武卫中郎将。

显庆元年（656）十二月，苏定方跟随左卫大将军程知节出征西突厥沙钵罗可汗阿史那贺鲁，任前军总管。走到鹰娑川（今新疆伊宁市境），两万突厥兵前来迎战，总管苏海政出阵交锋，互有胜负。这时敌方又来了两万援兵。正在歇马的苏定方隔着一座小山望见尘土飞扬，判断前方战事紧张，于是立即率领五百骑兵，疾驰十几里杀人战场。突厥兵溃败逃窜，他又追击二十里，杀敌一千五百人，缴获马两千匹。死马及遗弃的盔甲旗帜漫山遍野，不可胜计。副大总管王文度嫉妒苏定方的功劳，对程知节说："虽说打跑了敌众，但是官军的伤亡也不少，胜败还没有决定。依我之见，我军从今天起，须结成方阵，将辎重围在中心，四面列队，人马披甲戴盔，不论何时，遇敌即战，这样可保万全。"与此同时，他又对众将领假传圣旨，说程知节恃勇轻敌，让他予以节制。于是命令军队不许深入，只准慢慢向前移动。结果所有的将士终日跨马，披甲列队，人人疲惫不堪，毫无斗志；马匹拥挤，水草时断时续，瘦死累倒的与日俱增。

苏定方看到这种情况，心中又急又气，实在忍耐不住了，便向程知节提出久蓄于胸的建议，说："我们本来是出征讨伐敌人的，可是现在却一味地结阵自守，人乏马饿，遇到敌人肯定失败。胆小害怕成这个样子，还能立什么功呢？现在你是大将军，一切应该听从你的指挥。王文度自称另有圣旨让他发号施令一事，没有根据，令人怀疑。依我之见，应立即拘捕王文度，火速上报朝廷。"程知节没有采纳苏定方的意见。行至恒笃城时，有一支突厥军主动前来投降，王文度说："这些人一旦见我军离去，他们便故态复萌，又来侵扰，不如全部斩首，我们得其财产。"苏定方当即反驳道："我们出兵的名义是讨伐盗贼，这么做不是我们自己也成了强盗吗？这还叫什么讨伐叛乱？"王文度以副大总管的身份压下了他的驳斥意见，竟然杀死了归降的突厥兵众。瓜分其财物时，唯有苏定方拒不接受。后来回军长安，王文度的所作所为终于被揭发出来，依法处斩。

二、远征贺鲁　献俘朝廷

显庆二年（657），苏定方被提拔为行军大总管，奉命再次出征西突厥。任雅相、回纥婆润为副总管。他们由金山（今阿尔泰山）向北进军，先打处木昆部落，获胜之后继续前进。突厥懒独禄率领一万多帐兵众前来归降，苏定方予以抚慰。贺鲁率胡禄屋、五弩失毕等部兵马共十万多人，抗拒官军。苏定方率回纥与汉兵一万多人进攻。贺鲁看到苏定方的军队人数少，便想一口吃掉，指挥他的大军将苏定方团团包围。苏定方令步兵据守南面的小坡，自成圆阵，一齐手持长矛向外御敌，他带着汉军骑兵在靠北面的小坡上列阵以待。突厥兵先去攻击步兵，一连三次没有冲破圆阵，双方均有伤亡。这时，苏定方突然发起攻击，步兵也配合反击，打乱了层层包围，突厥兵溃退奔逃，苏定方又追击三十多里，杀人马数万。

第二天，苏定方整顿了兵马继续追击，胡禄屋与五弩失毕无奈，率众投降。贺鲁与另外几个头目带着数百名骑兵向西逃走，苏定方下令再追。当时大雪纷飞，平地积雪二尺，众将领建议等待天晴，苏定方说："敌人眼见大雪封路，估计我军不能前进，一定正在休息，这种时候我们才能追上他，如果等待天晴，他们又跑远了。所以现在我们只能争取时间，不辞辛苦，远征建功，正在此时!"将士们在他的激励下踏雪夜行。追至伊丽水（今伊犁河）畔，再次展开激战。苏定方大显神威，突厥几乎全军覆没，贺鲁仅带十几个骑兵乘夜逃脱。苏定方派副将萧嗣业跟踪追击，一直追到石国，将贺鲁生擒。

大军凯旋而归，高宗登楼阅兵，苏定方穿起军装，带着俘虏贺鲁献上朝廷。隆重的仪式使他光耀京都。贺鲁的辖地归入唐王朝版图，设立州县，边界扩展到西海（今青海湖）。苏定方以功勋卓著升为左骁卫大将军，封邢国公，并封其子苏庆节为武邑县公。

唐代彩绘贴金天王俑

三、奔袭都曼　登城百济

显庆四年（659）冬季，思结阙俟斤都曼先以武力统一了邻近的部落，而后带动疏勒、朱俱般、葱岭三国同时叛乱。朝廷命令苏定方为安抚大使，率兵讨伐。苏定方到达叶叶水时，都曼据守马头川。苏定方掌握到准确的情报后，便选择精兵一万人、马三千匹，以长途奔袭的战术出击，一天一夜行军三百里，天明时已到城西十里的地方。都曼上城一看，只见兵马渐至城下，于是大惊失色，赶忙召集兵卒出城抗拒，不久便败退回城。先头官军在外门扎下营盘。入夜，大军陆续到达，将城堡四面包围。同时就近伐木取材，制作攻城器具，摆放在城下。都曼看到这一切，自知插翅难逃，只好出城投降。

回到长安后，因高宗当时正在东都洛阳。苏定方随即带着都曼抵达洛阳，献俘于乾阳殿。吏部官员依据法律定都曼死罪，苏定方出面请求说：“我曾答应不杀都曼，人家才肯投降，免去了许多人的死伤，因此请保留他的性命。”高宗说：“为了成全你的信誉，我只好法外开恩了。”

显庆五年（660），苏定方授熊津道大总管，率水陆军十万征伐百济。苏定方自成山（今山东泰安南）入海，至熊津江口，遇敌挡路，便上到东岸，依山傍水摆开阵势，便于交战。其时后续战船源源不断地扬帆而来。百济兵败，死数千人，其余的人各自逃命。当时正遇涨潮，大船乘势入江。苏定方在岸上指挥，水陆并进，直驱真都。在离城二十里的地方，百济集中全国的兵将齐出抵抗，结果仍然不堪一击。苏定方率军追击，斩杀俘虏一万多人，进而包围其城。百济王家族内部发生争权矛盾，王孙率先出城投降，百姓也跟着投降。苏定方命令士卒强行登城，竖起官军的旗帜，城主终于开门投降。平定百济后，将其划分为六州。苏定方又带着百济王及太子献于东都。

苏定方前后扫荡三国，都生擒其主，献俘阙下，所得赏赐不可胜计。乾封二年（667）病逝，享年七十六岁。高宗李治事后听到汇报，表示追悼惋惜，立即下诏赠幽州都督，谥号“庄”。

右骁卫大将军契苾何力

契苾何力（？～677），唐初将领。铁勒部人。祖先是铁勒部的酋长，父亲契苾葛继位为“特勒”。契苾何力是杰出的少数民族将领。他忠心耿耿，志向坚定，身陷异邦，坚贞不屈，以致感动得太宗也为之落泪；他智勇兼备，出将入相，临战则善于捕捉战机，讲和则能洞悉其虚实真伪；对待突厥九姓的叛乱，能化干戈为玉帛，达到不战而胜的境界。他立大功，受封赏，居显位，皆理所应当。他的成功，证明了唐太宗的民族政策是英明正确的。

一、善抓战机　深明大义

契苾何力的父亲契苾葛为铁勒部的酋长，称为特勒，铁勒部落与吐谷浑相邻，经常受到它的侵扰，又地域狭小而多有疫病，所以迁入龟兹热海（今新疆库车一带）。父亲去世时，契苾何力才九岁，因而降号称为大俟利发。贞观六年（632），契苾何力跟随母亲率领一千多户人家移居沙州（今甘肃敦煌西)，向唐太宗上书表示内附。太宗便把他们的部落安置到甘、凉二州（今甘肃高台以东地区)。契苾何力长大成人，入京朝拜时，授左领军将军。

贞观七年（633)，契苾何力与凉州都督李大亮、将军薛万均一同奉命出征吐谷浑。大军到达赤水川（今甘肃武威）后，薛万均率领少数骑兵先行探敌，结果误入敌人的包围圈，受到突然攻击。薛万均、薛万彻兄弟都被长枪刺中落马，只能徒步抵御、拼搏，士兵有十之六七的人战死。契苾何力听到这一消息时，立即带领数百骑兵驰往战地，突破包围进入中心，只见薛万均兄弟血染甲衣，带伤战斗，只有招架之功而无反击之力。契苾何力大喊一声，去救薛万均兄弟，然后又纵横奋击，左右砍杀，把敌人打退。薛万均兄弟因此得救。

当时吐谷浑的首领在突沦川，契苾何力主张出兵进攻，薛万均因为出师不利而心有余悸，坚决反对出兵。契苾何力说："敌人并没有城郭可据，他们是逐水草而移居，如果我们不趁他毫无防备时去袭击，恐怕他们会像鸟惊鱼散一样，流窜四方，一旦失去这样的机会，怎能再有机会倾巢歼灭他们呢?"薛万均仍然固执己见，于是契苾何力自选精兵一千多骑，直接奔往突沦川，打破吐谷浑的战地指挥部，斩首数千级，缴获驼马牛羊二十余万头。吐谷浑王在少数人的保护下逃脱，契苾何力俘虏了吐谷浑王的妻子儿女返回。

太宗收到这方面的战地报告后，派使者到大斗拔谷慰劳得胜之军。薛万均当着皇帝特使的面不顾事实，编造假话，贬斥契苾何力，而将许多功劳据为己有。契苾何力越听越气愤，当听到彻底否定他的话时，他觉得忍无可忍了，便拔刀而起，想把这个颠倒是非、信口雌黄的家伙一刀杀死，多亏了众将领一齐起来拉住了他，又一再劝说，才制止了风波。

太宗听了使者的汇报之后，便召契苾何力查问详情。契苾何力如实汇报了薛万均从战败到争功的过程。太宗大怒，要夺薛万均官职转给契苾何力。契苾何力坚决推辞，说："因为我而解除薛万均的职务，恐怕四方的番族听到后，误以为陛下您重番轻汉。再说，夷狄之众多数无知，他们还会以为汉人的臣相都是这种人呢。所以说这不是安定大局、息事宁人的做法。"太宗觉得他的话有理有节，便不再强行撤换，但令契苾何力任北门宿卫、检校屯营事，并与临洮县主结为夫妻。

契苾何力分析形势，鞭辟入里，讲论人情，深明大义，对待像薛万均那样恩将仇报的本军将领，他能宽怀忍让，受到太宗和群臣的称赞。

二、身陷延陀　心如铁石

贞观十四年（640），契苾何力任葱山道副大总管，出征高昌，得胜而归。当时，他的母亲姑臧夫人和他的弟弟贺兰州都督沙门都在凉州。太宗允许他去探望母亲，同时带有抚巡部落的任务。其时薛延陀部逐渐强盛，契苾部落中不少首领想归薛延陀。何力回到部落中听到这种意见时感到吃惊，便对众首领说："当今皇上对你们都有厚恩，对我更加重用，我们哪能忍心背叛他呢？"众首领说："我们的都督可敦及已经归降了延陀，我们还有什么不可以的呢？"何力说："我的弟弟沙门，既有孝心又有能力养活母亲，我已经以身许国，无论如何也不能背叛唐朝归降延陀！"众首领见他态度如此坚定，知道不可说服，只能挟持，于是干脆把他捆起来，一直送到延陀可汗的牙帐。

一路上，契苾何力大骂不止，面对延陀可汗，他故意很傲慢地坐在地上，听到问话也不回答。忽然间他拔出佩刀向东方（唐朝所在的地方）大声呼喊："哪有大唐烈士到番邦受辱之理，天地日月，愿知我心！"遂即要引颈自刎，幸而延陀的副将近在咫尺，就在他举刀之时，强扼其腕，众人上前扭住胳膊夺下刀来，使他自杀不成。延陀可汗见他如此顽强，便下令斩首，可汗妻子极力劝止，说应慢慢劝降。但是几天之后他还是割下了左耳朵，以此表明矢志不移。

长安城里，太宗只听说何力到了延陀部落，但不知是怎样去的，他认为绝非何力的本意。有人说："人心都乐于归乡。何力如今归入延陀，就像鱼之得水一样。"太宗反驳说："不然，此人心如铁石，肯定不会背叛朕。"当时正有来自延陀的使者，详细讲述了何力的表现，太宗听着听着，止不住落下泪来，只说出一句："契苾何力究竟如何！"便派兵部侍郎崔敦礼持节出使延陀，答应为可汗许配公主，以此换回契苾何力。契苾何力回到唐朝后，立即拜为右骁卫大将军。

太宗既然答应薛延陀许配公主，便择日聘送。契苾何力上表提议暂停。太宗说："天子无戏言，既然已经承诺，怎么可以不算数呢？"契苾何力说："皇上言之有理。我的本意是延缓婚事，而不是说不履行承诺。婚礼是大事，女婿应该亲自来迎娶。我们可以通知延陀来。纵然他不敢到京城来，起码应到灵州（边城）。我估计他不敢来，这样，娶亲结婚就没有准定的日期了，他必然因此忧愁郁闷，用不了一年，内部就会自相猜忌。他若死去，两个儿子必定争权相斗。我们坐以待变。"太宗接受了他的意见，便先派使者通知了延陀。延陀害怕上当受骗，果然不到灵州迎亲，此后闷闷不乐，一年而死，两个儿子互不相让，各立为王。

三、义释仇敌　息戈九姓

贞观十九年（645）太宗出征辽东时，以契苾何力为前军总管。军队到白岩城（今辽宁辽阳东北）外即被敌兵包围，契苾何力率众奋战，被长矛刺中腰部，伤情严重，流血甚多，太宗亲自为他敷药调理。

不久，攻克白岩城，太宗下令搜捕刺伤何力的人，结果抓住了高突勃，经审问对证确实是他，便把他交给了契苾何力，让他亲自斩杀，以报重伤之仇。契苾何力不同意处死高突勃，对太宗说："犬马还懂得各为其主，而况人呢？他上阵作战也是为主而来，况且敢于迎着刀光剑影来刺我，可见是个忠勇之士。我们原本互不相识，哪里有什么冤仇呢？"于是就释放了高突勃。

贞观末年（649），契苾何力以昆丘道总管，带兵征讨龟兹，俘获龟兹王布失毕及众首领。他的忠君观念分外强烈，以致太宗死后要杀身殉葬，幸有高宗的开导抚慰，才免于早殇。

永徽二年（651），契苾何力以弓月道大总管，带兵平定处月、处密的叛乱，生擒处密统帅时健俟斤、合支贺等。显庆二年（657），升为左骁卫大将军，封郕国公兼检校鸿胪卿。后以辽东道大总管出征高句丽，到达鸭绿江时，高句丽王男生率精兵数万沿江据险抗拒，先期到达的军队渡不过去，双方隔江对峙。契苾何力与后续部队到达时，正遇冰封水面，于是擂鼓进军，大破敌兵，追击数十里，斩首三万级，其余的也都投降。

同年，契苾何力又以铁勒道安抚大使，选拔精锐骑兵五百人，驰赴突厥九姓之中，突厥人十分惊奇，看他们不像进攻的样子，但却是一支军旅。何力对他们说："国家知道你们因内部纠纷而发生了叛乱，派我来向你们宣布：这次叛乱罪在酋长，而不在兵众，只要你们不再盲从，改过自新，就还是好弟兄。"九姓兵众都觉得有道理，于是联合捉拿特勒、叶护等煽动反叛的两百多人，契苾何力将他们带回长安，历数其罪而后诛杀。此番出行未动大军而平定九姓。

乾封元年（666），高句丽拥众十五万屯于辽水，又引靺鞨军数万据守南苏城，虎视唐朝边境。契苾何力以辽东道行军大总管兼安抚大使带兵出征。分兵两路齐头并进，都大破敌军，斩首万余级，继而乘胜前进，攻克七城。然后回军与英国公李勣在鸭绿江会师，联兵进占辱夷、大行二城。李勣驻军于鸭绿栅，契苾何力引番汉兵五十万先抵平壤，李勣相继而至，一举攻克平壤城，生擒男建及其大小王。

回军之后，契苾何力授镇军大将军，改封凉国公，检校右羽林军。仪凤二年（677）病逝，赠辅国大将军、并州都督，陪葬昭陵，谥号“烈”。

右领军郎将薛仁贵

薛仁贵

薛仁贵（614～683），唐代名将。名礼，以字行，绛州龙门（山西河津）人。唐太宗、高宗时期历任右领军郎将、左武卫将军、瓜州长史、检校代都督等职。他东征西讨，屡建奇功。后因将帅不和、交战失利削职，晚年复出，又立新功。在民间传说中，他的故事颇富传奇色彩。

一、白衣先锋 危难见忠

薛仁贵出身农户，家庭贫困，种田为业。贞观十九年（645），薛仁贵曾打算迁移祖坟以兴家业，他的妻子柳氏说：“我看你是个有出息的人，应该抓住机遇求取功名，怎能单靠祖先的庇荫呢？当今天子征伐辽东，正在招募将士，这是千载难逢的时机，何不借此一显身手，日后取得了荣华富贵，再来迁坟也不迟。”于是薛仁贵便到将军张士贵部下报名应征。

唐太宗李世民出兵辽东，御驾亲征。各路兵马依次进军。薛仁贵所在的部队于当年六月抵达安地（今辽宁盖县东北），正遇唐军郎将被敌人围攻，眼看支持不住。薛仁贵虽经长途跋涉，鞍马劳顿，但还是向将军请求出战，张士贵考虑一来应该援救危在旦夕的本军，二来可以通过实战考察新兵，即使失败也无伤大雅，且其勇气可嘉。于是薛仁贵立即跃马出阵，直冲敌营，杀一员敌将，将其首级挂在马鞍上，继续拼杀。敌军将士，赶紧躲避。薛仁贵由此便闻名于全军。

当官军进攻安地城，高句丽将军高延寿、高惠真率领二十五万兵马迎战，他们依山傍水安下军营。唐太宗命令众将领分兵由四面围攻。薛仁贵立功心切，有意穿了一身白色衣服，手持长戟，腰挂弓箭，呼啸率先冲向敌阵，所到之处，无人敢与交锋，敌兵纷纷后退或闪躲，官军乘势掩杀，初战告捷。站在远处观战的太宗，特派骑兵跑到阵地上去问，穿白衣裳的先锋是谁，然后专门召见了仁贵，赐马两匹、绢四十匹，当即授游击将军、云泉府果毅，并赐奴仆十人。

大军返回之后，太宗再次召见薛仁贵，感慨万千地说："以往同我一起征伐的将领都已经年纪大了，难以承担军旅之任，我常常注意选拔英勇出众的武将，我不因征服辽东而高兴，高兴的是得到了你。"于是薛仁贵升为右领军郎将。

永徽五年（654）闰五月，长安地区天降暴雨。当时，高宗李治在万年宫住宿。一天夜里，山水猛涨，冲决河堤，又直冲玄武门。水势汹涌，浊浪如潮，而且继续猛增，水中不时传出求救的呼声。这时，守卫玄武门的宫城卫兵被滔滔洪水吓坏了，一个个争先逃命。

其时薛仁贵正在北门之外，被涛声惊醒后，出门一看，只见山水已经漫过膝盖，大街上急流拥浪，暴雨雷电之中男女哭喊声、牛马哀嚎声响成一片，一些破旧的民房轰然倒塌。然而宫城之内却毫无动静。他先蹚水去找卫兵，结果一个也没找见，他大骂卫兵："哪有危及皇上之时，还怕死逃命的道理？"这时他看到大水包围了宫城，而且从大小孔道灌进去。他急切地打门，门不开；呼唤，无人应。一旦宫墙被冲毁，后果不堪设想。他急中生智，登上一个门楼，向宫院内大声呼喊，终于惊动了宫人。宫院内也已漫平了大水，众人赶忙唤醒高宗，冒雨转移到高阁之上。不一会儿大水便灌满了他的寝宫。高宗感到一阵后怕，惊魂未定之中想到，要不是及时离开那里，恐怕是在梦中便成了淹死鬼。事后他听到报告说，大水冲毁无数民房，淹死居民兵卒共三千多人。同时听宫城官员说，那天夜晚，多亏了薛仁贵呼喊，要不然宫中损失与外界无异。高宗立即派人去向薛仁贵传达他的话："只因为听到你的呼唤，朕现在才避免了遭水淹，才知道有忠臣啊！"同时赐御马一匹，表示嘉奖。

二、三箭定边　平定辽东

显庆二年（657），薛仁贵以副总管之任与营州都督程名振（大总管）出征高句丽，在贵端城（今辽宁境内）打败敌军，斩首三千级。第二年，与梁建方共同领兵再次出征高句丽，在辽东横山（今辽宁辽阳华表山）与高句丽大将温沙门相遇。薛仁贵单骑出阵，张弓搭箭便射，敌军阵前数人立即应弦而倒。高句丽军中也有几个射手，射杀官兵十几人。薛仁贵不再放箭，直接朝射手冲去。几个射手惊慌失措，弓箭也掉在了地上。薛仁贵便把他们生擒回本阵。

此后，薛仁贵又与辛文陵一齐带兵在黑山（今辽宁西南部）与契丹交战，擒契丹王阿卜固及其众多首领，献俘东都，以功封爵河东县男，拜为左武卫将军。

龙朔二年（662）三月，薛仁贵领兵出征突厥九姓（回纥、仆固、浑拔、野古、同罗、思结、契丹等部），出发前夕，高宗设宴饯行，宴会上高宗令人取出甲衣来让薛仁贵试射，说："据说古时候的射手能射穿七层，今天让你射五层。"薛仁贵一箭洞贯五层，高宗命人取出坚硬厚重的铠甲赐予他。薛仁贵率众抵达天山（今新疆中部），突厥九姓联合十万兵卒抗拒。敌军选出几十名勇猛的将士先来挑战，薛仁贵连发三箭，射杀三人，剩下的慑于薛仁贵的气势，一齐下马投降。薛仁贵恐怕留有后患，就把这些人全部活埋，而后安抚其大军，擒获叶护兄弟三人，班师回朝。将士们高兴地唱道："将军三箭定天山，战士长歌入汉关。"自此以后，突厥九姓渐次衰弱，再不敢轻易袭扰唐朝。

乾封元年（666），高句丽大将泉盖男生派遣使者到长安，向高宗表示愿意率众归附唐朝，但他的弟弟泉盖男建却坚决反对。于是高宗便派将军庞同善、高侃等前往高句丽援助泉盖男生。他们一入高句丽境，便遇到泉盖男建的阻击。朝中又令薛仁贵带兵前往增援。庞同善等先到新城，夜晚受到袭击。薛仁贵火速带领部分精兵猛将赶赴新城，斩首数百级，其时庞同善等已转移到金山（今辽宁海城县东），又被敌人打败。泉盖男建兵众乘胜前进时，薛仁贵率兵从侧面出击敌军，斩首五万余级，同时攻克南苏、木底、苍岩三城，与泉盖男生相会。

高宗收到军情报告后，亲自写了嘉奖令，表彰薛仁贵"身先士卒，奋不顾命，左冲右击，所向无前"，同时鼓励全军乘胜前进。于是薛仁贵带领两千人进攻扶余城（今朝鲜成川），众将领都说兵员太少，薛仁贵说："兵不多而在精，更在主将善用兵。"于是他带兵出发。遇到十倍于自己的敌军，薛仁贵仍然毫不畏惧，迎头痛击，杀获一万多人，攻克扶余城，结果扶余川四十多个城堡都望风请降。薛仁贵又进一步扫清海路，与辽东道行军大总管李勣会师于平壤城。至此，高句丽平定，归附于唐朝。

侍御史贾言忠自辽东返回长安后，高宗问道："辽东诸将谁最贤能？"回答说："薛仁贵勇冠三军。"于是高宗便命薛仁贵率兵两万与刘仁轨一起留守平壤，授薛仁贵右威卫大将军、封平阳郡公，兼检校安东都护。薛仁贵移治于新城，施行仁政，抚恤孤老残病，选拔任用有才干的人，表彰忠孝节义之行，高句丽的各阶层民众欣然接受教化。

三、战败革职　古稀复出

咸亨元年（670）四月，吐蕃出兵攻陷西域十八州，占领龟兹、于阗、焉耆、疏勒四镇。薛仁贵奉命任逻娑道大总管，率领将军阿史那道真、郭待封等出兵征讨。郭待封曾任鄯城（今青海西宁）镇守，职位与薛仁贵平等，如今却在薛仁贵之下，于心不甘，因此多次不听指挥。大军进至大非川（今流入青海湖的布哈河），准备向乌海进发，薛仁贵对郭待封说："此去乌海道路遥远且多险阻，行车艰难，如果带着全部辎重物资，势必进军缓慢，就会贻误战机，再说打败敌人之后便又返回，再度转运多有繁难，那一带地区多有瘴气，不宜久留。因此，我们只要在大非岭上筑栅安营，留兵两万分为两栅，守护所有的辎重，同时出精兵轻装简行，打他个措手不及，就可以打败敌人。"于是薛仁贵便率轻骑先行，在河口大破敌兵，收其牛羊万余头（只），返回乌海城。

负责留守的郭待封没有听从薛仁贵的安排，并未建栅安营，而是带领辎重缓慢地继续跟进，快到乌海城时，遇到吐蕃二十余万兵力的打击，郭待封战败逃入山林之中，军粮及所有辎重物资全部落入敌手。薛仁贵的前军得不到后勤补给，只好退守大非川。吐蕃增兵到四十余万，漫山遍野地包抄官军，结果薛仁贵兵败，伤亡殆尽。薛仁贵被迫与吐蕃大将论钦陵签订了讲和条约，而后以败军之将，身带械具遣送回京，因其原有功勋，免于死刑，但被革职。

开耀元年（681），多年以后高宗忽然想起了年届古稀的老将薛仁贵，于是召进宫中予以慰问，说："当年九成宫（即万年宫）遭遇水灾，如果没有你，朕早变成鱼了。你又北伐突厥九姓，东击高句丽，使漠北、辽东之地，开始接受教化，这都是你的功劳啊。你虽然也有过失，但朕怎么能忘记你呢？有人说你在乌海城下之所以失败，是因为你疏忽大意放跑了敌人。如今西部地区时有动乱，瓜、沙路（今甘肃安西东至新疆吐鲁番）被阻断了，难道你还能高枕无忧，不愿为朕去指挥吗？"薛仁贵为高宗的一席肺腑之言、信任之情所感动，当即表示愿意为主分忧，再上征程。于是授瓜州长史，又拜右领军卫将军，检校代都督。

薛仁贵率军出征突厥，在云州与元珍相遇，元珍问："对面唐军，统帅是哪位？"答道："薛仁贵。"元珍不信："他流入象州早死了，哪还有什么薛仁贵！"薛仁贵摘下头盔，元珍手下大将纷纷下马辞揖，起身离去，薛仁贵抓住战机，展开进攻，斩首一万余级，俘获两万余人，驼马牛羊三万余头。

永淳二年（683）二月，薛仁贵病逝，享年七十。赠左骁卫将军。

[illegible]

[illegible]

[illegible]

[illegible]

[illegible]

文臣大吏

唐太宗一朝文治取得大成，除了宰相辅佐得力外，一干文臣也功不可没。刘文静作为李世民的好友，首倡起义，是唐朝开国功臣；戴胄忠直体国，多次犯颜直谏，对于朝政正确处理起到重大作用。另外，还有许多封疆大吏，他们对于巩固唐政权也有卓著贡献。如杨恭仁，他长期在边地任职，耐心抚慰少数民族，使其心悦诚服，边境安定。

民部尚书刘文静

刘 文 静

刘文静（568～619），唐开国功臣，是李世民的好友。字肇仁，京兆武功（今陕西武功）人。在隋任晋阳令，与李世民交好，极力促成李渊父子起兵，立有首倡起义大功。唐朝建立后，他的最高官职是民部尚书，因此心生不满，嫉妒裴寂位高而受礼遇。后因口吐怨言，被诬陷为谋反，在裴寂的谗毁下被杀。

一、交好世民　首倡起兵

刘文静的父亲刘韶仕于隋朝，战死，追赠上仪同三司。刘文静因为是“烈士”的子女，继承了父亲的爵位。大业十二年（616），刘文静任晋阳令，与晋阳宫监裴寂友好。有一天，裴寂叹息说：“贫贱到如此地步，又赶上世事离乱，靠什么得以保全呢？”刘文静笑道：“天下的形势是可以预知的，我们二人志同道合，何必担心贫贱？”

李渊镇守太原，刘文静觉察到李渊志向不小，便主动与李渊交往，于是见到了李渊的次子李世民，把他比作汉高祖刘邦、魏武帝曹操一般的人物，刘文静与李世民结为好友，来往密切。他对裴寂说：“李世民不是一般人，性格豁达如汉高祖刘邦一类，神态威武如魏武帝曹操，年纪虽轻，却是通世大才。”裴寂开始并未对刘文静的话在意。

刘文静因犯有与瓦岗寨义军首领李密联姻的罪，被关在太原的监狱里。李世民去探望他，刘文静说：“天下大乱，没有汉高祖、汉光武帝那样的才能是不能安定天下的。”李世民说：“怎么知道没有这样的人？只是人们看不出来罢了。我来探望您，不是出于儿女情长，而是打算和您商议大事。您有什么谋划吗？”刘文静说：“如今皇帝到南方巡游江、淮，李密包围逼近东都，群盗大概得以万来计算。在这个时候，若有真天子驱使驾驭这些人，夺取天下易如反掌。太原百姓为躲避盗贼都搬入城内，我做了几年县令，了解其中的豪杰之士，一旦把他们收拢来，可得到十万人。您父亲所率领的军队又有几万人，一言出口，谁敢不服从！以此兵力乘虚入关，号令天下，不过半年，帝王之业就可以成功。”李世民笑道：“您的话正合我的心意。”于是他就暗中部署宾客，李渊不知道这些事。李世民怕李渊不答应，犹豫了很久，不敢向李渊说。

李渊和裴寂有旧谊，二人常常在一起宴饮交谈，有时昼夜相连。刘文静想让裴寂为他们向李渊说通关节，于是就引见裴寂和李世民结交。李世民拿出自己的私房钱几百万，让龙山令高斌廉与裴寂赌博，渐渐输给裴寂，裴寂非常高兴，由此每天与李世民一起交游往来，情谊日深。李世民把自己的意图告诉裴寂，裴寂许诺劝说李渊。

二、制作伪诏　功劳显赫

正逢突厥人侵犯马邑，李渊派高君雅率兵与马邑太守王仁恭同力抗击突厥人。王仁恭、高君雅与突厥交战不利，李渊怕一起被治罪，非常忧虑。

刘文静、裴寂趁机鼓动李渊：“公守卫山西，这里汉夷交会，麻烦太多，要想不出事是不可能的，眼下您的一位部将战败，您就受牵连遭弹劾，情况如此危机，此时不起兵，更待何时?”李渊已经准备起兵了，但此时朝廷有诏，赦免了李渊，这事便作罢。

李世民命刘文静制作一篇伪“诏书”，说要征发太原、西河、雁门、马邑二十至五十岁的男子入伍，到涿郡集结，要去攻打高句丽。当时，百姓厌恶征辽，都害怕一去不返，所以“诏书”发出，人心惶惶，准备造反的人越来越多。裴寂曾偷偷让宫女侍奉李渊，这是杀头之罪。因此，刘文静以此胁迫裴寂，来劝李渊起兵。刘文静对裴寂说：“先发制人，后发制于人，您为何不早劝唐公起兵，却推迟拖延不已？况且您身为宫监，却用宫人侍奉宾客，您死也就罢了，为什么要误了唐公呢?”裴寂极为恐惧，屡次催促李渊起兵。

此时，正值刘武周起兵叛隋，李世民便以攻打刘武周为名大肆招兵买马。李渊的僚属王威、高君雅不肯阿附李渊，在危急形势下坚定不移。刘文静唆使开阳府司马刘政会以王、高二人的名义写了一篇号召造反的文件。李渊与王威、高君雅坐在一起处理政务，刘文静引着刘政会进来立在厅堂上，声称有秘事报告。李渊用眼睛示意王威等人取状纸看，刘政会不给，说：“告发的是副留守的事，只有唐公才能看。”李渊佯作吃惊地说：“难道有这样的事?”他看了状子才说：“王威、高君雅暗中勾结突厥人入侵。”高君雅捋起衣袖大骂道：“这是造反的人要杀我。”这时李世民已经在大路上布满了军队，刘文静就和刘弘基、长孙顺德等人一起将王威、高君雅抓起来投进监狱。

李渊正式起兵，任命刘文静为司马，刘文静主张与突厥始毕可汗联络，请求突厥出兵相助，答应将缴获的隋城男女、财物归突厥所有。始毕可汗大喜，出兵两千人助李渊。李渊见此大喜，对刘文静说："不是公何以至此?"

不久，刘文静率兵与隋将屈突通大战于潼关，与其将桑显和苦斗，杀死敌军几千人。隋军士气低落，刘文静遂以奇兵从后掩杀，桑显和军大败，当时，屈突通兵尚有几万，准备引军向东，刘文静命将领追击，抓获了他。因为此功，刘文静升任大丞相府司马，进光禄大夫、鲁国公。

三、结怨裴寂　被诬谋反

李渊扫平天下群雄、登上天子位后，刘文静被封为纳言。当时，唐高祖李渊常与贵臣同榻而坐。刘文静向高祖进言："我们中国一向重视尊卑，如今陛下位尊九五，大臣们都时常跟陛下同榻而卧，还直接称呼陛下的名讳，这不利于树立皇帝的威严。"高祖说："我和这些人多年在一起，习惯了，一时间还改不过来。"

刘文静随后又立下了许多军功。薛举自称秦帝，率军攻打唐朝属地泾州，刘文静以元帅府长史之职与司马殷开山一起出征，结果惨遭大败。刘文静回到京师，被除名，薛举死后，其子薛仁杲继位，刘文静再次随大军前往讨伐，平定薛仁杲后，他被封为民部尚书，跟随秦王李世民镇守长春宫。

裴寂时已出任宰相，而刘文静不过任民部尚书一职。刘文静认为自己的才智谋略超过裴寂不止一两个档次，不但首倡举义，而且军功多多，但裴寂与高祖是多年的酒肉朋友，借晋阳宫监的身份之便，把许多宫女进献给高祖，明明是一个佞幸之臣，但他的官爵和被重视的程度都在刘文静之上，刘文静因此心中十分不乐。在朝廷讨论政务时，刘文静故意反驳裴寂，裴寂赞同的，刘文静必定反对，还经常欺凌羞辱裴寂，二人于是结下怨恨。

一次，刘文静与弟弟刘文起喝闷酒，酒醉后愈加气闷，拔剑击柱，大叫："一定要杀了裴寂!"他家中屡有怪异现象，便召请巫师作法驱邪，巫师在星光下披发衔刀，张牙舞爪，看起来十分阴森恐怖。刘文静的一个妾因为失宠，把这一怪事告诉哥哥，说刘府上下在舞刀弄枪，准备谋反。她的哥哥向朝廷举报了，刘文静被逮捕下狱。

高祖指派裴寂、萧瑀审理此案，刘文静据实上奏："当初在大将军（李渊）府我与裴寂官职相当，而今裴寂官至仆射，拥有优于众人的府第，赏赐不计其数，我的官衔与所受的赏赐却与众人没什么两样，还东征西讨，老母留在京师，风风雨雨无所庇护，几乎穷得家无隔夜粮，所以，的确心有怨恨。因喝醉了酒，而口出怨言，并无叛逆之意。”高祖说：“他说这样的话，明明就是叛逆!”李纲、萧瑀申明刘文静没有叛逆的意思，秦王李世民强调说刘文静最先谋划国家大计，推动举义，现在任用待遇与别人悬殊太大，心里有怨气，但绝不是谋反，应该赦免。高祖早就对刘文静不满意，裴寂又趁机进言：“刘文静这人太诡诈，又心狠手辣，反形早已暴露。如今天下还没有彻底平定，留着他恐怕是个祸害。”高祖于是杀掉刘文静，其弟刘文起也同时被杀，刘家被抄家。刘文静临刑时，捶胸大叫：“飞鸟尽，良弓藏，终于应验了!”

太宗贞观三年（629），恢复刘文静官爵，由他的儿子刘树义继承鲁国公的封号，娶太宗的公主，成了驸马。但他怨恨自己的父亲被杀，准备谋反，结果事泄被杀。

吏部尚书杜淹

杜淹（？～628），唐初文臣。字执礼，京兆杜陵（今陕西西安）人。父杜业，为北周豫州刺史。父杜征，为河内太守。他是太宗朝著名宰相杜如晦的叔父。

杜淹才学广博，思维敏捷，二十岁就有美名。隋文帝杨坚在位时，杜淹跟他的好朋友韦福嗣商量：“当今皇上特别喜欢擢用隐逸之士，比如苏威（隋文帝时宰相）就先是隐居而后得到皇上的重用，当了这么显要的官。”于是两个人一同隐入太白山，走“终南捷径”。但是这招居然不好用了，隋文帝对杜淹故意隐居以博官职这一事很是厌恶，不但不召他为官，还把他贬到江西。后来遇到国家大赦，杜淹才得以回到长安。当时，高孝基任雍州司马，推荐杜淹担任承奉郎一职，升到御史中丞。

大业末年（617），王世充称帝，把杜淹调到吏部任职，对他加以重用。王世充兵败降唐，杜淹因为是王世充伪政权的官员，所以不被任用，他想投靠太子李建成。当时封德彝主管选拔官员的事务，把他介绍给房玄龄，房玄龄觉得他人才难得，向秦王李世民报告，秦王遂任用他为天策府兵曹参军、文学馆学士。在一次御宴上，他当场做诗，作得非常好，唐高祖赐给他一只银钟。庆州总管杨文干造反，牵连到太子李建成，但朝廷把罪过都归结于杜淹、王珪、韦挺，把他们一起流放越嶲（今四川越西）。秦王李世民知道杜淹是冤枉的，送他黄金三百两作慰问。

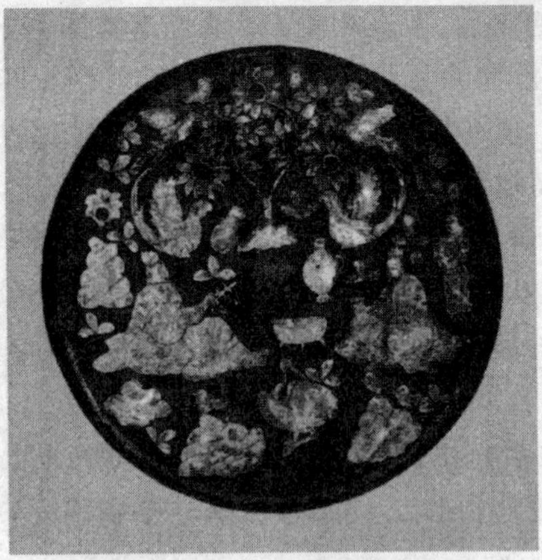

唐代花鸟人物螺钿铜镜

太宗李世民登基，召还杜淹，任命为御史大夫，封安吉郡公。杜淹向太宗奏称，各部门的文件，事务处理拖延，可以由御史对各部门进行监督检查，以提高办事效率。太宗征求宰相封德彝的意见，封德彝说："设置各个部门，就是要它们各司其职，御史的职责是纠察违法乱纪，如今杜淹却要挑剔追查各部门工作的细节，这太苛刻了，还有侵权的嫌疑！"杜淹默不作声。太宗说："你有什么反驳的吗？"杜淹回答说："封德彝所说事关国体，我心悦诚服，也就没什么可说的了。"太宗很为他的坦城大度而高兴。杜淹学问深厚广博，办事干练，太宗指令东宫的所有典章、礼仪、文书之类的事务，都由杜淹决定。

不久，杜淹任检校吏部尚书，开始参与朝廷核心事务。杜淹在任荐举了四十多人，这些人后来表现都很优秀。杜淹向太宗举荐郅怀道，太宗问郅怀道有什么突出事迹。杜淹说："郅怀道在隋朝廷任吏部主事，炀帝要到江南游玩，群臣纷纷表示赞成，只有郅怀道坚决反对。"太宗问："那时候你说了什么呢？"杜淹说："我跟大家意见相同。"太宗批评道："任职朝廷，要敢于冒死劝谏皇帝，不隐瞒自己的意见，你既然认同郅怀道的观点，为什么那时候不能直言不讳？"杜淹告罪道："我的职位卑下，没有与皇帝争论的资格，更担心劝谏皇帝不听，白白送死，没有任何作用。"太宗说："这就更不对了。你既然知道自己追随的君王不贤明，不肯接受劝谏，那你还有什么理由在朝廷做他的官？既然做了他的官，却不肯全心全意为他做事，这算得上是忠臣吗？"太宗又问大臣，让大家发表意见。王珪说："比干谏纣王而被杀害，孔子赞美他是仁人君子，泄冶谏陈灵公也被杀害，但孔子却说：'众人都是邪僻之士，你就没有必要与众不同。'"太宗继续追问杜淹："你在隋朝，官职不高，不受重用，不给它出力可以理解，但王世充却对你又亲近又重用的，你好像也没替他做过什么。"杜淹说："我当然是说过的，但我的意见不被采用。"太宗说："王世充刚愎自用，善于掩饰自己的过错，把过错推给臣下，你怎么能够没有受到伤害呢？"杜淹终于无话可说。太宗说："朕现在可以算是重用你的吧，你进谏过吗？"杜淹说："宁可拼上性命，绝不违心说假话。"

贞观二年（628），杜淹生病，太宗亲自到他家慰问。杜淹死后，朝廷追赠他为尚书右仆射，谥号为“襄”。杜淹生前在朝中身任二职，是朝中显贵，但他的名望却与身份不相等，人们不认为他廉洁清白；相反，倒有很多批评他的议论。

民部尚书皇甫无逸

皇甫无逸（生卒年不详），唐初文臣。字仁俭，京兆万年（今陕西西安）人。

其父皇甫诞，在隋朝时担任并州总管府司马。汉王杨谅造反，逼他追随，皇甫诞不肯，被杨谅杀掉。皇甫无逸当时正在长安，听到汉王杨谅造反后，他在旁边痛哭。别人惊问缘故，他回答说：“我父亲平生最重气节，一定不会苟且偷生。”皇甫诞遇害的消息果然传来。隋炀帝感慨皇甫诞忠诚于他，追赠为柱国、弘义郡公，特封皇甫无逸为平舆侯。

隋时，皇甫无逸曾任淯阳（今河南南阳）太守，考课政绩为天下第一，后迁任右武卫将军。隋炀帝巡游江都（今江苏扬州），命皇甫无逸镇守洛阳。隋炀帝被杀死后，他与段达、元文都等人立越王杨侗为帝。王世充后来准备篡权称帝，皇甫无逸逃往长安。追兵赶上他，皇甫无逸说：“我即使被杀死，也不能同你们做叛逆之事。”他把腰中金带扔到地上，声明将这个送给追兵，大家各讨方便。众追兵下马争抢金带，皇甫无逸乘机逃跑。

唐代三彩文臣俑

皇甫无逸来到长安，唐高祖李渊因他是隋朝大臣，厚加礼遇，特拜他为刑部尚书，封为滑国公，皇甫无逸历任陕东道行台、民部尚书、御史大夫。

当时，蜀地刚刚平定，官吏大多横行不法，重利盘剥，搞得民不聊生。朝廷命皇甫无逸持节巡抚，有权根据情况任免官吏。他到四川后，罢黜贪官污吏，使用廉善人才，从此各级政府法令严明，蜀地社会秩序安定。

皇甫希仁在背后告状，说皇甫无逸因老母妻子尚在王世充处，所以暗中勾结王世充。李渊斩皇甫希仁，命给事中李公昌快马驰报皇甫无逸。不久，又有人告皇甫无逸勾结萧铣。当时皇甫无逸与行台仆射窦琏不和，趁此机会上表自陈，同时列举窦琏罪行。朝廷派刘世龙、温彦博调查有关事宜。结果，皇甫无逸无罪。朝廷斩杀告状之人，罢黜窦琏，皇甫无逸回到京师长安，唐高祖李渊慰劳他说："以前你受到许多谗言诽谤，都是因为你太正直了，被奸人憎恨的缘故。"皇甫无逸顿首谢罪。李渊哈哈大笑，说："你不负朝廷，谢什么罪啊？"

皇甫无逸后拜民部尚书，又出任同州（今陕西大荔）刺史，再迁益州（治今四川武都）大都督府长史。他无论到何处，处理完公务后，均闭门不通宾客。左右无人敢于随便出入，府内所需物品，都到别处购买，不从本地取用。他清廉耿直，但也过于畏惧审慎，每次上奏表章，别人读几十行，还看不懂他的明确意见。有时刚遣使者上路，又急忙派人追回，反复多次，才能放心地让使者进京。

皇甫无逸的母亲住在长安，后病危。唐太宗李世民命令驿站快马召回皇甫无逸。皇甫无逸忧惧担心，不能进食，路上染病，不治而死。

皇甫无逸死讯传到朝中，朝廷追赠礼部尚书，赐谥号为"良"。

光禄大夫唐俭

唐俭（579～656），唐初文臣。字茂约，并州晋阳（今山西阳曲）人。北齐尚书左仆射唐邕的孙子。父亲唐鉴，隋朝戎州刺史。

唐俭少时落拓不守规矩，然而对待长辈，颇有孝心。

隋末，唐鉴与李渊同管禁卫军，两人交情甚好。所以，唐俭得以常与李渊之子李世民交往。李渊做太原留守时，唐俭对李世民说："现在隋王室昏乱，可以乘势让它更乱，乘乱取而代之。"李世民把这些话告诉了李渊，李渊密召唐俭，唐俭详细地向他分析了当前形势，以及立业的可行性。他说："明公日角龙庭，李氏又在图谶上（当时盛传李氏将取代杨氏），天下瞩目于公，就在今朝。如果公能打开府库，南面招收豪杰，北面招抚戎狄，东向收燕、赵之地，西向长驱渡过黄河，占据秦、雍之地，海内之权，便可指日而取。希望公能顺应众望，那么实现像商汤、周武王那样的伟业就不远了。"李渊说："商汤、周武王不是我敢比的，我从私讲是要保全性命，从公讲是要拯救动乱之世。你暂且注意一下言行，我要考虑考虑。”

等李渊开府设官，授唐俭为记室参军。李世民为渭北道行军元帅，任命唐俭为司马。李渊攻克长安，唐俭被封为光禄大夫、相国府记室。李渊建唐后，任命唐俭为光禄大夫，封晋昌郡公。武德元年（618），又升唐俭为中书侍郎，加授散骑常侍。

唐代四铁人之一

刘武周进犯中原，唐高祖李渊派唐俭及永安王李孝基、工部尚书独孤怀恩、陕州总管于筠等率兵前往征讨，结果，唐军大败，唐俭与李孝基、于筠等人均被俘。在这之前，独孤怀恩曾与他的部下元君实谋反，元君实被俘后与唐俭关在一起，元君实对唐俭说：“古人云‘当断不断，反受其乱’。如果当初独孤怀恩起兵的话，何至于今日。”不久，独孤怀恩逃出敌营，又掌管了兵权。唐俭担心独孤怀恩会反叛，命亲信带密信上报朝廷，当时唐高祖正要去独孤怀恩的防地，见信后大惊，急忙返回京城，将谋反者捕获。经审讯确有谋反之实，独孤怀恩自缢而死，其他党羽都被诛杀。不久，李世民击破刘武周部将宋金刚，追至太原，刘武周害怕，逃往突厥，唐俭于是封其府库，收兵甲，都交与李世民。唐高祖对唐俭大加赞赏，认为他身陷囹圄，而不忘朝廷，于是授唐俭为礼部尚书，封为莒国公，并将他的画像挂于凌烟阁。

贞观初年，突厥颉利可汗屡犯边境。唐太宗李世民派唐俭前去说服颉利可汗，突厥军亦有归降的打算，因而戒备松懈，大将李靖趁机率兵深入，一举全歼颉利可汗的军队，彻底解除了突厥给唐朝廷带来的威胁。唐俭也趁两军混战之时，脱身还朝，因功授为民部尚书。

唐俭晚年一直在朝中处理政事。有一次，他和唐太宗出去围猎，突遇一群野猪，太宗一连射死四头野猪，有一头窜到唐太宗的马前，唐俭见情势危急，下马与野猪搏斗，唐太宗在马上拔剑杀死野猪。唐太宗见唐俭惊恐的样子，对他说：“你带兵打仗，身经百战，怎么如此惧怕一头野猪。”唐俭回答说：“陛下在马上定天下，勇武神威，难道还与一头野猪逞雄。”唐太宗一听，十分高兴，围猎结束后，封唐俭为光禄大夫，又命其子唐善识娶豫章公主为妻。

唐俭位居高官，深受宠用，儿子又娶了公主，一时间荣宠无比，不禁骄纵起来。他常大摆宴席，与宾客纵酒为乐，却将职务弃之一边。为了谋利，他还托盐州刺史张臣合购买他命人放养的羊，遭到御史弹劾。唐太宗念及旧情，赦免其罪，将他的光禄大夫之职罢免。

显庆元年（656），唐俭去世，终年七十八岁。

工部尚书李大亮

李大亮（586～644），唐初文臣。京兆泾阳（今陕西泾原）人。祖父李琰，曾任西魏度支尚书。李大亮文武兼备，有勇有谋，胆识过人。他为县令，召集逃亡百姓，鼓励开垦土地，使农业大获丰收，百姓安居乐业。他忠厚谨慎，不贪财物，多次将皇上所赏财物分给亲戚。宰相房玄龄认为他有汉代名臣周勃的风度气节。

一、文武兼备　胆识过人

李大亮勤奋好学，身具文才武略。在隋朝末年，任将军庞玉的行军兵曹。瓦岗寨义军首领李密率军攻打洛阳，庞玉战败，李大亮被擒。李密部将张弼与李大亮交谈，惊异于他的才干，把李大亮保护起来，使他得以免死。

李渊入据关中，李大亮前去归附，被任命为土门（今陕西富平）县令。当时全县饥馑，县内多有盗贼。李大亮召集逃亡百姓，抚慰贫困人员，卖掉自己的坐骑，用以赈济百姓。他鼓励、帮助人民开垦土地，勤于耕种。当年，农业大获丰收，百姓安居乐业。李大亮率人平定境内盗贼，境内得以安宁。秦王李世民正式发布文告奖励他。

后来，一部分北方少数民族势力南侵，李大亮揣度自己境内实力有限，无法与敌人作战，于是，他只身前往敌营，与敌人统帅畅叙，敌人统帅敬佩他的才华胆略，答应率众退走。李大亮杀掉所乘马匹，请敌帅进食，自己徒步返回。李渊赞赏他的胆识，听说后非常高兴，升李大亮为金州（今陕西安康）总管府司马。

王弘烈占据襄阳，朝廷派李大亮镇抚樊（今湖北襄樊）、邓地区。李大亮击溃王弘烈，夺取十余座城池。以功迁安州（今四川安县）刺史。后来，朝廷派他巡察广州，李大亮走到九江（今江西九江），遇到辅公祏造反，他用计擒获叛将张善安。辅公祏围困猷州，刺史左难当据城固守。李大亮率兵击走叛军，以功升任越州都督。

李大亮显贵后，常思报答张弼的救命之恩。当时张弼任将作丞，得知此事便躲藏起来不肯见他，李大亮很长时间也未寻找到他。有一天，李大亮在半路上遇见张弼，李大亮抱住张弼大哭，感谢他的大恩大德，要把自己的家财全部给他，张弼拒不接受。李大亮便对皇上说："臣能事奉陛下，是张弼之力，愿将臣的官爵授给他。"皇上遂升张弼为中郎将、代州都督。世人都称赞李大亮受恩能报。

二、忠厚谨慎　直言进谏

贞观初年（627），李大亮迁任交州（今广西苍梧）都督，封爵武阳县男，后召还京师，授任太府卿，又出任凉州（今甘肃武威）都督。在凉州任职期间，有宫中使者在他那里见到名鹰，婉言暗示他把这名鹰进献给皇帝。李大亮密表上奏唐太宗李世民："陛下停止打猎已经很长时间了，宫中使者却向臣索求猎鹰。如果是陛下的旨意，则违背皇上过去的训导；如果是使者擅自索求，则是陛下用人不当。"唐太宗对李大亮能够直言进谏感到很高兴，不但亲笔回信感谢，还赏赐一些礼物。信上书："有臣如此，朕还有何忧？古人称一言之重等同于千金，如今赐给你一个胡瓶，虽然不值千金，但是朕自己御用之物。"

当时突厥败于唐军，太宗想招抚四境少数民族，有归降唐朝的，各赐袍一领，赐帛五匹，部落首领拜任将军、中郎将，位居五品官员者，将近一百余人，朝廷还想将归降的少数民族迁居中原，下诏任李大亮为西北道安抚大使，派他前去招抚十余部尚未归附的部族。李大亮上疏说："臣听说要安定远方，首先必须巩固近处。中国是天下的根本，四方少数民族如同枝叶。残毁根本、肥厚枝叶却想求安是从未有过之事，陛下还封官给他们，这岂是长治久安之计？各地部族归附，只应使他们各居本地，畏威怀德，才是行虚惠、收实福。河西深受少数民族抢掠之苦，州县萧条，加上隋末世乱，更加荒芜残破。臣希望停止招附，省却劳役，使边疆人民能安心耕种，这是中国之利啊！"太宗接受了他的建议。

贞观八年（634），李大亮任剑南道巡察大使，朝廷征讨吐谷浑，又任他为河东道行军总管，与大将军李靖率军从北道行军，他们在青海境内与敌军相遇。两军交战，唐军大胜，俘虏吐谷浑部族首领，获各种牲畜数万头。李大亮以功晋爵为武阳县公。后来又任右卫大将军、太子右卫率，兼任工部尚书。李大亮身兼三职宿卫两宫，每当他当值常整夜不睡。唐太宗说："有公在我得以酣睡。"

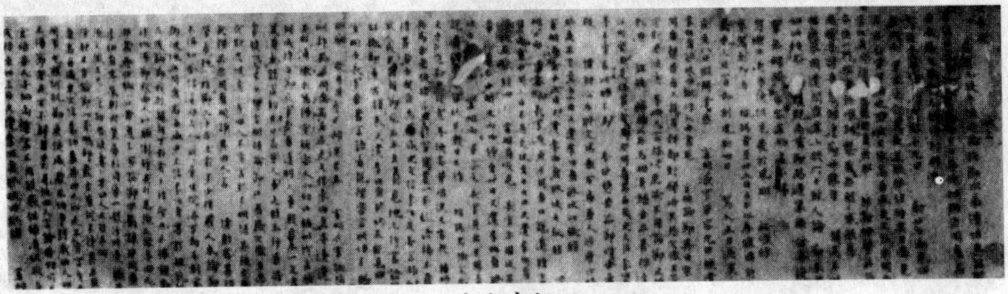

唐代官报

起初，李大亮击破辅公祏时，因为战功被赏赐给一百多个奴婢，李大亮说："这些人都是官宦人家的子女，不幸家破人亡，我怎能忍心让他们做奴隶呢?"于是，将这些人全部遣散。唐高祖听说，称赞了他，又另赐奴婢二十名。后来，李大亮击破吐谷浑，唐太宗又赐给他一百五十个奴婢，李大亮将他们全部分给亲戚。

李大亮生性忠厚谨慎，外表木讷，但内心耿直刚烈，他在天子面前争论是非曲直，从不曲意逢迎，无原则顺从。贞观十八年（644），太宗到洛阳视察，命李大亮协助房玄龄留守长安。与李大亮共事的房玄龄称赞他有汉代王陵、周勃的风度气节，凛然不可犯，可以把国家大事托付给他。李大亮生病，唐太宗特赐医药慰问，李大亮谢恩，上表请皇上停止征伐辽东，又建议朝廷注意建设关中地区。

不久，李大亮去世，享年五十九岁。家中没有珠宝玉器，只存米五斛，布三十匹。唐太宗闻讯落泪，朝廷追赠李大亮为兵部尚书、秦州都督，赐谥号为"懿"，陪葬昭陵。

文学馆学士薛收

薛收（592～624），唐初文臣。字伯褒，蒲州汾阴（今山西万荣）人。父薛道衡，任隋内史侍郎。

薛收幼年时被过继给叔叔薛孺。他十三岁能做文章，因为生父薛道衡无辜被炀帝杀害，便立志不任隋朝之官。他曾被郡中荐举为秀才，但他不接受。隋末义军四起，薛收遁入首阳山，准备响应义军。蒲州通守尧君素知道了，就把他的母亲"请"到城里，以要挟薛收。薛收无奈，只得回城。后来尧君素与称帝洛阳的王世充联军，薛收遂逃出城，归附唐。房玄龄时任秦王府记室，他极力向秦王李世民推荐薛收，秦王召见了他，向他询问方略。薛收侃侃而谈，议论纵横，使秦王很满意，让他任秦王府主簿，出任陕东大行台郎中。秦王兴兵讨伐王世充，军务繁多，薛收撰写檄文布告等，现场写作，如同事先打好草稿一样迅速，不用修改。

秦王率军包围了洛阳，占据河北称帝的窦建德远道前来救援王世充，围东都的诸将建议按兵不动，观察敌军形势。薛收独自向秦王献策说："不能按兵不动，王世充占据东都，东都一向富庶，府库财物充实，而士卒都是来自江淮一带的精锐部队，可以说王世充既有兵又有钱，只是缺粮，他一定急于决战，但我们只是围城并不响应他的决战。现在窦建德远道而来，也会尽出其精锐之兵，一定带来很多粮草，如果让两支部队会师，士气就骤然高涨，洛阳一带的平定又得推迟几个月。我们应该分出兵力围困洛阳，深沟高垒，只困守不出战，由大王您亲自督帅精锐之兵先占据成皋险要之地，然后厉兵秣马，等待窦军前来，以逸待劳。那时，窦建德将士都已经很疲劳，与我军的精锐交战，我们取胜是必然的，那么不用十天半月，两个国君都可以擒获了。"秦王采纳了薛收的计划，最终俘获了窦建德，王世充被迫投降。

攻克洛阳后，秦王到隋炀帝的皇宫观看，叹息炀帝无道，倾尽人力满足自己奢侈的需求，薛收进言说："高房画墙，殷商所以灭亡；茅屋土墙，唐尧之所以盛昌。秦始皇大建阿房宫，所以灾祸来得快；汉文帝停建露台，所以汉帝国就国运长久。炀帝不明白这些道理，一心奢侈，残民以逞己欲，结果死在奸臣的手里，被后世耻笑，建造这些豪华奢侈的宫殿却不能归自己所有。"秦王觉得他说得非常深刻，很是器重他。不久，授官天策府记室参军。薛收跟随秦王平定刘黑闼，封汾阳县男爵。薛收曾经上书谏阻秦王停止打猎，秦王回答说："看了你的奏章，知道你的良苦用心，俗话说两车明珠不如一句良言。"赏赐他四十个黄金锭。

秦王曾陪唐高祖李渊游览后园，获得白鱼，命薛收写献表，薛收挥笔而就，不假思索，当时之人都称赞其文思泉涌。武德六年（623），薛收以本官兼任文学馆学士，与房玄龄、杜如晦一起蒙受殊礼，同为秦王心腹。

武德七年（624），薛收病重，秦王派人慰问，使者接连不断，秦王仍然放心不下，亲自骑马奔向薛府慰问。薛收不久去世，时年三十三岁。秦王痛哭一场，写信给薛收的侄子薛元敬："我与你叔叔伯褒共在军旅中并肩驰骋，共同谋划大事，如今他却忽然作古。伯褒家贫子弱，请你多加关照，以免叫我挂怀。"派遣使者吊祭，赠予帛三百匹。其后在图画学士像时，秦王不禁惋惜薛收死得早，没有在其中。李世民即位后，对房玄龄说："薛收如果在世，朕将任他为中书令。"太宗还梦见薛收音容笑貌，一如平生，感伤之后，赐给薛家粟、帛以作慰藉。贞观七年（633），追赠定州刺史。永徽年间（650～655），又追赠太常卿，陪葬昭陵（太宗之陵）。

薛收的儿子薛元超，九岁继承爵位，长大后，十分好学，善于做文章。薛元超娶巢剌王李元吉的女儿和静县主，任太子舍人。高宗继位，升任给事中，多次陈述朝政得失，高宗赞许他的意见，并加以采纳。转任中书舍人，弘文馆学士。后升任中书侍郎，同中书门下三品，也就是成了宰相。儿子如此有出息，薛收可以含笑九泉了。

御史大夫韦挺

韦挺（约 588～646），唐太宗时文臣。京兆万年（今陕西西安）人。父亲韦冲，在隋官任民部尚书。

韦挺之父与太原留守李渊是同僚，关系很好，因此，韦挺少时得以常到李渊家中走动，他与李渊长子李建成常一起玩耍，关系友好。李渊父子起兵，韦挺参与义军。攻下京城长安后，李渊称帝，李建成被立为太子，韦挺任陇西公府祭酒。后来，韦挺出任太子右卫骠骑，检校左卫率。太子对他礼遇优厚，东宫臣僚无人能和他相比。武德七年（624），高祖在仁智宫避暑。有人说太子和东宫臣僚谋反，另外庆州刺史杨文干因大逆罪处以死刑，供词也牵连太子。高祖袒护太子，只斥责东宫臣僚，因此韦挺和杜淹、王珪等都被流放越嶲（今四川越西）。武德九年（626），李世民被立为太子，将韦挺召回拜授主爵郎中。贞观初年（627），王珪屡次推荐韦挺，升任尚书右丞。不久，升任吏部侍郎、黄门侍郎，拜授御史大夫、扶阳县男。韦挺辞让道："臣愚笨，不可以玷辱高位，并且既非功臣也非旧臣，却位在藩邸故僚（指秦王府官员）之上，希望把我的职位让出来，用来劝勉有功之人。"太宗李世民不听。

太宗十分宠遇韦挺，韦挺之女嫁与太宗之子、齐王李祐为王妃。太宗让韦挺与宰相房玄龄、王珪、魏徵、戴胄等经常陪在自己身边，以备顾问，让他参与商议国家大事。韦挺又受命与高士廉、令狐德棻等大臣编修《氏族志》，多次受到赏赐。太宗曾经对韦挺说："卿能任御史大夫，是朕一意促成，左右大臣没有为卿说话的。卿一定要努力，不要辜负朕。"

由于隋朝大乱，风俗败坏，人们不知教化，韦挺上疏说："父母的恩情，上天不能相比；母亲的创巨之痛，终生不能忘记。如今士大夫家族，忌日不哭，说是重丧；亲朋前来吊唁，还不陪着哭吊。另外闾里普通人家，每有重丧，不立即发布丧讯，先到陵邑的社庙，等营办器具之后，才开始发丧。以至于借用车马，雇赁棺椁，送葬场面大讲排场。下葬完以后，邻里聚集在一起宴饮，喝酒喝到酣醉，还把这叫做'忠孝'。夫妇之道，是国家教化的根本，所以有三天不熄烛火、不行乐的说法。如今婚嫁开始，繁杂演奏音乐，使婚宴转化为狂欢宴。官府因循民间习俗，也不颁布律令禁止。希望一切能惩戒革新，申明礼法。"太宗深以为然。不久，韦挺再次任黄门侍郎兼魏王李泰府事。当时李泰深得帝宠，而太子李承乾多有过失，太宗想废掉太子，改立李泰，把废立的想法告诉杜正伦，杜正伦泄露了此言，被贬官。

当时，韦挺也参与议立李泰之事，太宗对韦挺说："朕不忍心再以法来处置你。"便宽恕了他，命他任太常卿。

当初，韦挺任御史大夫时，马周任监察御史，韦挺认为马周是一介寒士，对马周不是很尊敬。等到马周任中书令，太宗打算洗刷韦挺的罪名任用他为宰相。马周说韦挺一向刚愎自用，骄傲自大，不是任宰相的大器，于是此议作罢。贞观十八年（644），太宗准备明年讨伐辽东，挑选主办运送粮饷的人，马周说韦挺之才能胜任粗活，太宗同意。韦挺的父亲原是营州总管，曾筹划谋取高句丽，有关辽东的基本资料还保留着，藏在家里，韦挺呈上，太宗高兴地说："从幽到辽两千里没有州县，我军无处取得食物，你为朕办理这事。假使我军军用不缺乏，就是你的功劳。你自己挑选四品的文武官员十人使用，取幽、易、平三州精锐士卒和马匹各两百随从。"于是下诏河北各州都受韦挺节制调度，允许他自行决断事务。太宗亲自解下貂皮衣并将宫中的车马赐给他。

韦挺到达幽州（今北京西南），派遣燕州司马王安德开挖渠道，又拿出幽州府库财物，购买木头，修造漕船，转运粮食。自桑乾水抵达卢思台，前进了八百里，渠道堵塞不可通行。韦挺认为正是严寒时节，不可运行。于是卸下米放在卢思台的旁边，修粮仓贮藏，等到开春流水解冻再装船继续运行。韦挺向太宗报告说："估计官军到时，粮食就能运到。"太宗很不高兴："军队宁可行动迟缓，运粮之事却不可推迟。朕准备十九年春军队出征，但韦挺要到二十年再运粮，看样子韦挺不知哪年哪月才能把粮食运到呢！"于是下诏叫繁畤令韦怀质迅速前往查问。韦怀质返回弹劾韦挺说："韦挺在幽州，每天置办酒席，不考虑职责，不前去巡视漕渠是否畅通，就造船运粮，走了八百里，才发觉河渠不通，要前进不能，要返回运河的水又干了。陛下准备明年出师，六军所需粮食，恐怕不能符合圣策。"太宗发怒，派将作少监李道裕代替韦挺。下敕让治书侍御史唐临从驿道传递命令，给韦挺戴上刑具押送洛阳，依法将韦挺降名，让他以平民的身份随从。

贞观十九年（645），太宗攻破高句丽的盖牟城（今辽宁盖平境内），下诏命韦挺镇守，这是意在重新任用他。盖牟城和高句丽人新城相邻，官军日夜作战不停。韦挺不胜其烦，又因丢失官职，内心愤愤不平，便写信给他的朋友公孙常诉说郁闷。公孙常是善于术数的人，后因其他事被拘禁，上吊自杀了。官吏搜查他身上，在他的衣服口袋里发现韦挺的信，韦挺在信中说到自己所屯兵的地方情况危急，还有许多牢骚之言。太宗看信后大怒，将韦挺贬为象州刺史。韦挺在任一年多后去世，终年五十八岁。

吏部尚书戴胄

戴胄（？～633），唐太宗朝文臣。字玄胤，相州安阳（今河南安阳）人。历任大理寺少卿、谏议大夫、民部尚书、吏部尚书等职。他敢于直言极谏，面折廷争，为政干练，长于决断，从不拖延、积压政务。太宗赏识并重用他，他为"贞观之治"做出了贡献。

一、直言进谏 面折廷争

戴胄生性坚定正直，办事聪明精干，最擅长撰写文书。隋朝末年，任门下录事，纳言苏威、黄门侍郎裴矩都看重他，对他礼遇有加。大业十四年(618)，隋炀帝被杀，越王杨侗被众臣拥立为帝，戴胄任给事郎。不久，吏部尚书王世充谋划篡权，戴胄游说他说："君臣从大义上讲是父子，休戚与共。明公以文武之才担当国家重任，国家的存与亡，就在今天。希望您尊重辅佐王室，仿效伊尹、周公使天下逢凶化吉。那么，天下将因此幸运。"王世充假意赞同他的话，并慰劳了他。不久，王世充胁迫越王为他加九锡，戴胄又直言极谏，王世充不再理会他的书生议论，把他外放为郑州长史，派他与王世充的侄子王行本一起守卫武牢。后来，秦王李世民攻克武牢，引荐戴胄任秦王府士曹参军，封为武昌县男。

唐代釉陶加彩镇墓兽

贞观元年（627）大理少卿空缺，太宗说："大理少卿，是关系到人命的官职，戴胄清廉正直，正是合适的人选。"当天就任命戴胄为大理少卿。皇后长孙氏的哥哥长孙无忌在入宫面见太宗时，没有解下佩刀就进入东上阁，尚书右仆射封德彝认为监门校尉没有发觉，应当处死刑；长孙无忌误带入佩刀，罚铜二十斤。戴胄说："校尉与长孙无忌之罪相同，臣子对于皇帝过错，不能以'失误'作借口。法令上注明：供奉皇帝的汤剂、饮食、舟船出了问题，即使属于失误都是死罪。陛下念长孙无忌的功劳，可以原谅他。如果只惩罚长孙无忌，而杀死校尉，不能称之为刑法。"太宗说："法令是天下人的法令，朕怎么能偏袒亲戚！"下诏重新议罪，封德彝坚持己见，太宗准备批准。戴胄说："可以这么处罚，校尉因长孙无忌而获罪，依法应当从轻处理；如果都是失误，不应该处死他一个人。"因此长孙无忌与校尉都被免除死罪。

当时朝廷盛开科举，应考的人云集京城，有人假称有资荫冒用谱牒以求受到选拔。太宗下诏允许他们自首；不自首的，论处死罪。不久，便查出欺诈得逞的人，判案定罪，戴胄认为依法应当流放。太宗说："朕下诏不自首的人处以死刑，卿如今却说应当流放，这就等于告诉天下人朕不讲信用，难道卿接受了贿赂而要减免罪犯的刑罚吗？"戴胄说："陛下当时就杀死他，臣无法干预。既然交给臣处理，臣怎么敢违反法令呢？"太宗气愤地说："卿只管自己守法，而让朕失信于人，是不是？这是沽名钓誉陷害主上。"戴胄说："法令，是向天下人宣布大的信用，言语却是因一时的喜怒而随口说出的。陛下因一时的愤怒要杀他，既然知道不可行才交给法律部门，这是容忍小愤，保存大信。如果为了发泄一时的愤恨而违背信用，臣为陛下惋惜。"太宗醒悟，听从了他的话。戴胄屡次冒犯圣上，据理力争，参与处理案件都以法令条文为依据，加以细致分析，逐条指出所犯的罪行，言如泉涌，太宗更加重用他，当年，便升任他为尚书左丞。太宗怜悯戴胄家里贫穷，特地下诏赐钱十万。

二、机敏忠贞　嗣子为相

尚书左仆射萧瑀被罢免，封德彝去世，太宗对戴胄说："尚书总理国家法度，如果一件事有失误，天下就有人蒙受其害。今天没有尚书令、仆射，朕把责任寄托于卿，卿应当不辜负朕的举荐。"戴胄聪明机敏，长于决断，没有隔夜的公务。议论的人赞美他称职，说自武德以来称职的左右丞，几乎就他一人。不久，戴胄又拜授谏议大夫，与魏徵每天轮流侍奉在皇上左右。

贞观三年（629），戴胄升任户部尚书，兼检校太子左庶子。杜如晦死前留下意见，请求将自己主管的选举官员事务委托给戴胄，因此戴胄任检校吏部尚书。不过他喜欢压抑文人，奖赏法吏，当时人指责他没有学问，所以嫉妒、压抑有学问的人。

贞观四年（630），戴胄以本官参与朝政，晋爵为郡公。太宗打算修复洛阳宫，戴胄上疏进谏说：

> 近来关中、河外设置军团，强壮的民夫、富家子弟都去当兵，又征役夫修建九成宫，司农寺、将作监的官吏几乎征不到丁夫。离乱之后，户籍单薄，人口逃亡，一人服役，全家弃业。充军的人要求自备兵器，从役的人要求自备口粮，竭尽全家财物置办，还不够用。七月以来，大雨下个不停，临近黄河的南北田地积水过多，庄稼毁坏严重，年终是否有收成还未可知。强壮的人都去服役，赋税无法上缴，如此一来仓库储备就会空虚。如今宫殿可以遮风挡雨、容纳卫士，即使几年以后再建，也不算晚，为什么要急于兴建，给自己找麻烦呢？

太宗看过奏章，立即下令停止兴建之事。在戴胄上陈的奏章中，分析时政得失的原因，都值得一看。奏章递上去后，他常销毁草稿，保守秘密不让外面的人知道。太宗曾经对左右的人说："戴胄对朕来说不是非常亲近的人，但是与国家相关的重大事情，他无不奏闻，这是由于他的忠贞气概激励的结果。"

贞观七年（633），戴胄去世，太宗为他哀悼，追赠尚书右仆射，追封赵国公，谥号为"忠"。因为他的住所简陋不能祭祀，诏令有关部门为他立庙。还娶他的女儿为道王妃。房玄龄、魏徵与戴胄关系好，每次走到他生前去过的地方，无不哀伤流泪。

戴胄没有儿子，过继哥哥的儿子戴至德为嗣。戴至德在乾封年间（666～667）为西台侍郎、同东西台三品。不久转户部尚书，知政事。经过数十年，父子相继任尚书，参与国政，世人都认为这是他家的荣耀。高宗曾经写飞白书赏赐大臣，赐给戴至德的是“漂流大海，有待舟楫”，郝处俊的是“飞入九霄，假藉六翮”，李敬玄的是“辅佐开道，竭尽丹诚”，崔知悌的是“尽忠尽节，参与谋划”，辞中都有寓意。

后来，戴至德升任尚书右仆射。当时刘仁轨任左仆射，每当有人来申诉冤情，他大都爽快地答应受理；戴至德却先追问探究来龙去脉，理由充分的才为他秘密上奏，始终不显示个人的恩惠。因此，当时多数人称赞刘仁轨，称刘仁轨为“解事仆射”。他和刘仁轨曾轮流听取诉讼，有位老妇人来到尚书省，戴至德已经收下牒状，妇人却又要拿回去，说：“开始我还以为你是解事仆射，现在才知不是。”戴至德笑着还给她。人们佩服他有长者的气度。有人就此事问他，戴至德回答说：“赏赐与处罚，是皇上的权力，身为臣子怎么能与皇上争权呢！”

礼部尚书陈叔达

陈叔达（？～635），唐太宗朝文臣。字子聪，是南朝陈宣帝的儿子，陈后主陈叔宝的弟弟。他小时候封为义阳王，十多岁时便擅长写诗。在一次宴会上，他赋诗十韵，援笔立就，令仆射徐陵甚感惊奇。陈叔达成年后历任丹阳尹、都官尚书。

南陈祯明二年（588），隋灭陈，俘获后主陈叔宝和陈叔达等人。陈叔达入隋，很久不被任用。大业年间（605～618），陈叔达被授任内史舍人，出任绛郡通守。

唐高祖李渊义军向西进军，到达绛郡，陈叔达带着本郡归附唐朝，授任丞相府主簿，封汉东郡公。他和温大雅共同掌管机密，在唐朝初建之时，书册诰诏大都出自他的手笔。武德初年（618），授任黄门侍郎，次年任纳言。武德四年（621），陈叔达拜任侍中。

陈叔达容貌端庄颇有才学，明察善辩，每次奏对，都为士大夫所瞩目。江南士人客居长安，有些人才被埋没，陈叔达常把这些人才推荐给朝廷。武德五年（622），陈叔达封江国公。高祖李渊曾赐食于陈叔达，他得到葡萄却不吃，高祖问他，他回答说：“臣的母亲患口干病，很想吃葡萄却没有找到，臣想带回去给她。”高祖十分感动：“卿还有老母可以奉养呢！”于是赏赐给他更多的葡萄，又赐杂帛百段。

贞观初年（627），陈叔达与尚书左仆射萧瑀在殿中争执，因在朝堂之上愤怒相争对皇帝不恭敬而获罪，免去官职。不久，陈叔达为母亲守丧，自己又有病，太宗为他担忧，怕他不堪迎来送往，派遣使者禁止并遣退吊唁的人。陈叔达守丧期满，任遂州都督，但因有病没有就任。

过了一段时间，陈叔达的病稍有好转，升任礼部尚书。当初，太宗还是秦王时，太子李建成、齐王李元吉嫉妒他功大，阴谋陷害他，常在高祖面前诋毁他，高祖受其迷惑，陈叔达极力解救申辩，到这时太宗对他说："武德时的内乱，卿有忠直之言，所以以此报答。"陈叔达感谢说："臣哪里只是为陛下，是为国家考虑罢了。"后来，陈叔达因家中妻妾争斗，他以不善治家被有关部门弹劾，太宗因他是名臣为他遮掩，授任散官回家。贞观九年（635），陈叔达去世，谥号为"缪"，追赠户部尚书，改谥号为"忠"。

洛州都督杨恭仁

杨恭仁（？～639），唐太宗朝大吏。名纶。弘农华阴（今陕西华阴）人。父杨雄为隋朝司空，封观王。

仁寿年间（601～604），杨恭仁任甘州刺史。他处理政务不苛求细节，边民得以安宁。隋文帝对杨雄说："恭仁在州，善于治政，不只是朕得到了人才，也是卿教子有方。"大业初年（605），转任吏部侍郎。大业九年（613），礼部尚书杨玄感反叛，炀帝下诏命杨恭仁率兵平叛。杨恭仁和杨玄感交战，打败叛军，杨玄感兄弟逃走。于是他和将军屈突通追赶捕获叛贼。炀帝召见他说："近来听说和叛贼交战时你特别勇敢，以前只知道卿奉公执法，没想到在战场上你竟然如此勇敢，朕惭愧不知。"纳言苏威说："仁者必有勇力，大概说的就是这个吧。"

当时苏威和左卫大将军宇文述、御史大夫裴蕴、黄门侍郎裴矩掌管选举官员事务，他们都受贿赂做不法之事，杨恭仁向来清廉正直，所以受到这些人的憎恨，便合力排挤他，他被迫出京任河南道大使，负责讨捕盗贼。到谯郡，被义军朱粲部打败，逃奔炀帝所在地江都（今江苏扬州）。

宇文化及弑炀帝，任命杨恭仁为吏部尚书。宇文化及北上，杨恭仁随行，为宇文化及守魏县。当时，元宝藏占据魏郡，捕捉杨恭仁送到京城，唐高祖李渊早就知道他，授任他为黄门侍郎，封观国公。不久任凉州总管。

杨恭仁长期在边地任职，熟悉边疆部落情况，耐心抚慰。羌胡等少数民族百姓都心悦诚服，自葱岭以东，都来朝贡献礼。杨恭仁为此立功，得以就地加授纳言。突厥颉利可汗率领部众数万人侵犯他的辖境，杨恭仁适应时机设置防御，多设疑兵虚张旗帜以迷惑突厥，颉利可汗害怕唐军人多自己不是对手而逃走。瓜州刺史贺拔行威反叛，朝廷不能及时征讨，杨恭仁招募轻捷勇健之人，兼程前进，叛军没料到他能来，没做防备，于是杨恭仁顺利地攻下两座城池，俘获众多。杨恭仁将俘虏全部放回，众人感激其宽惠，就一起捆缚贺拔行威投降。召入朝廷拜授吏部尚书，兼中书令，检校凉州诸军事。再迁任左卫大将军。

唐代狻猊葡萄纹镜

贞观初年（627），杨恭仁被拜授雍州牧、扬州大都督府长史。升任洛州都督。太宗慰劳他说："洛阳是重要之地，朕的子弟虽然不少，但很少有人能够胜任，所以委托给你。"

杨恭仁性情谦和忠厚，以礼法约束自己，不曾做一点与人情物理相悖的事情，当时有人把他比作汉朝的石庆（石庆是汉武帝时大臣，以恭敬谨慎闻名）。杨恭仁显贵以后，从不以势压人，所以声望极高。后来，杨恭仁患病，请求退休，下诏以特进还家。贞观十三年（639），杨恭仁去世，追赠潭州都督，陪葬昭陵，谥号"孝"。

儿子杨思训承袭爵位。显庆年间（656～600），历任右屯卫将军，跟随高宗巡幸并州。右卫大将军慕容宝节有一个爱妾，置于别宅，慕容宝节曾邀杨思训到那里宴饮。杨思训严责慕容宝节与其妻隔绝，慕容宝节的爱妾大怒，暗中把毒药放进酒中，杨思训饮酒后毒发身死。慕容宝节因此被流放岭南。杨思训妻不服判决，又到朝廷喊冤，高宗下令处死慕容宝节。并下令改《贼盗律》，以毒药杀人者加重处罚。

杨恭仁的另一个儿子杨豫之，娶巢剌王李元吉的女儿寿春县主为妻。杨豫之在为母亲守丧时，和永嘉公主淫乱，被永嘉公主的丈夫窦奉节所杀。

杨恭仁的从孙杨执柔，曾任地官尚书。武后的母亲就是杨恭仁叔父杨达的女儿。等武后临朝听政，武后的侄子武承嗣、武攸宁相继掌权。武后说："要让我家及外家常有一人做宰相。"于是，使杨执柔同中书门下三品。不久，杨执柔去世。

杨执柔的弟弟杨执一，也因诛杀武则天的男宠张易之有功封河东郡公，升任右金吾卫大将军。

当初，杨雄在隋朝时，因与隋皇室同姓而显贵；进入唐朝武德初年（626）以后，杨恭仁兄弟名位更加显盛；又因是武后的外家而受尊崇，娶公主的共有三人，女儿为王妃的有五人，追赠皇后的有一人，任三品以上官职的有二十多人。

秘书少监令狐德棻

令狐德棻（583～666），唐太宗朝史臣。宜州（今湖北宜昌）人。父亲令狐熙，在隋任鸿胪卿。令狐氏的祖先本来居住在敦煌，世代为河西大姓。

令狐德棻博览群书，精通文史。隋朝末年，朝廷下令授任他为药城长，适逢战乱，他没有到任就职。淮安王李神通占据太平宫起兵，建立总管府，署任令狐德棻为总管府记室。李渊率军入关，引用他为相府记室。武德初年（618），令狐德棻任起居舍人，升任秘书丞。高祖曾问："男人的帽子，妇人的发髻，近来流行又高又大，这是什么缘故？"令狐德棻回答说："帽子和发髻都是装饰在头上的，是君的象征。晋朝将要灭亡时，君弱臣强，所以江东一带的士人、女子，都是上身的衣服小而下身的衣裙大。宋武帝接受天命而做了皇帝，人主的威望提高，衣服的体制也随着改变，改为上大下小了。这就是近世事情的征兆啊。"高祖认为他说得很有道理。

隋末大乱之后，书籍亡失散乱，宫禁秘藏之书也湮没残缺，令狐德棻奏请高祖重价购求散落在民间的书籍，并设置官员来补录。仅仅几年工夫，古代流传下来的图画书籍便基本齐全。他又建议说："近代没有纪传体的正史，梁、陈、齐还有书籍可以作为依据，至于周、隋大多脱漏散遗。现在还能耳听一些事件，目睹一些史料，修撰史书还有所凭据；再过几年乃至几十年，史料就都埋没了，也就无从掇拾了。陛下受禅于隋，隋又承继于北周，陛下二祖的功业多在北周，如今若不加以编次修撰，各为一王之史，那么先世的功勋就不能发扬光大，后世之人也无从传述了。"高祖于是下诏叫中书令萧瑀、给事中王敬业、著作郎殷闻礼主持修撰《魏史》，中书令封德彝、舍人颜师古主持修撰《隋史》，大理卿崔善为、中书舍人孔绍安、太子洗马萧德言主持修撰《梁史》，太子詹事裴矩、吏部郎中祖孝孙、秘书丞魏徵主持修撰《齐史》，秘书监窦琎、给事中欧阳询、文学姚思廉主持修撰《陈史》，侍中陈叔达、太史令庾俭及令狐德棻主持修撰《北周史》。他们整理史料进行修撰，但过了好几年时间还是没有完成，于是朝廷下令这项工作取消。

贞观三年（629），太宗又下诏恢复修撰前代史书。专家们认为魏史有魏收、魏澹二家，记载得周详完备，只有其他五朝的史书应当修撰。令狐德棻又与秘书郎岑文本、殿中侍御史崔仁师编撰《北周史》，中书舍人李百药编撰《北齐史》，著作郎姚思廉编撰梁、陈二史。修撰前史之事，是由令狐德棻发起的，所以史书修成后太宗赐给他绢四百匹，升任他为礼部侍郎，兼修国史。

贞观十一年（637），令狐德棻晋爵为彭城县子。又因撰写《氏族志》完成，赐帛二百匹。贞观十五年（641），令狐德棻转任太子右庶子。太子李承乾被废，他也因受到牵累而被取消太子右庶子一官成为平民百姓。贞观十八年（644），令狐德棻又被召入官府，授任雅州刺史，又因某事受到连累而免职。恰好此时太宗下诏改修《晋书》，宰相房玄龄推举令狐德棻参与修撰，太宗同意了。当时，一起修撰《晋书》的有十八人，因令狐德棻为前辈，大家推举他为首，所以体例大多由他研究决定。《晋书》修成，令狐德棻被授任为秘书少监。

永徽初年（650），令狐德棻再次任礼部侍郎，兼弘文馆学士，监修国史及《五代史志》。升任太常卿。高宗曾把宰相及弘文学士召来坐在中华殿上，问道："什么算是王道？什么算是霸道？哪个应在先？"令狐德棻说："王道用德，霸道用刑。夏、殷、周纯用德而王，秦专用刑而霸，到汉则王道和霸道杂用，魏、晋以后，王道和霸道都失去了。如果要实行，就以王道为先，没有什么比这更难的了。"高宗说："如今推行什么最紧要？"他回答说："古人为政，以清心简事为本。如今天下没有忧患，年年粮食丰稔，只有减轻赋税、少征徭役是最紧要的。"高宗又问禹、汤之所以兴起而桀、纣之所以灭亡的原因，他回答说："《传》上称：'禹、汤归罪自己，因而勃然兴起；桀、纣二主迷恋女色，杀戮劝谏之人，制定残酷的炮烙之刑，这是他们灭亡的原因。'"高宗大喜，用加重赏赐来答谢他的直言。永徽四年（653），令狐德棻升任国子祭酒、崇贤馆学士，并晋爵为公。后以金紫光禄大夫退休。乾封元年（666），令狐德棻去世，享年八十四岁。谥号为"宪"。

同州刺史刘德威

刘德威（583～653），唐太宗朝大吏。徐州彭城（今江苏徐州）人。父刘子将，任隋毗陵郡通守。刘德威身材魁伟，相貌英俊，富于才干和谋略。隋朝大业末年，随从左光禄大夫裴仁基讨伐淮水盗贼，挥剑亲手杀死敌帅李青蛙，将其头颅传送到炀帝所在地江都。刘德威在隋炀帝被杀后，归附瓦岗军首领李密，李密分手下军队给他，让他防守怀州。李密兵败降唐，他一同入朝，授任左武侯将军，封胜县公。

后来，义军首领刘武周攻打唐朝，唐高祖下诏令刘德威率兵进攻刘武周，又让他掌管并州总管府司马事。晋州道行军总管裴寂出兵失利，齐王李元吉丢弃州城出逃，刘德威主持留府事务。义军逼近城池，百姓纷纷叛变投降了义军，因而刘德威被刘武周俘获，刘武周让他率领本部攻取浩州，他得以脱身归来，将义军虚实报告给皇上，高祖大加赞赏，改封彭城县公。不久，刘德威检校大理少卿，随从秦王李世民平定洛阳，立下战功，转任刑部侍郎，加授散骑常侍，娶平寿县主为妻。

唐西城边城

贞观初年（627），刘德威历任大理卿、绵州刺史。他为政清廉公平，声名很好，百姓刻石立碑颂扬他的美德。不久，他任检校益州大都督府长史。贞观十一年（637），刘德威被召入朝廷任大理卿。太宗问他说："近来刑法逐渐严密，弊病在哪里呢？"刘德威说："弊病一定在君主，不在臣下。臣下的宽松与严密，都看君主的喜好。法令规定：轻罪重判者，主审官要受减三等治罪，重罪轻判者减五等治罪，而如今犯有重判过失的人无罪，犯有轻判过失的人有罪，所以官吏争相苛细地援用法律条文加重定罪，官员们宁可重判，不敢轻判，这不是他们不懂法律，或故意犯错误，其实是为自身考虑，并不是有教令使他们这样做的。"太宗赞同他的话。

几年后，刘德威升任刑部尚书，检校雍州别驾。下诏令他到齐州审理齐王李祐一案，返回途中听说李祐反叛，进占济州。诏令刘德威就地征发河南军队筹划谋取此事，恰逢母亲去世免职。守丧期满后，任同州刺史。永徽三年（653），刘德威死于任所，终年七十一岁，追赠礼部尚书、幽州都督，谥号"襄"，陪葬献陵。

刘德威的家庭友爱和睦，他为人宽厚，平易近人，生平所得俸禄，几乎全部分给宗族亲友，没有留下财产。

刑部尚书张亮

张亮（？～646），唐初大吏。郑州荥阳（今河南郑州）人。出身贫贱，以种田为生，但胸有大志。他外表敦厚而内怀诡诈，不为世人所识。

反隋军李密兵进荥阳，张亮前去投奔，未被任用。正逢李密军中有人聚众谋反，张亮获知后密告李密，李密见他忠诚，于是任他为骠骑将军，在徐世勣手下听命。后与徐世勣一同降唐，被授为郑州刺史。

归唐之后，房玄龄见张亮英武而又有计谋，于是将他引见给李世民，随后成为李世民手下的车骑将军。张亮自投靠李世民后，尽心尽力，深得李世民的信任。后在李世民与李建成、李元吉争夺皇位的战斗中，张亮因镇守洛阳有功，被授以怀州总管，封长平郡公。

贞观五年（631），张亮晋封郧国公，历任豳、夏、鄘三州都督。张亮在这些地方执政期间，奖罚分明，整顿吏治，很有成效，他还打击豪强富商，抚恤贫困人家，深受当地人民的称道。但张亮抛弃了结发之妻，娶了妖艳的李氏。李氏既妒又悍，迷信邪术左道，与妖人来往密切，整天装神弄鬼。她

唐代绢画《双童图》

还与一个歌儿私通，为了方便来往，便认那个叫慎儿的歌儿当了干儿子。

当时，茂州（今属四川）张仲文自称天子，有关官员上奏唐太宗要求诛杀他，刑部尚书韦挺上奏说：“张仲文不过是妖言，不能处死。”唐太宗大怒说：“你这是想树立私恩，好在下边作威作福，反而让朕承担虐杀之名！”韦挺仓皇退出。张亮为韦挺说情，并支持他的观点，唐太宗说：“公想钓取刚正之名吗?”张亮仍坚持进谏，唐太宗遂说：“宁愿委屈朕，也奏准公之请求。”于是，张仲文免死。

贞观十五年（641），唐太宗李世民出兵高句丽，张亮多次上书劝谏，李世民不予理睬，于是张亮请命随从，以沧海道行军大总管率兵出征。张亮率兵从东莱（今山东胶莱河东）渡海，攻下沙卑城，俘虏敌兵数千人。随后又兵进建安城（今福建省西北部）下。张亮大军的兵营还未扎好，敌兵冲杀过来，军中将士都十分惊恐。张亮生来怯懦，见此情景，也慌得不知所措，吓得呆坐在床上连话也说不出来。手下众将士看见，反以为张亮临危不乱，胸有胆气，于是，众人也镇定下来。副官张金树击鼓鸣金，指挥士兵出击，大败敌军。

张亮在相州（今河南安阳）时，遇到一位擅长算卦的人，叫程公颖，张亮召来对程公颖说：“相州地理形势，人们都说不出几年就会有人称王，你看如何呢?”程公颖一听此话，知道张亮有反心，于是顺水推舟，说张亮躺在那里形似一条卧龙，必有大贵。张亮于是逆心日长。后来又有一位叫公孙常的人，善于逢迎拍马，张亮对他说：“我曾听人说，有一个叫‘弓长’的人，将另立国都。这样的话，我非常不愿意听到。”公孙常听明白了张亮的意思，对张亮说：“你的名字在古代的图谶书上有。”张亮大喜，对人炫耀说：“我臂上刺绣的一条龙，近来鼓起来了，我夫人说这主大富大贵，看来是我真的要做龙振飞，我的干儿子慎儿也是富贵人。”

有人向唐太宗告发了张亮，并说他收有养子五百人，图谋反唐。太宗命令马周等人按察其事，张亮坚决不服。太宗说：“张亮养有义子五百人，养这么多人做什么？不正是要谋反吗？”命文武百官议定其罪行，众人都说张亮谋反，应当处死。唯独将作少监李道裕说：“张亮谋反证据不足，不应当判死罪。”太宗派长孙无忌、房玄龄到狱中与张亮诀别说：“法令是天下公平之物，朕与你共同遵守。你自己不谨慎，与恶人往来，深陷于法，如今已毫无办法挽回。你好好地去吧。”几天后，张亮与程公颖一同在西市被处斩，家产被抄。

一年多后，刑部侍郎空缺，太宗命宰相们遴选人选，拟订了几个人，都不称太宗的心意，过后太宗说道：“朕得到这个人了。前一段李道裕曾议论张亮的狱案说‘谋反证据不足’，这话有道理，朕虽然没有听从，至今仍在后悔。”于是任命李道裕为刑部侍郎。